如何开一家
赚钱的餐厅

谭慧　编著

中国華僑出版社

图书在版编目 (CIP) 数据

如何开一家赚钱的餐厅 / 谭慧编著 . — 北京：中国华侨出版社，2013.8（2015.4 重印）
ISBN 978-7-5113-3910-2

Ⅰ . ① 如… Ⅱ . ①谭… Ⅲ . ①餐馆—商业经营 Ⅳ . ① F719.3

中国版本图书馆 CIP 数据核字（2013）第 192012 号

如何开一家赚钱的餐厅

编　　著：谭　慧
出 版 人：方　鸣
责任编辑：茂　素
封面设计：李艾红
版式设计：李　倩
文字编辑：邹　蒙
美术编辑：张　诚
经　　销：新华书店
开　　本：1020mm × 1200mm　1/10　印张：36　字数：705 千
印　　刷：北京德富泰印务有限公司
版　　次：2013 年 10 月第 1 版　2018 年 4 月第 4 次印刷
书　　号：ISBN 978-7-5113-3910-2
定　　价：59.80 元

中国华侨出版社　北京市朝阳区静安里 26 号通成达大厦三层　邮编：100028
法律顾问：陈鹰律师事务所
发 行 部：（010）88866079　　传　真：（010）88877396
网　　址：www.oveaschin.com
E-mail：oveaschin@sina.com

前言

我国是世界上著名的饮食大国，有着5000多年饮食文化的悠久历史。中国素有“民以食为天”的传统，这源于远古流传至今的饮食大氛围。如今的中国，餐饮业已经成为市场化程度最高、竞争最激烈、发展速度最快的行业之一，形成了一道亮丽而又多彩的风景线，对想在这个行业占有一席之地的从业者折射出无限的光环和吸引力。它吸引了万千投资者的目光，并给了其中许多人以丰厚的回报。从前，我们都以为在餐饮业日进万金是一个可望而不可即的神话，而只有那些经营过餐厅的人才了解这是完全可以实现的。餐饮业具有无可比拟的诱惑力，具体表现为餐厅投资可大可小，既可以独立经营，也可以联营、加盟；餐厅的投资周期短、见效快，只要做上路了，短短几年时间，就能完成从单店到连锁的整个发展过程，利润非常丰厚。以上种种优势，使得开餐厅成为众多创业者创业的最佳选择。

面对新开的餐厅越来越多，赔钱的餐厅也日渐增多成了无法掩盖的残酷事实，许多餐厅经营者在感到惶恐不安的同时，也困惑不已。为什么昨天还客似云来的火锅城今天却鲜有人问津？为什么一墙之隔的川菜馆，一个是顾客盈门，川流不息，利润不断增长；另一个却是人迹罕至，门可罗雀，连年亏损。为什么麦当劳、肯德基一年四季没有淡季？而你的餐厅，却因为你缺乏经验，盲目从感性角度出发，在开业前市场调查分析不够充足，再加上资金“底气”不足，以至造成开业后经营定位不准，使得餐厅不得不关门易主。

由此看来，餐饮业面临着激烈的竞争。而你如何凭借独特的产品优势，在残酷的市场夹缝中拼杀出一条血路？这需要步步惊心，招招制胜。一个餐厅，从选址到开业，从服务到采购，从收银到点菜，涉及太多的知识和细节。即使餐厅开起来了，也会遇到问题，开销和内耗增大，员工工作效率低下，采购员吃回扣，上菜速度有待提高，卫生状况让人担忧，这些小细节，任何一个出现纰漏，都会让你的餐厅在发展的道路上埋下隐患。这时候，餐厅经营者需要一个良好的管理制度和严格执行制度的决心，以及应对困难的毅力和思维。

任何一门行当都是一种学问，常言说“隔行如隔山”，经营一家餐厅也并非人们想象的那么简单。你或许可以凭借一些小招数、小花样抓住一部分消费者，但是要想扩大经营，走规模化、可持续化的发展道路却很漫长，在这其中要探索和总结的有很多。餐饮业内有句话叫：“眼光是金，特色是宝。”虽然经营者进入餐饮业的形式各有不同，但不管其背景如何，要想在这个行业中找到立足之地，树起一面大旗，找对餐饮特色项目永远是最关键的一步。如果你想开一家餐厅，就要了解需要多少投资、开什么样的餐厅、多大规模、多高档次、回报如何、有多大风险，这些都需要事先考虑全面，也是最需要解决的问题。当决定开餐厅时，绝不能有“只要我的菜货真价实，自然就会有人来吃”这样的思维定式，而是要想到，餐厅要有一流的服务和管理，一流的菜肴和环境……随着时代的发展和社会的进步，人们对于“吃”的期望和要求也日益增长和提高，已经逐渐从单纯的生理需要演变为更多地追求心理上的满足。这一变化，是饮食发展为成熟的文化的一大标志；这一变化，也使得经营餐厅这一行业日益具有更多的艺术性。因此，可以肯定地说，只有那些能够不断地满足人们的心理需要的餐厅，才能够不断地获取高额利润。

为了帮助广大餐饮业从业者获得全新而实用的经营管理知识，我们精心编写了这本开店指导书。本书分别从科学、实用的角度出发，将餐厅开业准备，如何选址、筹划、筹资、起名到经营过程中的采购进货、店员管理、店面设计与装潢、菜单制作、成本控制、厨房管理、卫生管理等各个方面，以通俗易懂的语言，为广大读者描述了一个完整的餐厅经营程序，具有很强的知识性和可操作性，就像一位开店专家手把手地教你打理自己的餐厅。如果你想开一家赚钱的餐厅，请仔细阅读本书，并灵活运用掌握。通过阅读本书，你可以从中了解餐饮企业内在的经营规律，挖掘餐饮业做大做强所需要的营销技巧和经营手段，带领读者亲身感悟这个行业的经营难度，探查任何可能出现的隐患以及有效解决的办法，从而使经营者跨越成长中的各种危险，走向成功之路。

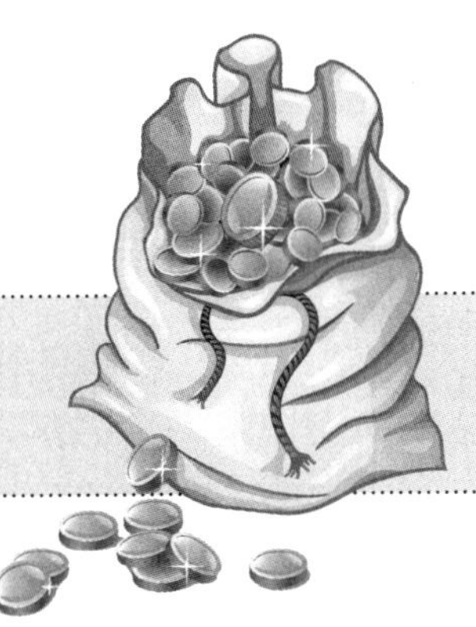

目录

第三章 给餐厅起个好店名

第四章 餐厅的装修设计

第五章 如何选定菜品

第六章　给菜品合理定价

第七章　菜单设计的方法和技巧

第八章　打造招牌菜

第九章　如何留住消费顾客

第十章　餐厅店员的招聘与管理

第十一章　餐厅店员的培训与素质要求

第十二章　餐厅迎宾管理和服务规范

第十三章　餐厅值台管理和服务技巧

第十四章　点菜服务与技巧

第十五章　应对服务顾客时出现的意外情况

第十六章　机智处理顾客的投诉

第十七章　餐厅的推销与促销活动

第十八章　餐厅成本的控制与管理

第十九章　餐厅的财务管理

第二十章　餐厅的原料采购

第二十一章　餐厅的贮存管理

第二十二章　餐厅厨房的管理制度

第二十三章　餐具的清洗

第二十四章　餐厅的质量管理

第二十五章　餐厅的卫生管理

第二十六章　餐厅的安全管理

第二十七章　及时发现餐厅经营中的隐患

第一章 如何为餐厅定位

餐厅定位的几个原则

市场定位即根据主体所面对的消费群体在市场上所形成的固定位置，是由美国著名营销专家阿尔·里斯与杰克·特劳特于20世纪70年代早期提出的营销概念，定位理论的核心思想是："去操纵已存在顾客心中的东西，去重新结合已存在的联结关系。"从市场学的角度通俗理解，定位就是跑马圈地，就是在较多的消费者当中，以及消费者的多层次消费需求中，锁定要为之服务的人群，以及确定如何满足其需求层次的决策。就拿开餐厅的定位来说，就是顾客希望得到什么样的需求，你就应该提供什么样的产品来满足这种需求。

雄心勃勃的初创业者最容易犯的错误就是关于餐厅的定位问题，他们首先想到的是物美价廉，以为这样会比较吸引顾客，认为只要自己产品和服务做到最好，价格够低，就一定有顾客来。

定位不准确是很多餐厅失败的原因，如果你把餐厅定位成大众餐厅，装潢一定要大众化，看起来越大众越让人有食欲越好，而不是一味堆砌你认为好的元素，因为，面对中低客户的餐厅，如果装潢豪华，会百分百地吓退消费者，因为消费者看到高级的装潢会很容易联想到价格，而且太过于正式的装修会让这部分消费者无法放轻松的就餐。

通过市场定位，使餐馆的经营者明白餐厅所处的位置，面对的是什么类型和层次的顾客，才能根据需求设计餐馆产品，展开促销活动。总之，餐馆经营的成败取决于对目标市场的研究与分析，而关键又在于餐馆的市场定位是否准确与可行。

给餐厅定位的过程一般可以分为四个步骤进行：

1. 选择适合的客源层次，定位目标客户

餐馆在进行市场定位时，要根据目标市场不同层次的顾客的不同需求进行有条件的挑选，明白不同层次的顾客的关键利益所在，有针对性地投其所好。肯德基在进入中国市场时，将其目标客户定位在青少年消费阶层，其企业文化根据客户定位，有机展开，取得了巨大成功。美国品牌麦当劳在进入中国市场时，更是将目标客户定位在大、中、小城市16~25岁的青少年群落中，据此定位完成品种定位、价格定位、营销策略定位、服务观念定位等。

2. 树立起与众不同的市场形象

在选择了具体的目标市场之后，就应该考虑餐厅以怎样的形象来取得顾客的信任和好感。树立自己与众不同的形象，最好能够站在目标人群的角度，投其所好，同时又做到别具一格。举例来说，要是在旅游胜地开餐馆，就要把握顾客的心理需求，应该让餐厅具有浓郁的地方特色和民族风情，这样才能勾起客人的好奇心，增加客人的满意度。

3. 宣传媒介的选择

餐馆的市场形象一经确定，就应通过宣传媒介向目标客源市场传递和宣传。餐厅的宣传是要得到客人的认可，所以一定要注意迎合客人的需要，点明客人的需求，一定要简练、具体。与此同时，挑选合适的媒介也是十分必要的。在选择时既要注意媒介在餐馆目标市场的影响力，又要注意节约广告开支。比如针对中青年女性，选择超市的促销宣传单作为宣传媒介，或者将宣传单夹杂日常阅读量较大的报纸捆绑出售，其宣传的效果可能就更理想一点。

4. 餐馆产品的设计

餐馆产品能否被顾客接受并使客人满意是检验餐馆经营质量优劣的标准，也是进行市场定位需最终达到的目的。同时通过产品的魅力又可加深餐馆在顾客心中的地位，巩固餐馆所树立起的信誉。产品的设计初期需要经历一个磨合期，在客人的反馈意见中慢慢改善，达到消费者所希望的一种状态。从餐馆的实际出发，客人满意的产品，就是最好的。

但是我们要注意的是，对于餐厅的定位并不是一成不变的，我们必须根据市场的发展融入跟当下相符合的特色元素，这样才能吸引住更多的顾客，发展新的顾客。将我们的优势发挥得淋漓尽致，这样才能生意兴隆，食客源源不断。

根据风味和地区确定餐厅的经营特色

众所周知，肯德基在中国最受欢迎的两大产品，一是香辣炸鸡翅，二是辣鸡腿堡。两者都不是地道的美国货。近年来，在遍布全国各地的肯德基连锁店里，中国消费者早晨可以吃到本国风格的粥品，午饭可以吃辣鸡串，晚饭可以选用老北京鸡肉卷和海鲜沙拉。这些特色产品，在美国肯德基是根本找不到的。

肯德基产品的本地化尝试，远远不仅如此。20 世纪 90 年代末，这家公司第一次在上海建立了试验厨房，此后从 2000 年开始，引入新产品的步伐就从未停下。从菜品的内容、口味、外观到名字，一切全都按中国特色设计。自此以后，肯德基中国的菜单上，就出现了诸如黄金虾球、泰香蘑菇饭、四季时鲜蔬菜沙拉、番茄蛋花汤、四川榨菜包和肉片汤、鸡丝香菇粥等菜品名称。诸如此类的特色产品，颇受当地消费者青睐，可以说这种特色营销取得了很好的效果。

从经营角度看，经营特色是餐饮企业的立身之本，“色”是餐厅区别于其他餐厅的特质和优势，更是餐厅经营的独特性和有别于其他餐厅的经营方式。一般餐饮企业或多或少都有自己的经营特色，关键是餐饮企业的经营特色是否被经营者有意识强化而形成竞争制胜的卖点。确定餐饮企业的经营特色，不能盲目，一定要根据地域特点和餐厅的自身实际来确定，不能盲目地求高求大。餐饮企业确定自己的经营特色一定要根据风味和地区的不同，在充分市场调研的基础上进行。

一些餐馆推出几样特色菜就以为已经有了自己的特色，还有一些餐馆改变了一下前厅的装修，模仿国内或国外的某些地方及民族风格就以为能赢得顾客盈门。其实不然，这只是做了一些表面文章，因为这仅仅是餐饮企业特色的外在形式，是特色表现的一部分而不是全部内容。对餐厅经营来讲仅有这些内容是远远不够的，单纯这样表现特色显得肤浅、单薄，难以持久发挥作用。

特色不仅表现在某些表面形式上，更重要的是要体现经营者为目标顾客尽心竭力服务的意图，应该与企业文化、管理思想、经营理念结合在一起，表现出深厚的思想文化内涵，这样才能发挥特色对营销的促进作用。餐厅的特色一定是要建立在餐饮企业的厚重的文化基础之上，要有餐饮企业的经营理念和经营思路在里面。餐饮特色的形成不是换换形式就能完成的，餐饮企业的特色是一个长期的积淀过程。

一个餐饮企业的核心专长也就是餐厅的特色化经营，餐厅的特色化经营具有独特和不易模仿的特点，能给餐厅带来独特的餐饮气质进而形成坚定的任意群体。它应符合五个基本要求：价值优越性、异质性、难以模仿性、不可交易性、难以替代性。餐饮企业特色的形成、培育与提升不是一蹴而就的，它是一个逐渐累积的进程，餐饮企业的特色包含着餐厅经营的文化理念、经营战略、服务宗旨与管理模式的大综合。

餐饮企业要善于利用餐饮企业自身的建筑及地理优势以及独特的营销文化、组织结构和过硬的服务信誉，充分打造“特色化餐厅”的管理本质，打造出餐饮企业独特的核心竞争力。特色化经营首先应提供个性化服务。所谓的个性化服务是指只对顾客自身的个人特点为顾客提供差异化服务，让接受服务的客人因为受到精品化的个性服务而产生自豪感和满足感，从而留下深刻的印象，并赢得他们的忠诚而成为回头客。比如准备有特色的餐位、提供个性化的菜单等。

此外，餐厅经营要想长盛不衰，一定在新、奇、特上下工夫，要进行独创性、灵活性的创新，因为长久不变的出品和服务会使人们感觉乏味。在出品创新地方，要经常不断地更换新菜品，时令菜更是要随着季节的变化更新。菜品创新要实现原料创新、色彩创新、口味创新、挖掘古菜绝技、器皿创新、菜单创新。同时，在提供的服务上也要不断创新。根据不同的需求来变换餐厅的装饰和菜品，让消费者体验到一种动态的服务。

餐厅经营特色的形成是一个系统工程。它依据餐厅自己的地理位置、硬件条件、人员素质、环境特点等诸多因素进行策划构思。特色大致从产品和服务两个方面来表现。产品的口感、外形、包装，服务到位、细致、与众不同，这些都会给顾客留下深刻印象。形成特色的资源很广泛，可以从地域、民族、历史、民俗、传统、文化、事件、人物等多种渠道来挖掘，演绎出各种餐饮特色。无论哪一类特色，从形式到内容都必须和谐统一，有一个主题和完整的概念。

总之，中国饮食文化和烹饪文化博大精深、历史悠久，每一地区都有属于自己过程中人们追求“色、香、味、形、器、质地、声、温、营养、卫生”的同时，主张文化与食品、饮食方式、饮食习惯的融合。近几年出现的主题餐厅更是把这个理念发挥到极致，无论是餐厅的设计装潢、功能布局、装修装饰风格，甚至是其经营的特色菜系，都体现出一定的文化主题和内涵，使餐饮产品的文化性得到了最大程度的展现。

餐饮特色经营是餐厅的灵魂，是餐饮企业的标识和品牌形象。没有特色的餐厅是没有生命力的。特色经营是餐厅吸引顾客的法宝，是餐饮企业的杀手锏。因此说，根据风味和地区确定特色是餐厅强身发展的第一要务，必须从一开始就牢牢把握好这个要点。

娱乐餐饮兼备的休闲式餐厅

随着人们消费水平的不断提高、消费理念的更新和消费意识的增强，人们对餐饮业有了全新的认识，人们由物质性消费转移到精神性消费，一直到现在方兴未艾的享受型消费，由传统的简单吃饱肚子发展到现在的追求“品位”、“休闲”和“文化”的深层次满足，于是一批休闲餐厅应运而生并爆发出强大的活力。这些休闲餐厅虽然没有大堂餐饮的喧哗和包房餐饮的排场，但其轻松的背景音乐、简约的菜点茶饮和极富特色文化的情调，让人们真正领悟到了“休闲”的真谛。

在了解如何经营一家休闲餐厅之前，我们先要进行一次市场调查，全面了解市场需求，为营销决策提供依据，对休闲餐饮业的市场调查主要从以下三个方面进行：

（1）在消费者需求方面，不仅要了解休闲餐饮业市场消费者的数量，以及他们对价格的接受能力，而且要掌握其消费习惯、消费心理等。

（2）在产品方面，要了解餐饮业所提供的产品，服务的供给和需求状况，顾客对产品和服务的满意程度，以及如何对其进行改进等。

（3）在竞争对手方面，充分了解竞争对手的情况，包括产品、服务及策略等，学习借鉴其成功的经验，尽量避免与其正面冲突。

当然，休闲餐饮业的认识误区我们也要进行分析。许多休闲餐饮店开业以来，以其富有个性化的经营和服务，迅速成长发展起来，其中也有相当多的经营者对“休闲”存在认识上的一些误区，结果导致其盲目发展，最终因亏损而停业。充分认识这些误区，有利于餐厅的长远运作和发展：

第一种误区是认为“休闲餐饮 =24 小时营业”。

其实，休闲餐厅吸引顾客的关键是优雅舒适的就餐环境和特色化的产品和服务，是休闲餐厅独特的视觉、听觉和味觉的立体感观。餐饮企业误以为把开业时间延长，就可以吸引顾客，这是误区。通过延长时间来增加利润，只是一厢情愿。休闲餐厅 24 小时营业只会造成自身不必要的损失，并不是吸引顾客的关键。餐厅如果只是一味追求形式上的休闲，不仅不能增加利润，反而会由于成本费用的增加，加重自己的负担。

第二种是认为“占领市场价格越低越好”。

价格是影响需求的敏感因素之一，主张采用低价格市场渗透策略来占领市场。这也是其他行业所普遍采用的策略。虽然理论上消费者的需求量与价格与成反比，价格越低需求量越大（前提是其他外部条件不变），然而从经营者方面来说，一味追求低价格，会使自己的目标市场变得模糊，从而失去特色优势。消费者之所以存在购买行为是因为有强烈的需求需要满足，而产品的质量关系到需求的满足程度，在技术水平一定的情况下，产品和服务的成本不会发生太大变化，要降低价格，又要保证经营者的利润，势必影响到产品或服务的质量，最终损害消费者的利益。

第三种是认为“休闲餐饮就是吃好、喝好”。

休闲餐厅不只是为了吃好喝好，其目的也是让顾客放松心情，娱乐身心，达到休息、放松的目的。所以，休闲餐厅不仅提供消费者的物质盛宴，也提供消费者精神享受和娱乐休闲。从某种角度说，娱乐休闲与进餐处于同等重要的位置，休闲餐厅要凸显本身的优势，就不能一味追求吃饱、吃好。

那么应该如何开好一家休闲餐厅呢？可以从这么几个方面来做：

1. 选择一个适合的地点

休闲餐厅的选址与一般的餐厅选址有所不同，休闲餐厅是面向的顾客是希望能够娱乐身心，因此，休闲餐厅要选择在环境优美清净的地方，让顾客感到宁静、放松才行。另外，休闲餐厅的选址，还要考虑交通是否方便，可以选择远离闹市区域，但是要有便利的交通条件。

2. 辅助消费齐全

休闲消费带有一定的综合性，不仅要吃饭而且需要音乐、娱乐、购物等。因此餐饮店周围最好带有较多的大餐厅、影剧院、音乐酒吧之类的娱乐场所，这样可以更好地促进消费、满足消费者多方面的需要。

除此以外，要经营好一家休闲娱乐餐厅，还需要掌握一些营销策略：

1. 产品的整体概念

休闲餐厅以年轻人作为主要的目标市场，针对这个目标市场，餐厅首先要创造自己的休闲文化，比如避风港、快乐小屋等，同时要求食物、服务、环境都要与其协调一致，突出其文化主题。

2. 餐饮店的命名

一个简洁、响亮、符合餐厅风格的名字，不仅便于消费者的辨认识别，而且更能突出自己产品、服务的特色，塑造一个良好的形象。所以，休闲餐厅的取名应该简约个性，便于记忆。比如：一家怀旧风格的老咖啡厅，取名叫“光阴的故事”。

3. 休闲餐饮环境的设计

在休闲餐厅里，人们需要的不只是食品，更需要一种气氛，可以让人暂时将烦恼抛于九霄云外。因此，在这样的空间中，对气氛的营造要下一番大工夫。比如墙壁的色彩、灯光、地板等要选择让人舒适、放松的浅色系和暖色系，室内摆放一些绿色的植物以及鲜艳的花朵，这样也可以起到放松身心的作用。

4. 休闲餐饮的价格策略

根据目标市场的特点，休闲餐厅价格的确定应以中档为主，有些饭菜可以根据顾客的需要确定大小盘及不同价格；此外应该将休闲娱乐部分的成本考虑在价格中。顾客来到餐厅，消费的不仅是食物，还有餐厅的环境和氛围，所以在顾客可以接受的范畴内，将价格保持在略高于市场的水平，也是一种不错的策略。

开家节约顾客时间的快餐厅

其实“快餐”这个词本身就具有三层含义：第一，它是指方便快捷的食品；第二，它是指一种快速的进餐方式；第三，它是指一种餐饮的经营模式。快餐，最早出现在德国，英语称为“quickmeal”或“fastfood”，引入中国之后，中文名称就叫“快餐”，即烹饪好了的、能随时供应的饭食。

1. 快餐品种的选择

品种选择是快餐经营的重要环节，它在一定程度上决定着快餐店经营的成败。适合中式快餐经营的品种主要可分为三大类：

（1）饭食类。如炒饭、烩饭、盖浇饭等。

（2）面条类。包括炸酱面、煎蛋面、牛肉面等、炒面以及类似于面条的肥肠粉、桂林米粉、云南米线等。

（3）面点类。如包子、蒸饺、烧卖、煎饼等。

以上这些都是方便快捷的食品，如饭食、面条或米粉，顾客到了以后可以快速制作，而面点则可以事先成批制作好，顾客一到即刻上桌。

快餐店的快餐一定要注意宁缺毋滥，一定要注意突出特色和重点，快餐店经营的品种不可过多过杂。食品选择既可使顾客快速就餐而不致久等，同时也提高了快餐店的餐桌利用率，客观上增加了餐馆的营业额。

这里有两种方案可供选择：

（1）一个快餐店只经营一类快餐品种，要么经营饭食，要么经营面条，要么经营面点。

（2）以经营某类快餐品种为主，兼营部分其他两类品种为辅。

2. 快餐店的定位与选址

（1）定位明确，规避高不成，低不就现象。

快餐历来以方便快捷、物美价廉为主要特点，以社会大众为主要服务对象，故任何中式快餐的定位都必须是大众化的、中低档的。一般来说，到快餐店就餐的人群以学生、普通工薪阶层为主，档次高了的快餐富人不来吃，穷人又吃不起，即人们常说的“高不成，低不就”。

（2）交通便捷，就近原则。

消费者吃快餐图的就是方便快捷，因此一般不会走很远的路或者乘车去吃一顿快餐。因此餐饮快餐店选址一定要坚持就近原则和方便原则。

目前的中式快餐最受工薪阶层，特别是是工薪阶层中的白领、学生及流动人口的欢迎，因此，快餐店的位置应选择在工厂、写字楼、商业繁华区、学校四周等工薪阶层或学生集中的地方，以及车站、码头、交通要道等流动人口多的地方，这样才能保证有充足的客源。

3. 快餐店的规模及装修

（1）规模适度，适用为主。

由于中式快餐还处于起步阶段，所以目前中式快餐店的规模都不大。一般来说，一家快餐店的店堂，不包括厨房，面积达到30平方米左右即可营业，店堂面积达到60平方米以上即可视为中等规模的快餐店，而店堂面积在100平方米以上就算是规模较大的快餐店了。快餐店的规模较小有两个好处，一是可以节省开店初期的投资，二是可以避免生意清淡时店堂面积的浪费。

（2）装修要注重特色，现代化格调。

因为快餐究竟是一种现代化的经营模式，所以中式快餐店的装修、店堂及厨房设施等，都应该尽显现代化特色。中式快餐店的装修应采用简单的格调、明快的色泽，给顾客一种轻松愉悦的感觉；店堂内的桌椅可采用西式快餐店的卡式桌椅，这样既富有时代感，又能最大限度地利用店堂有限的空间；或者可以采用传统的木质桌椅，给人简洁、素净的感觉。厨房也应尽量采用不锈钢等材料制成的厨具设施，给顾客以一种清洁卫生的印象。

4. 快餐店的经营理念

（1）科学营养快餐，主打健康。

厨师与营养师，组成科学饮食促进协会，不断改进和完善饮食选料、烹饪、搭配和调理。比如广东名企真功夫作为一个快餐品牌，优势在于中式餐饮的“营养美味”。虽然同样是快餐，却为追求时尚健康的消费者所认可。在推出诸如桂圆乳鸽汤等新品时，其促销活动在突出价格优惠的情况下，还着重宣传这款菜品的营养价值，这样既可以凸显本身的特色，同时也能吸引到一批注重营养搭配的消费人群。

（2）质量要过人。

开店赚钱，这是无可厚非的事情。但是有些餐饮行业的经营者们在做一件事时，往往会短视，即目光短浅，只顾眼前利益，不顾长远利益，使用质量不过关的材料，这样做是害人害己。或许使用劣质的原材料可以降低经营的成本，但由此带来的客源损失以及日后的经营风险却是更加严重的。

所以说餐厅千万不能为了眼前的小利偷工减料，因为质量是吸引广大消费者的首要因素，也是企业立足市场的基础。而快餐质量主要表现在用料是否考究，风味是否独特及制作是否精细等几个方面。

（3）服务要周到。

服务是餐饮业第一要素，服务是产品质量的延伸，没有良好的服务就没有销售，这一点在快餐业表现得尤为突出，快餐店一定要对服务十分重视。

（4）半开放式厨房，让顾客放心看得见。

效仿麦当劳、肯德基等大品牌快餐店，采用半开放式厨房，让顾客既看得见制作过程吃起来放心舒心，又不至于受油烟困扰。

经济实惠，开一家大众餐厅

从经济实惠的角度来讲，开一家大众餐厅是个不错的选择。大众餐厅，最好是靠路边的。店面的风格，不要装饰华丽，尽量保持纯朴的风格，要突出经济实惠的特色。色调可以红色和棕色为主。

大众餐厅尤其要注意饭店卫生，要建立卫生管理制度，把饭店的卫生落实到个人。要把餐馆卫生管理事项张贴出来遵照执行，还要有具体的配套措施以及卫生标准细则。原材料的贮存与接收要建立日常管理制度，要落实到个人。包括：具体方法、日期、质量检查（标签、特点、包装等）。

日用品的管理要遵循饭店基本的管理制度，取用要开单，凭单取用并做好相应的登记以便复查。日用品的存放要根据用品的不同特性分而治之。员工要有健康证明并要求每隔一段时间做一次检查。员工要有食品及卫生教育，工作服达到卫生标准、服务人员有仪表准则；员工要加强定期培训。

大众餐厅的经营并不是说说这么简单，要想经营好，还需要注意以下几个方面：

1. 控制成本，降低价格

现阶段，大众餐厅的顾客由于消费水平低，对价格高低十分敏感，所以低价位可以带来更多顾客。“饭店餐饮大众化”必须以符合市场规律的价格引导消费者，克服胆怯心理，敢于跨进饭店，使消费者感到物有所值。

任何餐饮企业，存在的目的都是为了盈利。如果价格降低，是以利润减少或亏损为代价，则完全是不可行的。所以餐厅实行大众化经营，在价格较低的情况下，也依然要保证利润，这是第一出发点，为了压缩成本，应加强以下各项成本控制：在与特色餐馆价格竞争中，大众饭店往往处于劣势，但仍有许多可以努力之处：原料和辅料的成本对大多数饭店来说，尚有 20% ~ 30% 的余地。关键看采购制度和用料制度的公开性、科学性和监督性。能源和水源有 10% ~ 20% 的余地。对于劳动力成本，一是竞聘上岗，实行满负荷工作；二是用人政策放宽，允许招收部分外地和农村的劳动力。节省了这诸多方面的成本，就能产生更多的纯利润，这笔数字是极为可观的。当然，大众饭店在选择可进入的目标市场时，客观而科学地分析饭店自身特点和各细分市场的需求特点是十分重要的。一般来说，目标市场选在中低档为妥，不宜过高，中档里还需要进一步细分定位。

2. 以优质的服务回报消费者

大众化的餐厅并不意味着简单化的演绎。饭店的人员素质较高；餐厅的服务管理有丰富的经验，服务水平较高，可以提供高水准的规范化服务，和针对不同消费者的个性化服务，这是一般餐厅难以做到的。所以优质服务是饭店生存的基础，是与其他餐厅竞争的有力武器。在为大众服务过程中，服务员与顾客之间的可交流性——信息与情感——就变得十分突出和重要。刻板、拘谨是最大的服务屏障，营造轻松、快乐和富有情趣的环境氛围已是饭店服务改革以满足内需市场的核心之一。

怎样才能提供优质的服务呢？首先，员工要有足够的信息传递给顾客，对菜肴特色、酒水知识、个性服务都应了如指掌，这既是促销又是情感的交流。其次，员工要随机应变，可以与顾客进行恰如其分的调侃，或幽默两句。这绝不是对规范化的否定，而是在规范化基础上的升华，且情感化服务并不增加任何直接成本，但达到的良效是空前的。

3. 开设外卖快餐业务

随着人们工作模式的不断变化，社会饮食需求还不断扩大，特别是当前庞大的上班群体对于进餐便利的追求，外卖市场发展潜力巨大。甚至许多星级饭店也一改专营高档餐饮的形象，办起了快餐厅，甚至出售盒饭，转变为实惠、图利、满足需求了。

饭店可以推出面向大众消费者的家庭快餐，通过本店的食品外卖部服务于千家万户。在原有的实体店经营的基础上，开辟外卖服务，应顾客预约，以标准化的菜单向顾客提供上门服务，让顾客足不出户就可品尝到饭店水准的美味佳肴，而且价格便宜，方便快捷。

近年来，大众消费成为餐饮市场的主流，面对这一市场变化，饭店餐饮业其经营方式，实行大众化经营，以满足其生存和盈利的需要。大众餐厅富有生命力，前景广阔，而且相比特色和高档餐厅而言门槛较低，对于初涉餐饮业的人是不二之选。

紧跟时尚，开一家领先潮流的餐厅

时尚是有艺术品位的生活，时知务也，尚在品质！“时尚”的“时”，是“每一寸光阴”，是时间流动，“时尚”的“尚”，是“高”，是高尚的，注重品质与美的感受，体现在精神和物质的享受。时尚餐厅就是这个时代的产物，不仅仅停留在吃饭的基本意义上了，更多的是将时尚潮流融入餐厅当中，特色各异的就餐环境在无形之中给人们带来了美的享受，要知道新奇的事情总能诱惑人们去消费。在当前许多人追求时尚的背景下，开一家引领潮流的时尚餐厅，也不失为一个好的选择。

1. 环境一定要好，让视觉吃饱

评价传统美食的标准是“色、香、味”。这是因为人们对待一道菜肴，是先看到它，然后闻到它，最后才品尝它。而时尚餐厅让顾客一进餐厅，先欣赏它的环境，然后感受它的服务、体验它的气氛，最后才品味它的菜式。

时尚餐厅讲究环境，但是又不似高档酒楼那样装修得富丽堂皇，而是按照某一个主题或者风格，走情调和优雅路线，还可以考虑专门辟出适合各种聚会的专区。一般来说选择时尚餐厅的大多数是年轻群体，要迎合消费者的需求，满足年轻人猎奇和追求品位的心理。

时尚餐厅往往围绕一个特定的主题对餐厅进行装饰，甚至食品也与主题相配合，为顾客营造出一种或温馨或神秘、或怀旧或热烈的气氛。这样的餐厅，食物会因环境而变得与众不同，让身处其中的食客在品尝美食的同时，感受到美的熏陶。用餐的人陷在宽大舒适的沙发里品尝美食，餐桌上不摆鲜花而摆用高脚杯盛着的小金鱼，轻柔的音乐配着精致的美食，形成了与传统餐厅截然不同的时尚风格。

2. 价格适当提高

现在都市人吃饭不仅仅是为了填饱肚子，而是把吃饭当成一种放松和享受，时尚餐厅正好满足这种需要，所以，即便菜价不菲，也还是吸引了很多人，大家愿意为环境、为情调买单。在这一点上要利用一点心理学的知识，摸准顾客的消费心理。时尚从来都不是廉价的消费品，所以餐厅的价位要配得上店面的装潢和品位，适当提高价格反而会得到意想不到的效果。

3. 菜式一定要精

评价美食的标准往往是色、香、味俱全，色排在第一。漂亮的餐具，精美的摆盘，颜色的搭配能够在第一眼抓住食客的胃。一定要用精致的餐具，菜式不求大，但求精。至少要有视觉的冲击，让人一看就觉得每一道菜都隐约有时尚的气息。这就要求厨师有出色技艺和一定的品位。

4. 菜品多而不杂

以中餐为主的时尚餐厅也越来越多，中餐胜在品种多样、齐全，而且文化底蕴厚重。虽然时尚餐厅要求菜品多样丰富，但是不建议将中西餐杂糅在一家餐厅中，因为追求时尚的人都对于自己的选择和品味有着一定的要求，这种中西杂糅的做法给人一种不伦不类的感觉。可以稍微借鉴，但还是要有一定的重点，不然菜单上在红酒牛扒的后边出现一道鱼香肉丝，总会给人一种与时尚格格不入的印象。

此外，菜品的命名也要融合时尚的元素。除了一些传统的名菜之外，其他一些菜品可以根据餐厅布置的主题以及经营的重点，结合当前时尚的元素，比如说热门的话题、影视作品、热门的网络用语等来进行命名，让顾客耳目一新。

5. 味道一定要地道

餐饮说到底卖的是味道，只有把味道做得地道，才会有人不断光顾。将现代元素和传统的餐饮结合在一起，让人耳目一新。但是能让消费者买单的根本是味道，经营很多种菜式，难免受到成本、人员、技术等方面的限制，只有把菜式的味道钻研地道，才能长久留住顾客的脚步。

6. 融入文化元素

时尚餐厅的出现顺应了餐饮发展的时尚潮流，可以乐观估计，在未来的三五年内，这股潮流仍将继续延续。经营时尚概念餐厅必须有三张“王牌”：时尚、个性、文化。其中文化牌出得好，能使餐厅独树一帜。但是时尚餐厅永远不是饕餮的地方，就像所有的酒吧都不是为酩酊大醉而存在。时尚餐厅或幽暗或冷峻的光线不会给你增加食欲的感觉，华丽的盘盏里一小点食物更不会刺激你的胃口。

在这样的餐厅用餐，感受的是文化，品尝的是食物以外的浪漫和情调。所谓“俗者食味，高者怡情”，美食的精髓莫过于此。在这样的环境里就餐，就当和自己的味蕾谈恋爱。让消费者感受到除了吃之外的一些韵味。

时尚餐厅的消费主力是一些年轻白领，他们更希望在吃饭的同时享受一个安静、有文化感的个人空间，因此餐厅必须朝这些方面努力。年轻人的消费心态是要费尽心思吃出一些花样，在他们眼里，吃不仅是物质消费，更是一种精神消费，他们希望在品尝美味佳肴的时候，能享受用餐环境的文化氛围及服务的个性化。而时尚餐厅恰恰把这些推向极致，可以满足当前年轻群体的需求，所以市场潜力非常大。

总之，时尚餐厅在未来的一段时间有着巨大的潜力，如果经营得当，将是大有可为。

推销家乡菜，开一家地方风味餐厅

地方风味小吃是中国传统文化的瑰宝，几乎每个地方都有当地独特的风味，可谓是百花齐放。地方风味餐厅为顾客提供优质化的地方风味特产，推销家乡菜，吸引家乡人，推广家乡的文化。开风味餐厅一定要做好特色化的美食，首先要突出地方特色，力争做到“人无我有，人有我优”；其次要加大宣传力度，狠抓产品质量，注意培育品牌；再次要加强与文化的联系，通过各种渠道宣扬与地方特产有关的名人典故、民间故事，以借助名人的影响力提升风味餐厅的知名度。

要想把风味餐厅经营好，还应该多注意以下几个方面：

1. 风味餐厅选址要正确

（1）避免空间聚集，“扎堆儿”。

空间聚集效应表现在成功的示范效应和同质化的竞争餐厅两个方面。当一家餐厅经营成功后，很短的时间内，附近的街区都挤满了餐厅，你在那里投资了一种档次的餐厅，紧接着，周围一下子出现十几家乃至几十家类似风味的餐厅。空间聚集效应加剧了餐厅之间的竞争烈度，抬高了经营成本，限制了利润空间。

（2）不能一味追求人气，“凑热闹”。

许多投资者喜欢把风味餐厅选择在流动人口大，高楼林立的闹市区，以追求旺盛的人气。追求人气是必须注意的，但也不能忽视了三个问题：流动人口不全是目标受众，交通工具的助力作用，消费者的心理因素。

（3）豪华高档，“装门面”。

有些风味餐厅装修过于华丽，与自己独特的风味很不匹配，这样就失去了部分的潜在消费人群。门面装修不能违背环境和身份匹配、表里如一，营造氛围两个和谐原则。

2. 地方风味餐厅用创意风味吸引顾客的措施

（1）创意开发，借以提升商品的价值。

地方风味餐厅一定要进行创意开发，地方风味一定要在传统的基础上进行改革，不能故步自封。地方风味餐厅进行创意开发要遵循推陈出新，与时俱进的原则，不断在内容和形式上进行改革。创意改革要善于吸取别人的经验，也要结合自身实际，借以提升商品的价值。这里所谓的创意，不仅要体现在菜式上的革新，还有就是服务形式的改变。菜式上可以在原本风味的基础上加上一些餐厅所在地方的特色，取长补短，借以吸引当地的顾客；服务形式有多种选择，最常见的就是对工作人员的服饰进行包装，以彰显地方的特色。让整个餐厅的大环境更加真实再现地方的风俗人情，更增添风味餐厅的意味。

（2）独特风格和气氛。

地方风味餐厅一定要独具风格，要营造独具特色的地方风格。地方风味餐厅除了要在品味上下工夫外，也要注重地方风味餐厅的整洁，只有环境整洁，经营才能更加地顺畅。再者，地方风味餐厅一定要有该店特色的商品，只有独一无二的餐饮食品，才能取得价格上的优势，增加销路。

（3）装修。

地方风味餐厅店面不必装饰太复杂，可是要有舒适的气氛，最重要的是要以有个性商品作为“招牌商品”。装饰上更要结合地方的特点下工夫，让大家开门见山，一进门从装饰上就能领会到餐厅的特色。

店内装修费和各种器具费用视规模而定，有的东西可以在经营中加以完善。调理的场所和客人的位置，应有效地分开并加以运用，更需要注意通风设备和排水问题。不过，在选择餐具和装潢方面的设计，要迎合顾客的喜好。

3. 地方风味餐厅的注意事项

（1）厨师。

地方风味餐厅在聘请厨师时，并不需要对方一定要身怀绝技，有时有绝活的师傅一走，反而会影响店里的经营情况。最好找容易沟通和有良好配合意识的厨师，这样的厨师所做出来的菜品更能满足顾客的口味要求。

（2）特色食品。

既然是地方风味餐馆，自然要有鲜明的特色，这是立店之本。特色食品一定要保持原汁原味，采购原料一定要到原产地。宁可多花一点的成本，也要保持原汁原味，严格把握原料这一关，是提升风味餐厅菜式品质的关键，也是打开品牌、招揽顾客的必要前提。

（3）关于菜式安排。

要经常推陈出新，但是一定要做好基础的菜式。一般人到地方风味菜馆吃饭，都是点些特色的，再点些家常的，所以家常菜，一定要坚持出品质量。川菜饮食中有一句名言——“能把最简单的鱼香肉丝做好，才是真功夫”。同样的道理，能做复杂的菜并不算能事儿，能把最地道最简单的风味菜式做好做精，才是最重要的。

（4）关于服务。

小餐馆适宜营造温馨而有人情味的消费环境，所以服务上要热情周到。卫生自不必说，在出菜时间上更要注意，上菜慢对于整个餐馆经营来说是很致命的。

第二章 为餐厅选个好店址

选择好店址的重要意义

提起店面选址，人们总是想起零售界的“圣经”：“位置，位置，还是位置”。开设餐厅也不例外，选择合适的开店地段也十分重要。可以说，任何开店者都期望找到一个理想中的“黄金地段”，一个好的餐厅的选址对于日后的经营有着极其重要的意义。具体来说有以下几方面：

第一，店铺具体位置决定了赚钱的潜力大小。

一个餐厅开张后，所在商圈的人口数量是定数，自己店铺的目标顾客也是定数，这些潜在目标顾客是否来本店消费，会受到交通是否便捷、竞争者状况、消费习惯等综合因素的影响。这些因素在选定位置后就不会变了。所以赚钱不赚钱，在开张前就知道了。地址在某种程度上决定了餐厅客流量的多少、顾客购买力的大小、顾客的消费结构、餐厅对潜在顾客的吸引程度以及竞争力的强弱等。选址适当，餐厅便占有了“地利”的优势，能吸引大量顾客，生意自然就会兴旺。

第二，位置决定了一个餐厅的投资风险大小。

一个餐厅的许多方面都可以改变，无论经营品种，还是装修风格，甚至老板也可以换，但是位置不能动，一旦定下了，就不能再变。一旦场地确定下来，就需要大量资金投入建造、装修、宣传等。如果位置好、经营差，问题还不大，可以转让店铺、转让项目，寻求买家。而如果位置差，即使想卖也没人要，使得前期大量的人力、物力、财力都打了水漂。当外部环境发生变化时，餐厅的地址不能像人、财、物等其他经营要素一样可以做相应的调整，它具有长期性、固定性特点。因此，对餐厅地址的选择要做深入的调查和周密的考虑，妥善规划。所以最初的选址尤为关键。

第三，位置所属商圈决定了项目的选择和产品的定位。

餐厅的选择和定位都由位置所属的商圈决定，是否获利也要受餐厅周围环境很大的影响。此外，经济水平、消费习俗等很多因素都会影响一个店铺的成败，脱离了开店环境谈一个店铺盈利与否，纯属无稽之谈。餐厅经营战略及目标的确定，首先要考虑所在区域的社会环境、地理环境、交通状况及市政规划等因素。依据这些因素明确目标市场，按目标顾客的构成及需求特点确定经营战略及目标，制定包括广告宣传、服务措施在内的各项促销策略。

第四，合适的位置是餐厅的推广法宝。

成功的选址对于树立餐店形象、提升餐店知名度有着重要作用。合适的选址要求店址有很好的能见度、便利性和符合营建要求，无形中为快餐店作了很好的宣传广告。把餐厅选在每天人来人往的地方，可以极大地提高可见率，如此天然的位置无疑是餐厅推广的一大优势。

餐厅选址的基本原则

现在，餐饮业成为投资热点，是因为餐饮市场没有太大的技术和资金障碍，但是这样也加大了餐饮业的竞争，对于经营者来说，餐厅的选址对于餐厅的经营来说至关重要。餐饮的消费人群广泛而复杂，这就导致了市场需求的多变性，这就要求餐厅经营者要了解市场规律，抓住行业脉搏，并懂得如何去抓住人们的胃口，以此来铺平自己的致富之路。很多情况下，餐厅的位置往往决定了餐厅经营的成败与否，所以开餐厅之前一定要了解选址的一些基本原则：

第一，市场原则。

餐厅的地理位置、规模档次、设施设备、餐饮内容和服务都应以目标客源市场作为出发点，餐饮选址应尽可能地方便目标客源，并且与目标客源所属的地区相吻合。

如果餐厅主营快餐，那么毫无疑问理想区域是流动人口较多的商业购物区、大中专院校附近、主要交通干道附近等场所；如果其用餐环境较为雅致、菜肴精美、讲究服务和用具，那么此类餐厅最好开在高档住宅区、金融机构等所在地区，因为它主要针对的客源市场是商务宴请、社交活动以及高收入者。

第二，方便性原则。

表现在选址地点应尽可能靠近顾客所在地或适当方便顾客前来餐馆用餐的地点。如人流较为集中，交通便利的车站、公园、娱乐场所、居民区、购物区等。而且还应考虑人的流动特点和停留特点。总体来说，寻找“稳赚不赔”的黄金店面，最基本的原则是顺路。对经营餐厅来说，“食客流”就是“钱流”，千万不要因为怕竞争而选在偏远地区。其实，商业区餐厅比较集中，反而有助于积聚人气。不起眼的地方，一般顾客是不易寻找的。

第三，可见度原则。

评价餐厅可见度高低的办法就是看餐厅能够从几个方向被人们看到。一般来说餐厅最好直接面对街道或者其他顾客能直接看到的位置。

第四，稳定性原则。

餐厅的选址应尽可能地选择经济和治安比较稳定的区域，重点还要考虑所选地点在预期经营期内不能受到城市扩建、改造、违章的影响。

第五，投资回报原则。

由于餐饮投资的回收时间越来越长。因此选址时要充分评估地价、租金、基础设施费用、劳动力成本、原材料供应、各种税费的有关规定等成本费用因素，并且预测餐厅可能的营业收入，以及经营过程中可能碰到的问题。

第六，因行制宜原则。

也就是要善于选择与经营方向相辅相成的商店作邻居。比如一家餐厅应该靠近一家甜品店，而不是临近修理店或酒吧，因为与周围商店的经营方向相协调，附近商店的顾客就很容易也成为这家商店的顾客。甚至可以把餐厅开在著名连锁店或强势品牌店的旁边。因为在这些地方他们肯定做过市场调研，人流和客流都有保证，你可以借助这个便利条件来开自己的餐厅。餐厅销售的商品种类不同，其对店址的要求也不同。餐厅要求开在人流量大的地方，要选取自发形成某类市场的地段开设餐厅。人们一想到饮食就会自然而然地想起这条街，比如“××× 美食城”、“××× 美食一条街”，等等。

总之，选址时要充分评估地价、租金、基础设施费用、劳动力成本、原材料供应、各种税费的有关规定等成本费用因素，预测餐厅可能的销售收入，以及经营过程中可能碰到的各种问题。

选址要多做调查研究

有一个投资者准备开一家餐厅，他看中了一个铺位，但又无法确定这个铺面的价值。于是，他在这间铺面附近整整观察了三天，一个不漏地记下三天内经过铺面的人数。这三天付出了很多，也很辛苦，但是这种辛苦是值得的，是能够获得回报的，因为他获取了开餐厅所需的第一手资料，他依据这些第一手材料和其他信息在那个地方开了一家赚钱的餐厅，至今仍生意兴隆。

所以在餐厅选址时，单纯的技巧是不管用的。在选址这个事情上，一定要亲自考察，尽量不要听信别人的信息，因为这些信息不一定准确，接收了不准确的信息，反而给自己徒增烦忧。餐厅选址不能只是看材料，在头脑里勾画可行性方案，要亲自出去跑，出去看，实地调查，这样才能找到自己餐厅适合的地段。这种方法看起来很笨，但是这是最不容易出漏洞的方法，自己实地考察，再通过比较分析，即使劳神费力，只要给餐厅找到一个合适的地段，也是值得的。多跑路肯定比较辛苦，但开餐厅本来就是件辛苦事，特别是在起步阶段，可是不能吃苦，怎么能做很成功的餐厅呢。

那么，我们在调查的时候都需要从哪些方面入手呢？

（1）要调查周围环境。通过自己的观察以及询问，来了解餐厅周边的环境，是否属于商业区或者工业区，周边的商圈环境如何，周边居民的消费水平怎样等，这些都需要经营者实地去体验和了解。

（2）要调查客流量多寡。通过网上查找一些专业的统计方法，花时间到周边的地区统计人流量，特别是用餐时间的客流量多寡，这个直接影响到餐厅的潜在消费量。

（3）要调查竞争环境。以餐厅选址地点为中心，考察方圆两公里内的同类餐厅数量，统计是否趋于饱和、选址是否还具有发展潜力等问题。通过一些统计学和经济学的理论套用来综合考虑选址的综合发展潜力以及估计竞争的激烈程度。

总之，为餐厅选址是个实在活，不要怕吃苦，这样将来才能更好地赚钱。单纯靠二手信息或者道听途说是很难了解到事情的真相的，而因为此造成的盲目决策是让人感到十分惋惜的。多跑多看是餐厅选址的最好的方法，但光跑光看还不行，还要做到勤问。顺便问问附近餐厅的经营或其他与经营无关的情况，有时会得到意想不到的收获。也可以实地了解一下当地人在生活中有什么不方便的地方，这样一来你在选址的同时，甚至连餐厅的经营目标也顺带确定下来了。

巧用环境来选址

身为一家大医院护士的庄小姐观察到这样的一个现象：不少到医院陪病人看病的家属，到了中午吃饭时，宁愿多走几步过马路到医院对面的饭店进餐，也不愿到医院旁边的餐厅吃饭，她与这些病人家属谈起：“咦，叔叔阿姨，医院旁边的饭菜相对来说还实惠些，可是你们为什么舍近求远不去那吃饭呢？”

大家这样回复：“我们是怕离医院太近的餐厅不卫生。”

原来是心理作用在作祟。

在餐饮行业中，长久以来流传着这样一句商业法则——一步一市，转一米，差一里。听起来这比较残酷，但是商战竞争就是如此激烈。餐厅的选址有很大学问，比如不能把餐厅的门朝向辅路开，因为这样与客流相悖。如果餐厅一边的门口已经朝向了辅路，那么就要保证有另一个门口朝向主要道路，这样才可以弥补朝向辅路门口的不足。

还有一种现象让投资者们深思，就是在同一条商业繁华街道的不同街面开餐厅会有截然不同的效果，有的商业街餐厅只有一面旺。而且，拐角的位置往往是很理想的，因为位于两条街道的交叉处，会产生“拐角效应”，餐厅就可以相应地增加橱窗陈列，汇集更多的人流，吸引更多的过路行人对餐厅进行关注。

那么如何应用环境来选址呢？一般来说，利用环境来选址，餐饮行业认为，适宜新建餐饮的地基不仅要能够承载起餐馆这一建筑物，还要考虑其影响到餐馆运作的大气、水质、土质的清洁度。最好是餐馆附近无地下污水、无垃圾堆、无放射性等污染源。这种要求不仅仅是对顾客的负责，还解决了一些顾客心理上的犯忌。

除此之外我们还可以从这几方面得到启示：

1. 灯下效应

灯下效应其实是一个有趣的现象，夏日的晚上，街区的两个路灯下人群都在休闲、娱乐、谈天，而两个路灯中间却空无一人。“灯下效应”在餐厅选址实践中有一定的实用性，两个街口有如两个灯位，街口通常客流量比较大，如果两个街口中间有购物中心，顾客流向是从街口向中间聚集，然后再向两边扩散，这时街心、街口均属好地头。

2. 隔离栏栅

餐厅的选址条件应考虑各方面的因素，市政规划也要在考虑的范围内，否则在开店后门前马路中间加上了隔离栏，则会失去一部分顾客，特别是乘车和开车来的顾客。隔离栏另一侧的顾客因为不易到达而舍你去对面的餐厅或同类型的餐厅。

当然，人行斑马线、人行天桥或过街隧道是克服隔离栏的有效措施，但如果与餐厅相距较远，则应重新评估客流量，营业额也大打折扣。理想的状况是，过街天桥或过街隧道直接进入物业本体以增进易达性。现在，地铁出口一般都与餐厅相通，过街天桥也可以直接进入餐厅、过街隧道通餐厅负一层相连。这样会增加餐厅的客流量。

3. 广告方位

广告费的开支是餐厅的良性开支，餐厅广告及路牌广告是餐厅最忠实的伴侣。肯德基之所以成功，是因为每年数亿美元的媒体广告费，不仅媒体广告，餐厅广告和路牌广告也是比比皆是，这是餐厅学习的榜样。除了餐厅的广告位外，在选址物业的不同方向、楼顶均应争取广告位。

总之，一间餐馆除了具备自身的硬件设施以外，周围的建筑物、场所、街道等都可以为餐馆营造出一个用餐环境。像广州沙面的一些酒吧和餐厅，充分利用了它所处地域先天的地理优势，其经营理念和店面的装潢设计都与当地本身就拥有的欧陆风情相协调统一，顺理成章地为顾客提供了一种“食情调”的用餐环境。

学习肯德基选址的经验

相信大城市的人早就发现了这样的一个现象：有一家肯德基，旁边往往就有一家麦当劳，反之，有一家麦当劳，不远处就能找到一家肯德基。好像两家美式快餐在这里叫较上了劲，不成为“好邻居”谁都不甘心。

肯德基属于世界上最大的餐饮集团百胜餐饮集团。在世界的各个角落，中国的每个城市，我们常常看到一个花白胡须、白色西装、黑色眼镜的老人的笑脸，他就是著名快餐连锁店“肯德基”的招牌和标志——哈兰·山德士上校。

那么在肯德基旁边开店有什么好处呢？这是因为在市场调查的细致和准确性上，肯德基是备受称道的。在进入每个城市之前，肯德基在选址方面都要做极为细致科学的调查研究。他们往往通过有关部门或专业调查公司收集这个地区的资料，然后根据这些资料开始划分商圈。商圈规划采取记分的方法。比如有一个大型商场，商场营业额在 1000 万元的加

1分，5000万元算5分。一条公交线路加多少分，一条地铁线路加多少分，肯德基的调查部门都有相关标准。这样，通过细致的打分，调查人员接着把商圈划分成几大类。以北京为例，有市级商业型、区级商业型、定点消费型、社区型、社区商务两用型、旅游型，等等。在商业圈的选择上，肯德基既考虑餐馆自身的市场定位，也会考虑商圈的稳定度和成熟度。肯德基的原则是一定要等到商圈成熟稳定后才进入。

在商圈得到确定之后，调查人员接着要考察这个商圈内最主要的人群聚集点在哪里。比如北京的王府井，它是个热闹的商业区，但并不是王府井的每一个地方都会是聚客点。肯德基所追求的目标，就是力争在人群最集中的地方开店。

地点确定下来后，调查人员还要搞清楚这一区域人的流动线路是怎样的。比如在地铁口，人们出来后都会向哪些方向走，每个方向的人流量会是多少，调查人员都要实地掐表测量。得到数据后，再将采集到的数据输入专用的计算机软件，这样就可以测算出在此地开店的前景以及投资额最多是多少了。实践证明，这样的市场调查极少失误，所以肯德基每新开一个店铺，基本上都能取得成功。

肯德基的竞争对手麦当劳正是看到了肯德基调查的精确性，钻了一个竞争的空子：它自己不进行市场调查，而是采取跟进战略——肯德基开到哪里，它就跟到哪里，这也从反面说明了肯德基市场调查的成功。

对于我们普通的餐饮者来说，肯德基在选址上至少有五个原则值得我们学习：

（1）一定要有明确的目标。针对的消费人群是年轻人、儿童，选址一般都在这些人经常出没的地方或者是繁华的市区。

（2）一定要长远考虑。符合整个城市的发展规划，一般不设在已经没落的商业区，也不设置在住宅区内。

（3）讲究卫生醒目。最好有利落的落地窗，更能体现清洁卫生、方便安全、物有所值的经营宗旨。

（4）不急于求成。黄金地段的房价往往过高，当房主要价超过投资心理价位时，肯德基一般不急于求成，而是先放下，去开发其他店，用其他店的成功去影响房主。

（5）优势互动。肯德基往往选择品牌知名度和信誉度较高的“家乐福”、“沃尔玛”等知名百货商场附近开店，这是一种双方的互惠策略，既可为百货商场带来客源，又吸引逛商场的顾客到肯德基就餐。

所以对于初入餐饮业的人来说，肯德基选择的技巧很值得我们学习。尤其是对于从未做过餐饮行业的人来说，选址本来就是很有学问的，在肯德基附近选址，就不需要劳心费力去做市场考察，更不需要支付任何考察费用，即可选个安全可靠的最佳开店地点。

当然，这样做好处是可以省去前期选择的筹备工作，坐享其成；另一方面当然会损失一部分潜在的客户。不过如果餐厅经营的产品和KFC没形成有很大的竞争性关系的话，那么不妨可以尝试一下这种便利的方法。

餐厅选址的几大典型战略

1. 选在交通便利处

我们先来看两条广告：

“88元享原价118元周记茶餐厅精美下午茶双人套餐！地处繁华商圈，交通便利！蒸点六选一、炸点五选一、冰沙二选一、饮品六选二，品味地道经典港式小点！”

“布鲁兹西餐厅双人套餐！原料进口，英国大厨亲手烹制，地处三元桥黄金地段，交通便利”。

细心的人会发现，虽然这两则广告差异很大，但都涉及到了一点，那就是“交通便利”。人们常说，一件事情的成功离不开“天时地利人和”这三个必要条件，那么，对开餐馆投资者而言，“地利”这一说法就包括餐馆四周的环境和交通方便程度。

交通的便利性是餐厅选址要考虑的重要因素。餐馆所处的交通状况，要考虑到由车辆到行人通行组成的交通流量。交通流量往往意味着餐馆客源的多少与消费层次的档次。交通方便与否制约着餐馆两个方面，一是原材料运至餐馆是否方便，餐馆所处路段是否允许泊车交货，其交通线路是否被规定为单双日准许；二是餐馆离附近车站、地铁站的距离和方向如何，通常是距离越近，客流越多。

各城市的交通要道，人流车流大的道路通常也是餐厅云集之处，在这类地段开店通常都能有较大的潜在食客。

汽车、火车站附近，来往的乘客是最主要的顾客群。来往的人越多，潜在的顾客就越多，在这样的地段开餐馆，其前景还是比较喜人的。

2. 选择客流大的地方

一个餐厅要使自己的经营得以维持和发展，必须有足够的客流。为此，店址选择必须进行客流的调研与预测。客流的调研与预测可以通过观察法或询问法进行，具体操作比较简单，但是需要花费较多的人力。而对客流的分析则在客流调研与预测中占有重要地位。商店客流一般分为以下三种类型：

（1）本身客流。指客流中专为到本餐厅消费的部分。本身客流的多少，是影响餐厅经营效益的重要因素。一般而言，餐厅的形象越好，本身客流越大。而餐厅周围的竞争状况也是影响本身客流的重要因素。

（2）派生客流。指客流中出于其他目的到达餐厅所在地区，而顺便进店的部分。派生客流的大小，主要取决于周围的环境，比如，处于大型、著名商店的周围，往往也有较大的派生客流。当然，派生客流是否真正成为餐厅的现实顾客，还要靠本身的努力。

（3）分享客流。指客流中从临近其他餐厅的顾客中分流到本店的部分。如果在同一地区设有同类餐厅，客流往往会在餐厅之间分流。

不同的客流有不同的行为规律。一般而言，不同客流在消费类别、流动速度、停留时间等方面都会有所区别。比如，本身客流往往有明确的消费目的，停留时间相对较长，购买的商品以日常用品为主。

总之，选择店址时的一个重要原则便是确保餐厅面向的街道有足够大的客流量。因为餐厅处在客流量大的街道上，受客流量和通行速度影响最大，来餐厅就餐方便，这样可以避免没有客源的问题。

3. 选在停车便捷的地方

随着私家车的迅猛发展，餐厅门前有没有充足的停车位已经成为影响餐厅发展的主要因素，特别是在北京、上海、广州、深圳等大城市。据有关资料统计，顾客开车出门购物的比率正在逐年上升，很多餐厅或高级聚会场所，都已采用“代客泊车”的措施，也确实吸引了很多顾客。位于郊区的购物中心或量贩店，亦因有停车场而让顾客趋之若骛。

不妨看看现在的大型餐饮店，门前设计了宽大的停车场，晚上人多的时候配置专业人员在门口现场指挥顾客按秩序、按要求停车就餐，否则的话一些有车的人大多会因为找不到停车场而另选地方。如果停车场设计、管理不规范的话，直接影响顾客进店以至于在店前造成交通堵塞或者发生一些纠纷。

餐厅如果有专业的停车场作为配套措施，那就再好不过了。这也符合市场的要求。这样的餐厅开业之后，要加强对停车位的管理，要做到停车位干净整洁，路标指示要明确；对于有重要障碍物的地方要设计路障提示；对于积水、垃圾要及时清理，冬天要防止路面光滑以防顾客下车摔倒，也可以将停车场划分成轿车停车区、自行车停车区，并以专业的色彩和图标做出准确的标注，这样才能让消费者放心。如果停车场在卖场的周围和旁边，可以和停车场达成协议，给进店消费的顾客提供免费的停车服务。

所以餐厅周围或者旁边乃至于店前有没有停车场，直接影响餐厅的生意好坏，选址要选在停车方便的地方。当然，车位的难求是众所周知的事，但如能在可能的范围内能将停车场的规划列入，此点可帮助餐厅吸引更多的客人。

餐厅选址要规避政策风险

餐厅经营要有自己的有特色，还有一点也应该特别注意，那就是餐厅经营的政策风险。

第一种可能面临的风险是拆迁风险，所以当经营一家餐厅想租店面的时候，一定要看看对方有没有产权证。这是很简单的一件事情，但是很多人却一点也不在意，等到店面一眨眼间全被荡平，才追悔莫及。所以规避拆迁风险，是餐厅经营者一定要考虑的问题。

另外有几点特殊情况，一是大产权证，比如一个小区，尚未办理分户产权证书，那可能有一个大的产权证书，其中包括住宅楼和临街商铺。还有一点是军产，军队房产由于属于集体土地，或者划拨用地，没有交纳土地出让金，因此没有产权证书，但军队房产因地方政策变化被拆迁的风险要小很多，具体也要区别对待。

还有一种是待办理房产，由于新开发或者遗留问题，尚未办理房产证书，这类房产只要有建设用地规划许可证或开工证等相当手续就可以了。但其风险会高一些。当然如果是新开盘小区，就另当别论了。

除此以外要注意消防风险，其实对于餐厅的开业来说最大的风险是消防风险。因为消防管理实行一票否决和终身制，因此把控很严。现在500平方米以下的消防审核权在区消防，500平以上的在市消防，需要从项目中心报审。而新的食品安全法实施以来，要求所有新开餐厅及餐饮和食品加工餐厅必须办理消防和环估手续，不然无法办理营业执照。

开餐厅需要报装修消防手续，审批过的是主体消防手续，需要报审的是装修消防手续。一般报审装修消防手续需要提供主体消防验收合格意见书，然后有设计公司设计提供消防设计图纸。还有一点，对于1984年《消防管理条例》颁布实施以前没有消防验收手续的建筑，可特殊情况特殊对待。

然后是环评风险，环境评估500平以下由各区环保局审批，最主要的审批内容是：化学污染物对周围环境的影响、噪声污染及光污染以及附近常住居民的反应，等等。自新的食品安全法实施后，环评已经成为必不可少的一道坎，很多以前开的或者刚开业的，坐落在居民楼底商的很多餐厅都无法获得环评审批，但由于过渡期的原因，很多餐厅采取的是办理临时营业执照的办法，这也不失为一条妙计。

对于一些新建小区的底商，如果楼上是居民楼，那就要特别注意了，能否开餐厅一是要问物业人员，另外是问一下原来总的环评报告中有无餐饮内容，如果没有，那十有八九需要另外选址了，如果有，那就需要先咨询一下环保局的管理科。

哪些地段不宜开店

经营餐厅选择地点是非常重要的，如果地点选择不好，生意也会随之不好，结果当然没得钱可赚了。但对于没有任何投资经验的人来说，同时也没有选择与创业内容相关的地段的经验。选址是开店的第一步，谁都愿意选一个生意兴隆的旺地，但事与愿违的情况并不少见，即便是有经验的商人也有看走眼的时候。那么到底哪些地段不宜开餐厅呢？

第一是快速车道边。由于快速通车的要求，公路一般有隔离设施，两边无法穿越，公路旁也较少有停车设施。因此，尽管公路旁有单边固定与流动的顾客群，也不宜作为新开店选址的区域。顾客通常不会为一项消费而在高速公路旁违章停车。再有就是在城区内的马路边，如果没有较宽敞的人行步道，而人行步道又没有很好地与快车道隔离，那么最好不要选择这样的地点，因为这样的地点没有停车位不说，也容易让顾客有不安全的感觉。

第二是居民少的地方。周围居民少或增长慢而商业网点已基本配齐的区域，这种地区不宜作为餐厅的新店址，这是因为在缺乏流动人口情况下，有限的固定消费总量不会因新开餐厅而增加。

第三是同一地区楼层高的地方也不宜开店。有的创业者还有这样的奇特想法，比如想在一个高层的二楼缓层开店，目的就是就给这个高层的人服务，让高层的人不用下楼就可以接受到服务，其实这是错误的想法，这种地方不宜开设餐厅，这不仅会因为楼层高开店，不便顾客就餐，也会因为楼层高开店一般广告效果较差，且食材补给与送餐都多有不便。消费者往往先选择对比，然后才能就餐，即使有的直接就在你那里吃饭，也是数量很少的一部分。

第四是坡路上不宜开店。餐厅不宜开在坡路上。要想便于顾客进店就餐，就应该使餐厅地面与道路路面基本处在一个水平面上，这样比较有利于顾客进店。但是，虽然道路平面与餐厅地面高低悬殊的地方并不是餐厅理想的选址地点，可是大城市的地都是寸土寸金，在地下、楼上的楼层或在有几级台阶的房屋开设餐厅，也是常有的事情。遇到这种高低悬殊位置时，对于餐厅的门面、人口、天花板和招牌等设计安排就要特别注意，既要有利于吸引顾客进入店内，又要方便出入。楼梯、阶梯门的宽度尤其应仔细推敲一番。

如果餐厅不得不设在坡路上的话，就必须考虑在餐厅与路面间的适当位置设置入口处，以方便顾客进出。

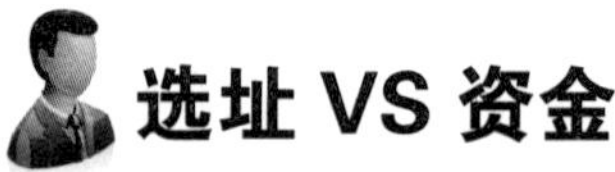

选址 VS 资金

1. 选址不怕租金高

开餐厅时，如果有两个店可以选择，一个是年租 1 万可以赚 3 万，另个是年租 4 万却可以赚 10 万的店面，你会选择哪个呢？

选址一定要多动脑子，要不以后做宣传就得费大劲了！例如在市区、或在繁华地带选址开店，不要被高房租吓到，而是要认真分析投入这笔资金能带来多大效益。很多时候，在通常情况下，只要你的经营方向、经营策略、选择的货源没有问题，在这些地方往往是高投入高回报。这就是为什么火车站、客运码头的那些餐馆，虽然价格高而生意照样火爆的重要原因。

一般而言，租金高的店址必定有其独特的优势，占尽“天时、地利、人和”的店址毕竟不多，占其中一个或两个因素的店面就有了增值的资本。好店址的高租金并不是一天两天形成的，也不是任何人可以抬高的，它是房东和租户在长期利润分成较量中形成的契合点。租金高到租户无钱可赚，那么再好的铺面也租不出去。因此，花大钱开个大餐厅，不如花大钱开个好餐厅。

选择租金高的店铺会给你带来以下好处：

（1）水涨船高，餐厅的菜品随着店面的升值而提价，相应的，店主赚的钱也会更多。

（2）占据各项优势，将餐厅发展壮大的概率比较大。

总之，好地段虽然寸土寸金，但正常情况下你赚的钱总会大大超过租金。正如人们常说的，门市生意是地点的生意，一般只要餐厅经营理念对了，都是高投入高回报。要舍得在店址上投资，与其开个大餐厅，不如选个好店址。

2. 资金有限时怎么办

对于创业初期资金较少的餐厅老板，除了想办法筹钱之外，要在各个环节上节约。从选址上开始巧妙减少资金投入，遵循的原则自然是尽可能地减少支出，当然也要保证开店之后有利可图。在此提供几种资金有限时比较经济实用的选址方法：

（1）选择适合自己经营业态的商铺。

这也就要求我们的经营者首先要对餐厅及目标消费群体有清醒的认识，在选址时避免盲目从众，从而降低开店成本。

（2）注重市场调查。

搞好餐饮市场的分析预测，可以向专业人士请教，测算出投资的最低和最高收益。同时充分发挥自身所掌握的知识和技能，把其作为选择店址的一个有利条件。

（3）注意铺位的性价比。

不同地域环境、交通条件、修建物构造的店面，租金会有很大出入，有时甚至相差好十几倍。对餐厅经营者而言，不能仅望外表的价格，也要考虑租金的性价比。举例来说，对月盈利在2万元左右的餐厅，其月租金在3000 ~ 5000元比较适合，能保证一定的毛利。

总之，每一个希望能尽可能减少投资的开店者，在选址的时候就要多多留心了，虽然资金有限，开店者依然可以通过发挥自己的聪明才智和利用有利的客观条件节省支出，以防因资金不足而陷入重重困境。

签订租赁协议要慎重

店面租赁合同在现实生活中是一种常用的合同类型，店面租赁合同看上去比较简单，合同条款也比较少，但租赁合同的纠纷却时常发生。根本的原因是甲乙双方当事人合同条款订得不全面，在履行店面租赁合同过程中经常会出现一些原来没有考虑到的情况。为了避免纠纷，餐厅经营者在签订及履行房屋租赁合同时应当注意以下几个问题：

（1）租金的计算及支付方式。年租金标准一般是固定的，但也可以双方约定租金按一定比例或一定金额每年递增。租金支付时间，由双方约定，按月支付，按季支付，或按年度支付，但在约定按年度支付时，双方应约定年度的概念及起始时间，否则，可能引起误解。

（2）租赁店面的交付。合同中应当约定店面的交付时间。租赁店面交付时，双方应约定派代表到现场检查店面的完好情况，应当结清前期的水电费、通讯费、闭路电视费等有关费用，并签署房产交付确认书及有关财物移交清单。一般的租赁形式都会允许承租人有一段时间的装修准备时期，这个时期店面是完成交付的，但租金应该从约定的时间算起。

（3）店面面积是否准确无误。常常有这种情况，完成租赁后实际测量的面积比合同上少。这种情况下，可以按照中间差额面积扣款，明确载于合同上。

（4）在合同上明确注明除店面租金以外的其他一切费用由哪一方交纳，或共同以什么比例分担。

（5）明确注明租赁的起止日期和有关费用的具体支付办法。

（6）要在出租方的各种物品交接清单上签字。要求出租人在店面出租前结清水、电、暖、煤气和其他费用。

（7）注明押金的意义。押金一般为租金迟付、不付或损害建筑及物品等情况发生时的风险担保，合约期限期满后，若未发生以上情况，押金必须退还承租方。

（8）需要注明天灾及不可抗拒的因素造成直接经济损失及合同终止等情况，不需要由承租方负责经济损失。

（9）核实出租方是否为真正产权人。租房虽然是一件小事，但为避免上当受骗或发生不必要的纠纷，一定要细心。确认出租方是否是房东，签订行之有效的租房合同，确保万无一失。

（10）还要注意调查店面有没有法律方面的纠纷，是否被银行或法院扣押或被其他机构拍卖等，你应该尽量避免产权有纠纷的店面，或者在租房期间发生产权纠纷的店面。如果是租用的老旧店面，你应咨询今后是否会拆迁。如果是新建店面，要考虑店面是否有隐性的建筑质量问题，以免日后店面房产出现质量问题，在租用新建店面时，最好能在租房协议中明确谁负责房产的日后维修。

（11）违约责任。双方应当约定，一方违反本合同有关条款，应向对方支付多少违约金，违约金也可以分项约定。还要注意，如果是一方中途违约，导致合同被提前终止，承租方装潢的财产及损失如何处理，也要在合同中约定。

假如店面开价明显低于一般市价的房租，那么就要警惕了，大概是店里的产权、或是店面的债权有问题。

总之，由于店面租赁中介的准入门槛较低，一些根本不具备经营资质的主体也混入其中，他们提供的服务质量不好，导致纠纷时常发生。目前中介行业还没有一个统一的、标准性制式协议或合同，市面上中介提供的协议或合同往往存在规避自身责任，无法有效约束和兑现各方权利和义务等问题。因此，店主要提高自我保护意识和法律意识，避免仓促签约，对那些无资质的中介或者面对不合理或不平等的协议及合同时，一定要果断拒绝。不要因为贪图小利而耽误了自己的餐厅梦。

第三章
给餐厅起个好店名

 好店名是餐厅的金字招牌

在人来人往的步行街，有两家档次和装修风格相似的餐厅，一家叫“美食轩”，一家叫“吃一碗”，做为食客，哪家的名字更吸引你呢?

大千世界，芸芸众生，想让身边的人记住我们靠的是我们的名字，饭店亦是如此，一个不同凡响、创意独到的餐厅名称经常能带来十分突出的效果，而一个用字生涩、名不副实的店名往往会招致消费者反感，给餐厅经营带来不良影响。

古人说：“名不正则言不顺。”一个好的名字不光是便于称呼，且还能通过其音、形、义来昭示事物的不同内涵。就以人的名字为例，在通常情况下，见人时必然会联想到名，换言之，看到名如见其人，感觉是出双入对且息息相关。因此，好名字的重要性是不言而喻的。

好的店名是经营决策的关键，绝不能等闲视之。一家餐厅的名字伴随着整个餐厅的经营全过程。为餐厅取一个好名字，从符号学上就占了先机，这是餐厅外观推销的第一步。店名之所以成为餐厅的第一推销员，是因为顾客第一次走进餐厅，需要接受和获取许多和购买有关的信息，而最先获得的却是餐厅的名字。餐厅店名的推销作用甚至比餐厅中专门从事推销的服务员的作用都重要。好的店名，能起到传达餐店经营理念的作用，从而有利于经营者为自己的餐店打开销路，产生“名牌效应”。

如果餐品、饮品好但店名不佳，就会影响顾客的食欲。而且，顾客们普遍有这样一种心理：凡是闻名的餐厅，其所有产品都会是好的，所以好店名有助于餐厅用已经打响的产品来带动其他相关产品的销售。

一个好的店名可以让顾客过目不忘。饭店名称是否妥当直接关系到饭店的生意和形象，店名的好坏对消费者的视觉刺激和心理影响是很重要的，是能否引起消费者好奇心和能否把餐厅牌子打响的关键，尤其是因其音、形、义而给消费者的第一印象更显得重要。

优美的称谓很容易带给人良好的印象，反之，若名字取得阴阳怪气，不免给人留下不良印象。因为这样的误会令餐厅莫名其妙承受不平等待遇的例子并不少见，其教训也是十分深刻的。一个好的餐厅命名通常音韵和谐、字义文雅、取词恰当，光听其名就能使人产生亲切、祥和的感觉。例如“美食轩”这个名字，作为一家经营餐饮的餐厅，往往会由于其名称的精致、文雅而令消费者产生一个良好的印象。只要店名取得好记易懂、恰如其分，往往在开业之初便能吸引众多顾客，取得开门红。

对于将开设一家餐厅的业者而言，给餐厅取一个好名字是餐厅实物形象设计的第一步，它直接关系着顾客对餐厅的第一印象，关系着餐厅对潜在顾客的吸引力。

餐厅取名的依据和忌讳

餐厅起名有一套独特的规矩，因为餐饮本身的特色，餐厅起名一般要遵循以下三个原则：

1. 不要用生僻字和多音字

生僻字容易让顾客叫不上或者叫错，这样的名字不仅顾客记不住，即使顾客记住了，也不会给你做宣传的。比如有家火锅店取名叫“土垚火锅店”，很多顾客都不知道“垚”字怎么念，每当说起这家店总是说“那什么三个土的店”，这样的名字不但拗口，还难记。

我国汉字中多音字占很大一部分，这是因为汉语有一字多义的特点。如果将多音字用在餐厅的店名上，则会给人带来种种不便，让顾客无所适从，也给餐厅的宣传带来麻烦。餐厅在广告宣传中，要让顾客看得清、记得牢，留下难忘的印象，其条件之一就是要保证店名易懂、易记。为使顾客们易懂易记，一些经营者常用谐音的方法给餐厅起名，而没有顾忌在餐厅店名中运用谐音字可能会引起歧义，引起顾客的不佳联想，削弱宣传效能，影响店铺形象。

2. 雅俗共赏

餐厅取名讲究雅俗共赏，太雅了顾客进餐厅吃饭会有顾忌，太俗了显得经营者缺少文化修养，如“吃不了兜着走餐馆”，太过直白往往让顾客望而却步。

3. 符合餐厅实际

为餐厅起名要做到名副其实，不能太大或太离谱，否则顾客进门会大失所望，回头客就少了。比如说有些人喜欢起很张扬的名字，叫“天下第一饭馆”，那如果客人来吃饭，发现不过如此，那就会起到反衬的作用了。例如有一些档次不高、规模也不大的小店，却动不动冠以某某大餐厅，再不就是纷纷叫作“城”，像什么美食城、火锅城什么的，有的还嫌不够，于是又有“亚细亚”、“五洲”、“环宇”等。名字虽大，其实难副，很容易让人产生华而不实之感。

餐厅命名方面，还有几方面的忌讳需要注意：

1. 忌随意

餐厅取名不能随意改动，命名要稳定。一经注册使用后，不能随意更改，这是因为餐厅的名称经过注册后，又经广告的反复宣传，为大众所熟悉，久而久之，就会形成一种信用、质量的价值体现，就会在社会上产生影响，继而提高广告宣传效果。

2. 忌违法

避免涉嫌侵权。餐厅取名要避免触犯法律。首先，要符合国家法律的有关规定。如禁止使用与国家名称、国际组织名称相同或相近的词语作商标，禁止使用带有民族歧视性的，夸大宣传并带有欺骗性的词句作为餐厅命名。因此餐厅命名要严肃。具体而言，要遵守规定，符合要求。其次，要符合社会文明要求，不能采用那些庸俗以及与社会道德背道而驰的词句作为商品的品牌。

3. 忌晦气、不吉利的字

餐厅名字的含义不吉利是餐厅命名的大忌。因为它不但让名字的主人产生不好的联想、更重要的是让顾客难以接受，这样无形中就会失去一部分顾客。

4. 忌雷同

在餐厅起名上有些人就喜欢模仿，误导顾客，借现有有名气的餐厅来扩大自己的影响力。一些餐厅的经营者将别人获得成功或高知名度的名称用于自己的餐厅。好像一个知名的名声无论用在哪里，都会给它的使用者带来财富和利润。比如有的餐厅叫日日香，其他的新开餐厅就会叫日日旺、天天香，餐厅店名要与同类餐厅有显著的区别，这样才能起到容易辨别的标志作用，反之则混淆不清，影响餐厅的宣传。

因此，在给快餐店起名时一定要避免与同类餐厅店名雷同、仿冒，也要尽量避免虽文字不同，但发音相近或含义相同的名称，这样才能做到与众不同，独此一家，为打造餐厅的知名度提供便利。在这里提醒各位经营者，在餐厅确立一个店名后，一般不宜随意更改。因餐厅店名经注册后，经过促销宣传以及顾客的口碑，久而久之，已为大众所熟悉，在社会上产生了一定的影响。现在的顾客消费观念都比较强烈，一看就知道是山寨餐厅，大部分人都比较排斥这类做法，所以在店名的选择上，还是要追求原创和彰显特色为上。

5. 忌店名不响亮、不易记

店名要容易上口，易于记诵。对于笔画太多的餐厅，从远处难以分辨；字数要少，便于记忆，一般人的记忆以 5 个字为限，因而餐厅的名字最好不要超过五个字。

6. 忌无寓意

餐厅的店名必须具有一定的寓意，应能使消费者从中得到愉快的联想。如“回味鸭血粉丝汤”七个字香味弥漫，让人回味无穷。有了一个店名之后，餐厅的许多活动其实就是在经营这个名称，容易被顾客接受的店名，自然很容易打开市场，不论是在店铺初开阶段还是后期的经营之中，店名的好坏都有着很多影响。

餐厅取名技巧

一个具有高度概括力和强烈吸引力的名称，对消费者的视觉刺激和心理影响起着重要作用，这不仅能给人以美的享受，而且还能吸引顾客，起到第一推销员的作用。古代商号都很注重使用吉祥顺利的字眼，来寓意自己的生意。那时的餐厅大都冠以顺、广、全、泰、祥一类的字眼，为的是讨个舒心吉利。

就说北京著名的老字号“全聚德烤鸭”，它的名字是怎么来的呢？

据说“全聚德”的创始人名叫杨全仁，是河北冀县人，他初到北京时在前门外肉市街做生鸡鸭买卖。杨全仁平日省吃俭用，再加上他对贩鸭之道揣摩得精细明白，生意越做越红火，积攒了不少钱。

杨全仁每天到肉市上摆摊卖鸡鸭，都要经过一间名叫“德聚全”的干果铺。这间铺子招牌虽然醒目，但生意却江河日下。转眼到了 1864 年，“德聚全”干果铺的生意更是一蹶不振，濒临倒闭。精明的杨全仁看出这是个难得的机会，于是便拿出多年的积蓄买下了“德聚全”店铺。

有了自己的铺子，杨全仁想：“该起个什么字号呢？”为了有个好名字，杨全仁请来一位先生。这位先生捻着胡子围着店铺转了两圈，先生眼珠一转，说：“将其‘德聚全’的旧字号倒过来，称‘全聚德’。”

先生一席话，说得杨全仁眉开眼笑。因为“全聚德”这个名称正合他的心意，一来他的名字中带有一个“全”字，二来“聚德”就是聚拢德行的意思，可以标榜自己做买卖讲德行。于是杨全仁便将店的名号定为“全聚德”，一直流传到今天。

“全聚德”的例子告诉我们，一个好的店名，对于招徕顾客起着十分重要的作用，好的店名能为餐厅树立美好的形象，增强对顾客的吸引力。

那么怎样才能取得一个好店名呢？下面具体介绍一下店面取名的方法：

1. 一般开家餐饮店都有自己的特色，可以以特色风味取名

有特色的餐饮店总是很容易招揽客人，如“加州牛肉面”、“老北京炸酱面大王”“阳坊涮肉”等，这些以风味起名的餐厅，让顾客选择起来很方便，还为顾客节省了时间，这样的餐馆生意一般都很不错。

2. 以地名命名也是个不错的选择

一般，以本地地名为餐厅取名的很多。这样的餐馆突出了餐馆的位置和方向，方便顾客找到，如“正阳门酒家”、“前门小吃店”，不过如果有地名重名就要注意了。

3. 以经营者本人的姓氏起名

在餐厅起名上用姓氏做为餐厅的名字是很常见的。如李记大食堂、杨鱼头、黄家菜、年糕张、馄饨张等。这些店名的共同点就是，在店名上不但突出了姓氏，还突出了其经营的内容。这种取名方法能让顾客一目了然，通过店名分析出所经营的具体内容，而且店名很朴实，给人一种亲切的感觉。从而达到吸引顾客的目的。

4. 以美好愿望起名

以美好的愿望作为餐厅的店名在我们身边特别多，如金百万、大快活等。深圳的嘉旺、嘉好快餐店也是使用这种命名方式，香港的“大家乐”茶餐厅等。

5. 以经营题材或菜品作为餐厅名

潮州菜馆、石磨豆花庄、粗粮王、重庆老灶火、东北家常菜、湘鄂情、沈记靓汤、阿婆粥馆、广东早茶、唐人快餐、韩国烧烤、眉州东坡酒楼、傣家村大酒店等都是以餐厅的题材为店名。那么北京烤鸭、麻婆豆腐、狗不理包子、香辣蟹、水煮鱼、紫怡鲍鱼馆、金翅捞饭等都是以招牌菜为店名的。这类名称的餐厅，由于题材单纯容易切入市场，但没有风味和质量作为支撑仍然是不行的，所以风味和质量必须要成为永远的追求，才能永远立于不败之地。不然就会轰轰烈烈开业，又冷冷清清地退出市场。餐厅结合汉字原理起名给人以融会贯通，回味无穷的感觉。餐厅的起名在字义上要健康、有现代感、有冲击力，品味起来有深度，利于传播。

6. 以典故、诗词和事物名称起名

以典故、诗词和事物名称为餐厅起名，简明达观，富有艺术感染力。例如杭州的“楼外楼”、“山外山”酒楼，就是借助宋代诗人林升的著名诗歌《西湖》“山外青山楼外楼，西湖歌舞几时休。暖风薰得游人醉，直把杭州作卞州。”中的句子。“红泥”出自白居易“绿蚁新醅酒，红泥小火炉。晚来天欲雪，能饮一杯无？”的诗句。“知味观”出自古人“闻香下马，知味停车”的对联。

深圳的“满庭芳”酒楼是采用古词牌名。“菜根香”这个酒楼名字是从古典名著《菜根谭》中衍化而来的。古人云：“性定菜根香，静心沉沉，乃得其旨。”被全国多家餐饮企业采用了，官司不断。许多家生意都好，大家都不想放弃这个名字，后来官方还是让大家都注了册，只不过在“菜根香”这个名字前分别加上不同的定语。

7. 采用形象思维创新

一家火锅店取名为“热盆景”名字，真是既形象又美妙。一家卖醪糟的小吃店，号称“金玉轩”，乍一看起来似乎不伦不类，但当一碗黄白分明的醪糟蛋花放在你的面前时，你的脸上不能不出泛会心的微笑。著名酒楼“巴国布衣”，的“布衣”二字，就形象地告诉了顾客，这是一家面向大众的餐厅。前几年当北京各大酒楼都打出“家常菜”的旗号，招揽生意的时候，北京一家新建的川菜酒楼取名为“蜀南人家”，并且把它设计成一个竹林的氛围，一下受到广大食客的欢迎。实际上“人家”就形象地反应出了这是一家“家常菜”，避免了广告似的直露。后来北京相继出现了很多这样“人家”那样“人家”，于是“人家”就变成了一阵风。但是这个名字能引领潮流，说明效果是好的，形象思维是成功的。

取一个让顾客留下好印象的店名

好的店名固然重要，但取店名不能不切实际，给顾客留下不好的印象。好的店名，应该实事求是，切合自身的发展水平与发展现状，保证自身的信誉和诚实度。因此，取名一定要符合这两项标准：

1. 名正言顺，名副其实

古语云："名不正则言不顺，言不顺则行不果。"一旦"行不果"，商家当然也就无法赚钱了。所以，名正言顺应是一个好店名的必备特征。名正言顺、名副其实，也是商家信誉和诚实的体现。我国颁布的《餐厅名称登记管理规定》明确指出，餐厅名称不得含有"可能对公众造成欺骗或者误解"的内容和文字。

目前，在餐厅取名时，比较突出的问题是夸大、攀贵、求洋倾向日益严重。动辄向"皇家"靠拢。皇都、皇宫、皇冠、帝豪、王子、皇后、贵族等店名满街都是，令人目不暇接，仿佛进入紫禁城。更有一些求洋现象有时让人啼笑皆非。一些与异国没有什么联系的餐厅也取洋名，像欧罗巴餐馆等，让人觉得不伦不类。求洋、攀贵、夸大原本是为了招徕顾客，但往往会起到相反的作用。

商号、商标是否与实际相符，人们往往一看便知，而名不副实很容易引起顾客的反感。有的中小型餐厅往往爱给自己戴一个很大的帽子，比如"海鲜世界"、"美食广场"、"火锅城"、"×× 大酒楼"，等等。显得不伦不类，这样的餐厅无论怎麽努力都很难讨到一个好字，还可能经常受到顾客的数落。

我国《商标法》对商标命名有专门的规定，《商标法》第八条第四款将夸大宣传并带有欺骗性的文字、图形列入不得使用的内容之一，对于不符合实际的商标申请，商标局则将依法驳回，不予公告。

餐厅命名实事求是，名副其实，能反映经营者的经营特色，或反映所售货品的优良品质，使消费者易于识别能在林立的招牌中一发而中，并产生购买欲望。

2. 名实相合，务实不夸

按照传播学的要求，店名不应起得太复杂，否则会引起副作用。比如有的餐厅老板喜欢采用重叠字或生僻字为店名，一般顾客不仅不能认识，而且也读不出音来，一般是不进这类难识之名的商店大门。而像"对又来"、"半分利"、"努力餐"、"合口味"等店名，则明白简洁，易于传播。

如果餐厅名实不合，会给人带来一些意想不到的麻烦。比如一个小小的餐厅，不过是临街一间或几间铺面，名字却起得很大很气派，却在其名称前加上诸如华北、华东、西南、西北、中原、中南之类的词，有的甚至在名字前冠以亚洲、中华、宇宙、环球、天宇、广大等字样。这样的老板认为给自己的餐厅也取个很气派的名字，就会引来顾客盈门，这样做其实是自己进入了取名的误区，同时也误导了顾客。

即使这个小餐厅办得不错，菜品质量也好，但名实不合，首先就失去了顾客的信任。本意是取一个气派之名来吸引顾客，却因名不副实的店名而致使顾客心起疑意。这就是自己在给自己掘坟墓。因此在给餐厅起名时一定要名实相符，保证信誉，为顾客留下好的印象。

如何设计店名的标准字

选好餐厅的名字，下一步就是要设计店名的标准字。这个环节不可忽视，因为标准字作为一种符号，通常可以作为餐厅的标志，也能表达丰富的内容，所以在设计时务必精确、到位。

在标准字的设计中，最主要的是要注意名字的协调配合、均衡统一，使之具备美感和平衡。很多餐厅往往请当地的名人题写餐厅名称，并作为餐厅招牌的标准字。一般来说，“四角形字体”易让人联想到机械类、工业用品类；“由线条构成的字体”易让人联想到纤维制品、香水、化妆品类；“圆滑的字体”易让人联想到糕饼、糖果。

在现代市场环境中，餐厅名称标准字的设计方法是值得商榷的。第一，所谓“名人”书写的字或许只有餐厅老板认同，消费者并不认同，某地从大型餐厅到小巷内小饭馆的名称都是当地某书法家的大作，太多雷同使得客人们渐渐失去欣赏的兴趣；第二，现代餐厅的名称往往并不适合过于呆板、严肃的传统书法艺术。

在进行餐厅名称的标准字设计时，建议委托广告设计工作室进行设计。结合餐厅经营的特色，店名的内容以及经营者想要表现出的餐厅的主题来进行美术设计，使得店名标准字整体的感觉能够和餐厅的主题、氛围相互契合，达到吸引顾客的效果。

此外，对于标准字的颜色设计也必须引起足够的重视。心理学家经调查研究发现，各种颜色对人的感觉、注意力、思维会产生不同的影响。有五彩缤纷的色彩，也就为餐厅形象的识别提供了基础。仔细观察一下，比较现代的餐厅，尤其是经营著名品牌的专卖店、连锁组织，它们的字体颜色都是经过精心设计的。虽然小餐厅的店名没有必要花费太大的成本来进行颜色心理的分析，但可以根据最简单的想法来确定标准字的颜色。比如说餐厅主打川菜，以辣为主，那么显然红色能够很好地契合主题，让人感受到辣味。诸如此类的例子，颜色的选择也能够在一定程度上体现餐厅的整体形象。

店标设计的意义

餐厅店标与餐厅名称都是构成完整的餐厅标识系统的要素。店标是指餐厅店面标识系统中可以被识别，但不能用语言表达的部分，可以说店标是店名的辅助，是餐厅店面标识系统的图形记号。有特色的店标自身能够创造商店认知、餐厅联想和消费者的餐厅偏好，进而影响餐厅体现出的质量与顾客的餐厅忠诚度。

好的店标能引发消费者联想，尤其能使消费者产生有关餐厅经营商品类别或属性的联想。

此外还能激发食客的就餐欲望，从而对该餐厅产生好的印象。例如，米老鼠、快乐的绿巨人、康师傅方便面上的胖厨师以及凯勃勒小精灵等。

俗话说爱屋及乌，这些标识形象生动，充满魅力，能够引起消费者的兴趣，并使他们对其产生好感。而消费者都倾向于把某种感情，比如喜爱或厌恶从一种事物上传递到与之相联系的另一事物上。因此，由于店标使消费者产生的好感，在某种意义上可以转化为积极的餐厅联想，它对于吸引潜在顾客到餐厅消费是很有帮助的。

另外，生动的店标能体现餐厅特色。风格独特的店标能帮助消费者迅速记忆并能长期保持此餐厅的印象。检验店标是否具有独特性的方法是认知测试法。即将被测店标与竞争餐厅的店标放在一起，让消费者辨认。一般来讲，风格独特的餐厅标识会被很快地找出来。辨认花费的时间越短，就说明标识的独特性越强。反之，则说明独特性越弱。

给自己的餐厅设计一个独特的店标，以此来吸引更多的顾客会是个不错的选择。那么在设计店标的时候应该注意哪些原则呢？

1. 简洁醒目

店标不仅是餐厅识别的显示器，也是提高餐厅知名度的一种手段。店标在设计上其图案与名称应简洁醒目，易于认知，易于理解和记忆。同时还要求设计风格特色鲜明、新颖，使标识具有独特的面貌和出奇制胜的视觉效果，以对消费者产生感染力，通过带有美感的图案，给顾客带来赏心悦目的感觉。

有许多小型餐厅在店标的设计上过于混乱，线条繁杂曲折，让人眼花缭乱，不得要领，非常不利于发挥它的标识功能。因此，在设计时要正确贯彻简洁鲜明的原则，巧妙地使点、线、面、体和色彩结合起来，以达到预期的效果。

2. 个性鲜明

店标是用来表达餐厅的独特个性，又是以此为独特标记，让消费者识别出其独特的品质、风格和经营理念的。因此，在设计上必须别出心裁，使标识富有特色、个性鲜明，给消费者一种引人入胜的视觉效果。

3. 准确相符

准确相符是指店标的寓意要准确，餐厅名称与标识要相符。餐厅店标要巧妙地赋予寓意，形象地暗示，耐人寻味，唯有如此，才能达到预期的效果。

4. 优美均衡

优美均衡原则是指店标造型要符合美学原理，要注意造型的均衡性，使图形给人一种整体优美、强势的感觉，保持视觉上的均衡。并在线、形、大小等方面作造型处理，使图形能兼具动感及静态美。

5. 顺应潮流

餐厅店标要为消费者熟知和信任，就必须长期使用，长期宣传，在消费者的心目中扎下根。但也要不断改进，以顺应市场环境的动态变化。有的标识用得过久，已不能与时代的步伐合拍，其发挥的作用也就大打折扣了。

选择适合餐厅的招牌

招牌是餐厅最直接的宣传工具，也是店名和店标的载体。一块精致的招牌，能起到点缀餐厅的效果。招牌要大而醒目，使其识别性强，要让经过的人远远就能看见。晚上招牌要有灯光照明。要试验从餐厅的各个方向观察、在晚上观察，看招牌的设计是否能达到吸引注意力的目的。

常见的招牌大体可分为以下几种类型，选择适合你餐厅风格的招牌很重要。

1. 直立式招牌

直立式招牌是在餐厅门前树立的带有店名的招牌。直立式招牌可设计成各种形状，有竖立长方形、横列长方形、长圆形和四面体形等。为增加可见度，招牌的正反两面或四面体的四面都应设计餐厅名称。这种招牌比贴在门上和门前的招牌更能吸引顾客。

在餐厅门口设立一块直立式招牌，可以增加店名的可见度，给南来北往的消费者或过往行人都留下好的印象。同时，它不像门上招牌那样受篇幅的限制，而且在直立式招牌上可以设计美丽的图案。

2. 造型招牌

这里的造型主要是指人物或动物的典型造型，以他们为内容制作的招牌叫造型招牌。这种招牌通常都是以店标为主要表现内容，具有较大的趣味性，能吸引人。店门口树立人物、动物招牌，明显地活跃了店面气氛，增加了餐厅的情趣。同时，可在招牌上列出餐厅的名称和特色。人物和动物的造型要明显地反映餐厅的经营风格，使人在远处就可以看到前面是什么类型的餐厅。

3. 霓虹灯、日光灯招牌

在晚间，霓虹灯和日光灯招牌能使餐厅明亮醒目，增加餐厅在晚间的可见度。比起一成不变的静态灯光来说，这种灯光能活跃气氛，更富有吸引力。同时，这些招牌能制造热闹和欢快的气氛。霓虹灯和日光灯招牌的设计要新颖、别具一格，它们可被设计成各种形状，采用多种颜色。灯光巧妙地变换和闪烁能产生一种动态的效果。不过这种招牌成本较高，在使用时要结合经营者本身的预算来考虑。

4. 悬吊式招牌

这是挂在餐厅门口的招牌。悬吊式招牌挂得高，比较突出。并且一般双面都印上餐厅名称，可使两边过往的行人远远地就见到招牌。它也是一种常见的餐厅招牌类型。

选择好招牌的样式只是一个开始，要配合好餐厅的主题来对招牌进行内容上的设计，突出餐厅名称，便于消费者识别，同时又能体现餐厅的个性特征。这并不是轻而易举的事情，也是有讲究的。下面介绍几种的招牌设计技巧：

1. 内容准确

餐厅招牌是向顾客传递信息的一种形式，不仅要追求艺术上的美感，更重要的是内容的准确。餐厅招牌的内容是设计的核心部分，主要包括店名和店标，也就是店徽。无论是店名还是店标，都是为了与其他店相区别，避免重复、雷同是最基本的要求。另外，还应注意美感和冲击力。

2. 色彩搭配合理

一般来说，用色要协调，同时要有较强的穿透力。交通指挥灯之所以用红、绿、黄三色，是因为这三种颜色穿透力最强，从很远的地方就能看到。因此在超级市场招牌中使用得也很多。北京伍富餐厅的招牌是红、绿、白三色，明珠餐厅是红、黄、蓝三色。当然，在色彩醒目的同时，千万不可忽视了人们的视觉喜好，同时还要结合店名标准字的颜色来进行合理搭配，才能产生美感。

3. 选材精当

招牌材料的选择也值得引起重点关注，既要考虑其耐久性、耐污染性，又要考虑它的质感和成本。各种材料利弊明显，可根据实际情况进行选择。底基可供选用的材料有木材、水泥、瓷砖、大理石及金属材料，招牌上的文字、图形可用铜质、瓷质、塑料来制作。

4. 安置得当

餐厅招牌经过精心设计后，还必须安置得当才能产生预期的效果。这里我们所说的安置，实际上是一个招牌位置的选择问题，有时所选择的位置会决定招牌设计的大小。招牌的安放还要注意视点和视角。一般来说，眼睛离地的垂直距离为1.5米，以该视点为中心，上下25° ~ 30° 范围为招牌设置的易见位置。

第四章
餐厅的装修设计

餐厅常用的主体装修风格

餐厅的主体装修风格，是餐厅内部装修和外部形象设计共同呈现出来的视觉效果，是顾客对餐厅形成第一印象的重要载体。餐厅的外部形象设计关系着对顾客的吸引力，同时外部的形象也是一个餐厅区别于其他餐厅的重要形象标志。因此，开一家餐厅必须把对餐厅的外部形象设计放在首位。

有人将餐厅建筑物的外观造型，分为五种不同的风格。

1. 古典休闲式

其具体表现为：餐厅大厅采用罗马柱、拱形门窗、曲线的整体造型、绿色植物、植物曲线形花纹等，它注重餐厅装饰线条简化，抽离了镶嵌或雕花等华丽风情。风格表现典雅而迷人，颜色偏朝向冷色系，灯光为暖色，并更注意休闲生活实质的需要。线条简化而休闲实用是新古典休闲风格的精神。

2. 中国宫殿式

这类建筑模仿我国古代宫殿风格，外观庄严雄伟，金碧辉煌，多采用朱红柱头，雕染画栋，并饰以宫灯、匾额。大部分用于传统中餐厅或者一些地方菜馆的装修风格。

3. 园林式

这类餐厅一般位于园林之中，一般建造在公园内或旅游风景区内，或者一些农家乐为主题的休闲餐厅。

4. 民族式

这类建筑具有浓厚的中国民族风格，多用于旅游景点中民族特色浓厚的特色餐馆。

5. 现代式

这类餐厅风格比较有超前意念，个性化特强的设计，达到新奇、高档、具有美感的效果，有的还采用玻璃反光幕墙、旋转餐厅，具有浓厚的现代气息。大部分运用于时尚餐厅或者中高档西餐厅。

对于小成本餐厅而言，以上这几种风格都只能是作为参考，因为要达到上述几种风格的效果，需要花费很大一笔装修费用。对于个人经营的小餐厅，可以适当借鉴这几种大风格的某些点，如采用现代式风格，采购一批比较新型的餐桌椅，贴一些具有现代气息色彩特性的墙纸，用简单的点缀来营造现代风格。同样的，可以在餐厅中布置一些盆栽和花草，然后采用复古式的座椅，以此来形成一种园林式的装修风格。结合餐厅的经营特点，合理利用资源，借鉴传统的风格，可以获得意想不到的效果。

除了外观造型，内部装修格调则主要体现在室内饰面和饰物的风格上，例如天花、墙面、灯饰、人造景物、字画条幅、餐具、餐桌椅、服务员的服饰等方面进行点缀和衬托。

另外在主题设计上，应注意考虑以下因素：

（1）餐厅在装修时，要充分考虑到外部环境的因素，不能使餐厅显得突兀与周围观景格格不入；其外观要与周围的环境和谐统一，相得益彰。

（2）因为目标客户是餐厅经营的主要客户群体，也是餐厅经济效益最大的来源。所以餐厅在外观设计上要充分考虑并符合目标客户的愿望，使他们就餐时感到舒适、亲切、自然，从而有宾至如归的感觉。

（3）依据餐厅经营内容、经营形式和特色，通过其建筑外观造型加以表现，使顾客只看建筑物外观，就能基本知道餐厅经营的内容、规模和特色。

餐厅外观的设计原则

生活中，我们看一个人，首先会看的是这个人的脸，餐厅的外观设计无疑就如人的脸面一样为其形象的突出表现部分。许多经营有道的餐厅形象不但能使顾客感到舒适，还能使顾客对其餐厅里的产品、服务以及餐厅的档次产生正面的联想，因此，在进行餐厅外观设计之前，就应该确定餐厅的名称和餐厅的装饰风格，只有根据所选定的名称和风格才能设计出与名称相符的外观及有特色的餐饮环境。

下面就来介绍几点在设计餐厅外观时，应注意的原则：

（1）确定餐厅的主题及主要消费群的喜好，并配合建筑物的特色，设计醒目并能吸引顾客的外观及餐饮环境。

（2）充分展现本餐厅个性。在餐厅内用餐环境设计中，必须根据本餐厅经营的范围、档次、光顾本餐厅顾客的类型和特点，充分体现本店的经营特色，使顾客一看到餐厅的外观，就能产生较深刻的印象和进店的欲望，顾客一进店，就能感觉到特有的气氛。

要能表现出菜品的特色，最好能让消费者一看便知道餐厅的主要菜品是什么。

（3）以顾客为中心。今天的顾客已经不再把吃饭作为一种纯粹用餐行为，而是把它作为一种集聚会、休闲、消遣、娱乐和社会交往为一体的综合性活动。用餐环境的设计，必须坚持以顾客为中心，满足顾客的不同要求。顾客在餐厅内，要求有优质的产品，方便、快捷、舒适、休闲的用餐环境，这就要求设计者努力在用餐环境、桌椅布局、装饰风格的设置等方面使其更符合顾客的用餐特点和规律。

（4）以开放式或透明式的设计为佳，这样可以让顾客亲近及了解餐厅，进而引起顾客进入餐厅消费的欲望。

（5）设计时应注意所在商圈的文化特色，在力求展现餐厅风格的前提下，也要能融入当地的艺术特色。用餐环境作为顾客辨认餐厅的途径，在其布置上应有创意性，具有独特的面貌和出奇制胜的效果，宜于了解顾客的视觉，从而引起注意，产生强烈感染力。这就要求必须遵守艺术的规律，即让它“美”。美首先应是一种和谐。无论是高档的豪华，还是廉价的简朴，只要设计合理，均体现着不同的美。新奇美好的寓意，新颖别致的构思都要通过结构、造型、布局、工艺表现出来。

（6）餐厅的外观的装修与定位要一致。一家餐厅其实在选址之初，就应该看好它的目标群体，即主要面对的食客了，它的目标群体是高级白领还是学校的学生或是普通小区的居民，餐厅的定位不同，也就影响到了它的装修风格。

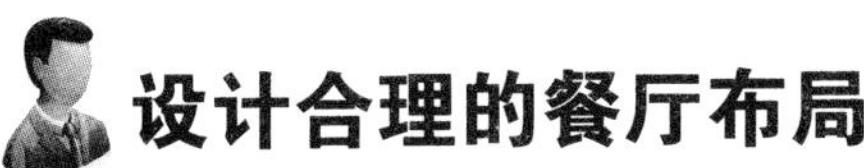

设计合理的餐厅布局

一般来说，餐厅都由三部分组成，即服务功能区、生产功能区和辅助功能区。其中的服务功能区，即给顾客提供用餐和服务的场所，是最为重要的组成部分，也是布局设计时最注重的部分。餐厅布局应该根据店面的实际情况、所配备员工的多少、店面的大小、和营业额发展变化等不同情况，按操作流程进行合理布置。它们的共同要求是：方便设备的摆放、充分发挥各种设备的使用效能；能够提高员工的服务效率，最大限度地方便顾客用餐。根据不同的店面状况，餐厅布置一般有以下几种类型：

（1）沿墙式：即桌椅沿墙布置，由于墙面大多为直线。所以桌椅也成直线布置。这是基本普遍采取的设计方式。

（2）岛屿式：即桌椅以岛状分布，用矮墙隔开，桌椅可制作成正方形、长方形、圆形、椭圆型等多种形式。这种方式一般用于店面面积较大的餐厅，可以充分利用营业面积，在保证顾客流动占用面积的条件下，布置更多的桌椅，采取不同的岛屿形状，装饰和美化餐厅。

（3）正向或者斜向包柱式：既是将桌椅、服务柜等设备与餐厅的结构柱或装饰柱成抱柱布置。斜向布置能使室内视距拉长而造成更为深远效果，使室内既有变化又有明显的规律性，而使餐厅获得良好的视觉效果。

根据餐厅的不同特点，选择布局方式，不一定拘泥于传统的形式，可以因地制宜的设计符合自己餐厅的样式，但是，无论如何 DIY，合理的餐厅布局都要遵循以下几个原则：

（1）明显的反应餐厅特点。合理分布桌椅，特别是靠门一侧是顾客出入最频繁的地方，需要保留必要的通道和等候区。

（2）餐厅的布置上格调宜温馨，光线宜明亮，可适当配合与饮食、福禄相关的饰品字画。餐厅环境应保持整洁，因干净优雅的环境可以增进食欲。

（3）餐厅或餐桌之处宜靠近厨房远离厕所，也不应布局在风口之地。厨房是煮食之所，餐桌餐厅就近厨房，是出于就餐的便利，也防止了油烟油腻在室内其他地方扩散。而厕所乃是家居内的污染源，餐桌餐厅与厕所靠得太近的话，厕所内的阴湿秽气与热腾蒸气冷热相交，可能会污染饭菜导致菌从口入。

（4）有足够的顾客活动空间，能够使顾客平均分散开来。营建人员应了解餐厅的交易次数以及季节变化和业务规律，对设计人员提出合理建议，合理分配设备设施的摆放位置，以便使顾客进入餐厅后，能够平均分散开来，避免忙闲不均的现象。

餐厅装修与定位要一致

先看两个例子：

李师傅在北京新开了一家广西风味的饭店，他的饭店坐落在人流量很大的路口，这里有几个居民区还有两所学校。因为这里平时人流量比较大，所以李师傅也没有刻意把自己的饭店好好装修一番，他新开的这个饭店就和旁边其他几家饭店一样，简简单单并不华丽。奇怪的是，其他餐厅的生意天都红红火火的，而李师傅的饭店开张三个多月了，总是冷冷清清。

原来，虽然李师傅的餐厅和旁边餐厅的装修差不多，但是其主营的菜价格比他旁边的餐厅高出许多。同样的家常菜和风味小吃，顾客觉得这个价格都应该是统一的，但李师傅家却高了些，所以，除了第一开始去他家尝尝鲜的，之后就很少再去了。

还有一位周女士的故事，周女士经营一家装修很有特色、价位又不高的餐厅，面积300多平方米，装修西式，很别致，很有格调，餐厅位置处于一个大型的居住小区旁边。餐厅主营家常菜，人均20多元就可以吃得很好。开业半年来，周女士在网络上、车体上、报纸上做了不少宣传广告，而且印制了宣传册。按说生意应该红火，但实际上生意却一直不好。这是什么原因呢?

原来问题的关键出在装修与经营定位不匹配上。“在外面看就像咖啡厅或西餐厅”，而餐厅卖的却是人均消费20元的家常菜，这让很多想吃家常菜的客人看餐厅外表就“望而却步”，顾客误认为这家餐厅是价位比较高的西餐厅。有些小的餐馆经营者在装修餐馆前，总想将店铺设计得更豪华、更现代。能在激烈的商海竞争中受到消费者的欢迎，结果往往事与愿违，不根据自己餐馆的具体情况，因时因地的灵活掌握装修的内容和档次，过分强调豪华，而忽视了文化品位和大众化的构思，不会收到好的效果。

所以说，给客人错觉是装修中的大忌，一家餐厅的装修与定位一定要保持一致。一家餐厅其实在选址之初，就应该看好它的目标群体，即主要面对的食客了，它的目标群体是高级白领还是学校的学生或是普通小区的居民，餐厅的定位不同，也就影响到了它的装修风格不同。

中小餐馆服务的对象，一般以广大工薪阶层为主。所以，它的装修从表至里，既要有文化品位能突出自身经营的主题，又要符合消费群体。

比如，在某社区或大专院校周边开餐馆，内外装修都典雅华丽、店面描金画银，飞檐斗拱，朱红圆柱、古色古香。门前两位打扮花枝招展、身装旗袍的小姐临门相迎、相送，保安人员官服以待，来回踱步寻视。在此地区像这样大投资的餐馆，用餐顾客却寥寥无几。原因是顾客惟恐店大欺客。

实际上就是装修没有考虑周边环境。不符合就餐人群的具体情况。没有考虑到就餐对象的经济实力。又比如有几家家常菜馆，其业务都非常红火，就因为他们都有一个共识：那就是大众化的经营理念。他们经过多次社会调查后，决定装修店面各有特色，总的一个共同点就是大众化的装修，雅俗共赏。除了菜品丰富、菜量较大、经济实惠、上菜迅速等特点外，装修风格也朴实大方，不事张扬，能为百姓所乐于接受。

说到他们的经营理念和装修效果，都能贴近普通大众，并为他们所赏识。结果这几家家常菜餐馆创造出较高的经济效益，在全市乃至全国都榜上有名，有的还列入全国百强企业。

当然作为中小餐馆在装修方面根据自己的经济实力，该讲究的还应讲究，但别忘记了你的上帝的具体情况。

其一，要看你的店址以及周边环境。

其二，要看经常光顾你店就餐人群的经济实力、消费欲望和文化底蕴。

其三，要根据你经营的特色与档次，掌握好装修规模，这个度应由经营者把握和确定。

餐馆的营业大厅，也被称之为前厅，一般是供来店用餐的零散顾客享用的场所。其中店堂装潢设计的优劣，厅堂的高度是否合理，灯光的亮度是否适宜，店堂面积的大小，都直接影响消费者的就餐心情及对顾客的吸引力。实践证明，如果前厅面积在设计上缺乏充分的构想及合理性，将会失去很多顾客光临用餐。

餐馆的外观、色彩以及装饰，都因经营内容的不同而有所区别，但一般作为餐馆的前厅都应宽敞、明亮。其高度应不低于3米。

经营不同风味菜品对其前厅面积的要求也有所不同，比如经营烤鸭、家常菜的餐馆，由于菜品丰富、上菜程序复杂、客流量大，设计这样的前厅面积最小不应少于400平方米。否则顾客多，就餐面积过小，会使顾客感到杂乱无章，影响就餐的心情。同时，在混乱环境中工作的服务员也会感到手忙脚乱易出事故。

如果是经营一家不大的小吃店或快餐面馆，由于前厅桌椅较为固定，供应品种也较为单一，在顾客用餐方式上也不必服务上桌：他们整体就餐时间较短，翻台率又高，这样的餐馆其前厅的面积可大可小，一般最低不应少于100平方米。而在商场、大厦内开设的快餐厅或大排档，由于一家一店，风味各异，相应的品种繁多，顾客在选择品种时随意性较大。在这种环境中就餐的人群，一般为购物休闲者，他们既要用餐也要休息。这种餐厅的客流量相当大，其面积相应的要宽敞些，以不低于1000平方米或者更大些为宜。

个体小型餐馆或者夫妻店，由于供应内容简单，顾客流量有限，只要按国家对餐饮业经营面积的有关规定，不低于50平方米就可以了。

在餐馆经营中注意前厅面积的同时，也应尽量考虑前厅通道的设计，通道是服务员和顾客必经之路，尤其是对服务人员，通道相当重要。选择的通道位置一定要合理，以流畅、方便、安全为原则。行走路线应为直线，避免通道有曲线、弯线，这样既方便顾客行走，同时也会减轻服务人员的劳动强度。

总之，我们常说做人要表里如一才会受到他人的喜欢，经营餐厅也是如此，如果餐厅的装修与定位不一致，顾客难免心生疑虑，开这样的餐厅难免面临歇业的结局。

餐厅常用的局部装修

从看到一家餐厅的外部景观到进入餐厅里面，餐厅里的每一处都是顾客了解认识这家餐厅的窗口，因此，从里到外方方面面的装修都要注意。

1. 招牌制作

招牌是餐厅最好的形象代言，餐厅的招牌有特色，会对顾客产生一种潜移默化的作用，会给餐厅带来好的客源。在前面内容中已经介绍过餐厅招牌的重要性和设计的要点，在此不再赘述。

2. 玻璃窗

餐厅使用玻璃窗就为经过餐厅的人提供了很好交流的窗口，人们透过玻璃窗可以看到餐厅内部的饮食环境以及上座情况等；而经营者通过玻璃窗可以观察公众对餐厅的注意力，以便及时调整营销策略。现在很多的餐厅索性都直接用大的落地窗，这样能够使餐厅外边的顾客清晰地看到餐厅内的情景，也不失为一种招揽生意的好办法。

3. 门面和外墙的装修风格

门面和外墙的色调要考虑利用自然光，尤其是阳光和室内灯光照射下以及装饰材料不同带来的差异，可选用同色系的色调，也可选用不同色系的色调，一般以强度明亮为好，能使餐厅显得清洁、干净、崭新、立体感强。餐厅的门一定要设在一个容易被发现的位置上，门前最好有空地，可以让人驻足或停车。

4. 绿化和美化餐厅的外部环境

餐厅的外部环境清洁、美化富有特色，直接影响到餐厅的整体形象。所以许多餐厅在店外放置美观的花卉盆景，以达到美化衬托餐厅整体环境的效果。同时可以调节室内的空气和湿度，又能够愉悦顾客进餐时的心情，可谓一举多得。

餐厅门脸的设计

在餐厅的设计中，门脸都是十分重要的，它是餐厅形象的重要组成部分。一般而言，在繁华地段建起来的大中型餐厅不像有些餐厅那样，有极大的空间可用来表现外观，通常外观设计的空间资源有限。因此，在整体外观设计上，更要极力突显所经营餐厅的特色，设计一个突出的门脸。门面的结构常见的有中国传统飞檐、斗拱，较适合经营园林古典建

筑风格的中餐厅。突出传统的风格有很好的效果，但一定要注意选择相应风格的门，最好配合木框门，如果用铝合金或钢门就会使人感到格格不入；采用弧形门头大方现代，门也较好配，但不易制作灯箱；玻璃幕墙是很气派，但中小型餐厅的门面相对较小，使用玻璃反而让人觉得不伦不类。

餐厅门的设置事关生意融通，是餐厅给过路人的第一印象，也是餐厅的“脸面”和招牌。如果餐厅的门没有设计好，那势必会影响到餐厅的生意。

餐厅门的设计要注意以下几个方面：

第一，餐厅的门一定要设在一个容易被发现的位置上；还要考虑餐厅店面面积，如果是一家面积不大的餐厅，门的设置还要考虑到不能占用太多店内的可使用的面积，以免使餐厅显得更加狭小。将店门安放在中央、左边或右边，要根据具体人流情况而定。一般大型餐厅大门可以安置在中央；小型门市的进出位置设计在中央是不妥当的，因为店堂狭小，这样会直接影响店内实际使用面积和顾客的自由流通。小餐厅的店面，一般都设在左侧或右侧，很少设在餐厅的正中央，这样看起来更具协调感。

第二，门宜开阔。门不能太小，店门小看上去比较小气不大方，出出进进的人也会显得比较拥挤；事实上，现在很多餐厅，连窗带门都做成落地大玻璃，这样可以使过路的人看到餐厅内红火的生意，也能使在此用餐的顾客看到外面的景色。

第三，门应当是开放性的，设计时应当考虑到不要让顾客产生幽闭、阴暗等不佳心理，以免拒客于门外。门外如果没有空地，也要在门里留这样一块空地，叫“明堂”，让客人等候或往四周看一圈。一定要把容易上座的桌子，例如小一点的台子，放在窗前或离门不远的地方，领位员还要注意，先让这些台子坐满，这对客人影响很大，从众心理，这叫“以人招人”。明快、通畅的店门才是最佳设计。

第四，大门的装饰也重要，不能太豪华，这样客人不敢往里走，怕宰客；不能太寒酸，这样客人觉得不体面。

另外值得注意的是，门的形式也最好不要弄成又黑又深的洞府，这样会使顾客感到恐惧；门的采光一定要好，尽量把餐厅的门开在朝阳的一面，保证它有足够的光照，这样给人感觉比较舒服、温暖，如果把门开在避光的一面，就会显得比较压抑。店门设计，还要考虑店门前的路面是否平坦，是水平还是斜坡；前边是否有阻挡及影响店门形象的物体，如人行道的树木或建筑；采光条件、噪音影响及太阳光照射方位等。

餐厅大厅的装修风格

顾客走进一家餐厅，首先看到的是餐厅大厅，并且顾客对一家餐厅的第一印象往往来自对大厅的印象。有品位的餐厅装修，会给顾客留下深刻的印象，相反，毫不讲究的餐厅大厅，会使顾客对餐厅产生很大的负面评价。餐厅大厅的装修应围绕经营而进行，以顾客为中心，因此，需首先对目标市场的容量及餐饮需求的趋势进行分析，同时，还需考虑餐厅的整体风格、餐饮的整体规划，以及装修的投入和产出等相关问题。

1. 大厅装饰一般要注意下面几点

（1）最重要也是最基础的一点，就是环境卫生。大厅不宜使用一些色泽较暗的地板，这样看上去就有一种不干净的视觉效果。大厅在装修之初，就要以选择洁净简单的色调为宗旨，在视觉效果上就能感受到餐厅的干净卫生。当然也不要为了体现卫生而使用纯白色的建材，因为清洁起来会是一个大问题。

（2）大厅的装修风格与顾客定位相符。餐厅要根据自己的目标顾客群体，设计和确定自己的装修风格。如果目标顾客群体是普通的消费者，装修就不必太过奢华；体现一种亲切、家常的感觉。

（3）大厅的装修细节。主色调和色彩搭配要以红色、黄色等暖色调为主；根据餐厅的风格适当选择摆放一些饰品，比如：绘画、编织物、雕塑、绿色植物等；根据餐厅的风格也可以搭配不同造型和风格的灯饰，以烘托出餐厅的主题，营造气氛。大厅的地面在餐厅整体气氛的烘托中占据很重要的位置，餐厅地面装修要更加严肃，因此可以像家居装修或者写字楼一样，用那些反差较大的黑白色块的地砖进行装饰，在色彩及装饰画面的选择上一定要严谨，不可以用一些热烈的色彩进行铺陈，也不能用一种现代的色彩手法，把释放的感情夸张地表达出来。在餐厅装修地砖图案的选择上，不可以用那些比较粗犷风格的图案进行装饰，比如一些非洲部落或者少数民族的图腾符号，这些元素都比较粗线条，这样会让来这里消费的顾客感到害怕。在一些中高档餐厅里比较常见的选择铺设地毯，整个地面被铺满开起来华丽有档次，但对于一般餐厅来说，地毯并不是合适的选择，一来成本太高，二来清洁起来比较麻烦。

2. 突出功能设计

餐厅的几个主要的功能区分别是，前台、后台、辅助部分。合理的餐厅功能设计，要做到合理实用、方便客人、流程畅顺。按其使用功能餐厅的功能区要为顾客创造出一个布局合理、使用方便的就餐空间和服务空间。

3. 突出层次性

餐厅的设计要考虑平面设计、立体设计和意境设计等三个层次感。平面设计是整个餐厅布局设计的基础。它是根据客人的消费心理、消费习惯、餐厅客容量、人流物流的动线以及餐厅本身的面积大小等各种因素进行统筹考虑的量化平面布置。包括就餐区的布局、顾客流动线路、服务人员的工作线路设计，等等。

立体设计，即三维设计。它是针对不同效果，运用各种装饰材料，运用恰当适宜的艺术技巧以及造型各异的对象设计，对空间以及柱面进行错落有致的分块组合，创造出一个能让客人从视觉和触觉都感到轻松舒适的艺术空间。例如，以男士为主的餐厅，可以采用一些带钢质的黑色喷漆板造型为柱子，以突出坚毅和豪气的气势，而女性餐厅则选用色彩淡雅的装饰，以体现温馨柔和。

意境设计是餐厅形象的具体表现形式。它是综合考虑了餐厅经营主题、客人心理等需求因素，通过色彩运用、装饰物的选配、组合等手段来达到某种意境的效果。对于规模较小的小餐厅来说，不需要刻意追求某种意境，只要装修得体，让顾客看起来比较舒适轻松就可以了。

餐厅包间的设计

一般，顾客在包间就餐时间较长，消费档次也相对较高，所以顾客对包间的装修风格要求也比较高。在进行包间的设计时，要按照实用、隔音、高雅、舒适的氛围要求进行，其中要注意的问题主要有以下几个方面：

1. 重视流线设计

在包间区域，要有意识地将服务通道与客人通道巧妙地分开。因为客人选择包间的初衷就是为了得到一个相对私人的空间，过多的交叉会降低服务的品质，而且还会给清洁与卫生带来很大的不便，造成客人的困扰。所以通道的设计，应满足顺畅、安全、便利的需要，不应过分追求餐座数量的最大化。具体来说，就是要考虑到员工操作的便利性和安全性以及客人活动空间的舒适性和伸展性。

2. 减少地势变化

在很多年前，餐厅流行通过地面高低的变化来划分区域的做法，后来发现这样只会降低空间的利用率，同时导致客人摔跤事故的发生，其实选用不同的材质也可区分不同的空间。

3. 保证包间通风

有许多餐厅的包间因为通风效果不好，一进去就有一股烟味、酒味、油烟味、霉味，以及各种菜肴的混合味道，其问题就出在通风上。所以包间在专业设计时要特别注意这一问题。尽量将独立包间设计在远离厨房的地方，同时要在包间的内部设置好排气装置，确保气流通畅。

4. 包间的门不要相对，保证私密性

包间之间应该错开，不要相对，而且桌子不要正对包间门，否则，其他客人从走道过一眼就可将包间内的情况看得一清二楚。适当设计一些视线的阻挡物，保护客人的隐私，同时也是增强包间的空间感。

5. 包间的墙面、灯饰、窗帘

应选用款式、颜色、规格档次与包间的空间、风格、色调、氛围都相衬的吊灯，以烘托包间的格调。也可在顶部四周设置不同角度的聚光灯，以便制造不同的光线效果。还可以在适当的位置设置壁灯，既有光线效果，又富于装饰性。宜选用防日照、悬垂感强的窗帘布。颜色要与包间的色调相协调。窗帘两侧至少应超出窗口边缘 35 厘米，也可遮蔽窗户表面的整个墙面，长度以距地面 10 厘米为宜。

如何设计餐厅吧台

有一些时尚的餐厅会在传统餐桌的基础上，在餐厅内添置一个吧台，一来可以创新餐厅的布局，让人耳目一新，二来是节约空间。我们都有体会，当设计一个长而直的吧台时，可能会让顾客不得不面对墙壁，同时也必须花费相当多的经费去装潢吧台的后墙。在设计一个吧台之前，首先必须从人性化来分析，一般 3 ~ 4 人在面对像会议桌般的长直线的桌子时，通常会喜欢聚集在一些角落。所以在吧台设计上，必须考虑设计一些给人友善感觉的角落。当需要供应大量的啤酒时，则可考虑直接安排组合式冷藏库在背面的墙内。

1. 设计吧台应考虑的因素

（1）活动式或固定式。

（2）设备为可移动式或嵌入式。

（3）餐盘升降设备。

（4）盘、碗的组合。

（5）餐盘如何储存。

（6）用冰块冷藏或用冰柜来保持冰度。

（7）保温汤的设备。

（8）肉类切割台、点心推车、安装护罩、灯光是否需要。

（9）切面包的空间。

2. 相关的设计规划

（1）装潢材质。

在不同的外场需考虑不同的装潢材质，例如：快餐店就必须考虑一些坚固耐磨的地板和桌椅材料，而且材料的防火性以及对人体是否有伤害，也是必须考虑在内的。

（2）音响设计。

在外场中，好的音质和隔音一样重要，而音响工程是十分专业化的一门工程，也是外场平面配置安排前必须考虑的。音响专业不单须考虑到设备性能，甚至连顾客的音乐修养、教育水平等都应列入。下面是音响设计的一般原则：

适当的音量，喇叭最好安装在天花板。

K 值（人耳可以听到的声音频率计算单位），通常在外场为 15K。

喇叭功率，依经验显示，喇叭功率通常比实际需求来得大。

节目编辑，可做不同的音乐节目设计，让食物和音乐搭配完美。

适当的声音均衡，在外场的空间由于不同的物品及人，拥有不同的吸收及反射效果，所以要平衡声音须经过良好的计算。

3. 灯光

（1）全场的照明。

（2）闪灯和令人兴奋的照明，爆炸性的色彩和灯光，可造成某些区域突然消失的感觉，除了一般照明外，可利用在接待区、前窗隔间、特殊舞台地板等。

（3）特殊聚光。良好的照明可引开注意力到特殊的空间去，所以特殊效果的顶光灯、反射灯可利用到梯阶舞台、树木上。

餐厅墙面设计

餐厅墙面的装饰手法多种多样，但必须根据实际情况，因地制宜，才能达到良好的效果。有的餐厅较小，可以在墙面适当安装一定面积的镜面，起到延伸视觉空间的效果，使顾客感觉到一种空间的舒适感。

墙面的装饰要注意突出餐厅的风格，这与装饰材料的选择和色彩的搭配有很大关系：显现天然纹理的原木材料透露自然淳朴的气息；深色墙面，彰显典雅风格、深沉气氛，富有浓郁的东方情调。

色调分为冷色调和暖色调，红色、黄色、橙色是“暖色”，蓝色、绿色通常被认为是“冷”色。色调是体现风格氛围的重要因素，不同的色调对人的心理和行为有不同的影响。比如暖色调代表着热情、温暖和亲近的感觉，餐厅应该运用具有这些色彩的灯具来点缀，以对顾客的心境产生影响，使他们感到温暖、亲切。而冷色调通常用来营造雅致、洁净的气氛，在光线比较暗淡的走廊、休息室，以及希望使人感到比较舒畅、比较明亮的场所使用。

在色调选择上，墙面一般选择暖色调，如乳白色，淡黄色等。并且同一楼贴相同的墙纸，或相同颜色的粉刷，保持一种统一性。随颜色强弱的不同，人的心情也有所变化，如明亮的蓝色同样有激励作用；淡淡的橙色则会产生宁静的感觉；明亮的紫色显得妩媚，深暗的紫色却显得庄重。在色彩的实际运用中，餐饮店常使用柔和的色调，配合宽敞的空间布局、舒适的桌椅、柔和的光线和轻快的音乐来渲染气氛，使客人情不自禁地想多待一会，延长客人的就餐时间。在一些快餐店饰面气氛设计中，色彩的运用十分重要。如快餐店在假日希望提高顾客的流转率，餐饮店里最好用红绿相配的颜色，略显鲜艳的色调配以紧凑的餐桌、窄小又不太舒适的座位、明亮的灯光和快节奏的音乐，会使客人无暇长时间交谈，他们会在就餐后抓紧时间离开。

墙面的气氛营造既要美观，又要实用。可根据餐厅的具体情况在墙面上挂一些如字画、瓷盘、壁挂等装饰品，用以点缀环境，但要注意不可喧宾夺主、杂乱无章。

当然，餐厅墙面装修设计的目的并非仅限于美化，而是当从中体现人的文化素养，从单纯的形式美感转向文化意识，从一般的创造气氛，提高到对艺术风格、文化特点和美学价值的追求及意境的创造。

餐厅的灯饰选择

灯饰也是餐厅重要的装饰元素。在餐厅中，灯光也是一个不可缺少的装饰物，它不仅能用来照明，更可以装饰餐厅的环境，灯光是否营造了舒适的用餐气氛，它与你的盈利有着直接关系。对于灯具的选择也是餐厅中重要的装修工作。餐厅中在灯具选择上，一方面要考虑其照明效果，另外还要考虑灯具的装饰美化作用。

市场上灯饰种类繁多，重要的是选择一种和餐厅格调一致的灯饰。并且灯光柔和些，不强烈，不刺眼。吊灯的大小也要与餐厅的面积协调一致，太大太小都会显得不协调。另外悬挂高度也要适中，太低给人压抑感，太高了光线就不会太好。最后，悬挂的灯不宜过多，太多了就会显得杂乱无章，给人杂乱无序的感觉。在灯饰上要掌握合适的原则，因为市面上的灯饰价格参差不齐，应该尽量从经济方面考虑去选购。

日常中我们选择的灯具与餐厅中所用的灯具，是有所区别的。在五光十色的灯饰世界中那些黄水晶、白水晶做成吊灯十分常见。

怀旧风格的烛台吊灯，特别是白色的烛光，传统上通常为丧葬之礼用的，所以特别容易为顾客带来心理阴影从而影响健康，所以在餐厅中我们不建议用这种灯。而下垂式吊灯因为减少了天花板与地面的视觉空间，因此吊灯如果设置在座椅之上，便会使顾客产生压抑的心理。另外，考虑到安全问题，如果下摆处有尖角则更为不良。

下面我们再来说说餐厅用灯的注意事项：

1. 用餐区的主灯最好选择荧光灯

用餐区首先要确定一种主灯，主灯最好选择荧光灯，这种灯具散发出的光芒既可以保持菜品的原色，并且这种灯光会给人一种温馨感。

2. 厨房区的灯具应该具有防潮功能

由于厨房内的潮气较重，所以灯具必须选择有防潮功能的，这样不会因灯具内潮气进入而发生破裂现象，很大一方面解除了厨房内的安全隐患；并要注意用干布擦拭灯具，让其保持干净。餐厅的灯饰设计既能升华设计，也能破坏设计；既可以突出餐厅的特色、氛围，也可以暴露餐厅的缺陷。在设计餐厅灯饰时需要注意其艺术性和功能性，单纯追求一个层面是不行的。餐厅的灯饰，要求色调柔和、宁静，有足够的亮度，不但使人能够清楚地看到食物，而且能与周围的环境、家具、餐具相匹配，构成一种视觉上整体上美感。

3. 可在天花板内嵌入射灯

为了使厨房内的光线保持明亮，最好除了在天花板上安装主灯之外，还要在天花板内镶嵌一些射灯，射灯的数量可以根据装修需求和餐厅空间大小来进行选择。

餐厅窗帘装饰

窗帘一般分为两种：一种是百叶窗饰类，另一种是布艺窗帘类；根据餐厅类型的不同来选择合适的窗帘。餐厅的风格大致上可分为中式、欧式、休闲三大主题，一般来说采用布艺窗帘的居多。因为餐厅的氛围上要活跃、欢乐、明快，宜采用暖色（橙色）的布艺窗帘，和谐气氛、促进食欲。格式上根据窗体大小采取悬挂、对开或单开方法。外帘是窗纱，里帘多用棉制品。

不同质地的窗帘布料会产生不同的装饰效果。在选择窗帘的质地时，首先应考虑房间的功能。餐厅应充分保证不受外界光线及噪声的影响，宜选较厚的面料。

选择窗饰面料还应考虑季节因素，夏季窗帘宜用质料轻柔的纱或绸，透气凉爽；冬天宜用厚重的面料，保暖性强；碎花薄窗帘最适合春天使用。如果拿不定主意，有一个办法简单有效，那就是采用双层帘，根据不同季节和光线交替使用。

餐厅窗帘主要有装饰、遮挡光线的作用。窗帘的选择一般也是以浅颜色为宜，浅色给人温馨舒适的感觉，但也要注意和餐厅的整体装修风格相一致。如果是规模较大、档次较高的餐厅就建议设计有风情的窗帘，比如罗马帘，这样会显得雍容大气；如果是普通的餐厅，可以选用日常家居的窗帘，只要颜色和餐厅主要搭配得当便可。

选择窗帘有四项基本的原则：

一是对比。对比是艺术设计的基本定型技巧，把两种不同的事物、形体、色彩等作对照就称为对比。如方圆、新旧、深浅、粗细，等等。把两个明显对立的元素放在同一空间中，经过设计，使其既对立又谐调，既矛盾又统一，在强烈反差中获得鲜明对比，求得互补和满足的效果。这是窗帘设计的基本原则。

二是和谐。和谐包含谐调之意，它是在满足功能要求的前提下，使各种餐厅内的物体的形、色、光、质等组合得到谐调，成为一个非常和谐统一的整体。和谐还可分为环境及造型的和谐、材料质感的和谐、色调的和谐、风格样式的和谐，等等。和谐能使人们在视觉上、心理上获得宁静、平和的满足。窗帘布置最需要遵守这个原则。

三是对称。对称是形式美的传统技法，是人类最早掌握的形式美法则。对称又分为绝对对称和相对对称。上下、左右对称，同形、同色、同质对称为绝对对称。而在餐厅设计中采用的是相对对称。对称能让顾客感受秩序、庄重、整齐即和谐之美。

四是均衡。色彩和设计上的均和，使人获得视觉均衡心理，均衡是依中轴线、中心点不等形而等量的形体、构件、色彩相配置。均衡和对称形式相比较，有活泼、生动、和谐、优美之韵味。窗帘是居室与外界接触的通道，直接影响着居室内部的声、光、热、尘等状况，所以，窗帘的功能首先是吸声隔音、隔热防寒、调节光线、防尘、防窥视等。同时，一幅图案新颖别致、色彩协调美观的窗帘，又会使居室艺术情趣倍增，令人赏心悦目，美不胜收。消费者只有在窗帘的装饰与制作上加以选择，才能得到美化餐厅，吸引顾客的双重目的。

餐厅内的通道设计要高效简洁

走廊在整个餐厅里看似是不重要的一部分，它在装饰上不及餐饮大厅、包房里富丽堂皇、资金投入大，即使平时也不为所路过的宾客甚至餐厅的专业设计人员多留意。但它却有着承上启下连通餐厅的枢纽作用，它对宾客产生的舒适感、安全感直接影响着宾客在餐厅中的用餐体验。

餐厅通道的设计与布置应体现流畅、便利、安全，切忌杂乱。要求从视觉上给人以统一的感觉，又要完整，另每项营运流程都能顺利操作。顾客的行走导向明确，又要适当巧妙变化，根据餐厅的形状设计高效安全的通道，使其平面变化达到完整与灵活相结合的布局效果。

通常对于顾客通道的要求是，在餐厅里，主通道最低不应小于120厘米，次通道最低在90厘米，因为通道需要二人擦肩而过。关于员工的通道，在运货的地方，特别是墙壁和设备之间，最小要留有90厘米的通道。如果通道可以达到90厘米～120厘米宽，则可以达到最佳效果。

一般说来现用通道通常有以下几种形式：

（1）直线式。它是一种将设备和桌椅与信道平行摆放并且顾客信道一般有同样宽度的顾客通道形式。这种通道的优点是：布局规范，顾客易于寻找座位地点；通道根据顾客和员工流量设计，宽度一致，能够充分利用场地面积；能够创造一种富有效率的气氛；易于采取标准化排列桌椅及设备，便于顾客快速入位和员工传菜、结算。

（2）斜线或是曲线式。这是一种与直线式布局相对的一种通道形式。这种形式的优点是能使顾客感到随意，气氛活跃。缺憾在于不能充分利用场地面积。

总之，餐厅店面内部的空间布局多样，设计师可根据各餐厅房屋实际现状先确定大体区域，诸如厨房区域、用餐区域、员工区、收银区、等候区域空间占多大面积，然后再进行具体的走道设计。

餐厅区域设计

一般餐厅都由三部分组成，即服务功能区、生产功能区和辅助功能区。

一、服务功能区

是给顾客提供用餐和服务的场所，包括大厅和包间，上文已经详细介绍过了。

二、生产功能区

是指给服务功能区的经营提供服务的部分，包括备餐间、生产制作间、厨房和洗涤间组成，也是经营的重要组成部分。

1. 厨房区

此区为非卫生作业区，或为一般所指的污染作业区，故一般除管理人员外，应尽量减少厨房内人员在此区出入、操作。

一般用来放置现烤设备、卧式冰箱、货架、操作台案、水池、清洁工具间、排烟罩、新风机、调理台、切饼台、保温层架、立式冰箱、低柜、接线台、充电工作台、微波炉、IT 设备、洗碗机、洗槽、罐车、中央水处理器等。

厨房的设计必须考虑通风和卫生两大问题，特别是气流的控制和油烟的清洁。这些都需要在设计的时候请专业人士进行合理布置。厨房与餐厅之间应该采用双门双道。厨房与餐厅之间真正起隔油烟、隔噪声、隔温度作用的是两道门的设置。同向两道门的重叠设置不仅起到“三隔”的作用，还遮挡了客人直接透视厨房的视线，有效解决了陈设屏风的问题。

2. 备餐间

为前台经营准备各种用具，有储备餐盘、饭碗、各种杯具、台布、餐巾等。各种餐用具的存放要按照不同品种和规格分类存放，以方便服务人员取用。

备餐间的设计要注意：为了以便于夹、放传菜夹，便于通知划单员，方便起菜、停菜等信息沟通。备餐间应处于餐厅、厨房过渡地带。

3. 洗涤间

主要用于清洗和消毒客人就餐用过的餐具，所处位置一般离厨房较近，便于及时将干净的餐具送入厨房盛装菜品。

洗涤间的设计与配备，在餐饮经营中，可有效减少餐具破损，保证餐具洗涤及卫生质量，洗涤间在设计时应处理好以下几方面的问题：

（1）洗涤间的位置，以紧挨餐厅和厨房，方便传递脏的餐具和厨房用具为佳。所以洗涤间应接近餐厅、厨房，并力求与餐厅在同一平面，这主要是为了减轻传送餐具员工的劳动强度。当然在大型餐饮活动之后，服务员用餐车推送餐具，这也是前提条件。

（2）保证洗涤间的空间，保证餐具在洗涤间里能够得到及时地清洗。另外，要注意进行及时的排水保证洗涤间地上的卫生。

（3）无论是设置、安装先进的集清洗、消毒于一体洗碗机的洗涤间，还是手工洗涤，采用蒸汽消毒的洗涤间，洗涤操作期间，均会产生水汽、热气、蒸汽。这些气体，如不及时抽排，不仅会影响洗碗工的操作，而且会使洗净的甚至已经干燥的餐具重新出现水汽，还会向餐厅、厨房倒流，污染附近区域环境，所以洗涤间通排风效果要好。因此，必须采取有效设计，切实解决洗涤间通、排风问题，创造良好环境，洗涤间要单独用一个抽风机，不能和厨房共享。这是因为一般厨房晚 8：30 就下班，而洗涤间常常到近晚 10 点才下班，只要厨房一关抽风机，洗涤间的水蒸气就出去不了。

（4）洗涤间的地面要有高低落差。洗涤间的地面有高低落差才方便员工清洗，如果没有高低落差，水会流在地面上，而不是自己流到沟里。

三、辅助功能区

是为就餐客人提供更多方便、服务质量而设置的，主要有客人衣帽间、卫生间、员工更衣室、仓库等，可根据餐厅的具体情况配备。

在这个区域特别要强调的是卫生间的设计，因为卫生间是餐厅的必要组成部分，同时也是使用率最高的区域，其设计关系到顾客对餐厅的总体评价。

卫生间的装修等级应该与餐厅的主体相适应，设计气氛必须与餐厅主体保持一种延续统一。必须设计前室，通过墙壁将外面人的视线遮挡。卫生间中设置的镜子应该注意其折射角度与入口的关系，以免外面的人通过镜子的折射能够看到里面的情况。餐厅的卫生间共用性强，因此卫生保洁特别重要。在卫生间材料的采购时尽量考虑用蹲厕，蹲厕的地面要抬高 15 厘米，主要解决好落差问题。卫生间必须设置地漏，墙、地面、洗手台等都要用防水材料，以提高使用寿命和清洁效率。

卫生间的通风很重要，理想的做法是设置明窗，但餐饮建筑中往往受到很多限制，多数采用机械通风，通常在餐厅卫生间中设置吊顶，将通风设备、照明设备和排水管道等隐藏在里面。

第五章 如何选定菜品

菜品的定位

经营餐馆要先确定菜品的类型，在我国大多数餐厅创业者都会选择中国菜，但是中国菜也有很多菜系，你选择那个菜系作为你所经营餐厅的定位，事关重大。

中华大地上形成了多种菜系，最有影响力的有以下几种：

川菜：四川菜的简称。历史悠久，风味独特，驰名全国。

川菜在烹调方法上，善于根据原料、气候和食者的要求，具体掌握，灵活运用。38种川菜烹调方法中，现在流行的仍有炒、煎、炸、烧、腌、卤、煸、泡等30多种。在烹调方法中，特别以小煎小炒、干烧干煸见长。川菜与四川风景名胜一样闻名于世，扬名天下。

鲁菜：山东菜的简称。鲁菜是黄河流域烹饪文化的代表。

山东菜可分为济南风味菜、胶东风味菜、孔府菜和其他地区风味菜，并以济南菜为典型，煎炒烹炸、烧烩蒸扒、煮氽熏拌、溜炝酱腌等有50多种烹饪方法。

粤菜：广东菜的简称，由广州、潮州、东江客家菜三种地方菜构成。而各地方菜又有各自不同的特色。广州菜有三大特点： 一是鸟兽虫鱼均为原料，烹调成形态各异的野味佳肴；二是即开刀、即烹和即席烹制，独具一格，吃起来新鲜火热；三是夏秋清淡、冬春香浓，深受大众的喜爱。

湘菜：湖南菜的简称。湖南菜以腴滑肥润为主，多将辣椒当主菜食用。

湖南菜特别讲究原料的入味，技法多样，有烧、炒、蒸、熏等方法，尤以“蒸”菜见长。最为精湛的是煨，原汁原味。且刀功精妙，形味兼美，菜肴千姿百态，变化无穷。

苏菜：江苏菜的简称，也称淮扬菜，以淮安、扬州和苏州菜为代表。

江苏历代名厨造就了淮扬菜风格的传统佳肴，而古有“帝王州”之称的南京、“天堂”美誉的苏州及被史家叹为“富甲天下”的扬州，则是名厨美馔的摇篮，淮扬菜正是以这三方风味为主汇合而成的。

可见，中国地大物博，饮食文化发展向来繁盛。在我们餐厅定位上不能模棱两可，也不能含糊。否则很可能掉进不伦不类的怪圈。

所以确定餐厅菜品的方向是非常重要。

菜品品种要平衡

菜单上的菜式过多，对餐厅和顾客都会有影响。客人拿到菜单点菜时，对形形色色的菜肴都得一一过目，因为品种多，客人点菜时就显得困难和犹豫不决，这样不仅点菜的不顺利会影响客人的就餐心情，也占用了厨师做菜的时间，又因也降低了座位的周转率，影响餐厅的收入。

品种过多还会增加采购和贮藏成本。餐厅也无法把握各种菜品每天的销售量，有可能在某种菜价贵的时候采购了此种菜或者采购的分量供大于求，那么这一笔成本就浪费了；在贮藏方面，又得花费大量的资金来保鲜，这样既占用了贮藏空间，还会给厨师的操作带来麻烦。种类繁多的原料放在一起，会让厨师无从下手，从而影响菜肴的质量。

总菜品应该满足不同顾客的需求，在菜肴的品种上不能过多，也不宜过少，最好能做好以下平衡。

首先，每类菜肴的价格应该尽量在一定范围内，有高、中、低的搭配，这样就能满足同一层次，不同消费者的口味。

其次，在各类菜品当中，烹饪方式应该保持多样化，这样才能保证烹饪出的菜品生、老、嫩、脆搭配适当，口味甜、咸、辣可口。

再次，每类菜品应该由不同的原料组成，以适应不同口味的顾客。

最后，营养要均衡。我们在选择菜品的时候，做好营养的搭配，这样才是为顾客着想。此外在蛋白质和菜类的选择上也要合理。不能顾此失彼，尤其要注意为节食者准备营养丰富的菜，即便是素食者也有选择的余地。

餐厅要有自己的招牌菜和特色菜

招牌菜，顾名思义，是指餐厅所独有的、深受顾客喜爱，并给顾客留下深刻印象的招牌菜品。好的招牌菜就是一件艺术品，吸引客人过来就餐，对餐厅的发展壮大有很大帮助。从某种程度来说，招牌菜甚至代表餐厅经营的核心竞争力所在。那么要如何打造餐厅的招牌菜呢？可以从以下三方面着手：

首要环节是精准定位，要结合顾客层次、顾客消费水平、餐厅风格等要素对招牌菜进行精确定位。比如在一所小区的两家餐厅，其不同的结局就颇能说明这个问题的重要：一家餐厅的招牌菜是啤酒鸭，而另一家餐厅则把是招牌菜定位在一些精致小菜上，如清炒藕片和农家肉片。因为小区居民大都为大众食客，后者经营业绩明显好于前者。所以做好定位，让阳春白雪和下里巴人各有所得。所以招牌菜的确立一定要多方面考虑，不能单一。

打造招牌菜还要做好广告宣传，这需要有必要的经费作为保障。当然很重要的一个广告途径是，为顾客创造良好的就餐体验，从而通过口碑传播做到广而告之。

当品牌成为消费者心中的产品标志后，消费者便建立了对品牌的忠诚，就会常常根据品牌进行消费选择。餐厅建立了相对稳定的顾客群，并通过口碑效应扩大品牌的影响，从而达到促销的目的。优质美味的菜品既便于顾客重复消费，又便于企业争创名牌和赢得社会信誉。如“得福大酒店”推出的“香茅草烤鱼”一道菜，一年的营业收入就达二十多万元。

事实上，招牌菜是一个工具，一种展示形式，它对经营较好的餐厅有很大帮助。通过招牌菜的确立来影响客人消费，从而确定餐厅在当地的市场优势。

当然餐厅要红火，除了有招牌菜外，还要有自己的特色菜。

首先，和餐厅经营方向有关的是，餐厅的菜肴主浓郁还是主清淡，山珍还是海鲜，大菜还是小炒，南方菜还是北方菜，最好只选择一种为主。这样才能被客人记住，便于选择。

在一些“畅销”菜肴上，尽可能有特色，根据一些因素，如市场，口味等上做一些改变，要标新立异。

对于餐厅来说，做出特色并不一定非要选择鲍鱼、海参等名贵的材料，即使是普通的鸡鸭鱼肉等原来也可以做出特色来，可以在大众化的原料辅之一些创新，就能做出在家吃不到，也无法做到的菜品。

在原有的菜肴上推出新口味的菜肴，作为餐厅的特色。这就要求餐厅在技术上要成为多面手，这样菜品才会推陈出新。同样是“红烧肉”，老张家的和老李家的不一样，老张家的红烧肉“炖得烂”，老李家的“味道好”——这就是区别盲目的跟风只会让餐厅的经营者顾此失彼。

所以说特色菜，就“特”在与众不同，“特”在专业性，“特”在精、深加工上，“特”在独具匠心上。

如何为菜品起名

为菜品起名，对于一些对饮食比较挑剔的地方还是比较重要。为菜品起名能提升餐厅的文化内涵，能为餐厅的特色融入当地特色铺平道路，能为餐厅的品牌树立决定性帮助。以下就是为菜品起名的几种方法：

1. 以质感定名

如故乡缘酒楼的“脆皮粉蒸肉”、重庆双碑的“弹性豆花鱼”、广东的“爽口牛肉丸”等许多菜品，都是直截了当地告诉顾客，菜品是什么口感，让客人吃个明明白白。

2. 以主料定名

如广东的“五彩蛇羹”、“红子鸡”、“东江酿豆腐”、“白斩鸡”、“烤乳猪”、“豉汁盘龙鳝”，北京的“北京烤鸭”、“东来顺涮羊肉”，上海的“油酱毛蟹”、“清炒鳝糊”、“茉莉鱿鱼卷”，等等，都是不加修饰，朴素大方，用什么料取什么名，让顾客一看到就口胃大开，同时明白菜品的主料，便于选择。

3. 以烹制方法定名

又如“油淋仔鸭”、“石烹豆花”、“棒棒鸡丝”、“铁板牛肉”、“生鱼片”，等等，都是以烹调方法命名的，没有任何添油加醋，不同的烹制方法决定不同的口味，顾客选择也变得容易多了。值得一提的是四川的“水煮系列菜”，听起来似乎是很清淡的白水煮菜，岂知它恰恰是麻辣味很重的菜品，是典型的川菜。

4. 以成语、吉祥语、典故定名

某酒楼一款苦瓜烧肥肠，取名为“一不怕苦，二不怕死”，让顾客吃得妙趣横生。不论是苦涩、酸辣，它都丰富了菜肴的滋味。

其他如大枣、花生成菜的“早生贵子”，百合成菜的“百年好合”，麒麟面、鸡蛋为主料的“麒麟送子”，大虾、猪肉为主料的“红娘自配”，蟹为主料的“红袍登殿”，可以说举不胜举。

5. 以表达节日气氛定名

传统节日时，人们都有时间享受生活。当然，这也是餐厅大赚一笔难得的机会。表达节日气氛的菜名会更加吸引人。

如今时代不同了，年轻人，甚至中老年人，都重视“情人节”。于是在情人节这天，南台月大酒楼推出了一道叫“燃情岁月”的菜品。猪肉、鸡肉、香菇合烧后，用锡箔纸包上放入盘中，再放上两朵玫瑰，盘中倒入酒精，上桌点燃后，似乎两颗心也燃烧起来。于是有情人都点这道菜。

春节现在都流行在外吃团圆饭，团圆饭对于人民重要性不必言明，顾客自然会“货比三家”，好的菜名肯定能为餐厅的形象添砖加瓦。

情人节表达爱情，春节表达亲情、团聚，中秋节表达思念。顾客不只是享受了美食，心灵也在享受，共鸣，顾客满载而归，自然以后会多光顾。

6. 以人定名

中国的传统名菜，许多都是借名人之名来命名的。如“贵妃鸡翅”、“太白鸡”、“大千鱼”、“关公豆腐”、“东坡肘子”、“霸王别姬”、“宫保鸡丁”等，但我们在为菜品取名的时候，不应局限于借用古人，不妨用店主、厨师或普通人名来命名，这样使之更贴近大众，更显亲切，更觉风味地道。例如“麻婆豆腐”、“王胖鸭”、“马家烧卖”、“王麻子锅贴”、“李连贵大饼”、“宋嫂鱼羹”、“二姐兔丁”、“赖汤圆”、“钟水饺”，这样就更显自然、亲切。

菜式要与餐厅风格相符

俗话道：“没有那么大的头就别戴那么大的帽子”。对开餐馆的人而言，一定要结合餐厅的实际情况来定位。如果一间大排档式的食肆，出品的尽是一些精美而又高价的菜式，顾客自然会很少光顾。顾客指望价廉实惠，结果却要多花钱。

由此可见，菜品项目一旦与餐厅风格不协调，是吃力不讨好的。所以，选择菜品组合要十分慎重。

通常情况下，人们外出用餐前都会对用餐地方做一番选择——是去装饰豪华的餐厅还是到消费不高的餐厅？

由此看来，餐厅的装潢环境正好反映了餐厅的消费水准，餐厅的装潢在一定程度上也是餐厅的“隐形价值”。一家大型的餐馆和一家小快餐厅的消费水平肯定是有区别的。

如果一家装潢简陋质朴的餐厅专提供高档的菜肴给顾客，顾客就是觉得既享受不到舒适的用餐环境，又觉得价格不值而与餐厅发生矛盾。

同理，如果一家设计美观、豪华的餐厅里提供的菜式只是一些毫无特色的普通菜，顾客也会觉得亏，对餐厅大失所望。所以，并非只选择那些精致的菜式，并非越精致越好，菜式的档次和价格应与整体经营一致才是主要的。

总之，开餐厅在菜品的供应上，我们也要时刻关注着餐厅的风格，稍不留神就会让我们的食客失望，也会在食客的宣传下，让我们的餐厅门可罗雀，这样损失就大了。

选择毛利较大的菜品

追根究底，餐厅经营者最关心的还是自己的成本和利润。没有哪一个经营者愿意辛辛苦苦之后无利可图。有些菜式虽然出售的价格高，但除去其成本后就发现所得利润并不可观，而有些价格低廉的菜品，因它的成本较低，除去成本，毛利还可能比高价销售的菜品要大。菜品设置的最终目的是扩大销售，获得预期的利润。所以必须考虑每一菜点的成本、销售情况、获利能力。一般说来，餐厅选择的菜品其销售及获利能力不外乎有3种情况：

（1）既畅销利润又高。此类菜点是最好的，必须作为菜品组合核心，一般是看家菜、拿手菜、特色菜。

（2）虽畅销但利润低。此类菜点属薄利多销，一般是大众菜点，也是许多中小餐馆菜品组合的基础。但要注意成本与利润之间的对比情况，确保有利润可图，否则就失去选择的意义。

（3）不畅销但利润高。此类菜点一般是一些名菜、传统菜，代表餐馆的档次，虽然销量较小，但利润可观。对既不畅销利润又低的菜点一般不列入经营品种行列中，除非有特殊的理由。

总之，餐厅在选择菜式时，不能只看到眼前出售的高价。而要从成本的角度来分析利润的高低，在选择菜式时，对于那些毛利大的品种要多选一些，适当地舍弃那些毛利小的菜式，使各种菜式互相弥补，从而实现利润最大化。

菜品创新的常用方法与技巧

“创新思维”一词近年来成为使用率最高的词汇之一，在餐厅的管理和日常工作中被广泛地应用。餐厅的菜品，如果固步自封没有创新，那也很难将生意做大做强。

要知道菜肴如何才能创新，首先要了解菜肴是由哪些基本因素组成的：

1. 烹饪工艺

从烹饪工艺方面来分析，原料成为菜品是刀工、烹制加工和调味三方面作用的结果。由于工艺的作用，使菜坯料和调味料发生了质的变化，它们从原来原料的属性转变成为了菜品属性，其结果为形状、口感，这是菜品的基本属性。

2. 菜坯料

从具体的实物方面来分析，菜坯料是菜肴的基本物资因素之一。因为，从菜肴而言，菜品是由菜坯料和调味品二者组合成的，二者缺一就不能加工成菜。但是，从菜品成品而言，菜坯料通过加工成菜品后仍然实实在在的存在，而调味品通过加工成菜品后的本身已不存在，自身的物资属性已转化成另一物资的属性，其已由“味”替代。也就是说：调味品原料的属性已从原有的原料属性转变成菜品 “味”这一基本属性。

3. 成菜特征

菜肴有色、味、形的表现形式特征，这几个特征与菜肴同生共存，缺一不可。

综上所述，菜肴的创新有以下几个技巧可供参考：

第一，在烹饪技术上的创新，比如爆、炒、熘、炸等不同技术上的尝试，在做的过程中找出一种最新、最好的方式，来做某一道菜。

第二，在菜品出锅后的摆放方式上，最好能以赏心悦目的方式呈现在食客的面前。

第三，以消费者的需求为前提，研究食客的心理，在菜品的色彩搭配上做出惊艳的创新。

第四，应具有食用性和营养价值的绿色食品，并具有科学性、艺术性，既能大快朵颐，又能一饱眼福，还能品味到其中的文化的内涵，使得物质和精神双获。

另外，利用组合菜肴来变化创新的思维也是常用的方法之一。因为菜肴无论我们怎样地从许多方面去构思、设计、变化、创作、实验、创新，但是如何千变万化都不会改变菜品自身的基本属性，离不开其变化的基本规律，也就是常讲的“万变不离其宗”。因此，只要了解了菜肴的属性及组成的基本因素，掌握其内容，了解其变化的规律，给予其应该具备的外因条件，就能万变自如地创作出新菜品。

第六章 给菜品合理定价

定价的技巧与方法

菜品定价，是餐厅参与市场竞争的赚钱手段，也是市场接受餐厅的工具。但这个赚钱手段和工具运用得好不好，关键是找到一个制定价格最佳的点。科学的定价有利于菜品的销售，降低原料存储成本，增加餐厅的营业收入和利润。菜品价格其实取决于市场均衡价格，它的定价直接关系到餐厅菜品价格竞争力和盈利水平，定的高了，单个利润会增加，但消费总数很可能会减少，定的低了，销售人数会增加，但却极有可能顾客越多，亏损越多。因此，在定价时，可以经过调查分析或估计，综合以上各种因素，把菜品分类，并加上适当的毛利。具体说来有这么几种方法：

1. 随行就市定价法

随行就市定价法，是一种最简单的定价方法，即把同行竞争者的菜单价格为己所用，同行的稳定说明他们的定价是市场所能接受的。所以这种定价策略是相对稳定，也切实可行的。但投资经营餐厅，最忌的就是依样画葫芦，因为每家餐厅都有一本难念的经。首先别人的定价不一定适合餐厅的发展。别人以烧鸭为品牌，而你的品牌是家乡菜，别人的一碟素炒青菜的价钱就肯定不能成为你的定价，这里面就有了主次之分。其次顾客对餐厅的要求也是非常高，如果餐厅和其他的餐厅一样，顾客自然选择牌子老的。当然定价也要以餐厅平衡利益为出发点，如烧鸭定价高了，为了提高市场竞争，其他传统菜的价格就不可能再定高。相反，招牌菜定价低了，其他的菜品定价自然就要高，不能夹在中间，这样吃亏的只能是自己。所以一定要权衡利弊来平衡利益。对于新开的餐厅这种做法也是风险比较小的。

2. 系数定价法

餐厅中的系数定价法，是以菜品原材料成本乘定价系数，即为菜品销售价格。而定价系数，则是计划菜品成本率的倒数。当然此种定价法需要餐厅的经营者有丰富的经验和判断市场的能力，因为菜品的成本率是经营者计划计算出了。所以经营者往往要避免过分依靠自己的经验。

3. 巧用数字定价法

在给菜品定价时，应该明白这样的道理：40 元不如 38 元，20 元不如 18 元。因为在顾客的心目中，钱付出去了还可以找零，心情便会更愉快。价格定得巧妙，使顾客产生很实惠的感觉，当然不能刻意得做些数字游戏，反而会引起顾客的反感。这里值得注意的是数字的运用，要注意其吉祥与否，以免招来顾客的不满。

4. 综合分析定价法

在餐厅中，综合分析法是根据菜品的成本、销售情况和赢利要求综合定价的。其方法是把餐厅所供应的所有大菜品根据销售量及其成本分类。

每一菜品总能被列入下面两大类中的一类：

（1）高销售量、高成本，或高销售量、低成本。

（2）低销售量、高成本，或低销售量、低成本。

最后一法宝。俗话说："民以食为天"，所以顾客对食物的要求会非常高，所以"物美"十分重要，一定不能低估。但是，作为一家餐厅，食品价格要为顾客所能接受，因而"价廉"的因素也绝对不能忽视。尤其应当指出，对于一家小本经营的餐厅来说，物美价廉更是获利的法宝。

总之，菜品定价要合理。高销售量、低成本菜品是最容易赚钱的。选择任何一种方法必须是综合考虑了顾客的需求和餐厅成本、利润之间的关系，并根据成本越高、毛利量应该越大；销售量越大，毛利量越小这一原理定价。但是在实际经营中，餐厅出售的菜品两类都有，关键在于经营者的市场嗅觉。

菜单定价的策略

制作一份烤牛扒，要净料牛扒 200 克，牛肉的进货价格是每公斤 30 元，这是不是意味着其菜品成本就是（200 克 ÷1000 克）×30 元 =6 元，定价的时候可以偏低一点儿呢？

当然不是。菜单定价，是菜单制作筹划中的重要环节。前面也说过餐厅的一个最重要的法宝就是物美价廉。由于物美价廉，顾客自然愿意消费，从而导致了价格的激烈竞争局面，这样就有可能造成恶性竞争。

所以，餐厅要合理掌握价格策略。制作一份烤牛扒要净料牛扒 200 克，牛肉的进货价格是每公斤 30 元，这并不是意味着其菜品成本就是（200 克 ÷1000 克）×30 元 =6 元，因为每公斤 30 元购进的牛肉是毛料，要制作牛扒，需要将牛肉的边角下料除去，并切割成形。这里涉及一个净料率的问题。净料率可以理解为毛料经加工可得净料的百分比。以上例来说，如果净料率 80%，那么一份烤牛扒的原料成本不是 6 元，而是 6 元 ÷80% =7.5 元。同样，饮料也涉及滴漏损耗问题。在计算一杯净饮的成本时，应把滴漏、溢出的损耗考虑在内。

对于任何一种菜品，其销售价格应能弥补其菜品的成本、费用和税金，并含一定的利润。其价格构成有以下几个部分：

1. 菜品成本

菜品成本所占比例大。主料，辅佐料。还包括这些材料的浪费和耗损，这些都要计算进去。

2. 费用开支

餐厅经营的各项费用开支都应算到菜品上。这些分摊费用主要是人工费，其次还包括租金、折旧费、水费、电费、煤气费、行政管理费以及其他杂费。

3. 税金

任何餐厅都须向国家和地方税务局缴纳税金。餐厅应该把营业税分摊到每一份菜品或饮料上。

4. 利润

餐厅的主要任务就是获取最大限度的利润。菜品的销售应能弥补原料成本开支、费用开支、税费开支，同时应略有盈余这就是利润。销售价格扣除原料成本所剩的称为利润。餐厅产品的成本与利润是菜单定价的两大因素，其中，成本核算是基础，利润是目标。因此制定菜品价格时，一定要分析和确定成本、利润之间的关系。

所以，给菜品定价不能只考虑原料的价格，还应该把硬件成本和损耗成本加进去，这样才是比较合理的，否则我们就会吃大亏。

根据成本和利润定价

餐厅菜品定价的目标应与餐厅经营的总体目标相协调，即降低成本和扩大利润。餐饮产品价格的制定必须以定价目标为指导思想。

餐厅往往要以经营利润作为目标，所以应该根据利润目标预测经营期内将涉及的经营成本和费用，然后计算出完成利润目标所必须完成的收入指标：

要求达到的收入指标 = 目标利润 + 食品饮料的原料成本 + 经营费用 + 营业税，为此在成本控制方面是首当其冲，不过关键还是在菜品的销售，而决定它有两个关键指标：

一是座位周转率，一是顾客平均消费额。通过预测餐厅的座位周转率，就能预测出顾客的平均消费额指标：

顾客平均消费额指标 = 计划期餐饮收入指标 ÷（座位数 × 座位周转数 × 每日餐数 × 期内天数）

根据目标利润计算出顾客平均消费额指标，它应与顾客的需求和顾客愿意支付的价格水平相协调。在确定目标顾客平均消费额指标后，就可以根据各类菜品中营业收入的百分比来确定各类菜品的大概价格范围。

为了能增加餐厅的影响力，从而在当地扎稳根，在定价时往往会以追求增加客源和食品的销售数量为出发点。江西某家餐厅因所处的地点在城市郊区，过于偏僻，为了能够吸引更多的客源、增加菜单的吸引力，往往在一段时间内将价格定得很低，同时食物也做得非常精致和美味，客人经常驱车去那儿就餐，名气也越来越好，最后慢慢把价格调上去，反而顾客越来越多。

但单纯低价招揽顾客肯定是不行的。有些餐厅遇到激烈竞争时，为了扩大或保持市场占有率，甚至为了控制，也会制定低价以增加客源。这些餐厅虽然因低价而生意兴隆，但可能会得不到应得的利润，甚至不能产生利润。

对大多数顾客来说，在餐厅用餐时，总希望能买到价廉物美、经济实惠又合口味的菜品。这种追求价廉物美的心理，在顾客收入水平较低时显得较为强烈。在餐厅里，菜单上的有些菜品往往是无利甚至是亏损的，但前提条件是这些菜品的销售必须能够刺激其他菜品的销售。

在餐饮市场不景气或竞争激烈的情况下，有些餐厅为了生存，在定价时只求保本，待餐饮市场需求回升或餐厅出名后再提升价格。当餐饮收入和固定成本、变动成本和营业税之和相等时，餐厅能求得保本。这种为生存而定价，适合于求廉型消费。而市场不景气，廉性消费变得十分受欢迎，餐厅也得以渡过难关！

所以为销售而定价，并不是单纯获得利润，一般在刚建立的餐厅和处于劣势的餐厅常用的。

多元化消费中的定价策略

餐饮菜品的售价一般是依据菜品的成本以及餐厅的档次，服务和环境等因素来定，较少从消费者的角度来考量，也就是忽视了消费者数字的敏感度和感知度。制定出消费者最大能接受的意愿售价，是需要一定的洞察思维和分析能力的。菜品的定价不能随意而为。

售价过高，则名不副实；过低则企业利润低。

如何来给菜品定价，餐厅需要先来了解一下顾客的消费心理，对于同一道菜品，可能每一个消费者对它的认识都是不同的，比如：同样一道售价为 58 元的“沸腾水煮鱼”，就会存在性别和年龄的差异，有人可能会认为很实惠，油汤可以打包，有人可能会认为太贵，鱼片太少、辅料太多；还会存在主体的差异，如果是自己请客，会在点菜前考虑一下价格；还有购买力的差异，对于学生，想吃但舍不得花那么多钱。凡此种种，需要大家去了解。

现代餐饮呈现多元化的发展趋势，餐厅的菜品经营普遍高、中、低档集合，这意味着消费群体的消费层次也是多元化的。如何满足不同群体的需求，这就需要经营者修炼菜品定价的表达艺术了。

在给菜品定价上有以下三点：

第一点，给菜品定高价，一定要有底气、要名副其实、尽量体现其差异化的区别。首先，要确保菜品原料的上乘质量、其次要体现出原材料的稀有性和功效性，另外还要要体现出服务增值价，通过细心、人性化的服务来提升菜品的价值。

第二点，修炼价格表达的艺术。例如：对于昂贵的食材烹制的菜品，要学会价格分割处理，采用“克” 为单位或采用“大份”、“中份”、“小份”为单位和按“位”为单位来销售。会起到很好的销量效果。另外要学会菜品分割，比如：同样是昂贵的食材燕窝，假定每克是 30 元，采用“200 克售价 6000”比采用“250 克售价 7500”肯定要好卖得多，因为消费者对最终的价格是非常敏感的，往往会忽视对其它方面的关注。这就是心理学所说的“晕轮效应”。

第三点，要多打特价优惠牌、先做足人气、再促进消费，特价优惠菜品可以亏本销售，但能带动和“诱导”其它高利润菜品的销售。消费者不可能只点特价菜品。

总之，只有充分清楚我们的目标顾客，才能合理定好菜品的售价，才能提升餐厅的营业额。

新开张餐厅的价格策略

对新开张的餐厅或新开发的菜品，往往要决定是采取市场暴利价格、市场渗透价格还是短期优惠价格？

1. 短期优惠价格策略

许多餐厅在新开张期内或开发新菜品时，暂时降低价格使餐厅或新菜品迅速投入市场，为顾客所了解。短期优惠价格与市场渗透价格政策不同，该政策是在菜品的推广阶段结束后就提高价格。

2. 市场暴利价格策略

当餐厅开发新产品时，将价格定得较高，但又迎合顾客的心理，从而牟取利润。当别的餐厅也推出同样产品而顾客开始拒绝高价时再降价。市场暴利价格政策往往在经历一段时间后要逐步降价。这项价格政策适用于餐厅开发需要投资量大、菜品独特性大、竞争者难以模仿的新菜品，而出现在顾客对价格敏感度小的场合。采取这种政策能在短期内获取尽可能大的利润，尽快收回投资资本。但是，由于这种价格政策能使餐厅获取暴利，会很快吸引竞争者，因而产生激烈的竞争，从而导致价格下降。

3. 市场渗透价格策略

餐厅中的市场渗透价格政策，是自新菜品一开发就将价格定得较低，目的是为了使新菜品迅速地被顾客接受，能迅速打开和扩大市场，尽早在市场上取得领先地位。餐厅由于获利低而能有效地防止竞争对手挤入市场，使自己长期占领市场。市场渗透政策适用于菜

品竞争性大而且容易模仿、但目标顾客需要的价格弹性大的新菜品。

餐厅的价格和质量是成正比例关系的，顾客也愿意为较精美可口的餐饮产品付高价。常见的广告一般都说自己的菜品是物美价廉。但仔细一推敲就会发现，顾客就会怀疑是否在分量上做了手脚。反而有些广告就会坚持优质优价，实话实说，反而会吸引顾客。

4. 针对顾客心理定价策略

餐厅的心理定价政策有两种，一是零头标价，一是心理高价。

零头标价使顾客产生一种菜品价格低于实际价格的感觉。如38元、29元、28元、19元。在一些中低档餐厅，也常见到19.8元、9.9元的标价。标价9.9元，看起来只有几元钱而已，但再加两角，就变成十元多了。

而心理高价，是指同样的菜品有时标价低了卖不出去，高了反倒容易销售。这是因为很多顾客都坚持这么一种看法："便宜没好货，好货不便宜"；"价格越高，说明档次越高"。餐厅可以进行市场分析，如果确信顾客具备这种心理时，可以尝试此种策略，但不要违背国家反暴利经营规定。

心理高价适合于享受型消费，这是以注重物质生活享受为主要目的的消费类型。这类型的顾客一般都是具有一定的社会地位或经济实力，追求物质生活上的享受以显示自己的地位，这些食客也是高档菜品的消费者。

总之，研究和把握顾客的消费心理，已成为餐厅经营者必不可少的课题！

如何对菜品进行打折

顾客购买菜品时，一是对某种菜品具有潜在的品尝兴趣和欲望，二是有一定的价格评价能力。因此，餐厅在制定心理价格策略时，首先要对顾客的价格心理进行分析。运用价格折扣是菜品推销的一种重要手段。对公开牌价打一定折扣的优惠政策在餐饮行业运用甚广，如北京的东四餐厅就常以八折的形式来吸引顾客。打折优惠，这种方法是最直接的能够让顾客切实得到实惠的手段，它能让顾客很直观地感到确实得到了便宜，心理上暂时得到较大的满足。缺点就是，打折多了，成本较高，打折少了，不能起到效果。具体说来菜品打折有这么几种常见的方式：

1. 团体用餐优惠

为促进销售，个别餐厅常常对大批量就餐的顾客进行价格折扣。如会议就餐、旅游团就餐等，其价格往往给予优惠。

2. 累积数量折扣

餐厅采取对熟客发放银卡、金卡或白金卡的方法，持有不同的优惠卡，可享受不同程度的折扣，如银卡九五折，金卡九折，白金卡八五折。

有的餐厅为了鼓励熟客经常到店内就餐，以折扣价格鼓励和吸引顾客。一般餐厅中的熟客，其在店内就餐的需求只是一种日常生理性需求，而不是享受性需求，因此不愿在餐厅中花费很多的钱和时间。餐厅如果能提供价格折扣，就能有效地吸引他们前来就餐。一些餐厅为鼓励顾客一家老小常来餐厅就餐，对熟客的家宴价格进行折扣，折扣率的大小通常取决于顾客光顾餐厅的次数和消费的金额。

3. 清淡时段价格优惠

餐厅为鼓励清淡时段顾客前来光顾，常在清淡时段给予价格优惠。这种推销手段对营业时间长的餐厅十分有效。许多这样的餐厅在下午2时以后下午茶时间对就餐的顾客给予价格折扣。也有的餐厅的午餐营业时间在下午1时至2时达最高峰，为使顾客提前就餐以减少高峰时段的压力和增加总客源，对12时45分前结账的顾客进行价格折扣。这都是餐厅老板的明智之举。

4. 特价品种促销

此方法是餐厅日常经营活动中最适于的促销手段，优点很多，可以重点推销餐厅特色菜，又可以适当解决库房中的多余库存。但是力度上的掌握要适度，轻了不能突出特价菜给顾客带来的实惠感受，重了对营业额就有影响。经营者要视情况灵活掌握。

总之，成功的价格都是以经营主客双方认可和受益为标准的。

公开牌价与灵活的定价策略

餐厅经营以诚为本，诚信是做生意的灵魂，声誉好、作风正的餐厅，历来都是明码实价的，但是餐厅也应该有一套自己的定价策略。不透明的价格，会让餐厅在顾客心中失去声誉。有确定的价格政策可使餐厅通过管理价格去实现经营目标，当餐厅的价格被顾客所接受，餐厅的价格就不会被动地受市场竞争或市场潮流所牵制，而是能主动地确定价格去战胜竞争者。

公开牌价是印在菜单上或贴在招牌价目表上的公开销售价格。公开牌价是菜品价值的货币表现形式。菜品价格的高低，直接关系到餐厅与顾客双方的切身利益，也直接影响到顾客对某种菜品接受与否，以及消费的数量。

一些餐厅有相对不变的公开牌价，也有一些餐厅没有固定的公开牌价。餐厅对一般顾客按其基本价销售，但可根据不同的场合或不同的推销需要进行加价或打折。相对不变的公开牌价对管理提供方便，为销售提供准则，也可减少与顾客的矛盾。所以大多数餐厅都采用公开牌价，但针对市场而附加的时令菜及根据顾客特殊需要而开设的套菜不采用公开牌价，有的特殊套餐如团体餐、会议餐还可与客户一起商定价格。

公开牌价上一般标明确切的最终价格，有些餐厅为了迎合某些顾客追求优惠的心理，在公开牌价上标明价格已经打了一定折扣。由于顾客对折扣的心理需求，反而会淡化对食物本身的价格追求，实际上有时这些优惠价往往还高于竞争者的价格。对这种假优惠牌价政策，有许多争执和不同看法，特别在高档餐厅中，很多人认为会有损餐厅的形象。

价格水平可从顾客的平均消费额总结出来。顾客平均消费额的高低受定价目标的制约。在追求目标利润，注重销售，刺激消费和寻求生存的定价目标指引下，餐厅会确定不同的价格水平。

餐厅价格管理的另一方面是价格的灵活度究竟该有多少？餐厅应该采用固定价格政策还是灵活价格策略？

1. 固定价格策略

餐厅固定价格是在相同销售条件下，对一定数量的菜品采取相同的销售价格。很多餐厅采用固定价格策略。在一般情况下，价格不予商量或讨价还价。在餐厅中，由于菜品涉及可变成本大，收入的增加对边际成本的增长作用很大，因而菜品价格调节余地小，其价格固定性大。采取固定价格策略定价比较容易，管理比较方便，容易为餐厅建立良好的信誉。但要注意固定价格不能定得过死。过死的固定价格不易适应餐饮市场需求和竞争局势的变化。

2. 灵活价格策略

为适应不同层次的顾客，可以每天推出一个特价的菜品，这也是灵活价格策略的应用。

餐厅的灵活价格是将相同菜品、相同数量对不同顾客和在不同场合中采取不同的价格。对不同顾客采取的价格是高是低，取决于顾客价格的协商能力以及餐厅与顾客的关系。

灵活价格策略在小型特别是个体经营的餐厅中运用较多，在菜品尚未标准化，菜单尚未固定下来时运用较多，有时餐厅为招揽顾客会答应顾客的折扣要求。在大型餐厅中有时为招揽团体用餐，管理人员会与客户协商价格，有些餐厅对常客可根据要求给予特殊价格。

灵活价格策略的优越性，是可以根据竞争状况和顾客需求调节价格，不会因为价格高而失去客源。精明的老板向愿意支付高价的顾客收取高价，而对不愿支付高价的顾客收取较低的价格。

总之，菜品价格是具有某种心理功能的，并在一定程度上影响着顾客的消费、动机和消费行为。在完全竞争的形势下，餐厅确定的价格高于或低于市场价格都是不明智的。竞争越激烈，餐厅对价格的控制程度越小，价格必然接近竞争者。餐厅需要争夺市场、扩大市场占有率时，往往愿意推行低于竞争者的价格。餐厅需要突出产品质量、树立高档餐厅的形象时，又往往将价格水平定得高于竞争者。

第七章
菜单设计的方法和技巧

菜单设计的基本要求

顾客进餐厅就是吃饭，就餐，而菜单是连接顾客和餐厅的关键。所以菜单的设计对于餐厅的展现是至关重要的。

说起菜单的设计，有些餐厅在上面下了一翻工夫。如四川省成都市石磨豆花庄在菜谱上写道："石磨豆花最细腻，价位亦有吸引力。几页菜谱传真情，新朋旧友皆欢喜。"吉林省长春市的天香苑在菜谱上写道："我的菜不好，请君对我说；我的菜好，请君对朋友说。"北京大董烤鸭店的菜谱也很有特点，每个菜品有中英日三种文字对照，完全做成了一种艺术品。这样的菜谱单本制作成本高达 1000 元，但是却很好地配合了该店的精品战略，满足了高端食客的消费心理。

菜单是餐厅的消费指南，也是餐厅最重要的名片。因此，菜单的设计也要遵循以下基本要求：

1. 要根据原料的供应情况来设计

菜肴原料是菜单设计之本，如果不熟悉原料的供应状况，即使设计出再漂亮的菜单也无异于空中楼阁，无法实施。所以在设计菜单之前，必须了解原料的供应情况，也要根据季节的变化，选用时令原料及时对菜单做出改变。在设计菜单时尽量根据原料的季节性，虽然有些原料打破了季节性和地方性，但是正当上市的原料，不仅新鲜，天然，而且更适合人们的口感，尤其是蔬菜、水产品等。

另外，还要掌握餐厅库房的库存情况、各种原料的价格情况及原料的拆卸率和涨发率等情况，使菜单上的货源保证供应、质量保证优良、价格保证合理。

2. 要根据员工的技术力量来设计

在设计菜单时，最重要是要满足顾客的口感，而口感是是由厨师的技术水平决定的。所以在设计菜单时必须了解厨师的技术水平，对于无法做出满足顾客口感的菜肴断不可出现在菜单上。

3. 要有艺术性

一份精心设计的菜单，装帧精美，雅致动人、色调得体，洁净闪亮，不仅读起来伤心悦目，而且能让消费者心情舒畅，无疑是餐厅的主要广告宣传品，也可以提高餐厅的格调，还可以当作一种艺术欣赏品。

总之，在菜单设计之前必须深入了解餐饮部的各种客观因素。既要了解厨房的设备设施、餐厅的客容量及餐厅的风格，还要掌握厨师的技术水平和服务员的服务水平。只有当菜单设计与餐饮部设备设施、员工的技术力量和水平之间的关系互相协调，菜单的设计才更为科学合理。

菜单的规格与字体设计

说起菜单字体设计，杭州市的老店“楼外楼”的专用菜单以古朴典雅为食客所称道，它的宴会菜单都是请书法家用毛笔书写的，书卷气浓厚，很有收藏价值，所以字体对于一份菜单来说至关重要。

在设计字体之前，要先确定菜单的规格。菜单的规格与菜单的类别、形式以及餐厅风格有密切的联系。目前，各种菜单规格还没有一致的标准，完全由各餐厅自行设计。最常见的菜单有如下几种规格：

（1）单页式菜单，规格一般是 28 厘米 ×40 厘米。

（2）折叠式菜单，有对折菜单，规格一般是 21 厘米 ×21 厘米；三折菜单，规格一般是 21 厘米 ×33 厘米；四折菜单，规格一般是 21 厘米 ×44 厘米。

（3）书本式菜单，规格一般在 36 厘米 ×52 厘米。

（4）活页式菜单，有分大小，小的规格一般是 22 厘米 ×22 厘米，大的规格一般是 35 厘米 ×52 厘米。

（5）艺术性菜单，这类更是多样，完全可根据餐厅的风格、菜单要求造型别致，形状多样。

而菜单字体的大小、粗细、文字间的距离等与餐厅的风格、菜单的颜色等因素有密切的关系，具体应注意如下几点：

（1）要选择易识别的字体。中国的书法形式中草书以艺术性见长，有的人不易看懂，应少用或不用。楷书工整端庄，行书字体流利，易被顾客识别，一般多用于菜单的内页，起到宣传沟通的作用。

（2）字体大小要相宜。菜单的字体不宜太小，以方便各类消费者辨认。

（3）字体排列要协调。菜单的字不宜排列太多，以免给人一种眼花缭乱的感觉。也不宜太少，这样会给人一种菜品不够、选择余地小的感觉。一般来讲，一页纸上的字与空白应各占 50% 为佳。字体的排行间隙要保持一定的距离，使人读起来比较舒服。

（4）字体颜色要相配。字体的粗细、颜色要与菜单的大小、颜色相协调。不同类型的菜单应选用不同字体，使菜单的内容既富有艺术性，又容易读懂，富有内涵。

菜单的封面设计

菜单艺术能对经营产生良好的推动作用，著名的宴席菜单还具有一定的收藏价值。菜单的艺术体现的是餐厅的内涵和餐厅的风格遥相呼应。

在菜单的规格大小和页数确定之后，接下来便是菜单封面的设计。封面设计的重要性不必多言，和餐厅的外观一样重要。在进行封面的艺术设计时，首先要考虑的几个问题是：菜单的制作成本、主题色彩、用纸的档次质量，以及封面的设计与餐厅整体装潢和情调的和谐性。

菜单封面设计必须与餐厅的经营风格相符，每一家餐厅都有自己经营特点和风格，而让顾客舒服就餐才是餐厅的目标。一份设计精良、色彩丰富得体、漂亮且又具特色的菜单封面应该成为该餐厅经营风格的醒目标志之一，无论是在图案、色彩，还是规格上都应突出特点，让客人一看到这个图案或感，就能立即想到餐厅、菜品。

比如如果是一家古典式餐厅，菜单封面上的艺术装饰应该作出相对的表现，如果是一家现代晚餐俱乐部式餐厅，那么，菜单封面艺术装饰就要有时代感，如抽象艺术，甚至流行的通俗艺术绘画，等等。

菜单封面还被视为室内点缀品之一。菜单不仅要配合整个餐厅的装饰，更要让顾客看到之后眼前一亮。菜单虽只是作为其中一个小的部分，但是菜单作为一个餐厅直接与顾客沟通的工具，分散于顾客手中，封面的颜色要么跟餐厅的色彩设计相协调，要么就是互成反差，使之相映成趣。

菜单封面上还有几项内容也是不可少的，如餐厅的地址、电话号码、营业时间、支付方式等。但不一定将这些内容都印在封面正面，有时正面只印餐厅的名称，其余的几项可以印在封底上。封底还是印刷某些经营特色的重要版面，如聚餐、宴会、会议设施、外卖服务、餐厅简史或餐厅所处地段的简图等。菜单文字的设计菜单是一种信息源，这种信息主要靠文字向宾客传递，这是设计菜单最重要的方面。可以把餐厅名称经艺术加工用于封面装饰，把一些字体加工形成漂亮有趣的变形字，显得花俏可爱、风趣幽默，再加上相应的色彩，分外醒目。

总之，菜单封面的设计首先要和餐厅的风格和谐，当然还要突出其吸引力，满足大众顾客的视觉和口味。

照片、插图和色彩的运用

当餐厅有一定的规模时，餐厅的文化就显得比较重要。当然可以菜单上有小小的体现。

浙江省杭州市“太子楼大酒家”一楼的菜单除了写有菜名、菜价外，还别出心裁地在左上方和右上方画了两张幽默画，让人看了忍俊不禁。这里二楼、三楼的喜宴菜单也别具一格，上面写有一副对联，上联是：“酒菜飘香来”，下联是：“喜鹊唱枝头”，既庄重典雅，又具喜庆特色。如逢儿童节，他们则会在菜单上配一些卡通画和儿歌。

在菜单上使用色彩和安插照片是当代餐饮的一种潮流。菜单的颜色可起装饰作用，使菜单更具吸引力，更令人产生兴趣，同时颜色还能显示餐厅的风格和气氛。照片和插图则让菜单生动形象，一目了然。

总之照片和图片一定要精心挑选，能够在顾客问起时解释其含义。当然色彩的运用恰当，至关重要，所以选择菜单的颜色时有如下几点要求：

（1）菜单颜色要与餐厅的风格相协调。如餐厅的装饰具有中国的传统色彩，以红色或其他暖色为主色调，菜单的颜色最好以古色古香为佳；如餐厅颜色主要是欧式或现代感较强的颜色，菜单颜色则不宜大红大绿，否则使人产生不伦不类的感觉。

（2）菜单的颜色要与餐厅主题相一致。一般来讲，喜宴的菜单的颜色以大红、粉红为佳，欢迎宴席以多种颜色组成为好，各种美食节应围绕主题，选定不同的色彩来烘托美食节的主题，起到画龙点睛的作用。

（3）菜单的颜色要讲求淡雅美观。在选择菜单的颜色时要注意，菜单不宜通篇都是大红、大绿、大黑等统一色彩，如选用的色彩或纸张颜色太深，文字印刷后就很难辨认，所以，在设计菜单封面内页、封底时，颜色可深可浅，可选用浅红、浅褐、米黄、天蓝等色彩为基调，点缀性地运用鲜艳色彩，使人感到雅致而有档次，也便于文字的印刷和辨认。其次，菜单中的各种图案或照片，色彩要逼真美观，图案要色彩深浅有度，排列要错落有致，富有艺术性，使顾客阅读后，印象深刻，利于销售。

在设计字体的粗细和颜色时，要考虑菜单的大小和纸张的颜色，如是白色或浅色的纸张，可选用黑色或彩色的字体；如是深色或灰色的纸张，可选用黑色或色差对比度较强的字体，起到既美观又突出的效果。

总之，菜单的颜色一定要与餐厅的装饰搭配，在菜单上吸引顾客，往往会达到事半功倍的效果。

如何选择菜单的用纸

北京眉州东坡酒楼是以东坡文化取胜的，因而他们的菜谱做得古色古香，纸张精致，文化含量较高，很多食客拿着菜谱点菜的时候，不但为东坡系列菜品所吸引，而且引发了他们思古之幽情，多了一些情趣，也多了一些享受。所以菜单的纸张也是吸引顾客的一个因素。

菜单的设计应该从选择纸张开始，因为纸张是构成漂亮设计的基础，一份精美的菜单的说明、印刷效果等都要通过纸张来承载和体现。由于菜单纸张的成本要占一份菜单制作成本的约三分之一，所以，餐厅的经营管理人员和菜单设计人员更应重视纸张的选择。

对餐厅来说，菜单纸张的选择应主要需考虑菜单的使用期限，菜单是要最大限度地长期使用，还是只是一次性使用。用过一次就报废的菜单可印在轻型的、无涂层的纸上。这种轻型的、便宜的纸有不同的颜色及不同的形状可以为其做装饰；较长久使用的菜单须印在重磅的涂膜纸上。这种纸经久耐用，经得起顾客频繁翻看使用；长期使用的菜单还可印刷在防水纸上或用塑料薄膜压制的纸上，脏了可用湿布擦净，这种纸一般都是厚实的封面纸、优质纸等。

在实际的菜单用纸选择上，上述两种因素往往是被结合在一起考虑的，即封面一般采用重磅涂膜纸，内页则采用价格较低廉的轻磅纸。菜单用纸的印刷方式和有关设计技术一般有以下几种：

（1）凹凸印刷。

（2）深色纸上采用淡色墨水，或者颠倒过来也可起到同样表现效果。

（3）在有颜色的纸上使用淡色和金属色。

（4）纸张的立体使用。

（5）印刷在透明或半透明的纸上。

（6）在同一菜单中使用不同类型的纸。菜单通常以纸张作为主要制作材料，通常有一次性和常规耐用性两类使用方式。

一次性菜单是指使用一次完成供餐的菜单，是更替频率较高的菜单，具有制作经济、实用和一定的宣传作用。如厨师特选菜单、当日特价菜单、客房送餐服务的门把手菜单、团体餐菜单、酒会菜单以及宴会菜单等。

用料一般选用铜版纸、胶版纸或新闻纸，甚至还有的用宣纸。制成菜单后，一般无需塑封。这类菜单均应印注标识，而且有的菜单就算已经用过一次，也应注意收集或保存一段时间，以便在制订新的菜单时有借鉴参考作用。

耐用性菜单是指在餐厅经营中较长期使用的菜单。比如零点菜单、套餐菜单等。因使用次数过于频繁而容易受损，所以必须考虑材料的耐用、防污、防折等性能。一般选用优质铜版纸作封面并塑膜，菜单内页选用优质胶版纸材料。餐厅制作耐用性菜单，要求有足够使用量或存量备用。西餐厅的菜单通常用皮革作为封面，有的中餐厅菜单的封面采用加厚纸并装订成册。

总之，在同一份菜单上使用不同类型的纸张可起到强化其功能和增加菜单表现类型的作用，纸张的厚薄和颜色的差异可以突出显示菜单的哪一部分是餐厅推荐的重点。

菜单要不断创新

创新是每个餐厅走得长远的根本，而在吸引顾客上菜单的创新一定要下足功夫。不能墨守成规，根据餐厅的风格的变化而变化，同时要结合季节，口味等来改变菜单的风格。

菜品创新是历史发展的必然规律，没有菜品的创新，就没有历史上饮食文化的发展。任何一个餐厅在菜单设计时除了注意保持其风味特色和传统特色外，还要不断开发新菜品，不断创本店名菜，树立餐厅的良好形象。

有不少餐厅将其创新菜品特别冠以本店的名称，这也是一个值得借鉴的做法。

菜单的设计的定位就是吸引顾客，所以菜单要对顾客保持新鲜感。这对长住顾客和回头顾客较多的餐厅更为重要。

在进行菜单上菜品的更换时，要注意尽量减少浪费。在计划更换菜品时，要先检查库房有哪些食品贮存，要设法做到更换的菜品是能用到这些原料的菜品，以避免浪费。菜品更换时要尽量补上新产品。

所谓新产品有三种：一是过去不存在的菜品，二是过去虽有但又经改进的菜，三是曾有但被遗忘而又重新出售的菜品。厨师要注意学习其他餐厅的新鲜菜，经过自己的模仿和改进，填上本店自身的特色，补充到自己的菜单里去。

最后要提醒下，菜单的更换还是以赢利为目的，留下赢利大、顾客喜欢的菜品，适当保留些很少赢利但顾客喜欢的菜品，除去一些不受顾客欢迎且不赢利的菜品。

总而言之，餐厅要做到传统菜做到位，创新菜做出名，看家菜做规范，时令菜做及时，地方菜做特色，引进菜做成样。使客人感到菜肴天天有变化、有创意、时常新鲜感，餐厅经营才有生命力，使客人产生一种常来常新的良好感觉，即可促进餐厅的销售额，又可提高餐厅的整个经济效益，那么何乐而不为呢?

菜单既要突出特色又要受大众喜欢

菜单的设计要跟着餐厅的经营方针走，餐厅主打中式，菜单也就主打中式。同时菜单要尽量突出本店的特色菜肴，重点推销，扬己之长、避己之短。即使大众化餐厅，往往也有几道拿手菜、看家菜，因为如果没有几道稳得住、立得牢的看家菜，很难吸引老顾客，也很难拉来新客源，因此设计菜单一定要突出自己餐厅的特色，这样，才能给客人留下深刻印象。

菜单的设计是餐厅经营活动中的重要环节，进行菜单设计最终目的是为了促销，为了赢利，而这一切都是要面对你面前的顾客群体。菜单的编制要表明特定的群体服务，菜单的设计应反映出针对哪些顾客群体。

例如，餐厅和快餐店不同，菜单良好的实施，需要后备的力量的强大，如厨师、员工这些都是必须有经验的，菜单的设计反映了菜品生产和服务的难度。所以菜单的设计不能脱离餐厅而独立存在。

餐厅还要做到尽量体现客人的爱好，动动脑筋，把菜单做成受大众欢迎的样子，尽管人和人的爱好不同，但人们之间确实仍然有一些共同或共通之处，一般来说大多数对于菜单的要求，基本有以下几个方面：

（1）整齐清洁。人们都是爱清洁的，尤其在饮食方面要求更高，所以你的菜单必须时时保持清洁的外观，假如菜单是脏兮兮的，则影响客人的胃口，使客人由此想到这家餐厅的卫生条件一定很差，有了这样印象之后，以后就再也不会来了。

（2）字迹要清楚，易于辨认。菜单字迹清楚，这样既能提高客人点菜速度，又能使客人保持一份愉悦的心情。

（3）条理分明。外面的展示柜、明档分为冷菜、热菜、点心、汤菜、煲类、烧烤类、香烟酒类、饮料食品类等，排列整齐有序。

以上这三点是餐厅经营者在制作菜单时必须做到的基本方面，只有把这些做好才有可能使大多顾客满意！

在开业构思阶段，要设计一个试验性菜单草案。开业构思阶段的菜单应反映如下内容：菜单的设计必须和餐厅的装饰相互搭配，提供的菜单就决定提供怎样的菜品和服务的质量。所以试验性菜单对于餐厅少走弯路有决定性帮助。

菜单菜品的表示方法

菜单上每道菜通常都是由菜名、价格和描述的部分组成，而每部分都有各自独特的意义，现将涉及的有关菜单菜品的表现内容分述如下：

1. 数量表示法

食品和饮料服务都存在着一个量的概念。菜单上食品的分量有用大、中、小表示的，如大杯可乐；有可以用具体数目表示的，如三块炸鸡；有用器皿来表示的，如一碗汤、一盘菜；也有用重量表示的，如千克、克，等等。菜单上所有数量的表示都应符合人们生活习惯，同时应具体、清楚，以免客人误解。

2. 质量表示法

食品和饮料的卫生一定要符合国家卫生标准。菜单上质量的表示，如滑溜里脊，里脊就应用猪、牛的里脊肉。菜单上所描述的各道菜中有关肉、鱼、禽、蔬菜等品种部位特征的词应名副其实，不能弄虚作假。

3. 价格表示法

价格在菜单上应该表现得比较明了，但如果同时包含了服务费、小费及其他费用时，就应加以说明，让顾客了解。

4. 商标名称表示法

菜单上列有带有商标名称的食品和饮料，应保证按时供应，如青岛啤酒、可口可乐等。

5. 食品描述表示法

很多食品或饮料名称十分相似，但内容却不相同：食品描述时一定要明确其区别，如枫树糖浆和枫叶糖浆、冰牛奶和冰乳脂等，特别是一些代用品就更要描写得清楚具体，以免使顾客产生误会和不必要的纠纷。

6. 原料来源表示法

特定菜单上有时对原料来源一般依照其产地、商标和有关资料进行描述，如“中国对虾”等。另外，提供服务的方式和菜肴准备的方法也应在注明之列，如美式服务、法式烤面包等。

7. 食品种类表示法

由于菜单上很多食品都是使用罐装、瓶装或冷冻的原料进行烹调，在对这类食品进行描述时也要注意标注正确，因为冷冻橘汁绝不等同于鲜橘汁，瓶装果汁也绝不等同于罐装果汁。

8. 食品烹调方法表示法

食品的烹调方法有时是顾客决定是否选择此菜的主要原因之一，所以菜单上对炸、炒、烤、烘、煮、煎等烹调方法的表述一定要正确。

9. 文字与图片表示法

菜单上有时既用文字又用图片表述，此时就要求图文保持一致。

10. 推销用语表示法

菜单上有时使用很多推销性词语来描述菜品，如特制汤、时令菜、免费赠送等这些都必须表意明确，不能使人产生误解。

11. 营养成分声明表示法

菜单上有时用“不含糖”、“无盐”、“低热量”等有关食品营养成分的特别声明，此时应要求注明特定的日期和所指的菜。

调整菜单的注意事项

如果餐厅的生意出现衰退，餐厅的利润率和投资回收率不断下降，菜单是个关键的环节。要对菜单进行变革，对价格要重新评估，对市场的大小和结构要重新分析，菜品要做必要的更换。在衰退阶段，可设法提供一些每日特色菜来吸引客人，要着重推销那些赢利大、受顾客欢迎的品种。有时，菜单外观的改变，如变换菜单的布局、设计、色彩、印刷格调也会影响餐厅的生意。

此外，也要根据季节的变化，及时调整菜单，增加时令菜品，这也是出自对食品原料供应情况的考虑。由于餐饮原料大都是农畜产品，有较强的季节性，旺季来临时，进货价格较低，而在淡季，许多食品原料进价上涨，进货成本增加，这样如果菜单不进行调整，肯定会造成利润的减少，这是从餐厅角度看的。即使从顾客的角度看，及时提供时令菜品，也会满足顾客的需要。但是在进行菜单上菜品的更换时，要注意避免浪费，更换菜品时，应该根据库房里有哪些食品贮存来决定，这样就可以很好地避免浪费。

最后菜品的更换还要根据菜单分析的结果，对于那些不受欢迎的菜品要大胆换去，但是那些受顾客欢迎、赢利大的菜品一定要留下。

总之，一张成功的菜单的作用，不仅要能反映餐厅的经营特色和范围，而且要通过菜品的内容和价格反映出餐厅服务的对象。菜单还要起到向顾客传达产品信息和推销餐厅及其菜品的作用。餐饮业中不可避免地会有变革，由于社会经济形式的变化和人口特征的变化，需要从目前的经营类型转换到另一种类型。当饮食潮流和习惯产生变化时，餐厅应该及时改变菜单和变换市场。

第八章
打造招牌菜

餐饮业的 80 / 20 法则

80/20 法则认为：一般情形下，产出或报酬是由少数的原因、投入和努力所产生的。原因与结果、投入与产出、努力与报酬之间的关系往往是不平衡的。若以数学方式测量这个不平衡，得到的基准线是一个 80/20 关系，结果、产出或报酬的 80%取决于 20%的原因、投入或努力。

而在餐饮界也同样存在这种 80/20 法则，即菜单内的 20% 的菜品经常被顾客点用，其创造了整个餐厅 80% 的业绩，而余下的 80% 的菜品则不经常被顾客点用，其只能为餐厅贡献出 20% 的营业额。因此，对这 20% 的畅销菜品，有些是所经营餐厅的招牌菜，应该多注意其用料的叫货、数量、储存环境，烹制时的量和技巧，以及最后上菜前的摆设，甚至采用的餐盘是否适当、美观等。而对剩下的 80% 的冷门菜，则应考虑是否定时筛选和更换新菜式。

总之在餐厅的 80/20 法则中，关键是对余下的 80% 的菜品进行检讨、评估和替换。像原材料成本较高的菜品可以考虑替换掉，当然有些菜品可以做成餐厅的招牌菜，为餐厅创造更多的收入。

精益求精将普通菜打造成招牌菜

将 20% 的菜品中挑选出做成招牌菜并不是一件简单的事，有的餐厅打造招牌菜经常浅尝辄止，往往在菜品还没有臻于完美的时候便匆匆了事，结果自然是错漏百出，不尽如人意。俗话说，“慢工出细活”，要做好这件事情，就必须考虑到每一个细节，并不能简单就把它摆上招牌菜，必须做到“天时，地利，人和”，才能打造出声名远播的招牌菜。

时下很多餐厅在研发新的菜品上苦下工夫，许多的新菜品种如雨后春笋般应运而生，但是开发一个新的菜品往往需要付出很大的人力物力和成本，并且因为是新生事物需要培养新的顾客群，新客户群的成长又需要一定的时间。所以，打造招牌菜必须有精益求精的态度和追求完美的心态，有人说：“如果你能够真正地做好一枚曲别针，要比制造一架粗陋的蒸汽机更有价值。”将普通菜打造成招牌菜有以下两种做法，可供参考：

1. 精菜妙做

将店里较好的菜品通过巧妙的搭配组合，营造出不同的格调，最终成为餐厅的招牌菜。有一家餐厅的精做豆芽菜，将每根豆芽里都嵌入金华火腿，制成独特的豆芽菜，而成为本店的一大特色。“桑拿虾”曾经是名动一时的招牌菜，它的做法巧妙在用烧烫了的卵石现场制作灼焯基围虾，颇具观赏性，不仅给食客增添了美食之外的乐趣，还让顾客清楚地看到这是上等的活虾，而不是冻虾或死虾。因此，这一道招牌菜曾一度成为各大餐厅的招牌菜。

2. 细菜精做

川菜中的“极品菜”——开水白菜，就是细菜精做的典型代表。所谓“开水”，并不是普通的开水，乃是用多种原料吊出来的汤，汤汁清如开水，没有半点油星。选来吊汤的鸡一定要是土母鸡，不肥也不能太嫩，宰杀后剔尽腹油，加鲍鱼片、火腿、菇丝等吊鲜，再加清水足量、姜、葱节烧开，改小火炖三四个小时，后将整鸡取出同净瘦肉和鸡脯肉一起煨制，最后用细纱布滤出汤汁。汤吊好后，取白菜发黄的嫩心氽至断生，漂冷去腥后置于盆内，倒入清汤，上蒸笼蒸制七八分钟，取出即可食用，味美胜过鱼翅。这就是细菜精做的功夫所在。

所以，餐厅想要打造招牌菜的话，如果没有财力物力和时间来研发新菜式，可以从以上两点出发，寻找自己的生意之道。

用传奇的故事来点缀招牌菜

古时候福州官钱局一官员宴请福建布政使周莲，他为巴结周莲，令内眷亲自主厨，用绍兴酒坛装鸡、鸭、羊肉、猪肚、鸽蛋及海产品等10多种原、辅料，煨制而成，取名福寿全。周莲尝后，赞不绝口。后来，衙厨郑春发学成烹制此菜方法后加以改进，到郑春发开设“聚春园”菜馆时，即以此菜轰动榕城。

几名秀才也慕名到聚春园来订了“福寿全”，去野外聚餐。既是春游，也是吟诗会。但是菜冷了，只有用火煨热。因而浑香飘溢，秀才们一觞一咏，情尽乐极。一秀才吟出：“启坛荤香飘四邻，佛闻弃禅跳墙来”。而使“福寿全”改为“佛跳墙”沿袭至今。这个名菜之名可谓贴切之致，恰到好处。

这就成就了佛跳墙的传奇故事。佛跳墙这道菜，相传此菜以十八种主料、十多种辅料互为融合。其原料有鸡鸭、猪肚、蹄尖、蹄筋、火腿、鸡鸭肫，有鱼翅、海参、鲍鱼、干贝、鱼高肚，也有鸽蛋、香菇、笋尖、竹蛏等共三十多种原料与辅料分别加工调制而成。

而著名的湘菜三层套鸡，也有个不一样的传说。三层套鸡是长沙名厨柳三和擅长的名菜之一。相传20世纪20年代末，鲁涤平主湘，其侧室沙夫人患头痛，大夫推荐以一麻雀、一斑鸠、一乌骨母鸡，用天麻套蒸饮汤治病。于是柳三和根据配方在母鸡内放一鸽子，鸽子内放一麻雀，麻雀之内放天麻、枸杞之类，三物套蒸，制成三层套鸡而名噪一时，颇受上层人士赞赏。

佛跳墙和三层套鸡都是是许多大餐厅的招牌菜，并且经久不衰。除了味道鲜美、保健养生的功效之外，其栩栩如生的传说也是它们能够保持旺盛生命力重要原因。这些传奇故事赋予这些菜品无形的附加值，能够满足顾客的心理需求，使顾客在享用美食的同时，还能得到一种精神享受。

故事本身就吸引着人，如果搭配着美食，自然会吊起人们的口味。餐厅如果能让招牌菜和故事结伴传播，那无疑会让顾客得到精神和食欲上的双重享受。

用时尚和文化内涵打造招牌菜

俗话说“药补不如食补”，时下，养生很火，中年人、老年人开口闭口说养生之道，而各大报纸、杂志、电视等媒体上更是养生专家大谈养生。养生已经成为人们每每必提的一个时尚话题。

现代人越来越关注自己的健康，越来越注重食品的营养作用，如果餐厅推出养生菜品，正好迎合这种潮流。重庆一家餐厅就看好了这个时机，决定在现有硬件条件基本不做调整、菜系和味型基本不变的情况下，将餐厅的主打菜品系列赋予“养生”内涵，从菜的品种和制作方法上适当调整，独创一门“养生菜”菜系。

他们打出的“养生菜”概念，不同于以往过分强调素淡的饮食观，而是既具有养生功能，又重视保持菜品的本色本味，既饱口福，又保健康。保证了广泛的群众基础，而且与周边竞争对手的经营定位和特色相比较，有很大的差别，有利于展开差异化竞争。

这家餐厅现有一些比较受欢迎的菜品，他们在主料和味型不变的情况下，加入一些具有滋补、养生功效的辅料，名称再做相应的变化。然后另开发一些新菜品，在菜品的配料上、外形上、装盘上以及命名上，表现出其具有的滋补、养生功效。

养生菜应形成系列，并根据季节变化做恰当的调整。除热菜、凉菜系列以外，泡菜、汤菜、小吃、甚至米饭，都可做成养生系列。比如开胃泡菜、营养泡菜等泡菜系列，冬季女士养颜汤、男士滋补汤、养胃汤等汤菜系列，南瓜饭、玉米饭、百合粥、莲子粥等主食系列。酒水也可以增加养生滋补泡酒系列，与菜品形成呼应。茶品同样推出养生茶系列，比如养颜、养胃、养心茶，等等。

这样，这家餐厅成功地推出了“养生菜”，因为菜品的发挥空间很大，而且比较容易实现。所以，也不需要对厨师班子做太大调整，更不需要增加厨房设备投入。因此这家餐厅几乎在没有增加任何额外成本的基础上，成功地推出了“养生菜”，获得了很大的成功，天天顾客盈门。

所以，一家餐厅要关注时下的社会热点，结合这些热门的社会现象打造自己的招牌菜，从而开发新的客户群体，创造出更好的餐厅营业额。

喜欢美食的朋友一定吃过许多餐厅的特色菜，也吃过不少风味小吃，其实现在我们耳熟能详的很多菜都有一定的文化内涵。比如宫保鸡丁，据说，此菜的产生和清朝著名人物左宗棠有关。说左宗棠最喜欢吃家厨给他做的鸡，而做法就是将鸡肉切成丁，再配上花生、笋丁、木耳等配料一起炒。清朝巡抚有宫保、少保等称号，又因为左宗棠曾任巡抚，被称为左宫保，所以人们就称此菜为宫保鸡丁。

我们在品尝菜品的时候，一般会就此味道发表评论，但很少有人会去细究每一道菜的历史。如果餐厅能挖掘出自己招牌菜的文化内涵、历史渊源，一一讲给顾客，相信顾客会对此很感兴趣，并且能够充分满足顾客的好奇心理。

总之，现代人讲究不仅要吃出营养、吃出健康、更要吃出文化，用文化内涵来包装自己的招牌菜也就迎合了顾客们的这种心理和社会的一种趋势。顾客对文化的向往，成为餐厅销售的利器。

招牌菜要注重色彩美

中国饮食历来讲究“色香味”俱全，餐厅的食物不仅仅闻起来香、吃起来鲜，并且还要看起来赏心悦目。所以菜品能否吸引人和色泽有很大关系，尤其是招牌菜。只有菜品色泽纯正，才能诱发顾客的食欲，相反，如果菜品的颜色不正，一定会引起顾客的怀疑：“原

材料是不是坏了？”即使原材料没有问题，顾客的兴致也会大打折扣。

真实的色彩对于人的味觉识别有很大的帮助，美国华盛顿大学曾进行过关于味觉如何受颜色影响的研究。比如改变你常喝饮料的颜色，大多数人将很难正确辨认出来。在研究中，受试者品尝饮料时能够看到饮料的“真实”色彩，在这种情况下，他们总是能正确辨认出饮料的味道。

然而，当他们不能看到饮料的颜色时，就会很容易辨认错。比如在看不到颜色的情况下，只有 70% 的人能尝出葡萄味饮料，30% 的人能分辨出樱桃味饮料；15% 的人能够品出柠檬味饮料。所以当人看不到颜色时，感官能力会下降。

菜品的色泽影响着顾客对菜品的判断，菜品的色泽是顾客在未尝味道之前，第一眼就能直观地看到的，因此，色泽在很大程度上影响了顾客对整道菜的评价。所以餐厅从业人员一定要注意菜品的色彩美。并且还要有意识地根据蔬菜本来的颜色相互搭配。

例如，清蒸鱼烹制出来之后颜色比较单调，可以在鱼的周身摆一圈白色的小香菇，再在香菇外摆一圈西红柿，在鱼身上放几条绿色的青椒丝和若干香菜叶。这样搭配起来就使整道菜看上去更明丽鲜艳，顾客也会更加有胃口。

还有川菜里著名的麻辣水煮鱼，水煮鱼烹制好之后被盛放在器皿里，白色润滑的鱼肉会部分裸露在外，器皿里漂浮着满盘的红辣椒，一眼看过去就觉得很有食欲。当然很多人都会认为，健康食品的颜色一般都是绿颜色，可以安全食用，这是因为在我们的潜意识里“安全”食品通常是绿色的。绿色代表着明媚、鲜活、自然。淡绿、葱绿和嫩绿意味着新鲜、清淡，有利于稳定心情和减缓紧张，与其他颜色的食物一起摄入则效果倍增。因此我们会很喜欢吃任何绿色的东西，也更倾向于假定绿色食物都是健康的。所以厨师在麻辣水煮鱼中点缀地洒些翠绿色的香菜，会更加勾起顾客的食欲。

总之，在招牌菜的制作中厨师要精益求精，做到色香味俱全。

招牌菜名字要有寓意

七夕传统情人节到来之前，北京全聚德和平门店设置了“七夕”专场餐位，把为情侣准备的丰盛晚宴取名为“花好月圆”。曲园酒楼根据七夕穿针引线“乞巧”的民俗讲究，推出包括蒜茸穿心莲、五彩金针菇在内的“七夕乞巧套餐”，寓意“心灵手巧”。而厚德福用糖醋瓦块鱼焙面搭起了“鹊桥”，鸿宾楼还给菜品改了吉祥名，糖溜卷果叫“甜甜蜜蜜”、鲍鱼菜心叫“心心相印”。国际饭店星光旋转餐厅则为青年人群推出“鹊桥相会”七夕主题餐。“穿心莲”、“花好月圆”、“相约鹊桥”……这些听起来就“好吃”的名词儿，是京城老字号为市民捧出各种好口彩的“寓意餐”。

一道招牌菜如果有一个很有寓意的名字，就会引起顾客的好奇心，从而促进顾客的消费。

广东人吃饭讲究个意头，香港人则认为意头菜能够起到改运的作用。“食在广州”的招牌菜色名应是“龙凤虎羹”，龙即蛇，凤即鸡，虎即猫。广州人从不把鸡脚叫鸡爪，而叫凤爪，据说有外人误以为是凤凰之爪而不敢下箸呢。

有寓意的招牌菜名，都会引起顾客的好奇。同时寄予了人们祝福的美好愿望。顾客在享用这些招牌菜时，也在享用这美好的寓意对他们带来的精神上的愉悦。并且这些招牌菜的名字和寓意还会被顾客传播得更为广泛，从而能有效地扩大餐厅的美誉度，有心的餐厅不妨一试。

第九章 如何留住消费顾客

回头客是餐厅利润的保证

如果你去一家餐厅，在大堂门口左顾右盼半天没人领位。吃饭时，服务员态度懒散，连茶水催了三遍也无人搭理，过路的服务员以不是她的服务范围为理由走开。这样的餐厅相信你不会再去第二次。

无数的吃客就这样被海底捞的贴心服务“套牢”，乃至客满无座时也愿意耐心等候，当然等候时也能享受海底捞的特色服务，比如免费水果、饮品，免费美甲、擦鞋、上网等。

美国管理学家汤姆·彼得斯指出：“出去寻找并争取到一个新顾客，要比稳住一个现有顾客多花五倍的精力，甚至只当过一天售货员的人都会赞同这样一个道理：如果来买东西的总都是陌生人，那将是糟糕透顶的事。”实际上，餐厅经营更是如此。

回头客就是对这种食物或商品买了又买用了又用的顾客，据相关权威资料统计，老客户所产生的销量是新客户的15倍以上。老客户对于店面与品牌已经了解熟悉，信赖店面，忠诚度高。老客户通过口碑宣传会影响周边的消费群体，这样店面及品牌就可以得到稳定的成长，利润也就会稳定增长。另外开发一个新客户的成本是维护一个老客户的5倍左右。因此培养回头客对餐厅的意义至关重要。

餐厅回头客基本上是餐厅经营管理得以实施的根本，是影响餐厅发展的关键因素。具体会在以下几个方面影响餐厅：

一、餐厅回头客是餐厅服务质量的重要指标

1. 回头客是对餐饮服务的认可

餐厅宾客从头回客变成回头客，最主要的原因是宾客在第一次消费过程中，对餐厅服务、产品和环境比较认可或者对餐厅还抱有良好的期望，愿意继续在餐厅消费。试想，一个餐厅服务糟糕的餐厅，是不会吸引太多回头客的。

2. 谨防“贼船理论”，吸引回头客

就像营销学中的“贼船理论”讲的一样，在市场中一些餐厅通过各种欺骗手段，把宾客骗过去消费他们的产品，使得宾客在事后有误上贼船的感觉。以后这些宾客不会再到这个餐厅进行消费。最后这样的餐厅也因为没有了宾客而倒闭。

3. 回头客证明餐厅的安全和发展潜力

餐厅经营更是如此，一个没有回头客的餐厅是十分危险的。这表明这个餐厅的服务、

产品得不到宾客的认可，消费过的宾客不再选择该餐厅作为下次消费的地点，甚至对外负面宣传餐厅。作为餐厅决策层不仅要考核经营部门的营业指标，更应该考核经营部门的回头客率。原则上，回头率低于30%，餐厅的服务质量还有很大的提升空间。

二、餐厅回头客是餐厅市场开发的重要渠道

1. 回头客介绍目标客源

餐厅尤其是高星级餐厅属于高消费产品，其客源市场属于“小众”，而非“大众”。在市场开发上，花大把的钞票在大众媒体做推广广告效果并不佳。经过这几年的实践发现，餐厅市场开发的一个重要渠道是餐厅回头客的转介绍，将目标客源介绍到餐厅和市场销售人员。由于这些客源目前正在消费同档次的产品，有消费能力和消费需求，属于优质客户资源。

2. 回头客的口碑宣传更具说服力

相对于餐厅，客户更相信客户，经过口头宣传很容易成为餐厅的客源。同时，销售人员和餐厅服务人员还可以从回头客处获得一些有价值的顾客信息做好针对性的服务，更有利于提升顾客的满意度，留住顾客，保证市场开发的成功率。

三、餐厅回头客是餐厅服务质量提升的重要源泉

1. 回头客鞭策餐厅创新

餐厅回头客认可餐厅的产品和服务，同时又具有喜新厌旧的特点，这就要求餐厅在做好回头客认可服务的同时，加大创新力度，给回头客常变常新的感觉。

2. 回头客客观促进餐厅服务质量

餐厅管理人员需要主动创新，给老顾客更多的新鲜感。从客观上促进餐厅服务质量的提高。

总之，回头客对餐厅的意义是不言而喻的。餐厅现行的会计核算体制是以成本为中心的核算办法，以餐厅的固定资产、流动资金和负债为核算对象，实际上忽略了餐厅的无形资产和宾客资源，尤其餐厅回头客更是餐厅经营中的重要资源。回头客具有的广告效应，把餐厅的信息，以及亲身体验的服务与他人分享，随之产生的口碑效应将吸引更多的宾客，这样的宣传既不要餐厅付一分钱，并且可信度还特别高。因此要充分利用餐厅回头客的重要优势，实现餐厅的发展。

拉住回头客要了解其消费心理

广东名企真功夫曾经推出过“真惠卡”优惠券，组合了多款白领青睐有加的套餐。其中，包括真功夫招牌饭香汁排骨饭、冬菇鸡腿肉饭、台湾卤肉饭、鼎香肥牛饭4款主餐产品，它们可任意搭配香浓豆浆或香滑蒸蛋一份，只需17元，优惠幅度可达23%。如再加3元，即可把豆浆或蒸蛋换为原盅菜干猪骨汤，也很超值。此外，真功夫还首次与腾讯展开合作。只要登录腾讯会员网，进入“上班吃饭这点事”活动专区，就可以打印真惠卡的试用券，凭试用券可到真功夫餐厅领取“真惠卡”，或直接打印优惠券。参与网友还有机会获得公仔、绿钻、黄钻、真功夫贵宾券等礼品，于是销量大增，回头客络绎不绝。

从上可以看出，真功夫从一家小店发展到遍布广东各地的连锁餐饮是有原因的。究其原因，是因为真功夫抓住了回头客的就餐心理。就餐心理是指顾客主体在餐饮服务全过程中的心理反应，包括就餐前的选择、就餐中的满意程度以及就餐后的总体印象。掌握消费者的心理才能做到“知己知彼，百战不殆”。

一、回头客的基本消费心理需求

1. 比较选择心理

消费者在消费时，如果一家新餐厅和一家去过的餐厅相比较的话，他们更容易选择熟悉的餐厅，这样有保证，无须冒险。

2. 习惯心理

由于风格习惯等对顾客的影响从而在食客选择餐厅时，总会选择曾经去过的餐厅消费。

3. 怀旧心理

对曾经经历的事情怀有很大兴趣，一般中青年人多有此种心理，所以在消费的时候也往往会去曾经去过的餐厅，因为某些人、某些事情，亦或者是因为那里的氛围。

4. 回归自然心理

消费者对那些提供天然饮料、绿色食品等直接来源于自然的餐厅会加倍重视。

二、满足顾客消费心理需求的措施

为了让更多的顾客成为回头客，那么餐厅就必须去了解顾客消费心理。顾客愿意再来，说明餐厅是懂他们的心理，让他们的心灵也能得到享受。满足顾客消费心理，主要包括以下几点：

1. 满足求安全，求卫生的心理

这些方面包括环境干净卫生，食品新鲜清爽，酒水饮料质量过硬，餐厅用具严格洗刷，按规定清洁；个人卫生严格符合卫生标准。

2. 满足求符合口味的心理

首先要了解掌握本店消费群的生活习惯及饮食特点，饮食口味通常具有“南甜、北咸、东辣、西酸”的特点。国内北方人喜欢以面食为主食，而南方人以米饭、点心为主食。

3. 满足求新求知的心理

包括及时推出时令新菜，有计划、周期性地更换餐厅的菜牌。设计菜牌时，对一些新菜及招牌菜尽量附上图片及简要说明。

4. 满足求尊重的心理

包括服务时使用礼貌敬语，对第一次来就餐的顾客要热情，而对打过交道的顾客则要表现熟悉，有客来店就餐，就像有亲戚、朋友到自己家里做客一样热情款待，给足顾客面子。

5. 满足求实用的心理

包括点菜时尊重顾客的选择，坚持适度原则。注意推销技巧。要主动给顾客介绍性价比高的实惠菜肴。

6. 满足求身份地位优越的心理

包括服务是否周到，酒楼中高级管理人员必要时要去搞活宴会气氛，要介绍餐厅的主打菜品牌菜。

7. 满足求便捷的心理

包括开店选址时，要注意留有足够的停车位，便于顾客停车，选择以高档宴请为主的市场定位时，酒楼的位置要位于商业中心、政府机构附近，官邸或高级别墅区附近。

8. 满足求心理享受的心理

包括餐厅装饰及摆设格调高雅，接待夫妇或情侣要把她们安排在餐厅比较安静的地方。

9. 满足求异、猎奇、求刺激的心理

包括有些顾客有不醉不归的心态，喝名酒、吃名贵菜、去名店“挥金如土”，这类大客要重点照顾，使他觉得自己与众不同，喜欢吃别的地方吃不到的东西，期待得到超值的服务和享受；

10. 满足顾客有感情消费的心理

包括在产品上烹制出更多、更好、更美、更符合顾客口味要求的菜式食品；在服务上力求规范、统一、细微、超前；在推销时灵活运用推销技巧，恰到好处。

总之，现在顾客就餐并不是单纯的为了填饱肚子这样的低层需要，心灵的慰籍以及精神的愉悦与享受这样高层次需要同样是餐厅现在必须考虑的内容。而这样餐厅就一定要掌握顾客的心理。

人无我有，人有我优

餐厅的竞争是无处不在的，任何一家餐厅要想不断发展，掌握餐厅发展的主动权，就必须形成自身的竞争优势，除了一些创新的手法外，在一些无可避免的硬性竞争上要永远比同类的餐厅做得好一点，做到“人无我有，人有我优”。所以，餐厅经营要做到以下几点：

1. 重视菜品的开发与创新

为迎合市场的需求，对菜品的开发与创新的要求有了进一步的提高，讲究兼容并蓄，进行菜系的融合、口味的汇总，在发展新菜品的基础上继承传统并与之相结合。餐饮业，对菜肴的创新与开发行动缓慢，且只针对领导的口味及要求，并未认真研究市场需求，客人的口味，对菜品只包装其外表，如盘花、围边、摆放的造型等，没有深挖其内在的口味与色泽，营养的搭配，更不注重品牌的培养。

2. 调整经营思路，注重服务优势

餐厅应在其原有硬件优势的基础上，更注重服务优势，并及时调整经营思路。

3. 感情联络，培养忠诚度

餐厅应经常与普通宾客交流，培养宾客的忠诚度。首先要把客户放在自己的心上，建立完善的客户资料，随后通过上门拜访、电话联络、短信等方式沟通，让客户感到温暖。人都是讲感情的，感情就是制胜的法宝。

总之，餐饮业的服务，已从程序化、标准化、规范化跨入了个性化、细腻化、多样化、人情化的层面，不过分强调台面餐具摆放的具体尺寸、距离标准，而更注重实用性，关心客人所关心的问题，体现出亲切、周到、细致入微的服务。当然服务的细致和周到，不单单是体现在表面的，在人性化和艺术化上要比其他的餐厅做的更好，提倡走动式服务，在观察中满足顾客的需求，使餐厅以顾客为中心，

优秀的服务员可使经营业绩提高 20%

服务质量是餐厅的生命线。随着餐厅市场竞争的加剧和顾客的日趋成熟，顾客对餐厅服务质量要求也越来越高，服务质量成为餐厅在新的市场竞争中脱颖而出的重要武器。如何加强餐厅服务质量管理，树立餐厅良好的服务形象，为宾客提供满意甚至超越期望的服务，从而以优质的服务赢得顾客的忠诚，获取竞争优势，是众多餐厅经营管理者所关注的重要问题。而其中，优秀的服务员对于餐厅至关重要。

优秀服务员的培养措施有：

一、针对服务环节，做好服务员的态度管理

态度是个人对某一特定对象的心理倾向，是个人在经验基础上形成的，对某一特定对象的反应倾向。根据态度的组成要素，要做好员工的态度管理。

1. 角色认知、保护顾客利益

在认知方面，要让服务人员对于自己的角色和地位有一个正确认识，要让他们明白顾

客是其帮助和服务的对象，他们是顾客利益的保护者。

2. 态度热情、职业情感认同

在情感方面，动机与需求决定人的情感，只有满意的员工，才会有满意的顾客。热情的态度无法培训，只需要提供员工想要的。良好的工作生活环境、优越的福利条件、公平的竞争机会，这些都造就了服务员高度的职业认同感。

3. 学会控制情感和行为

在意向方面，要教育员工学会控制自己的情感和行为。作为社会中人，每个人的心情和行为都有可能会受到其他因素的影响。餐厅员工也不例外，每当此时，要做好自己行为的主人，使自己在服务岗位上的每时每刻都以最优的状态来面对客人。

二、通过标准化和程序化管理，提高服务员的服务效率

服务效率是服务人员对于顾客需求的反应与满足的快慢程度，指为客人提供服务的时限。服务效率不仅体现出服务人员的业务素质，也体现了餐厅的管理水平。

1. 通过标准化、程序化提高效率

服务效率的管理和提高主要通过标准化和程序化来进行。标准化是指在向宾客提供各种具体服务时所必须达到的标准，它一般通过量化指标体现出来。

程序化是指服务工作的先后次序，科学合理的服务程序可以保证服务工作有条不紊地进行，保证客人接受最为完善的服务，每个服务人员按照服务程序各司其职，减少相互推诿和相互扯皮，这也从另一个角度节省了服务时间，提高了服务效率。

2. 通过制度管理提高效率

高效的服务效率离不开科学而严格的制度和管理，所以要提高服务效率，每个餐厅都应该根据实际情况，制定适合餐厅实际情况的时间标准，以此来约束员工的行为，达到顾客满意。

三、加强服务培训，提高服务员的服务技能

娴熟的服务技能是决定服务质量水平的基础，它体现了服务人员所应具备的专业素养，也体现了餐厅的管理水平。服务技能包括服务技术和服务技巧两方面。

1. 角色演练、现场模拟，增强现场感受力

灵活的服务技巧的培养需要服务人员在工作中不断总结经验，同时，作为餐厅来讲，要针对此问题加强对服务人员的培训，把工作中一些优质服务的案例通过角色演练、现场模拟等方式推而广之，增强员工的现场感受力。

2. 赋予权利，灵活应变

餐厅还要给服务人员相应的权利，以方便他们在为客人服务时做到灵活应变，作为餐厅应该明白，餐厅一切规章制度最根本的目的就是使顾客满意，只要是顾客满意的，就是员工应该做的。

四、发动服务员，细心观察，从细节上赢得顾客

在餐厅中，在细节管理方面做得比较好的当属海底捞，当你走进这家以服务制胜的餐馆，女服务员会为长发的女士扎起头发，并提供小发夹夹住前面的刘海，防止头发垂到食物里；戴眼镜的朋友可以得到擦镜布；放在桌上的手机会被小塑料袋装起以防油浸；每隔 15 分钟，就会有服务员主动更换你面前的热毛巾；如果你带了小孩子，服务员还会帮你喂孩子吃饭，陪他在儿童天地做游戏。正是这些细节服务打动了成批顾客的心。

五、加强对服务员餐饮服务质量监督和检查

1. 明察暗访，现场检查

餐厅管理人员应该通过明察和暗访等方式，组织定期、不定期的现场检查，对员工的

礼貌礼节、仪容仪表、服务态度、服务技能和服务效率等方面进行监督。

2. 开展竞赛活动

还可以开展评比和组织优质服务竞赛活动，来促使员工相互学习，相互竞争，争做服务标兵，从而提高员工追求优质服务的积极性。

六、收集服务员服务质量信息，改进服务质量

餐饮管理人员应经常对服务的结果进行评估，即根据餐饮服务的目标和服务规程，通过巡视、定量调查、统计报表、听取顾客意见的等方式，来搜集服务质量信息，从而有针对性地分析工作中的薄弱环节，改革规章制度，整顿工作纪律，纠正不正之风，改进服务，提高质量。

迎合顾客口味

顾客就餐首先要满足的就是口味，只有满足顾客的口味，才能更具吸引力。那么具体的满足迎合顾客口味的方法有哪些呢?

1. 瞄准客户群，分析大众口味

思考自己所开餐厅面对的客户群是什么样的人，这样的客户群的主流口味与大众口味是什么样的。一旦确定了市场群体，就需要提供满足这一群体需求的服务内容。还要根据其消费能力来确定餐厅的经营规模。

2. 最优价格，性价比高

在尽量满足顾客口味的同时，也要注意合理价格。在价格与口味之间寻找完美的平衡点。价格的制定是非常有讲究的，既需要参考市场的平均价格，也需要达到利润最大化目标。

3. 力求特色，独具魅力

特色是餐厅用来吸引顾客的招牌，这主要能在就餐环境上体现出来。相当多的餐馆在布置环境上下了很大的工夫，力图营造出独具特色的，吸引人的各种情调。以求进食的环境“场景化”、“情绪化”，从而能更好地满足他们的感性需求和口味。

顾客不仅有挑剔的食物口味，也有环境口味，甚至餐厅的环境不符合顾客的口味会影响到顾客的饮食口味。

4. 营造氛围，富有情调

开餐厅不能仅仅是给人吃饭的地方，一定要融入一些文化在其中。吃饭的地方哪里都有，但是体现出自己文化的地方就不多，不来这里你就体会不到这里的文化，所以这对顾客很有吸引力，于是回头客的概率会大大的增加。

保持地方风味特色

地方特色菜点就是以当地特有的烹饪原料或是用当地独特的烹饪方法制作出的具有当地口味特点的菜点，因此又称地方风味菜点。如上海的风味菜“畲山茶虾仁”和浙江衢州的“烧兔头”。风味特色菜可以唤起人的怀乡情结和怀旧心理，风味特色菜的意义不仅只是一道菜，还包含着浓浓的人情味。餐厅的风味特色可以通过独特的地方特色吸引顾客，是餐厅菜系的重要组成部分。选用当地特有的食品原料烹制菜点，应是创制特色菜点的首选，因为人们出差旅游去外地，总想品尝一下他们自己家乡没有的食物和当地的风味特色菜。所以餐

厅应该：

1. 挖掘开发当地的烹饪原料来创制菜点

厨师们只要努力挖掘开发当地的各种特有的烹饪原料来创制菜点，即使烹制方法普通、口味一般，也会取得较好的效果。比如江南的鲥鱼、大闸蟹、太湖三白，沿海地区的各种海鲜等，只需用清蒸的烹调方法，保持它们的原汁原味，就是地方的特色菜了。

2. 发掘不常用的原料来烹制菜点

再如发掘使用一些人们不常用的原料来烹制菜点，也能成为当地的特色菜点。如上海畲山森林宾馆就是将稀有的畲山茶叶制成茶粉后，与绿叶菜汁一起烹制成一道畲山茶虾仁的热菜，再配上畲山茶叶的典故介绍，就成为该宾馆深受宾客喜爱的一道特色菜。再如浙江衢州餐厅的一道特色菜“烧兔头”，就是利用一般人们弃之不用的兔头，将其加工烹制成具有浓厚地方风味的“烧兔头”，因为此菜选料特别，地方风味突出，所以深受各方客人们的喜爱，成为该宾馆的品牌菜和衢州地区的特色风味菜。

在同一地区内，该餐厅酒家烹制的几款菜点要比同地区内其他餐厅酒家烹制的同样菜点质量高、方法新、口味纯，因而这几款菜点就成了该餐厅酒家的特色菜点。如上海地区的“红烧河鳗”和“扣三丝”，大部分餐厅酒家都会做，然而上海豫园商城的老餐厅烹制的“红烧河鳗”和“扣三丝”，无论是造型、色泽与口味，在上海地区是最有名的。

因此“红烧河鳗”和“扣三丝”就成了该餐厅的特色菜。同样的例子还有北京东来顺的“涮羊肉”，全聚德的“北京烤鸭”，杭州楼外楼酒家的“东坡肉”与“西湖醋鱼”，上海绿波廊的点心“眉毛酥”，等等。

餐厅烹制的几款菜点风格独特，而在同地区是其他酒家餐厅所没有的，因此也成为该餐厅酒家的特色菜点。如上海畲山森林宾馆的“畲山竹香肉”这道菜，其用五花肉裹上兰花笋尖，外面再包以竹叶烹制而成，此菜的香味浓在当地是独一无二的，因此就成了该宾馆的特色菜。再有当年上海的新雅粤菜馆创制了一道中西合璧口味独特的菜肴“烟熏鲳鱼”，因在当时无其他餐厅酒家能做，因此也就成了该酒家的特色菜，等等。

总之，一个地方的风味特色是一个地方的标志，也是一个地方文化内涵和历史渊源的承载，因此餐厅要力求保持地方菜的风味特色。

关心体贴法留住顾客

顾客的满意是星级餐厅追求的最高境界，宾客的满意也是评价餐厅服务质量优劣的唯一标准。餐厅为顾客提供餐饮消费，但更重要的是提供优质、高效、快捷、尊重、真诚的亲情化、个性化的“软件”服务产品，以满足客人变化万千的服务需求。

现代餐厅，在行业竞争十分激烈的今天，必须营造轻松、愉悦的家庭氛围，塑造餐厅精品意识，追求的服务必须是规范、个性、超值，甚至是令客人备受感动的服务，以满足多层次、多方面、多变化的服务要求。餐厅运用关心体贴法留住顾客的具体策略有：

1. 微笑礼貌待人，问候关切

每一位进入餐厅的客人，在踏入餐厅大门时，都希望见到服务人员亲切的微笑，热情而真诚的问候，彬彬有礼的举止，这是餐厅留给客人的第一印象，也是客人得到尊重的第一感受和情感需求。豪华气派的大堂，高档名贵的装饰代表不了餐厅的热情，它只是星级和档次的体现。关心体贴法不妨先从微笑待人、关切的问候以及礼貌待人开始。

2. 增加顾客满意度，不留遗憾

平时在工作中要注意的事情很多，但这一条绝不可以忽略。餐厅必须不断从各种角度去检查自己所经营的餐厅到底让顾客满意到什么程度，顾客是否曾在此有过遗憾，只有不断地这样反省和检查，才能不断地提高自己服务的质量，以赢得更多的顾客。只有那种经营时不让顾客有丝毫遗憾、不满，不再经营时让顾客遗憾万分的餐厅，才是真正经营成功的餐厅，才是名利双收的餐厅。

3. 尊重顾客，建立友谊

餐厅的每一个顾客都是一个独立的个体，都有独立的人格，餐厅必须尊重他。工作中，有时可能因为意见相异而同顾客产生摩擦。此时餐厅更需要注意自己的言谈举止，尊重顾客。要知道餐厅的态度可能成为你们之间良好关系建立的起点，也可能成为引发餐厅和顾客之间战争的导火线。如日本的餐厅服务业，把对宾客的关爱、体贴放在了首位，并贯穿于整个服务之中。见到客人亲切的问候，甜美的微笑、九十度的鞠躬、跪式服务、礼让服务等，处处体现出把宾客当成上帝、亲朋来予以尊敬、关心、体贴。这是国内餐厅业在服务中所欠缺和所不能与之相比的。

总之，尊重、关心、体贴客人是餐厅留住老顾客，吸引新顾客，提高服务质量，与客人建立朋友、亲人般关系的基础，是服务行业经营管理的生命，也是满足客人受尊重、受关爱心理需求的基本出发点和服务精要。不管什么情况，都不该失去礼节。若餐厅言辞诚恳，顾客会对餐厅留有良好的印象，从而再次光临餐厅。

超低价策略法吸引顾客

超低价策略是所有销售中最有效的营销方式。所谓超低价策略并不是完全指负毛利销售，而且是以低价来赢得消费者的关注，从而达到促销的目的。

“超低价”作为一种短期促销手段，只有在一些特定时间和场合才可使用。

1. 实行超低价营销的目的与意义

（1）吸引人气，抑制竞争。

实行超低价促销的餐厅，其主要目的在于吸引人气，因为目前同类餐厅的差异化已经很小，而超低价促销活动能够抑制对手，将对方的顾客流吸引到自己的店里来，从而依靠大量的顾客流带动其他非促销菜品的销售。

（2）吸引眼球，提高知名度。

通过这种超低价促销活动也可以吸引大众消费者的眼球，提高餐厅知名度。而一般超低菜品的数目很少，因此超低价菜品本身所带来的损失并不是很大，完全可以通过大量的非促销菜品来捞回，甚至这种损失可以忽略不计，作为营销成本计算。

2. 超低价促销的风险

（1）讨好部分人，得罪多数人。

因为超低价菜品都是限量销售，因此无论使用何种方式卖出这些菜品造成的结果都是一小部分人如愿，绝大部分人乘兴而来，败兴而归，造成多数顾客的抱怨。这种促销活动很难控制人数和规模，如果餐厅在策划方面考虑欠周，很容易被管理部门临时取消或无法兑现对消费者的承诺，这就会使餐厅的信誉度大打折扣，以后的促销活动也很难取得消费者的信任。

所以，超低价促销活动搞不好就会伤害顾客，最终也会伤害餐厅自身的信誉。过低的价格还容易使食客怀疑菜品的质量和服务有问题。

（2）价格竞争容易被对手效仿，甚至招致竞争对手以牙还牙的报复，以致两败俱伤。

在各种营销手段中降价是最容易被竞争对手模仿的。在市场各领域中，出现了“你降价，我比你降得还多”的怪现象。

（3）低价营销容易导致产品质量下降。

长期使用低价营销争取的市场，会让餐厅管理者疲惫不堪。再没有精力去抓质量和服务，更没有能力和财力去研究和实施产品创新。餐厅又如何保持长久的竞争力。

（4）低价营销容易导致行业利润率下降。

采用降价营销策略，虽然能给部分餐厅带来更大的市场份额，表面上看会使餐厅利润率上升。但是对于整个行业来说，会导致产品价格的整体下降。一旦行业市场跨了，餐厅如何生存下去?

3. 低价竞争的策略

（1）低价竞争模式要以提升和满足消费者需要为前提。

市场需求与消费者满足总是在变化的，任何单一菜品所能创造的市场需求和对消费者的满足都是有限度的，烹饪技术创新所实现的成本下降同样也有底线。

（2）低价竞争要不断提高社会劳动生产率以及餐厅的单位时间劳动生产率。不断提高技术水平和餐厅的技术含量。

（3）在当前竞争激烈的市场环境下餐厅只有不断创新、不断提升顾客满意度并加强与同行的沟通与合作，才能使餐厅健康、稳定的发展。

其实餐厅光靠打价格战来抢市场、争客户都属低水平的竞争。价格竞争永远无法建立客户的忠诚度，更不可能维持客户和餐厅的长期关系。靠低价吸引来的客户，选择餐厅的唯一理由就是看中你的价格，但是这样的客户极易“游离”，一旦出现更低的价格就会“跳槽”。

现在一些餐厅为了在激烈的竞争环境中继续占领市场、留住客户，而采取低价营销手段，把价格看成决定市场竞争成败的唯一因素。某些餐厅打价格战打红了眼，已到了不计成本、不顾效益的地步，甚至演变成情绪化极浓的互相攻击。为了在激烈的竞争环境中继续占领市场、留住客户就只能继续“打肿脸充胖子”，价格一降再降，最后大量餐厅资源白白浪费在了低效甚至无效的市场竞争里，从而使餐厅越陷越深不能自拔的局面。到头来，餐厅只能无法经营下去。

变“头回客”为“回头客”

善待“头回客”，“头回客”对自己有了良好的第一印象，才有可能变成“回头客”，而回头客多了，餐厅生意也就自然火起来了。

把头回客变成回头客的具体措施有：

1. 常客奖励，发展回头客

餐厅常客奖励计划是对回头客的激励。员工需要激励，客人更需要激励。为了留住回头客，必须根据餐厅的实际情况推出切实可行，并对顾客有吸引力的常客奖励计划。

2. 尽量满足头回客需求

餐厅回头客由于有消费能力，成为各个餐厅追逐的对象。餐厅要想在这场追逐中取得胜利，就必须有追求“女朋友”的精神，立足于对头回客情况的了解和行踪的时刻把握。在他们最需要你出现的时候出现，在他们不想看到你的时候，你无影无踪。

3. 老菜开发新客户，新菜留住老客户

对于头回客可以推荐餐厅新菜和招牌菜，然后进行细致周到的服务。餐饮经营的核心是菜品。菜品是顾客选择餐厅地点的关键因素之一。当头回客发展成回头客，首先他们对与餐厅的菜品熟悉又认可，希望吃到自己平常喜欢的菜品；其次，不能老是“老三样”，还需要一些变化的刺激。作为餐厅经营者要充分了解餐厅回头客的消费习惯，以其喜欢的菜品作为基础，同时以不断推出的创新菜创造新鲜感。

4. 提供针对性服务与定人定位服务

对于头回客也要进行针对性服务，不能有丝毫怠慢。针对性服务就需要察言观色，以及善于询问，然后采取针对性的措施，当发展成回头客后，要按照回头客的喜好，定制菜品，减少沟通成本。而减少沟通成本的最有效办法是定人定位服务。相对固定的服务人员能够比较了解顾客的喜好和就餐习惯，比较容易提供针对性的服务。

总之，厚待“回头客”的同时更要善待“头回客”。头回客与回头客虽然一字不差，仅仅是颠倒了个顺序，但两者却有质的区别。消费者之于商家，既有可能是头回客，也有可能是回头客。对于绝大多数商家来说，回头客往往要比头回客多。尤其是由于地理位置等方面的原因，一些头回客要多次充当回头客，甚至变成常来常往的常客。可以说，一家餐厅就是靠无数个回头客支撑起来的。因此，餐厅要想占领市场，就必须招徕回头客。

对消费少的客人一视同仁

经常会有顾客在餐厅消费比较少，并且去的次数也比较少。对待这样的顾客餐厅也不应消极对待，应该对所有顾客一视同仁。

“所有客户一律平等”，不仅是一个职业道德问题，也是一个建立在道德基础上的策略问题。“对待客户一视同仁”，这个提法似有牵强之嫌。因为餐厅的“待遇”不同于法律，并且“待遇”很明显地与餐厅的预期收入相关联。但是，预期经济收入的不同，不等于餐厅可以对“不同身份”客户实行不一致的服务态度。只能依照不同的消费额度，提供不同的消费数量，以及与消费额度相称的商品档次。

从原则上讲，买三个包子，与买一百个包子的道理也与之相同，这应叫作“服务的质量规则”。假若不遵质量规则，损害的必定是服务提供者本人，因为需要服务的客户完全可以选择另外一家餐厅。

餐厅一视同仁对待客人的具体注意事项有：

1. 摒弃“看人下菜碟”，讲究服务内涵

餐厅是服务行业，往往被一些人所看轻，久而久之，一些员工也学会了“看人下菜碟”，这是不正确的。我们应该从餐厅培训之初就特别强调，对所有客人都一视同仁，这种独特的服务内涵影响客人，为餐厅的美誉度的传播做出了自己的贡献。

2. 摒弃“店大压客”，消费有档次，客人没档次之分

对餐厅来说，客人是没有高低贵贱之分的。但客人在餐厅的消费却是有档次之分的。就一次消费而言，客人消费档次越高，餐厅所能获取的效益和利润就越大，反之越小。

正因为客人消费档次不同给餐厅带来的效益不同，因此尽管餐厅强调对所有的客人都应一视同仁，但在餐饮服务实践中，还是有不少服务员对消费低的客人缺乏热情和良好的态度，使客人感到难堪，从而对餐厅留下一种“店大压客”的不良印象。

3. 消费档次不固定，一视同仁助转化

其实，客人的消费档次并不是一成不变的。只要服务得好，客人的消费档次是可以转化的，低档次的可以变成中档次，中档次的也可以变成高档次。

因此，餐厅服务不要只盯着消费档次高的客人，而对消费水平低的客人有所忽略，因为只要服务到位，他们很可能会成为餐厅潜在的高消费的客人，甚至是忠诚的客人。

留住挑剔的消费者

有些地区的人们对食物的要求是非常高的。嫌肉炒老了、鱼不新鲜、菜肴的口味不对等，甚至因为这些拒不付账。自然很多餐厅都头疼这些挑剔的顾客。

到餐厅用餐和娱乐的顾客，大多数是彬彬有礼、通情达理。但挑剔的顾客也会遇见，处理不当，会失去一部分顾客，而一味迁就，又可能损害餐厅声誉和利益。所以要正确对待挑剔的顾客，挑剔的顾客也许才是真正的买主。

（1）餐厅要正确地对待挑剔顾客，因为“挑剔”是顾客消费中一种必然行为。

在顾客消费中，菜肴的价格主要是由顾客的需求决定的。即所谓的顾客就是上帝。面对众多同质化的菜品，作为顾客自然会权衡，讨价还价即产生挑剔行为。

（2）对餐厅感兴趣，有消费欲望才会产生挑剔。

如果餐厅的定位为高品质、高品位，对待顾客就应努力传达这种信息。有挑剔的顾客并不可怕，挑剔中蕴含着商机，显示了顾客对菜肴的消费欲望。

挑剔的顾客爱将餐厅的不足同其他餐厅相比较，甚至有些意见不切实际，要求过分。有的出于虚荣心，即使菜肴或服务不错，他也要“鸡蛋里挑骨头”。那么对待这样客人的策略是什么呢?

（1）不要和他们发生争论，保持微笑，并感谢他们的建议。

（2）不要对着干，让顾客占点“上风”，必要时适当捧他一下，是让其开心的途径之一。

（3）对于顾客正确的意见或建议，诚恳地感谢，或不妨采纳试一试。

（4）善套交情、尽量赞美。最佳的做法是跟他“套交情”。他一进门您就热情地招呼，尽情地赞美，并且要不时地提醒他“占到了便宜”，比如说送饮料时，可特别告诉他“别人只有七分满，您却倒了九分满”。一开始就满足客人，让他觉得自己占尽了便宜、得到了好处，这样处理起矛盾来就很简单很多。

（5）服务认真仔细，顺从赞赏顾客。挑剔型的顾客通常“要求”都会较多且琐碎。当发现顾客有某种特殊习惯后，服务时就该针对该处多下点工夫，如果这点儿让他满意了，其余的部分他一般都无所谓了。

总之，伺候挑剔型的顾客，餐厅一定要尽可能地顺从，让顾客觉得餐厅的态度既认真又仔细。这种类型的顾客都很注重感觉，当他觉得餐厅实在非常地“尽心尽力”的话，他反而不见得会太“挑剔”了。

第十章 餐厅店员的招聘与管理

为什么要重视招聘

谈到招聘，不可避免的就会想到人才，那么什么是人才呢？简单地说，人才就是在某方面有突出才能，对企业的发展起到关键作用的人。有句话说："得人才者得天下。"作为老板来说，懂得识人才、用人才，决定了企业的生死存亡和发展高度。那么，要开餐厅的话，招聘人才也是开店中极为重要的一个环节。但招聘又不单单只是一个环节，它在餐厅的经营中还有其他的意义，主要表现在以下几个方面：

1. 招聘结果直接决定了餐厅是否获得了所需要的优秀人才

餐厅只有拥有高素质的人才，才能建立竞争优势，取得长足的兴旺和发展。

2. 招聘工作有助于宣传餐厅形象

餐厅的招聘工作涉及面广，招聘方式多种多样，同时也可以起到宣传餐厅形象，扩大其社会影响力的作用。

3. 招聘工作直接影响到餐厅的人事管理费用

如果招收的人员适合餐厅工作，具有较高的工作熟练程度，就可减少培训费用支出，为餐厅节省费用，创造经济效益。

餐厅在招募新店员时，会面临如何在众多的应聘者中挑选出合格的、有工作热情的应征者。这就需要招聘人员有一双识别人才的慧眼，在众多的应聘者中，找到适合从事餐饮业，又有自己独到见解的英才。所以，如何以精确、经济的方式从众多的应聘者中选择出符合餐厅需要的最优秀人才，将是招聘工作的重点。

这里需要注意的是，有效的招聘工作在使餐厅吸收到符合需要的高素质人才的同时，还应该使这些人员了解餐厅的真实状况。因此在招聘时不应该只宣传好的一面，还应该让应聘者了解餐厅不足的一面，从而使应聘者对餐厅有一个全面的了解。例如，在招聘过程中，可以通过真实工作预览的方式使应聘者了解餐厅。这样，应聘者可以进行自我筛选，判断自己是否与现在的要求匹配，懂得自己需要的。这样就能使餐厅获得可胜任工作并对所从事的工作感到满意的人才，减少餐厅人员的流动。相反，如果在招聘过程中只向应聘者展露餐厅好的方面，在以后的工作中可能会带来许多麻烦，从而增加餐厅的人员流动。

餐厅店员招聘的原则

招聘工作是保证店员队伍素质的重要一环，是保证餐厅经营顺利的前提。在招聘工作中，须遵循下列原则：

1. 公平公正原则

对应聘者一视同仁，店员招聘应该根据考核结果择优录用。努力为社会上有需要的人提供平等竞争的机会，不拘一格选拔优秀人才。招聘过程中的基本条件就是做到公平竞争，从而使人才脱颖而出，只有公平竞争才能吸引真正的人才，才能起到激励作用。

2. 效率优先原则

效率高的一方能在激烈的市场竞争中赢得主动权，人员招聘工作也不例外。效率优先在招聘中的体现就是根据不同的招聘要求，灵活选用适当的招聘形式和方法，在保证招聘质量的基础上，尽可能降低招聘成本。一个好的餐厅招聘系统，能够保证餐厅用最少的雇佣成本获得适合职位要求的最佳人选；或者说，以尽可能低的招聘成本录用到同样素质的人员，即体现效率优先原则。

3. 发展潜力原则

发展潜力原则即组织所招聘的店员，不仅要看其综合素质与现时职位的符合程度，更重要的是要重视其具备的可持续发展、可开发的潜力。

4. 确保质量原则

一般来说，选聘人员时应尽量选择素质高、质量好的人才，但也不能一味强调高水平，而应当是人尽其才、用其所长，并保证整个餐厅人力资源结构的合理化。而且要求店员队伍内部保持最高的相容度，使群体成员之间心理素质差异得以互补，形成群体优势。

5. 按需招聘的原则

按需招聘的原则是指招聘一定要根据组织工作的实际需要和未来的实际需要制定招聘政策。

6. 重点招聘原则

在组织人员的招聘过程中，要坚决贯彻“二八定律”，要尽量招聘属于20%的重点人才。

7. 量才录用原则

不同的餐厅岗位对于相关人员的要求是不同的。因此，必须根据岗位情况进行考核，做到量才录用。招聘工作，不一定要最优秀的，而应量才录用，做到人尽其才，用其所长。这才是发挥店员潜能的有效途径。

店员招聘的准备工作

一般情况下，在餐厅店员的招聘过程中，需要做好以下准备工作：

餐厅店员招聘决策，就是指餐厅对于店员招聘的决定过程。包括招聘数量；自己招聘还是委托招聘；招聘预算、进程计划以及招聘信息发布的时间和渠道。

1. 招聘决策原则

（1）少而精原则。

少而精就是可招可不招时尽量不招；可少招可多招时尽量少招。招聘来的人一定要充分发挥其作用，因为餐厅是创造效益的集合体，不是福利单位，要保证所招聘来的人员精干有效。

（2）公平竞争原则。

只有通过公平竞争，才能使人才脱颖而出，才能吸引真正的人才，才能起到激励作用。

2. 招聘决策程序

（1）提出人员需求申请。

需要增加人员的部门负责人向招聘部门提出需要人员的人数、岗位、要求，并解释理由。

（2）招聘部门进行复核。

招聘部门应该到用人部门去复核申请，查实是否一定要这么多人员，并写出复核意见。

（3）最高管理层决定。

由于餐厅的规模和大小不同，可根据不同的情况，由餐厅最高管理人通过商讨或会议的方式，进行最终决定。

3. 招聘决策的主要内容

包括什么岗位需要招聘？招聘多少人员？每个岗位的具体要求是什么？何时发布招聘信息？运用什么渠道发布招聘信息？委托哪个部门进行招聘测试？招聘预算多少？何时结束招聘？新进店员何时到位？

4. 聘用人员职位与数量的确定

（1）职位确定。

对于餐厅而言，最基层的职位就是一般的店职员，其中又可细分为正式的专职人员以及兼职人员两种，再往上就是餐厅的各级管理层，在所有店职员之上的则是店长或者总经理，店主是处于最顶层的，有的餐厅是店主兼店长或总经理。

对各种职位进行划分，除了可以划分清楚各人的权责之外，还可以建立人才培育、晋升的良好通道，从而使整个餐厅的人才应用制度规范起来。

（2）数量确定。

每一家餐厅的营运状况并不相同，因而各个餐厅对其所需人数也不可能是固定的。对此，我们可以利用下述的一种比较合理且科学化的评估方法进行衡量。

这套评估方法的应用原理就是根据店内每一个人所能创造出来的毛利额的多寡，来对每一个人的生产力进行衡量。

下面我们以一个餐厅为例加以说明：假设餐厅的店主每天工作12小时，店长1人10小时，副店长也是1人10小时，其余各正式店职员15人各8小时，兼职人员8人各3小时，加起来一共是176个小时，除以每人每天平均时间8小时，则可以得出这个餐厅总运用人力为22人，再以每天毛利额除以人力，最终可得出每个人的生产力。

这套评估方法实际应用起来相当简单，店主可以清楚看出每个人生产力的多少，以此来分析雇用的人力是否恰当。不过此法存在较大缺陷，它没有将不同营业时间内所应用人力的多少考虑进去，会不可避免出现有时人力过剩、有时人力吃紧的窘境。

5. 聘用人员申请资格的确定

对于餐厅内一般的店员而言，学历方面的限定并不严格，初中以上即可。但是对于管理层诸如店长、副店长之职，最好要求有大专以上学历，以便能训练其处理一些技术性的工作。

另外还须考虑性别的问题。由于餐厅的特殊经营形态，它们大部分营业时间较长，甚至24小时营业，并且有时因为工作上的需要必须值夜班，考虑到安全及体力，最好限定以男性为主。

至于年龄要求，年满16周岁以上的人，才可以前来面试。对于工作经验，这一项主要是针对管理人员而定，尤其是在较高层管理人员以及急需应征人员立即上手的情况下，招聘时就必须在资格条件上加以特别注明。

另外，餐厅在具体招聘过程中，应聘人员是与餐厅的招聘人员接触而不是与餐厅接触，在对餐厅了解甚少的情况下，应聘人员会在招聘中根据招聘人员的表现来推断餐厅其他方面的情况。因此，对招聘人员进行选择是非常重要的。

通常而言，招聘组成员除了应包括餐厅人力资源部门的人员以外，还可以包括用人部门的主管、招聘工作部门的同事和下属。应聘人员会将这些招聘人员作为餐厅的一个窗口，由此判断餐厅的情况。

因此，招聘人员的表现将直接影响到应聘人员是否愿意接受餐厅提供的工作岗位。有研究显示，招聘人员的个人风度是否优雅、知识是否丰富、办事作风是否干练等都将直接影响应聘人员对餐厅的感受和评价。一些餐厅在组建招聘组时，由经理人员指定人选，然后对他们进行有针对性的培训，如仪表、提问方式、餐厅情况介绍、交谈语气等，并且还要进行模拟面试，同时进行录像，再放给这些人员观看、研讨，以便矫正。

店员招聘的具体步骤

根据实际情况，餐厅在组建自己的店员队伍时大致可以遵照以下六个步骤进行：

1. 制订招聘计划

要根据餐厅的实际经营需要以及其他一些特点，拟订招聘计划。招聘计划一般包括以下内容：

（1）招聘人数。

（2）招聘对象范围。

（3）应聘人员的专业条件、文化程度、业务等级、技术职称以及工作经验等方面的要求。

（4）年龄、性别、健康程度等生理要求。

（5）职务的待遇。

（6）招聘时间、地点。

2. 接待应聘者报名登记

这种接待可以成为对应聘者的初试。接待中，要向应聘人员阐明餐厅对人才的需求和餐厅发展的规划。

3. 动机分析

动机决定行为方式，决定了以后工作的努力程度。因此，在具体招聘过程中，除能力考核外，还要分析其应聘动机。良好的工作动机是将自身发展需要，包括不断地学习、实践，提高自身知识水平等，与应聘企业需要融为一体共同发展的意愿，包括对企业文化、价值观和发展方向的认同和赞赏等。

4. 面试与心理、性格测验

从一定意义上来说，这一步很重要，已为众多的现代餐厅在招聘人才时采用。他们在表达、举止和实际能力能让餐厅招聘的人看出他们在以后工作中的能力与表现。在与之面对面交谈的过程中，可以感受一个人的综合素质和潜在能力，这才是最重要的。

5. 确定人选，办理各种手续

经过考试和面试之后的综合情况，所需要的人选基本上就可确定下来了，接下来便应通知相关人员准备餐厅工作，并办理各种相关手续。

6. 制订招聘计划遇到的问题和注意事项

（1）规范招聘行为。

制订招聘流程，可以使招聘工作固定化、规范化，并防止出现差错。

（2）提高招聘质量。

要在众多的应聘人员当中准确地把优秀人才识别出来，并不是一件简单的事情。因为在招聘活动中要考核应聘者的职业道德、进取心、工作态度、沟通能力、性格等非智力因素。通过制订招聘流程，会让招聘工作更加科学化、合理化，从而有效地提高招聘质量，同时降低招聘成本。

（3）对餐厅招聘关注更多的是原定的招聘目标是否完成，餐厅要关注是否有突发事件、突发事件是否得到了合理解决、计划与实际是否有差异之处、是否存在明显的纰漏之处等几大指标。招聘结果方面，餐厅主要是锁定三大关键指标，一是成本核算，二是实际到位人数，三是应聘总数。

选择合适的招聘渠道

餐厅店员的来源可分内部和外部两种渠道：

一、内部招聘

1. 工作轮换

工作轮换可以使餐厅内部的管理人员或普通人员有机会了解餐厅内部的不同工作，给那些有潜力的人员提供以后可能晋升的条件，同时也可以减少部分人员由于长期从事某项工作而带来的烦躁和厌倦等感觉。

2. 店员推荐

所谓内部人员推荐介绍是指餐厅内部人员推荐和介绍应聘者来参加应聘。它实际上是在餐厅内部和外部之间建立起一座桥梁，通过店员以口头方式传播招聘，为餐厅空缺职位推荐合适的人才。

实施内部人员推荐介绍的操作程序为：首先餐厅公布招聘信息，通知店员招聘的职位、需要多少人员及各类人员的应聘条件；其次是鼓励店员推荐和介绍朋友和亲戚申请职位，并提出相应的鼓励措施。内部介绍人员推荐方式与其他外部招聘方法相比，所招入的店员相对较稳定。因为内部店员向应聘者提供的组织资料比较客观；应聘者与店员关系较密切，对餐厅的相关情况比较了解，能很快融入环境和工作中。

二、外部招聘

外部招聘是相对内部招聘而言的，又称社会招聘。往往是在内部招聘不能满足餐厅需要，特别是在餐厅处于初创期、快速成长期，或者餐厅因发展迅速而需要大批中高层技术或管理人才时，通过外部招聘渠道招募到餐厅所需人才。常用的外部招聘方式主要有以下几种：

1. 校园招聘

近年来，一些餐厅和学校间的接触逐渐加强，在每个学生毕业之时，餐厅就在校园中举办公开征才的活动，此举对大餐厅及知名度高的餐厅非常有效，但对中小型的餐厅而言，可能具有一定的难度，但这并不表示中小型餐厅就不能踏入校园，广为征求需要的人才。

2. 上门求职

这种方式是应聘者自己主动找上门应聘。此方式餐厅应用较多，常常用此渠道招聘服务员、收银员等技能和知识要求都比较低的工作人员，而管理人员或监督人员很少从这类人员中产生。这是一种用最低的成本获取人力资源的方式，餐厅应该很好地保管上门求职者的申请记录，以便在需要用人时能及时使用这些人力资源。但这种来源的人有时对餐厅及其从事的职务不了解，餐厅对他们也不能充分信任，因此彼此之间难以融洽地合作。

3. 网上招聘

随着互联网的普及，利用网络进行招聘是近几年新兴的一种招聘方式。它具有费用低、覆盖面广、时间周期长、联系快捷方便等优点。目前我国很多餐厅都已具备上网条件，并且很多应聘者都能随时上网。所以网上招聘逐渐在餐厅招聘中占据重要地位。

4. 临时招聘

餐厅作为一种特殊的经营形态，所面临的市场需求常常会发生波动，而且还要应付经济周期的上升或下降。这就要求餐厅保持比较低的人工成本，并使餐厅的运营更具有适应性和灵活性。因此，餐厅往往需要招募大量的临时性店员，并建立一种临时店员计划。但

这种招聘也有一定的缺点。

临时招聘的缺点有：

（1）增加招聘成本。

（2）增加培训成本。

（3）服务的质量稳定性可能下降。

（4）需要管理人员加强对临时性店员的监督。

餐厅店员管理要达到的目标

人力资源管理的最终目的反映在餐厅利润的提高上，具体目标是吸引求职者、留住优秀店员、激励店员。餐饮业店员管理的主要目标为：

1. 使店员明晰餐厅的制定目标，确保实现

餐厅的目标不仅是餐厅的大事，也是每一个店员的大事，只有每一个店员自身目标的达成，才能最终组成餐厅的大目标。

2. 使店员明晰职责、职权范围以期处理好各种工作关系

在使店员明确了餐厅目标之后，来确定店员岗位的工作目标是比较容易的。由岗位目标可以确定出该店员岗位职责、职权范围以及与他人的工作关系。

在进行岗位描述时，可以采用下面一些方法：

（1）上行分析法。

上行分析法是指采用自下而上的分析方法，通过对现存组织和工作的分析来完成岗位描述的编写。上行分析法在具体实施中有"工作日记法"、"重要事件分析法"、"工作描述法"等操作方法。

（2）下行分析法。

下行分析法是指采用自上而下的分析方法，通过分析餐厅目标和经营目的入手，确定要实现计划目标必须完成哪些工作，需要设定哪些岗位。

3. 提高店员的工作绩效，发挥店员的工作潜力，促进餐厅又好又快的发展

定期检查餐厅店员的工作绩效及个人潜力，使餐厅店员个人得到成长和发展。绩效考评是人力资源管理中的重要内容，绩效考评的水平在很大程度上制约着其他人事政策的效力。

4. 提高店员自身素质，以期作为餐厅发展的基础

餐厅店员的素质培训是必要的，只有餐厅店员的自身素质搞上去，餐厅的整体素质才能走上一个新台阶。在考评沟通中，店员已明白了自己的优缺点，并明白了自己的改进目标。但仅通过考评沟通促使店员提高自身素质还有些不太理想。这需要人力资源部门组织专门的店员素质培训以提高店员素质。

5. 提高店员的工作积极性，形成良好的工作氛围，建立餐厅良性工作循环

提高店员的工作效率和积极性，应对店员进行恰当及时的鼓励和奖赏。"重奖励，轻处罚"应该是现代店员管理中的一个趋势。

（1）物质奖励和精神奖励并重。

在奖励时，可以采取精神奖励和物质奖励并重的方式。

（2）耐心说服与思想工作双管齐下。

而在处罚时，应注意采用以耐心说服和做思想工作为主，一般不应采取经济处罚。

6. 使店员从工作中得到满足感，增强对公司的归属感和认同感

餐厅店员管理，应该对店员表现出信任；并且重视店员的建议和尊重店员的工作过程，不要随意干涉具体工作，另外还需要对店员不断地鼓励和赞扬，以提高工作士气，这样才能达到餐厅不断发展壮大的终极目标。

餐厅钟点工的招聘

钟点工，也就是我们通常说的小时工，是指在法定劳动年龄内，存在雇佣关系的劳动者，受雇于同一雇主的劳动时间每天不超过 4 小时，劳动报酬以小时作为计算单位的一种非全日工作制的用工形式。

1. 餐厅钟点工的作用和意义

（1）适应餐厅降低人工成本、推进灵活用工的客观需要。

在市场经济条件下，餐厅用工需求取决于生产经营的客观需要，同时，餐厅为追求利润的最大化，也要尽可能降低人工成本。实际上，钟点工用工的人工成本明显低于全日制用工。

（2）适应生产需要、促进餐厅制度改革。

越来越多的餐厅根据生产经营的需要，采用包括非全日制用工在内的一些灵活用工方式。餐厅将非全日制用工纳入制度化、规范化的轨道上来，突破了传统的、单一的全日制用工模式，适应了市场经济发展的客观要求，是深化餐厅用工制度改革的一个新的突破口。

（3）促进下岗店员和失业人员再就业。

在劳动力市场供过于求的矛盾非常尖锐、下岗店员和失业人员的就业竞争能力较差的情况下，各种灵活就业形式便成为下岗店员和失业人员寻求再就业的主要途径。其中，钟点工劳动在促进下岗店员和失业人员再就业方面发挥着越来越重要的作用。

（4）有利于缓解劳动力市场供求失衡的矛盾，减少失业现象。

通过推广非全日制劳动方式，使劳动者分享有限的就业岗位，可似扩大就业容量。招用比全日制店员更多的非全日制店员，从而产生就业岗位的扩增效应，给广大劳动者提供更多的就业机会。

（5）钟点工为餐厅的发展注入了活力和生机。

餐厅招聘钟点工，钟点工也为餐厅带去了激情和活力，在餐厅内部是对全职店员的一种有利刺激和鞭策，便于形成竞争的氛围。

2. 餐厅招聘钟点工的注意事项

（1）用人单位应当要与中介签订相关协议。

（2）在签订合同之前要看清楚到底有没有其他保险之类的协议。

（3）在用人单位与中介公司签订协议之后，餐厅还要与钟点工签订用工协议。

（4）要备注好用人的时间期限。

总之，钟点工的出现和发展在一定程度上满足了餐厅用人单位的特定需求，也对劳动力市场起到补充的作用。由于钟点工具有工作灵活方便的作用，因此餐厅可以充分利用钟点工的优势在营销旺季为自身服务。

辞退餐厅店员的方法与技巧

辞退店员需要掌握必要的技巧和方法，要善于从战略和战术上做工作，既要达到目的，同时也要注意不要伤害被辞退店员的感情。

辞退店员的具体策略有：

一、因餐厅效益不佳辞退部分店员的注意事项

这种情况下要制定一个全面的沟通计划。而这个计划不能等到决定裁员再实施。

1. 战略上：定期沟通，坦诚布公

在战略层面上餐厅要定期地与店员沟通公司业绩，坦诚布公地讨论餐厅的处境和可能

的走向。可采用非正式渠道的沟通方式，先通过店员，告诉他们餐厅将会……不至于到裁员的那一天店员没有心理准备。

2. 战术上：密切合作，制订时间表

在战术层面上要和所裁员的部门经理密切合作制定具体时间表，比如将店员分流处理，有市场竞争力的可以先走，需要公司帮助的可以作为第二批，把最困难的留在最后处理。

3. 补偿上：符合法律，适当奖励

在补偿上面当然首先要符合法律要求，除此之外向管理层争取更多财政支持。对于早离职的店员可以给予适当奖励。

总之，要依法“办事”，以法待人，就是要寻求法律依据，根据劳动合同的规定给予一定补偿，每服务一年给一个月的薪水补偿。而且可以再和总经理或业务经理讨论给予更多。这是以法待人；以人为本、晓之以情，从将被辞退的店员的角度考虑问题，和对方一起讨论被辞退的原因，这样做能让店员感受到浓浓的人情味，适当的时候可以给对方一些帮助。

二、建议性辞退：让店员知难而退

建议性辞退要做到委婉地提出建设性的意见，在餐厅没有下达正式的辞退书之前，通过建议，告知其主动递交辞呈的方式，是一种两全其美的方式。

三、体面辞退店员的注意事项：

1. 选择有利的时机，注意心理变化

体面地辞退店员的第一种方法是学会选择有利的时机。尽量选择恰当的时机，不要盲目的辞退店员。

“时间是治疗心灵痛苦的最好良药”。一般来说，店员被辞退之后在心理上都有一个从无法接受到逐渐接受的发展过程，刚听到被辞退的消息时，店员的心理反应是相当强烈的。但最后心理会慢慢平复以及随着时间的推移自愈。

（1）掌握特殊资料，减缓辞退冲击。

在选择有利的时机时，掌握店员的特殊资料是第一个需要特别关注的因素。即具体考察店员收到被辞退通知单的那天是不是他的某个重大节日，比如他的生日、他的结婚纪念日等。如果你恰好选择了那样特殊的日子，将很容易引发较大的矛盾冲突，会对店员的心理造成很大的伤害和刺激。

（2）考虑季节性波动，替店员寻找后路。

每年的 12 月份绝对不是找工作的好时间，而 1 ~ 3 月份或 2 ~ 4 月份相对来说是找工作的好时机。当你决定让某个店员离职时，最好选在比较好找工作的时间通知他，这样可以让其有充分的时间和机会去另谋出路，而不至于影响到正常生活。

2. 暗示其辞职，为店员预留面子

所谓的“暗示”辞职不是指人力资源部经理或部门经理通过举出店员工作中犯过的错误，对将要被辞的店员进行猛烈的抨击的方式来“暗示”其承认错误，主动辞职。

3. 让别人“挖走”他，两全其美

让别人“挖走”该店员，特别是一些工资相对比较高，知名度比较大的高层店员。可以借助猎头公司让该店员意识到自己的机会来临，减少店员被辞退时的痛苦。通过和猎头公司的精诚合作，体面辞退店员。

总之，辞退店员既要大方得体，维护餐厅利益，又要讲究必要的策略，尽量考虑全面，有说服力。

留住好店员的技巧

店员的每一次流失都是对餐厅的一次伤害，因为顾客好不容易熟悉、接受了原来的店员，今天又来一个新面孔，明天又不知道会是谁，损害的最终是顾客对餐厅的信任。

1. 感情投入，经营情感

充分的人文关怀会让店员有一种归属感。有付出才有回报，不能把店员当成赚钱机器，不要对店员太刻薄，要表现出餐厅与店员之间平等、互爱的关系。比如在店员生日、生病期间，餐厅能表现出关怀，在工作繁忙的时候表示慰问与激励等。

2. 尊重信任，以心换心

餐厅要尊重店员的劳动，重视店员的需求，对店员的主观能动作用表现出充分的信任。在具体管理环节，餐厅要真心对待店员，以心换心，以积极的心态、平等的态度与店员交流。只有这样，才能激发出店员的工作积极性和创造力。

3. 提供发展空间，任由才华施展

有些餐厅手下有几十个店员，却只有一名店长，没有一个完整的管理团队，这是不正常的现象。管理人员不到位，不是店长忙得不可开交，就是管理漏洞太多。餐厅决策层要注意给表现优秀的店员一定的发展空间，把最优秀的店员提拔到管理岗位上。这样做，可以很好地激励其他店员，从而形成良性循环。

4. 人性化管理，以人为本

公司都要给每一个店员过生日，让店员能感受到餐厅的温暖。同时，在和店员的相处强调与店员之间的亲昵关系。

所以餐厅只有最大限度维护店员的切身利益，才能从根本上调动店员的工作积极性。

5. 制度化管理，人文关怀

作为餐厅领导者也要具备两种精神，第一是善待精神，通过善待店员，使店员可以善待顾客，让顾客可以感受到餐厅的温暖，从而形成相对固定的顾客群体；第二是感恩精神。

6. 福利引人，股权赠予

结合餐厅自身的实力和实际条件，制定一套有自己特色的灵活的薪酬福利制度。

最好的就是底薪 + 奖金模式。底薪可以与餐厅原有的薪酬制度统一，基本上差距不大，而奖金可以根据工作性质和人才层次的不同采取不同的计量标准和评价方式。

餐厅应积极参与社会福利制度的改革和建设，按照法律的规定，根据自身条件，努力建立较为完善的福利保障制度。

7. 发展留人，形成良性竞争机制

人是有各种各样的需求的。根据马斯洛的需求层次理论，人不但有物质的需求，也有精神上的需求。创造恰当的非物质的条件，也是吸引人才的一种重要的手段，使人才在工作中得到满足是一种行之有效的方法。

在餐厅内部形成一种良好的人才竞争机制，可以依据能者上、庸者下的原则，采取公开竞争上岗，让岗位形成一种动态的互动的人才培养机制。

8. 远景诱人，让店员看到未来

这就要求餐厅要树立持续发展观，让人才看到餐厅的宏伟战略蓝图，看到餐厅的未来远景，使雇员有一种向往和期待，促使他们一起为餐厅的未来远景而努力奋斗。

管理好店员宿舍

店员宿舍是店员休息的地方，是店员除了工作之外的最主要活动场所，因此宿舍的管理是餐厅管理的重中之重。宿舍管理到位可以提高工作效率，为餐厅的稳固发展打好坚实的基础。店员申请住宿资格标准为：

（1）餐厅入职人员无适当住所或交通不便者，可以申请住宿。

①店员宿舍由店员本人提出申请，填写住宿申请表，经人事部审核后，符合相关申请条件者由后勤主管或保安指定人员安排房间与床位。

②每间宿舍应选出宿舍长进行日常管理。

③住宿舍店员必须遵守宿舍规定，违纪者给予一定的处罚，此费用用于宿舍日常维修。

④宿舍水、电费由入住店员均摊，每月由后勤主管或保安人员查表、核算，报人事部审批后在店员薪资中扣除。

⑤店员床上用品、生活用品自理。

（2）住宿禁忌。

①不得携眷住宿。

②需遵守本制度及公司之《店员手册》相关规定。

③不得出租。

餐厅提供店员宿舍以人尚在餐厅服务为条件，倘若店员离职时，对房屋的使用权当然终止，届时该店员应于离职日当天内，迁离宿舍，不得借故拖延或要求任何补偿费或搬家费用。宿舍统一由宿舍长担任宿舍舍监，总理一切内务，分配清扫，保持整洁，维持秩序，负责管理水、电、煤、门户，及消除、纠正一切安全隐患；监督轮值人员维护环境清洁及门窗的关闭；店员对所居住宿舍，应尽管理人责任，不得随意改造或变更房舍；有关宿舍现有的器具设备本公司以完好状态交予店员使用，如有疏于管理或恶意破坏，酌情由现住人员负担该项修理费或赔偿费，并视情节轻重论处。

（3）住宿店员有下列情况之一者，取消其住宿权利（退宿）并呈报管理部议处：

①不服从舍监或所长的监督、指挥者。

②在宿舍赌博（打麻将）、斗殴及酗酒。

③蓄意破坏公用物品或设施等。

④擅自于宿舍内接待异性客人或留宿外人者。

⑤经常妨碍宿舍安宁、屡教不改者。

⑥违反宿舍安全规定者。

⑦无正当理由经常外宿者。

⑧有偷窃行为者。

总之，餐厅的宿舍管理得当，不仅能够为餐厅店员打造一个温馨的后方和情感的港湾，也有利于餐厅的制度化、规范化建设。

走出餐厅管理认识的误区

餐厅对餐厅店员的人事管理有许多误区和常识性的错误。明晰餐厅对店员的认识管理误区可以促进餐厅意识和管理制度的改进，促进餐厅的进一步发展。

餐厅具体的认识误区：

1. 厨师比服务员重要

传统的餐厅服务中，“厨师”在餐厅里是“中心”，一切围着“厨师”转，甚至连餐厅的投资人、经理，也都对厨师特别是厨师长怕三分。厨师在餐厅工作人员中薪金也是最高的，而服务、服务员往往摆在第二的位置。

但是餐饮业发展到今天，尤其是在餐饮市场竞争十分激烈的情况下，厨师比服务员重要的看法已受到很大的挑战。在餐饮经营实践中，服务的重要性日益明显。一个餐厅经营的好坏，服务占了很重要的因素，甚至是决定性的因素。服务员技巧的差异，服务的热情与否、服务的质量好坏、服务员素质的高低，甚至决定了一个餐厅经营的成败。

2. 餐厅服务员比门迎重要

门迎是一个餐厅的经营门面和形象大使。她是一个餐厅的窗口，是餐厅的仪表，更是餐厅的首席营销人员。在顾客挑选余地大，又没有事先预定的情况下，客人可以进这家，也可以进那家，这时候门迎招徕顾客的作用便显得十分重要。

餐厅应该把素质最高、营销能力强、服务最热情的服务员放在门迎位置。而且，门迎对餐厅的整体情况要熟悉，对饭菜质量、价格、品种、特色、服务设施等都要了如指掌，还要十分熟悉每个厨师会做什么菜，哪个菜做得最好。

3. 没有必要请职业经理人

目前有些餐厅大多是谁投资谁管理，家族式管理，亲朋好友管理，很少有请职业经理人的。因为传统的经营意识在作祟，他们没有意识到职业经理人在餐饮管理与经营中的重要性。餐饮职业经理人是近几年餐饮经营管理中的一个新生事物，由于其要价高、薪酬高，一些餐厅难以聘请。

然而其实不然，职业经理人的工资，是和他本人的管理水平、管理能力成正比的，要价高，说明他有管理水平、管理才能，把餐厅管理好了，有了效益，自然给经理人的待遇要高一点。

4. 餐厅招聘服务员看重外表，只招聘外表漂亮的女服务员

餐厅是服务行业，因此注重服务员的外表是必要的，但不能过分的重视，餐厅招收服务员还有许多因素需要考虑。

（1）自然条件：年龄，身高，身体健康状况，仪表是否端庄，精力是否充沛等。

（2）教育背景：学历，专业、技能等。

（3）工作经验：先前是否从事过餐厅服务方面工作。

（4）其他要求：是否有较强的沟通和语言表达能力，是否能吃苦耐劳，有工作责任心。

总之，一个餐厅的好坏是受多种因素的制约的，要经营好餐厅，就必须把每一方面都做好，调动各方面的积极因素来为餐厅服务。

巧妙处理店员之间的各种矛盾

店员之间的各种矛盾处理，说它简单，是指面对下属之间的不同矛盾，自己该不该插手，凭借经验，每位餐厅管理者都会有一个比较明确的主观判断；说它复杂，是指下属之间的矛盾多种多样，要真正处理好店员之间的矛盾，我们需要深入、细致地思考，慎重选择处理方式，否则很可能会产生不良后果。首先要从店员之间矛盾起因来分析。店员之间的矛盾大概有以下几种原因：

（1）由于每个人的处事策略不同就会产生矛盾冲突。因为个性和认识决定了一个人的处事策略，而每个人的个性和认识往往是不一致的，这就导致了人与人之间在处事策略方面的差异，这些差异之处如果没有得到有效调和，就会产生矛盾冲突。

作为餐厅老板，最好的处理办法就是用事实说话，既不偏袒一方，也不倾向于一方，最好就是没有立场，只对事不对人。不能武断地说某某说法可行，而对某某贬得一无是处。餐厅老板这种中庸折中的处理方案不仅会让当事人双方亲眼看见彼此的优劣，而且也会为他们提供更好的方法去有效地解决问题。

（2）责任归属不清也会产生矛盾冲突。部门的职责不明，或每一个职务的职责不清，这样也会造成冲突。职责不清主要体现在两个方面：一是某些工作没有做，二是某些工作出现了内容交叉的现象。

解决这样的矛盾时，首先是要查明问题的真相，注意搜集信息资料，理清责任的归属，让当事人在责任面前低头。理清责任之后就是要进行责任的分配到人，是谁的责任谁负责，是谁的环节出错谁担责，让双方都承认自己的责任所在，而后再将责任的所有权移交给那个应当负主要责任的人。最好把责任转化为新的工作任务或问题布置下去，这对问题的最终圆满解决，双方握手言和至关重要。

（3）个人情绪也会制造出矛盾冲突。由于个人情绪因素产生的矛盾冲突相对而言是较难处理的。情绪矛盾有它的短暂性，正如情绪变化一样，但若不认真对待，也会在处理人际关系上留下深深的划痕。

在处理情绪冲突时，要做好换位思考，将心比心与情感经营在处理这种个人情绪化的冲突时尤为重要。

（4）蛋糕要做大，蛋糕更要切好。餐厅的资源是有限的，因此处理资源性矛盾时要做到公平，也要按劳分配，谁的贡献大谁的配置资源相应的多，但也要注意店员利益之间的调剂。

找到矛盾的原因，就应该要想出该如何解决矛盾，那么该如何处理餐厅店员之间的种种矛盾呢？以下是避免餐厅店员产生矛盾的几种策略：

1. 制定健全的规章制度

“行有行规，家有家法”。健全的规章制度能够规避餐厅不必要的问题。制定健全餐厅的规章制度，可以明确店员的工作分工，使店员各司其职，从根本上规避了互相推诿、责任落实不明确等事件的发生，也就可以减少店员之间摩擦。

2. 加强领导与店员的沟通

倾听可以化解负面情绪，倾听也是一个感情良性互动的机会，是活络店员与领导感情，增进彼此了解的契机。领导要经常倾听店员的心声，给店员畅所欲言的机会，并适时地对店员进行教育和培训，店员才有可能着眼于大局，把餐厅的利益放在第一位。这样领导也可以及时了解下属的动向，做到防微杜渐，在问题较小甚至刚要出现时彻底解决。

3. 给店员更多的交流机会

加强店员之间的沟通，让他们在心平气和或者愉快的气氛中说出自己的意见，诉说的人就更容易站在对方的角度考虑问题，而听者也更容易接受说者的观点。这就需要我们多为店员提供交流的机会，比如举办小型联欢会、集体庆祝生日等活动。

4. 领导以身作则

领导是店员的榜样，所以更要时刻注意自己的言行举止对店员的影响。“什么将军带什么兵”，上行下效，而一个虚怀若谷、勇于承担责任的领导，必将成为店员心目中的榜样。

总之，不管店员之间出现了什么样的矛盾，也不管具体情况如何，有一点是相同的，那就是上司必须真诚，这是最基本的原则。如果从长远考虑，所有“艺术”还必须为另一个原则让路，即坦言。在某些情况下，坦言也许违背了处理问题的艺术法则，但对快速解决问题是极其有利的。上司只要站在当事人的立场上，从矛盾双方的角度入手，真诚面对、坦诚剖析，问题就解决了一大半。

无规律走动式管理最有效

无规律走动式管理开阔了餐厅管理者的视野，能让人全面的理解餐厅运行的规律。因为这种无规律的走动式管理，不僵化、不脱离实际，有效的保障了方案的拟定、高效实施，对于公司的可持续发展有着深远的意义。

走动管理是指餐厅管理者利用时间经常抽空前往各处走动，以发现更丰富、更直接的店员工作问题，并及时了解所属店员工作困境的一种策略。这是世界上流行的一种创新管理方式，它主要是指餐厅主管体察民意、了解实情，与下属打成一片，共创业绩。

一、无规律走动式管理的影响因素

敏锐的观察力是走动管理成功的要素。在走动的过程中，主管必须敏锐地观察到工作的情境与人员，及其所透露出的讯息；同时也透过询问、回答、肢体语言等，对讯息做出及时地回应。

但是，如果让店员有被视察的感觉，主管就很难获得想要获得的讯息；如果来去匆匆，也难达成预期的效果。同时，主管也不必期望每次都能获得新的讯息，只要有机会获得最新讯息，就有机会防患事发于未然，不必等到事发之后再焦头烂额地处理。

二、无规律走动式管理的优越性

1. 主管动，部属也跟着动

餐厅主管“身先士卒”，也会间接影响到下级主管，从而在餐厅内部形成一个无规律走动的良性循环模式，进而树立餐厅主管的威信，并调动餐厅店员的积极性，促进餐厅更好更快的发展。

2. 投资小，收益大

走动管理并不需要太多的资金和技术，就可能提高餐厅的生产力。走动管理是以最小的人力资源成本从事高效的人力资源管理，从而获得最大的收益。

3. 看得见的管理

就是说最高主管能够到达生产第一线，与店员见面、交谈，希望店员能够对他提意见，能够认识他，甚至与他争辩是非。这是一种看得见的管理，便于形成良好的餐厅交流沟通氛围，极具民主气息，也便于活络店员的感情，调动从事餐饮事业的积极性。

4. 现场管理

餐厅建立在追根究底的现场管理上，主管每天马不停蹄地到现场走动，这种无规律的走动模式，不仅可以调动店员积极性，也可以对店员进行有效的监督和有益的指导。领导的现场指导，会给下属形成一种良好的带头示范作用。

三、无规律走动式管理的具体策略

1. 管理向外走

将“向外走动”作为餐厅规章制度运行起来。餐厅鼓励多走动，多了解，了解一手的情况和资料，而不是整天就知道做计划、做方案。

2. 走动式管理的核心：观察人、关注人、关心人

无规律的走动式管理可以清楚地观察到店员的工作态度、表达能力、工作思路和情商高低，准确率非常高。走动式管理对于公司的基层也是一种鼓励，使人力资源在和店员互动，这种基层的调研工作丰富了管理层的关注面，还非常有效地避免了不良习气。

3.“目中有人”的管理理念

走动式管理已经成为了一个专业管理理念，但它只是一个手段，想要做好，还是应该学会“目中有人”。

就是不能就专业而专业，要有活生生的人在你的眼睛里，如果你说不出公司绝大多数干部的特点是什么，优缺点是什么，那么你的管理肯定是无效的。

4. 放低身段，虚心倾听

管理向外走，走动的职场人生，其实每一步都是积累和发展。而最重要的，是把自己放到最低，一点一滴地去学习。

总之，走动管理不只是到各个部门走走而已，而是要搜集最直接的讯息，以弥补正式

沟通管道的不足。正式的沟通管道透过行政体系逐级上传或下达，容易生成过滤作用，以及缺乏完整讯息等缺点。走动管理就是要餐厅上层主管勤于搜集最新讯息，并配合情境做最佳的判断，以及早发现问题并解决问题。

努力保持店员队伍的稳定

有人说，“现代市场竞争实质上就是人才竞争”，店员的稳定，是检测一个餐厅市场地位轻重的主要标志，只有具备优势地位的餐厅才能够保证自己队伍的稳定。但是餐厅也应该清醒地认识到，保持店员队伍的稳定性是相对的。

一、店员跳槽成因分析

外在因素：餐饮同行互挖墙脚唆使店员离职，生活、家庭压力迫使店员离职。

内在因素：餐厅文化影响，餐厅发展前景，餐厅薪酬水平。

二、保持店员队伍稳定的对策

1. 加强餐厅文化建设，营造良好的文化氛围

一种优秀的餐厅文化，不是一天两天就能建立起来的，它需要集众家之所长，日积月累，再从中提炼，独树一帜，这样营造的餐厅文化才是经得起考验的，也才是有价值的。

2. 营造氛围，构建机制

要一如既往地树立“做餐厅、做市场、做品牌”的经营理念，对内极力营造一个“和谐、轻松、公正、公平、进取、团结”的餐厅文化氛围，给每个人以实现自身价值和展示才能的舞台，鼓励店员学习进取与创新，构建充满活力的机制，激励先进，鞭策落后，达到“事业留人、待遇留人、感情留人”，形成奋发向上的氛围。

3. 培育餐厅文化精髓，制定餐厅战略规划蓝图

培育提炼餐厅文化精髓，制定发展战略和规划发展蓝图，让店员对餐厅的前途有一个明确和良好的预期，努力培养店员与餐厅同呼吸、共命运的价值观，锤炼团队精神，凝聚人心。

4. 给店员一个发展的空间和提升的平台

建立完善的竞争机制，鼓励店员通过正当竞争上岗，然后给店员提供足够多的培训机会。其中还要提供有竞争力的薪酬，对骨干店员或重要岗位店员，要舍得付高薪，然后奖惩分明、重奖重罚，对餐厅有重大贡献的店员，不妨对之实行重奖。这样一方面可以提高店员的收入水平，另一方面，对店员也起到一种有效的激励作用。

总之，发展是餐厅永恒的主题，只有加快发展步伐，才能在发展中解决餐厅历史遗留的问题，才能提供给店员更高的薪酬，才能留住优秀的店员，因为优秀或渴望发展的餐厅店员，对餐厅的发展前景十分关注，只有餐厅发展了，店员才会有发展。

所以，餐厅应始终坚持以发展为主旋律，以效益为目标，以质量为核心，以建立有效的约束和激励机制为动力，提高核心竞争力，确保各项业务持续、健康、快速发展，将其作为凝聚店员、促进餐厅业务经营发展的原动力。

如何激励你的店员积极工作

餐厅的发展需要店员的支持，管理者应懂得店员绝不仅是一种工具的道理，他们的主动性、积极性和创造性将对餐厅生存发展产生巨大的作用。要取得店员的支持，就必须对店员进行激励，调动店员积极性是管理激励的主要功能。

一个有效的激励机制需要进行设计，实施。激励机制设计重点包括四个方面的内容：一是奖励制度的设计；二是职位系列的设计；三是店员培训开发方案的设计；四是其他激励方法的设计，包括店员参与、沟通等。设计好一套激励机制后需要实施，以检验激励机制的有效性。

1. 建立有效的激励机制

一套有效的激励机制，包括各种激励方法和措施。餐厅店员工作的动机是为了达到需要的满足，那么只有需要达到满足，店员才会有较高的积极性。因此，激励手段必须以人为本，针对店员的需要进行激励。店员对个人价值的实现和个人的成长更为重视，所以餐厅经营者不仅要从物质方面给予鼓励，更要从情感上精神上满足其需求。不仅如此，激励机制一定要保证其公平性。

2. 让店员参与管理与决策

让店员参与管理就是增强店员的积极性，激发店员的主人翁意识，激发他们对餐厅的认同感和归属感。保持餐厅信息的透明化和公开化，让店员明细餐厅的经营状况、在危机中遇到的困难、经济上面临的问题，并让店员适当参与管理，让店员以主人翁的姿态，同餐厅站在一个立场和角度上，理解和支持餐厅的决策，同心协力，共渡难关。

让店员参与决策就是把店员和餐厅捆绑在一起，形成一个利益的相关体和经营的共同体，从而增加餐厅店员的认同感和归属感。

3. 透过“寒冬”看“春天”

在金钱支付能力大大降低的金融危机形势下，通过愿景与目标激励店员就显得更为重要了。通过美好愿景的描绘，让店员透过“寒冬”看到“春天”，相信自己的工作目标可以在餐厅愿景下实现。

餐厅一定要让店员看到餐厅的前景，要让店员感到自己价值的实现和前途的变现可能。餐厅一定要给店员一个可以兑现的允诺，让店员看到自己价值的实现与餐厅发展的必然联系，从而激发餐厅店员的创造力和潜力。

4. 保持店员的高敬业度需要坚强的领导力

餐厅的领导层是餐厅的核心领导力，是餐厅的掌舵者。要提高店员的信心必须发挥领导层的领导力。信心直接来自于领导层正在采取的有效竞争手段和不断成长的公司业绩。

5. 鼓励店员畅所欲言，以强化组织

鼓励店员畅所欲言，就是给店员一个发泄的出口，鼓励公开表达意见和集思广益可以强化整个组织。既可以给餐厅提出合理化的建议，实现自身的价值，也可以宣泄自身的不满。畅所欲言的自由开放气息可以减少餐厅不必要的猜忌与情感消耗，通过更好的沟通和管理来减少店员对公司的制度、做法或绩效上不满的声音。

6. 提升高绩效表现店员的敬业度需要额外的激励做法

不论敬业度高低，所有店员对于重整的组织所采取的任何争取店员认同的行动都是有反应的。寻求店员对有效改善组织效能的意见和想法，并加以实施；在组织重整的实施阶段，充分考虑店员的福利，有助于提升店员的认同度；要给绩效表现卓越的店员有竞争力的薪酬。

第十一章 餐厅店员的培训与素质要求

餐厅店员培训的主要方式及意义

培训都有些什么样的方式呢？我们已经介绍过具有悠久历史的学徒制，这种培训方法在过去的各种手工艺人中，是培训新人最常用的方法。直到现在，它仍是餐厅中用来培训生产一线店员的主要方法之一。它的特点就是由一位经验丰富的师傅，负责帮带一名或几名新来的店员。它的传授技能过程一般分为四步：传授→示范→练习→检查反馈。除此以外，餐厅常用的培训方式还有入职培训、在职培训和鼓励自学，等等。

1. 入职培训

入职培训是指新招聘的店员在入职前必须进行的培训。这是店员受聘后的第一课，也是非常重要的一课，通常是由人事培训部门负责培训，时间可根据具体情况而定，可长可短，以一天到一周不等。培训的内容主要有：

（1）餐厅概况：比如餐厅的创立和发展、现状以及经营目标和方向等。

（2）工作条例：上班时间、就餐时间、假日、假期安排、计酬办法、病休制度、升职制度、退休金制度以及保险制度等。

（3）生活设施：洗手间、宿舍、饭堂、休息室、更衣室等生活设施地点。

（4）工作伙伴：管理人员与同事的姓名和人员安排情况，部门直向联系、工作内容和岗位职责及其重要性等（部分内容可让部门主管结合进行）。

（5）规章制度：行业法规、店规。如上下班打卡、走店员通道、有关饮酒抽烟的禁令、仪表纪律的要求、安全卫生事项、违反规章制度的处罚等内容。

（6）工作的基本技巧：入职培训有利于餐厅团体的优化，提高店员的统一认识，增强爱护餐厅的思想。一位新店员在投入岗位的最初几天，在带有对工作憧憬的同时，亦常常带紧张和焦虑，这难免会对他们的工作能力产生不利影响，会妨碍与周围同事、管理人员甚至与客人和睦相处，加之对新环境的不了解，工作起来会因陌生而不知所措，这会打击他们对工作的信心。餐厅通过有效的入职培训会使新店员很快适应新的工作环境并感受到自己是餐厅的一员，也很快能被原店员所接受，成为集体中的一分子，而且能使他们在短时间内能胜任工作并充满信心。因此新入职店员的入职培训必须引起餐厅管理者的足够重视。

2. 在职培训

在职培训是指对店员在工作岗位上实行培训。这种培训有两种情况：一是在岗位上根据餐厅店员的某点不足或缺点错误进行具体的指导教育，二是利用班前班后时间进行有计划的培训，后者是一种主要的培训形式。

3. 其他培训形式

其它形式的如鼓励自学、职校学习、开业前培训、拜师带徒（多用于语言或厨艺培训）。

那么，餐厅店员培训有哪些意义呢？

我们知道，店员培训是指餐厅为开展业务及培育人才的需要，采用各种方式对店员进行有目的、有计划的培养和训练的管理活动，其目标是使店员不断更新知识，开拓技能，改进店员的动机、态度和行为。餐厅作为企业来说，店员培训工作也是重要的一个环节。店员培训作为整个人力资源管理链条中重要的一环，具有非常重要的意义：

（1）培训是餐厅生存和发展的需要。在激烈的市场竞争中，表面上我们看到餐厅以产品质量、价格和服务等手段展开竞争，但透过现象我们可以发现，决定成败的根本因素是人力资源。店员素质的高低，最终决定了餐厅能否在产品质量、市场营销和服务水平上形成竞争优势。

（2）培训是店员职业发展的需要，是餐厅“以人为本”理念的体现。不同的岗位需要不同的能力，因而需要进行不同的培训。

（3）开展培训是提高餐厅管理水平的需要。随着市场的变化和竞争的加剧，外部环境对餐厅管理水平提出越来越高的要求，餐厅对于优秀管理人才的需求与日俱增。许多管理人员虽然具有丰富的经验，但缺乏科学系统的管理知识的指导，解决这一问题的切实办法就是通过系统的培训造就内部的管理人才。

（4）为餐厅提供创新的持续动力。餐厅内外部环境的变化对餐厅的生存和发展提出了严峻的挑战，迫使餐厅必须进行不断的管理创新、技术创新，而仅仅进行资金和硬件的投入是远远不够的，因为知识和技术更新的步伐正不断加快，这也对餐厅培训体系的系统化和完备化提出了更高的要求。

店员培训的主要内容

一般认为新店员培训内容应该包括意志培训、认知培训、职业培训、技能培训四个方面的课程。

1. 意志培训

意志培训是为了培养新人的吃苦耐劳的精神、朴素勤俭的作风和团队协作的意识。

比如在培训期间可以结合餐厅的实际情况开展演讲竞赛、辩论赛、小型联欢会等，这样既能加强新店员之间的熟悉交流，也能为餐厅发现一些优秀的人才。

2. 认知培训

认知培训主要包括餐厅概况、餐厅主要管理者介绍、餐厅制度、店员守则、餐厅文化宣讲等内容。学习的方式是实行集中培训，并由公司的管理者和人力资源部门主讲。认知培训主要是帮助新店员全面而准确的认识餐厅、了解餐厅，从而尽快找准自己在餐厅中的定位。

3. 职业培训

职业培训是为了使新店员完成角色转换，成为一名职业化的工作人员。其内容主要包括：社交礼仪、人际关系、压力管理与情绪控制、团队合作技能等，培训的方式是集中培训，讲师根据餐厅实际情况，内外部均可。

需要注意的是职业培训的形式一定要多样化，不宜用宣讲式，尽可能采用互动式，让新店员在互动的过程中领悟所学的知识，这样才能在以后的工作中运用自如。当然，职业培训结束时还是可以进行考核的，建议采用开放式的考核方式，比如论文或者情景模拟等。

4. 技能培训

技能培训主要是结合新店员即将上任的工作岗位而进行的专业技能培训，现在很多的餐厅的“学徒制”就是技能培训的表现形式之一。

技能培训有两种培训模式：一是集中培训，即将岗位技能要求相同或相似的新店员集中起来进行培训，这样可以扩大技能的传播范围，节约培训成本。但这样做沟通难以深入，并且要达到一定的人数才适合集中培训；二是分布式培训，即由技能熟练的老店员对相应岗位的新人进行指导，并确定指导责任制，一名老店员可以指导一名或多名新店员。不过实际工作中，我们常常是将这两种培训模式结合起来运用，使技能培训做得更好。

最后补充说明一点：新店员培训并不是其上岗后就结束了，而应该在一定时间段里面给以保持，最好能保持到 1~2 年，因为这个时间是新店员的快速适应期和成长期，需要餐厅从不同的角度给予支持与引导，从而使店员能够更快的进步、更好的发展，也能为餐厅做出更大的贡献。

店员理念培训

不可否认，无论过去和现在，社会上都存在一部分人对服务行业另眼看待。就餐厅从业人员来说，也有一部分人曲解社会分工中人与人之间的关系。这样会产生一些不良后果，比如缺乏应有的敬业精神，产生自我疑虑和自我轻视的意识；心理不平衡，工作中有怨气等。结果是店员素质下降，服务意识淡漠，工作被动，质量严重下滑。探其原因，在于店员对道德认识不到位，在于餐厅不重视店员道德理念培训，所以餐厅对店员的培养应该先从道德培训开始：

1. 道德培训

道德情感是在道德认识的基础上所产生的对事物的爱憎、好恶、亲疏的态度，它对道德行为起着巨大的推动与调节作用。当前，培育店员树立道德理念，需加强其道德认识，增强其道德情感和信念，磨炼其意志，进而形成长期的职业习惯。道德认识是道德理念的重要构成因素之一，是道德情感、道德意志和道德行为的基础。加强店员的道德认识，就是要使店员在服务工作中形成正确的道德观念，逐步确立自己对客观事物的主观态度和行为准则。

增强店员道德情感即是要增强店员对职业活动中各项内容的正确认识，增强店员的责任感与使命感。道德信念是推动个人产生道德行为的一种动力。增强店员道德信念就是要加强店员对道德义务的真诚信仰和强烈的责任感。道德意志来源于一定的道德认识和道德情感，要靠长期的实践工作磨炼才能逐步完成，它是调节道德行为的支持力量。磨炼店员道德意志就是要让店员坚持正确的道德行为。培育店员高尚的道德行为即是要引导店员在工作中采取有意识的、经过选择的行为，并能自我进行道德评价。培育店员养成长期的职业习惯，是要使店员对被强制性灌输的道德认识、道德情感、道德意志、道德信念和道德行为采取积极认同的态度，并转化为有意识的、自觉的理念和行为。

2. 职业理念

职业理念是餐厅店员必须具备的，它是店员对所从事职业的欲望和意识，是店员敬业乐业的前提。

在培训店员职业理念时，餐厅要向店员讲餐厅的特点，餐厅的发展前景，从事餐厅职业的前途；要让店员树立正确务实的职业态度，让他们从服务员做起，从小事做起；要锻炼并增强店员心理承受能力，培养自立、自强、自重、自信的职业意识。同时还要鼓励店员乐观地面对工作，引导店员正确认识自我，适度地设计个人职业规划并追求与社会相适应的自我价值。店员树立了职业理念，就会根据自己的实际情况确定目标，合理规划自己的职业生涯，并努力学习业务，苦练技术，不断进步。

3. 服务理念

服务理念是指店员在与一切餐厅利益相关的人或组织的交往中所体现的为其提供热情、周到、主动服务的欲望和意识。它不仅表现在餐厅内，也表现在餐厅外；不仅表现在工作时间内，也表现在工作时间外。服务的实践证明，有没有自觉的服务理念是大不一样的。有的店员工作态度非常好，让干啥就干啥，可就是缺乏主动性，说白了“眼里没活，心里没数”。原因在哪里？除了个人素质外，很重要的就在于服务意识不强，没有自觉性。因此，通过多种方式，培育店员树立服务理念是十分重要的。

时下，树立店员服务理念就是要培育店员为客人提供个性、超常、真诚和一致服务的意识。个性化，就是做到针对性和灵活性。客人是千差万别的，即使同一个客人，由于场合、情绪、身体、环境等不同，也会有不同的需求特征和行为表现。因此，店员要根据不同客人的需求和特点提供灵活、针对性的服务。超常化，就是要打破常规，标新立异，别出心裁，推陈出新，让客人有一种前所未有、意想不到的感觉和经历。这种服务可以是本餐厅所特有的，也可以是其他餐厅所没有的，客人未曾享受过的服务。真诚，就是在对客人服务时要诚恳而友善，热情而亲切，主动而周到。一致，就是要店员在为客人服务时做到表里如一，言行一致。

4. 竞争理念

竞争是市场经济的一个基本特征。优胜劣汰，适者生存已成为餐厅职业中不可违反的法则。目前，餐厅有些店员竞争意识不强，缺乏自信心。在餐厅为其提供的竞争机会面前常表现为束手无策或畏缩不前；或胆小慎微、过于拘谨；或怕影响同事关系不敢凭实力与他人竞争，结果是该做好的没做好，该表现的能力没表现出来，在餐厅店员队伍中处于被动地位。因此，餐厅应重视对店员竞争理念的培训。培育店员竞争理念，除注重提高店员自身竞争实力外，更为重要的是树立店员竞争意识。

当然，只有在公平竞争的环境下，店员才能焕发出巨大的竞争积极性。为此，餐厅需不断完善竞争激励机制。首先，在用人方面，应遵循“能者上、平者让、庸者下”的原则，通过经常性的品德和技能考查，公正客观地评价和选拔人才，真正实施优胜劣汰。其次，在选择激励手段方面，要交替运用精神激励、物质激励、职务晋升激励等手段，提高激励机制的针对性和有效性。只有这样，才能最有效地培育店员竞争意识，树立店员竞争理念。

总之，作为餐厅的店员，应该要懂得为餐厅尽职尽责，努力提升自己的服务水平和服务理念，以求餐厅的更好发展。

用激励措施提升培训效果

激励就是激发鼓励，是激发人的动机，诱导人的行为，使其发挥潜力，为实现所 追求的目标而努力的过程。激励是餐厅人事管理中最关键也是最困难的工作，它贯穿于餐厅经营管理的始终，并发挥着巨大的作用。美国哈佛大学教授威廉·詹姆士研究发现，在缺乏激励的环境中，店员的潜力只发挥出一小部分，即 20% ~ 30%，但在良好的激励环境中，同样的店员却可发挥出潜力的 80% ~ 90%。因此很多餐厅经营者均加强了对营销人员的激励，制定了一系列的激励措施，取得了一定的效果。但也有一些激励措施在管理职能上出现了一些问题，具体表现在：

（1）不灵活的物质激励。有的餐厅还依然实行固定工资制，干多干少、干好干坏同一报酬，店员积极性不高。此种情况国有餐厅较为普遍。没有竞争性，同时也使得做得好做得多的店员心理有落差。

（2）物质奖励过程中利益均势严重失衡，激励走向反面。某餐厅一营业主任组织招徕

一次大型会议，会期3天，共消费24万元人民币，餐厅为激励店员促销，用消费额的1%作为奖金奖给这名主任，而部门其他店员私下称自己也出过力却分文不得，于是产生明显的消极情绪，还致使该主任与其他店员关系紧张，激励变成了无效。

（3）精神激励与物质激励未能完美结合，有的会使精神激励不起作用。深圳某餐厅营销部，每月评一名优秀店员，但没有相应的物质奖励，致使出现“优秀店员轮流当”的现象。

（4）激励措施单一，难以满足店员的差异性和动态性。有名营销人员家庭负担重，经济紧张，餐厅在奖励他的业绩时，却采用习惯性的旅游奖励方式，这名店员抱怨道：“不如把花的钱发给我”。实践证明，激励失效时，其危害性往往比无激励时要大得多。

激励作为提高营销人员积极性的方法，已被普遍使用。双因素理论认为，激发人的动机的因素有两类：保健因素和激励因素。保健因素包括薪水、人际关系、工作条件、安全性等。保健因素虽然不能直接起激励店员的作用，但能起到预防店员产生不满，保持人的积极性，维持现状的作用。激励因素是影响人们工作的内在因素，其本质是注重工作本身的内容，借此提高工作效率，促进店员的进取心，激发店员的工作热情。

激励方式一般有以下几种：

1. 目标激励

大多数人都希望自己能有成就，希望不断获得成功，而成功的标志就是达到预期目标。有目标才有奔头，才能产生动力，因此，目标激励是一个很重要的激励因素。可以产生激励作用的目标包括两类：一类是餐厅目标，如提前完成快餐店年初定下的赢利额等；另一类是店员目标，如熟练掌握某种技能等，应当充分利用这两类目标的激励作用。

2. 榜样激励

向榜样学习是一种心理需要，其实质是自我完善。榜样激励是通过满足这种需要，将店员行为引导到餐厅所期望的方向。

最具激励力量的榜样是领导，“群雁高飞头雁领”。餐厅经营者只有以身作则，吃苦在前，享受在后，才具有号召力，才能最大限度地发挥店员的潜力。

3. 理想激励

理想可以分社会理想和店员个人理想。无论是社会理想还是店员个人理想都可以对店员的工作、学习产生持久的作用。餐厅应当把理想教育当作激励的重要手段，帮助店员树立社会理想，把店员个人理想同社会理想结合起来。

4. 培训激励

培训的激励作用是多方面的，它可以满足店员特别是青年店员求知的需要。通过培训，可提高店员达到目标的能力，为其承担更大的责任、胜任更富有挑战性的工作及提升到更重要的岗位创造条件。

5. 物质激励

物质激励主要是满足人的生存、安全等最低层次的需要。在现代社会，物质财富并非极大丰富，人们所要求的生活目标大多以物质为基础，满足家庭生活、自我教育以及下一代教育的需要。餐厅可以运用的物质激励手段包括工资、奖金和各种公共福利。物质激励是最基本的激励手段，因为工资、奖金等决定着店员的基本需要的满足情况。

6. 荣誉激励

给予优秀店员以表扬，光荣称号，象征荣誉的奖品等，这是对店员贡献的公开承认，可以满足店员的自尊需要，从而达到激励的目的。高明的管理者都懂得这种成本低而效果好的激励手段的重要性。

总之，激励对于调动店员潜在的积极性、出色地去实现既定目标、形成良好的集体观念和社会影响力、不断提高店员素质和工作绩效都具有十分重要的作用。餐厅经营者在实际经营中还须掌握一定的激励理论，在联系实际情况的基础上，把店员激励工作落到实、做到位。

培训时要注意的一些问题

今日市场竞争的日益激烈让餐厅从产品的竞争转变为人才的竞争，但社会大环境下，人才的高流失率让餐厅不得不断招募新店员加入餐厅，通常招募新店员通过校招和社招两种方式，无论哪种方式，如何让新店员快速融入餐厅、为餐厅创造价值是最关键的。但是很多餐厅在针对新店员培训方面做的并不成功，究其原因，是餐厅陷入了一个误区。这个误区就是餐厅仅仅把新店员培训当作一种例行行为，正是很多餐厅有这种想法才导致新店员无法快速融入餐厅，甚至使新店员在入职不久后就会离职。那么餐厅究竟忽视了哪些问题呢？

首先是没有对新店员进行明确的区分。

其次是很多餐厅忽略了新店员直属主管的重要作用。餐厅招募新店员都希望其能为餐厅创造价值并长期为餐厅服务，但人才成长是一个长期培训的过程，任何餐厅都无法通过新店员培训就帮助其快速成长，其中更多还要依靠新店员主管长期的培训才能达成。只是很多餐厅的主管在这方面没有较明确的认知。

最后是培训方式的缺失。无论是选择内部培训还是外部培训，很重要是考虑培训的对象和背景。恰恰这正是很多餐厅忽略的问题，甚至很多专业的培训机构都将其忽略。新店员面对培训的心态、讲师培训手法的应用所带来的效果都不相同，因此培训的内容也有很大的差异，如果用相同的方式进行培训，必然会导致其中一方培训效果低下。

如何改变目前很多餐厅在新店员培训中面临的问题呢？相信有针对性的系统化培训很重要，这里的针对性除了新店员的需求和主管的缺失之外，餐厅的需求同样很重要。

服务员举止礼仪培训

礼仪是向他人表示敬意的一种仪式，也是表示敬意的统称，是一种待人恭敬的态度。礼是由风俗习惯形成的礼节，更是处理人与人之间的道德规范。仪表是餐厅服务员的外表，它包括着装打扮，容貌梳理，姿态，举止行为。

1. 餐饮服务中应该严格遵守的操作礼仪和操作规范

（1）一不吸烟，不吃零食。

（2）二静，工作场合保持安静，隆重场合保持肃静。

（3）三轻一快，操作轻，说话轻，走路轻，动作利落，服务快。

（4）三了解，了解宾客的风俗习惯，了解生活，了解特殊要求。

（5）三声，客人来时有迎声，客问有应声，客走有送声。

（6）自尊，尊重老人，尊重妇女儿童、残疾人。

（7）五勤，眼、口、脚、手、耳勤。

2. 服务中的四先原则

（1）先女宾后男宾。

（2）先客人后主人。

（3）先长辈后晚辈。

（4）先儿童后成人。

3. 服务员的语言要求

基本用语谦恭、语调亲切、音量适度、言辞简洁清晰，充分体现主动、热情礼貌、周到、谦虚的态度，根据不同的对象使用语言要恰当，对内宾使用普通话，对外宾要使用日常外语，做到客到有请、客问必答、客走告别。

4. 站立、行走的要领

（1）站立：抬头、挺胸、收腹、提臀、双肩平稳、两手臂自然下垂、眼睛目视前方、嘴微闭面带微笑、双手体前交叉保持随时能面客提供服务的姿态。

（2）行走：身体重心可以稍前倾、上体正直抬头目视前方、面带微笑，切忌摇肩、晃动，双臂自然前后摆动，肩部放松，脚步、轻快步幅不宜过大，更不能跑。

总之，举止是展示餐厅品质的重要的外在形态，恰到好处的举止，能帮助餐厅走向成功。所以必须让服务人员行为举止尽量保持礼仪风度，才能在举手投足间展现餐厅风采。

对新进人员进行托盘训练

1. 托盘的理盘方法

理盘就是根据所托的物品选择适用的托盘。

码放物品前，对于没有防滑处理的托盘，在托盘内应铺垫潮湿干净的餐巾或托盘布。垫布的大小要与托盘相适应，垫布的形状可根据托盘的形状而定，但无论是方形或圆形垫布，其外露部分一定要均等，使整理铺垫后的托盘既整洁美观又方便适用。

2. 起托托盘的方法

起托时，正确的姿势是：餐厅服务员站于距操作台30厘米处，双脚要分开，双腿屈膝，腰与臂呈下坐姿势，上身呈略向前倾状站稳，伸出左手掌心向上，指尖向前与操作台平行，伸出右手拉拿托盘的边沿，将托盘移向左手掌及小臂处，待托实后，双脚并拢并收回右手，同身体回复直立状，托盘起托后，大臂呈垂直状，大臂与小臂呈90度角，使托盘置于身体左侧胸前。端托时做到站稳，端平托举到位，高矮适中。

3. 端托托盘的基本方法

托盘端托：托盘端托服务根据端托的不同物品及托盘的不同用途而定，端托方法分为两种，一种为轻托，一种为重托。

轻托又称胸前托，适宜端托体积小、重量轻的物品。轻托服务操作时，技术要高，因为所托的物品越轻，端托操作时，托盘容易发飘，不易端托平稳，因此，在轻托服务操作时，准备工作非常重要。重托又称肩托，是指对较大且重的物品的端托，重托端托需要餐厅服务 员有一定的臂力和技巧。

重点要求服务员掌握轻托服务。轻托的基本要求是：轻托托盘应左手掌伸平，五指分开伸直，指尖用力托起托盘后，将托盘的一部分，如长方盘的一角搁在小臂上，借助小臂的力量将托盘托平。托盘时大臂垂直，小臂与身体成90度平伸于胸前左侧，便于掌与托盘底托实，这样才能将托盘的重心全部掌握住。如遇客人多时，右手臂可做保护托盘的姿势，便于一旦出现意外，能及时躲闪避让。

餐厅摆台培训

一、中餐摆台

中餐餐台通常摆放的餐具、用具有骨碟、勺垫、瓷勺、筷子架、筷子、各种中式酒杯、牙签盅、烟灰缸等。

1. 摆台要求与标准

（1）摆台要求。摆台操作前，应将双手进行清洗消毒，对所需的餐、饮用具进行完好率的检查，不得使用残破的餐、酒用具。

（2）摆台标准。餐、酒用具的摆放要相对集中，各种餐、酒用具要配套齐全；摆放时距离相等，图案、花纹要对正，做到整齐划一，符合规范标准；做到既清洁卫生，又有艺术性；既方便宾客使用，又便于服务人员服务。

2. 摆台需要的餐、酒具及摆台的顺序

以 10 人座位宴会台面所需物品为例：10 人宴会用餐摆台所需餐、酒用具及物品共计 104 件。有台布 1 块、餐巾 10 块、骨碟 12 个、筷子架 10 个、筷子 12 双、勺垫 10 个、勺子 12 把、葡萄酒杯 10 个、白酒杯 10 个、水杯 10 个、牙签盅 2 个、烟灰缸 5 个。在摆放以上物品时，可以用托盘分 5 次托摆。第一托：骨碟 10 个、勺垫 10 个、瓷勺 10 把。第二托：葡萄酒杯、白酒杯各 10 个。第三托：筷子架 10 个、筷子 12 双、公用餐碟（骨碟）2 个、公用勺 2 把、牙签盅 2 个。第四托：水杯 10 个（已插放好折叠成形的餐巾花）。第五托：烟灰缸 5 个。

3. 餐酒用具摆放的规则

（1）摆骨碟。将餐具码好放在垫好餐巾的托盘内（托盘应防滑，也可以垫餐巾），左手端托盘，右手摆放。从正主人位开始按照顺时针方向依次摆放。碟与碟之间距离相等，碟距桌边 1 厘米。正、副主人位的骨碟应摆放于台布凸线的中心位置。

（2）摆勺垫、瓷勺。勺垫摆在骨碟的正前方。勺垫边沿距骨碟边沿 1 厘米，勺垫的中心置于骨碟的中心线上。瓷勺摆在勺垫的中央，勺柄朝右。

（3）摆酒具。葡萄酒杯杯柱应对正骨碟中心，葡萄酒杯底托边距勺垫边 1 厘米；白酒杯摆在葡萄酒杯的右侧，杯口与杯口距离 1 厘米。酒具的花纹要对正客人。摆放时，酒杯应扣放于托盘内。操作时，手取拿酒杯的杯座处，不能触碰杯口部位。

（4）摆筷架和筷子。筷架应放在骨碟的右侧，与勺垫的横向中心为一条线，注意造型、图案。如果是动物造型，头应朝左摆放。筷子放于筷架上，筷子图案或字要朝上对正（筷子套同样），筷子末端距离桌边 1 厘米，筷身距离勺柄末端 1 厘米。

（5）摆公用碟、公用勺、公用筷。公用碟应放置在正、副主人席位的正前方，碟边距葡萄酒杯底托 2 厘米。公用勺放在靠桌心一侧，公用筷放在靠桌边一侧，勺柄朝左，筷柄向右，成为对称形，勺与筷中间间距 1 厘米，筷子离公用碟部分两端相等。10 人以下摆放两套公用餐具，12 人以上应摆 4 套，其中另外两套摆在台布的十字线两端，应呈十字形。如果客人人数少，餐桌较小时，可在正、副主人位置餐具前摆放公用筷架及筷子即可。

（6）摆牙签盅。牙签盅应摆在公用碟的右侧，右不超出筷柄末端，前不超出碟边外切线。

（7）摆放水杯及餐巾。将叠好的餐巾折花插入水杯中，摆放于葡萄酒杯的左侧，3 套杯的中心应横向成为一条直线，水杯的上口距葡萄酒杯的上口 1 厘米。将餐巾折花的观赏面朝向客人。

（8）摆放烟灰缸。从正主人席位右侧开始，每隔两个座位摆放一个，烟灰缸前端应在水杯的外切线上，架烟孔要朝向两侧的客人。

（9）摆餐椅。围椅从第一主人位开始按顺时针方向依次摆放，餐椅椅座边沿刚好靠近下垂台布为准，餐椅之间距离均等。

（10）斟酒。斟倒酒水时，从第一主宾开始，先斟红酒，后斟白酒，酒均需斟入杯中八分满。

（11）摆火柴。火柴应摆在靠桌心一侧的烟灰缸上，火柴盒的封面朝上，火柴磷面向桌边一侧。

（12）摆菜单、台号。一般 10 人以下摆放两张菜单，摆放于正、副主人位的左侧。平放时菜单底部距桌边 1 厘米，立放时菜单开口处分别朝向正、副主人。12 人以上应摆放四张菜单，并呈“十”字形摆放。

大型宴会应摆放台号时，台号一般摆放在每张餐台的下首，台号朝向宴会厅的入口处，使客人一进餐厅便能看到。摆台效果要求：台面各种餐具、用具摆放整齐一致，布局合理、美观，间距均等，摆放位置准确，花纹图案对正，台面用具洁净、无破损。

二、西餐摆台

摆台前，应将摆台所用的餐、酒用具进行检查，发现不洁或有破损的餐具要及时更换，用时要保证用品符合干净、光亮、完好的标准。摆放时，手不可触摸盘面和杯口。摆台时，要用托盘盛放餐具、酒具及用具。摆放金、银器皿时，应佩戴手套，保证餐具清洁，防止污染。

摆放餐、酒用具的顺序与标准：

1. 摆展示盘

可用托盘端托，也可用左手垫好口布。口布垫在餐盘盘底，把展示盘托起，从主人位开始，按顺时针方向用右手将餐盘摆放于餐位正前方，盘内的店徽图案要端正，盘边距桌边15厘米，餐盘间的距离要相等。

2. 摆面包盘、黄油碟

展示盘左侧 10 厘米处摆面包盘。面包盘与展示盘的中心轴取齐，黄油碟摆在面包盘右前方，距面包盘 15 厘米，图案摆正。

3. 摆餐刀、叉、勺

从展示盘的右侧顺序摆放餐刀、叉、勺。摆放时，应手拿刀、叉、勺柄处，从主刀开始摆。

（1）主刀摆放于展示盘的右侧，与餐台边呈垂直状，刀柄距桌边 1 厘米，刀刃向左，与展示盘相距 1 厘米。

（2）鱼刀、头盘刀、汤勺、餐具摆放间距 0.5 厘米，手柄距桌边 1 厘米，刀刃向左，勺面向上。

（3）主叉放于展示盘左侧，与展示盘相距 1 厘米，叉柄距桌边 1 厘米。

（4）摆放鱼叉时，鱼叉柄距桌边 5 厘米，叉头向上突出。头盘叉，也就是开胃叉叉面向上，叉柄与主叉柄平行。甜食叉，放在展示盘的正前方，叉尖向左与展示盘相距 1 厘米。

（5）甜食勺，放在甜食叉的正前方，与叉平行，勺头向右，与甜食叉的叉柄相距0.5厘米。

（6）黄油刀斜放在面包盘上，刀刃向左，黄油刀中心与面包盘的中心线吻合，刀柄朝右下方，与面包盘水平线呈 45° 角。

（7）在展示盘的正前方摆水果刀、叉时以叉压刀成斜十字形，刀刃向左下方，刀柄指向右下方，叉尖指向右上方，叉柄指向左下方。也可将甜食勺放在水果刀、叉的上面，勺面向上，勺柄朝右。

4. 摆酒具

值得注意的是摆酒具时，要拿酒具的杯托或杯底部。

（1）水杯摆在主刀的上方，杯底中心在主刀的中心线上，杯底距主刀尖 2 厘米。

（2）红葡萄酒杯摆在水杯的右下方，杯底中心与水杯杯底中心的连线与餐台边成 45° 角，杯壁间距 0.5 厘米。

（3）白葡萄酒杯摆在红葡萄酒杯的右下方，其他标准同上。

5. 摆放餐巾

折花餐巾折花放于展示盘内，餐巾折花花型搭配适当，将观赏面朝向客人。

6. 摆蜡烛台和椒、盐瓶

西餐宴会一般摆两个蜡烛台，蜡烛台摆在台布的中线上、餐台两侧适当的位置。椒、盐瓶要在台布中线上按左椒右盐对称摆放，瓶壁相距0.5厘米，瓶底与蜡烛台台底距离2厘米。

7. 摆烟灰缸、火柴

烟灰缸要放在正、副主人的正前方，它的中心在正、副主人展示盘的中心垂直线上，距椒、盐瓶 2 厘米。火柴平架在烟灰缸上端，画面向上。摆放时，从第一主人右侧开始，每隔一位摆放一个烟灰缸。

三、餐巾折花培训

餐巾折花是餐前的准备工作之一，主要工作内容是餐厅服务员将餐巾折成各式花样，插在酒杯或水杯内，或放置在盘碟内，供客人在进餐过程中使用。

1. 餐巾的作用

餐巾，又名口布，是餐厅中常备的一种卫生用品，又是一种装饰美化餐台的艺术品。餐巾的主要作用有以下几种。

（1）餐巾是餐饮服务中的一种卫生用品。宾客用餐时，餐厅服务员将餐巾放在宾客的膝上或胸前，餐巾可用来擦嘴或防止汤汁、酒水弄脏衣物。

（2）餐巾可以装饰美化餐台。不同的餐巾花型，蕴含着不同的宴会主题。形状各异的餐巾花摆放在餐台上，既美化了餐台，又增添了庄重热烈的气氛，给人以美的享受。

（3）餐巾花型可以烘托就餐气氛。如用餐巾折成喜鹊、和平鸽等花型表示欢快、和平、友好，给人以诚悦之感。如折出比翼齐飞、心心相印的花形送给一对新人，可以表示出永结同心、百年好合的美好祝愿。

（4）餐巾花型的摆放可标出主宾的席位。在折餐巾花时应选择好主宾的花形，主宾花型高度应高于其他花型高度以示尊贵。

2. 餐巾的种类

（1）按质地分，餐巾可分为棉织品和化纤织品。棉织品餐巾吸水性较好，去污力强，浆熨后挺括，造型效果好，但折叠一次效果才最佳。化纤织品色泽艳丽，透明感强，富有弹性，如一次造型不成，可以二次造型，但吸水性差，去污力不如棉织品。

（2）按颜色分，餐巾颜色有白色与彩色两种。白色餐巾给人以清洁卫生、恬静优雅之感。它可以调节人的视觉平衡，可以安定人的情绪。彩色餐巾可以渲染就餐气氛，如大红、粉红餐巾给人以庄重热烈的感觉；橘黄、鹅黄色餐巾给人以高贵典雅的感觉；湖蓝在夏天能给人以凉爽、舒适之感。

3. 餐巾折花注意事项

（1）操作前要洗手消毒。

（2）在干净的托盘或餐盘中操作。

（3）操作时不允许用嘴咬。

（4）放花入杯时，要注意卫生，手指不允许接触杯口，杯身不允许留下指纹。

（5）餐巾折花放置在杯中高度的 2 / 3 处为宜。

4. 餐巾折花的运用

餐巾花型的选择和运用，一般应根据宴会的性质、规模、规格、冷菜名称、季节时令、来宾的宗教信仰、风俗习惯、宾主座位的安排、台面的摆设需要等方面的因素进行考虑。总体原则是：

（1）根据宴会的性质来选择花型。如以欢迎答谢表示友好为目的的宴会餐巾花可设计成友谊花篮及和平鸽等。

（2）根据宴会的规模来选择花型。一般大型宴会可选用简单、快捷、挺拔、美观的花形。小型宴会可以同一桌上使用各种不同的花型，形成既多样、又协调的布局。

（3）根据花式冷拼选用与之相配的花形。如冷拼是“游鱼戏水”，餐巾花则可以选用“金鱼”造型。

（4）根据时令季节选择花型。用台面上的花形反映季节特色，使之富有时令感。

（5）根据宾客身份、宗教信仰、风俗习惯和爱好来选择花型。

（6）根据宾主席位的安排来选择花型。宴会主人座位上餐巾花称为主花，主花要选择美观而醒目的花型，其目的是使宴会的主位更加突出。

5. 餐巾折花的基本技法

餐巾折花的基本技法包括推折、折叠、卷筒、翻拉、捏、穿六大部分，下面予以一一介绍。

（1）推折。

在打折时，两个大拇指相对成一线，指面向外，指侧面按紧餐巾推折，这样形成的褶比较均匀。初学可以用食指或中指向后拉折，这时应用食指将打好的褶挡住，中指控制好下一个褶的距离，三个指头互相配合。推折时，要在光滑的盘子或托盘中进行。推折，可分为直线推折或斜线推折，折成一头大一头小的褶或折成半圆形或圆弧形。

（2）折叠。

就是将餐巾平行取中一折为二、二折为四或者折成三角形、长方形等其他形状。折叠的要求是：要熟悉基本造型，折叠前算好角度，一下折成。避免反复，以免餐巾上留下一条褶痕，影响餐巾美观。

（3）卷筒。

将餐巾卷成圆筒并制出各种花型的一种手法。卷的方法可以分为直卷和螺旋卷两种。直卷：餐巾两头一定要卷平；螺旋卷：可先将餐巾折成三角形，餐巾边要参差不齐。无论是直卷还是螺旋卷，餐巾都要卷紧，如卷得松就会在后面折花中出现软折。

（4）翻拉。

将餐巾折卷后的部位翻成所需花样，翻拉大都用于折花鸟。操作方法是：

一手拿餐巾，一手将下垂的餐巾翻起一角，拉成花卉、鸟的头颈、翅膀、尾巴等。

翻拉花卉的叶子时，要注意对称的叶子大小一致，距离相等，拉鸟的翅膀、尾巴或头时，一定要拉挺，不要软折。

（5）捏。

捏的方法主要用于折鸟的头部。操作时先将鸟的颈部拉好（鸟的颈部一般用餐巾的一角）；然后用一只手的大拇指、食指、中指三个指头，捏住鸟颈的顶端；食指向下，将餐巾一角的顶端尖角向里压下，大拇指和中指将压下的角捏出尖嘴。

（6）穿。

指用工具从餐巾的夹层褶缝中边穿边收，形成皱折，使造型更加逼真美观的一种手法。穿时左手握住折好的餐巾；右手拿筷子，将筷子的一头穿进餐巾的夹层褶缝中；另一头顶在自己身上，然后用右手的拇指和食指将筷子上的餐巾一点一点往里拉，直至把筷子穿过去。皱折要求拉得均匀，穿好后，要先将折花插进杯子，再把筷子抽掉，否则皱褶易松散。

餐前检查培训

餐前检查是餐厅提供优质服务的重要保障，要求细致准备、规范操作、团结协助、快速完成，餐前准备的内容也就是餐前要检查的内容。

（1）清洁卫生的准备。包括：地面、墙面、柱子、玻璃、操作台等环境卫生；骨碟、茶杯、玻杯、汤碗、汤漏勺、调味盅等餐用具卫生；桌子、椅子、菜架、炉具、锅圈、备餐柜、空调、水柜、消毒柜、冰柜、展示柜、饮水机、灭蝇灯、应急设施、门窗、餐车等设备设施卫生；洗手间卫生；个人卫生等。

（2）备餐准备。准备好相应数量的餐用具和单据、餐纸、牙签等低值易耗品；按标准布置好备餐柜。

（3）摆台准备。按标准快速准确地摆好台面。

（4）调味品准备。添加并整理好桌上调味品；传菜组准备好油碟、味碟、蒜泥及其他调味品。

（5）设备设施的调试。检查空调、炉具等设备设施运作是否正常。

（6）安全检查准备。检查所管区域的灶具是否漏气，管道和管卡有无松脱现象，桌椅板凳是否完好无损，锅圈是否加满水等。

（7）仪容仪表和随身物品准备。上岗前再次整理自己的仪容仪表；准备并调试好笔、打火机、开瓶器等随身工具。

（8）衔接协调准备。询问厨房的特推和沽清菜品。

（9）餐前例会准备。准时参加餐前例会，记住工作的重点和要点，针对性服务，避免同样错误。

（10）茶水、茶点准备。上客前准备好茶水；如果有茶点一般于客人到后上桌。

酒水的开启及斟酒服务培训

服务员首先应熟悉酒水的品种、品牌、酒水产地、饮用方法，以及特点等，以便准确及时应答客人的有关询问。在斟酒前要检查酒瓶的清洁卫生，酒水生产的日期及保质期，检查酒水质量是否符合标准，有无沉淀、浑浊、变色现象等，同时检查杯具的洁净程度，发现异常及时更换处理。

依据酒水的品种、客人人数及其特殊要求，摆放相应数量的饮用酒具和配套用具。如开瓶器、冰桶、冰夹、口布等。

酒瓶的封口常见有瓶塞和瓶盖，开启瓶塞和瓶盖的方法与注意事项：

（1）使用正确的开瓶工具，开瓶器有两大类型，一种是专用开启葡萄酒瓶塞的酒钻；另一种是开启瓶盖的酒启。

（2）开启酒瓶时，要尽量减少瓶体的晃动，一般将酒瓶放在桌上开启，动作要迅速、果断，对于软木塞如果有断裂的危险，可将酒瓶倒置，用内部酒液的压力顶木塞，然后轻轻旋转酒钻。

（3）开启瓶塞后，要用干净的口布仔细擦拭瓶口，检查瓶口酒是否有质量问题，检查的方法是嗅辨瓶塞插入瓶内的那部分为主。

（4）开启酒瓶后的封皮、木塞、盖子等杂物，不要直接放在桌子上，可以放在托盘里。操作完后一起收走，不要留在宾客的桌旁。

（5）开启带有气体或冷藏过的酒罐口时，常有水气喷射出来。因此在宾客面前开启此类酒水时，注意瓶口的方向。

（6）香槟酒的开启的过程。剥开封口的锡纸，左手握住瓶颈，用左手拇指轻轻压住瓶塞。右手握住瓶口保险丝的拧环处，向逆时针方向轻轻拧松保险丝。将保险丝完全拧松后，香槟酒的瓶塞会慢慢上移，此时应用左手握住瓶塞，防止瓶塞喷射出来。开启完毕，应用干净的口布将瓶口擦拭干净，然后将酒瓶放入冰桶。开启应注意瓶口应朝向无客人的方向。

斟酒服务前应示酒，服务员站在客人右后侧，左手托瓶底，右手扶瓶颈，倾斜与桌面成 45 度。商标朝向客人，让客人辨认：“对不起，打扰一下，这是您点的 ×× 酒，请问现在可以为您打开吗？”

1. 斟酒的动作

站在客人右侧，左手拿口布背在身后，右手握在酒瓶 2/3 处，食指指向瓶嘴，中指与拇指分开约成 60 度角，商标向外同掌心相对。斟酒时瓶口应比杯沿高出约 2 厘米，先缓慢将酒倒入杯中，斟酒中途可稍快些，当快要斟满时放慢速度，轻轻斟倒。斟倒完毕后，应将酒瓶口抬起并顺势按顺时针方向旋转 90 度，使最后一滴酒随着瓶身的转动分布在瓶口边缘上，然后快速提升酒瓶，将酒瓶撤离桌面，防止瓶口的酒滴落在桌面上，用左手口布轻轻擦拭瓶口，完成一次斟酒过程。

2. 斟酒量与斟酒方法

（1）白酒、米酒、黄酒：以八成满为宜，也可以根据客人的要求灵活处理。斟酒时瓶口比杯沿高出约 2 厘米，从酒杯正中倒入酒水。

（2）啤酒：八分酒，二分沫，泡沫与杯口持平。斟倒时应将瓶口置于酒杯上方中间，让酒顺着对面杯壁内侧慢慢流出，倒至六成时抬高酒瓶，让酒水冲入酒杯正中至表面冲起一层泡沫，但勿使啤酒溢出酒杯。

（3）红、白葡萄酒：约 1/2~2/3 杯。

（4）香槟酒：约 2/3 杯。第一次斟约 1/3 杯，待泡沫平息后再往杯中斟倒。

（5）白兰地、威士忌：一盎司，约 1/5 杯，即将酒杯横放时，杯中酒液与杯口齐平。

（6）饮料、矿泉水：约 3/4 杯。如加入冰块则只斟 1/2 杯。

3. 斟酒注意事项

（1）斟酒前应调整好酒杯的摆放位置，以方便斟酒，一般应将酒杯放在桌上斟，除非客人较多，斟酒不方便时，才可把酒杯拿在手上斟。

（2）斟酒时身体不得紧贴客人，也不宜离得太远，右脚伸入两椅之间或呈 T 字形站立姿势，在每一位客人的右边斟酒，酒的商标始终朝向客人，若客人要求自己斟倒时，应将酒水放于客人的右侧。

（3）斟酒时应从客人右侧的主宾开始，然后是主人左边的第一位客人。或依据“女士优先，先主宾后主人”原则，按顺时针方向绕桌服务。点酒的客人和主人的酒最后斟倒。

（4）在宴会上斟酒，宾、主祝酒讲话时，服务员应停止一切活动，端正站立。主人讲话即将结束时，服务员可把主人的酒杯送上供主人敬酒，主人离位给来宾敬酒时，服务员应托住酒跟随其后，以便给主人或来宾斟酒。在就餐过程中，服务员应随时注意主人和客人的酒杯，及时为客人斟酒。另外每斟一次酒，应注意用口布擦拭瓶口。

（5）如果客人同时饮用两种酒时，不能在同一酒杯中斟入两种不同种类的酒。如果客人坚持要求混合饮用，应先斟烈性酒或基酒，然后再斟辅酒或饮料。

餐饮服务员必备的素质要求

餐饮服务员的外在形象很重要，服务员不要求长得多么漂亮，但气质端庄大方很重要，这种气质来源于对服务工作的热爱和自信。她能给顾客带来赏心悦目的感觉。服务员在执业时表现于外的形象不仅代表个人特质，更代表餐厅的印象。整齐清洁的服装仪容，能展现工作者的青春活力与餐厅经营的专业。所以，餐厅管理者必须重视店员服装的整齐与清洁。要培训店员注重这一项专业条件——拥有干净舒适的外表。

除此以外，餐饮服务员必备的素质还包括：

1. 热情诚恳的性格，友善的亲和力

（1）餐厅除了销售提供的食物、饮品外，更需将优质的服务奉献给宾客。因此，专业的餐饮服务人员应有“以客为尊”、“顾客第一”的观念。友善的服务态度与亲和力是接触顾客时所必须具备的条件，更可能成为拉近顾客与服务人员间友好关系的主因。

专业的服务员，应具有热情诚恳待人的情商。能以亲切自然的微笑和诚恳的态度接待每一个顾客，将餐食或其他需求传给他们，并时常设身处地为顾客着想，让顾客享有宾至如归的安适气氛。

（2）要具有应对各种性格的顾客的能力。无论顾客的社会地位、穿着、举止等如何，对于每一位莅临用餐的客人应提供相同的服务品质与态度，并尽力用心记住每一位曾经来访顾客的姓名、特殊需求、餐饮习惯，以反映对每一位顾客的尊重与重视。

2. 个人情绪的掌控，精诚协作的素养

餐饮服务工作是团体性的，流水线化的。完成专业的工作流程，必须通过各环节的相互配合，才能成功。因此，一位优秀的“餐饮服务人”不仅要热情诚恳地服务客人，也必须与内部同仁保持友好、互相尊重、精诚合作的关系。

人的情绪往往会因环境、他人、经济状况等外在因素产生不同变化。然而，身为餐饮服务者必须懂得控制与调节个人情绪状况，对外始终以和善可亲的态度服务顾客；对内则以相互尊重、团队配合的工作态度与同仁愉快相处，建立个人良好的人际关系。在配合工作的过程中，难免遇到矛盾和摩擦，需要有宽容他人的胸怀、敢于承担责任的风格，以团队整体利益为重的精神。

另外，个人情绪难于掌控的人，易于与顾客发生矛盾，最好不用。不能与同行共事者，不适合做餐饮服务员。

3. 沟通能力与专业的推销技能

餐饮工作小至餐巾折法，大到与顾客间的沟通，都属于专长。具备了各项工作技能，有了专长，才能游刃有余地完成工作职责。

餐厅服务员是餐厅第一线接触顾客的人，不同的顾客有不同的消费习性。对于任何疑问与需求，服务员要通过灵活的说话方式与技巧，提出独到的见解，让顾客信服，以促使服务工作进行得顺利。

活泼得体的肢体动作是一种无声的沟通语言，它能打破地域界限，排除文化、政治、宗教的差异，而成为无国界的沟通语言。适时灵活地运用肢体动作，有可能因为一个微笑、一种手部小动作、一场专业的桌边服务，而拉近与顾客彼此间的距离，建立餐厅与顾客间的良好关系。

另外，服务员要具备专业的推销能力。点菜服务员是餐厅服务的灵魂。顾客点菜时，依赖的是点菜服务员的菜单推销。对于餐厅而言，每一位服务员即是经过训练的菜品推销员，他全面了解菜单上的餐食种类与特色，适度提供顾客点餐的参考信息，尽可能根据顾客的不同口味，推荐菜品，这是服务员必备的技能。考察这项技能，可测试服务员的机敏程度，动脑思索问题能力。

此处性格过于内向，不善于与人沟通的人，不适合餐饮服务工作。

4. 相应的知识素质，勤于学习的上进心

餐饮服务员不是简单的体力劳动者，他需要有相应的知识素质，勤于学习的上进心。

随着社会的进步和技术的发展，餐饮服务员需要不断地学习。不仅要学习餐饮专业知识、顾客心理学知识，而且要学习计算机的相关知识，有的还需学习外语知识。因为点菜开单已不再运用手写方式，而是运用计算机计算，各种餐饮机械设备的操作，也需要有一定知识的人员。

当前，国际化的交流频繁不绝，国内餐饮业的服务对象已不再局限于本国人士，而是来自全球。因此，一位优秀的餐饮服务人员，应具有一定程度的外语沟通能力，才能适应服务需求，提升服务品质。

文化水准过低，又无学习能力者，从餐厅长远考虑，不宜聘用。

5. 主动负责的精神，不怕吃苦的顽强毅力

餐饮服务员需要主动负责的精神，要有一双敏锐的眼睛，而不应“熟视无睹”。

只要见到顾客有需要服务的动作时，即应主动上前服务，不必等客人招唤。主动、积极的服务态度是一位优秀服务员精神面貌的体现。

由于工作性质与环境的差异，餐饮服务人员不同于一般行政事务工作者，无论工作时间还是工作内容，都有特殊的地方，所以非专业人员未必能胜任。

总之，任职于餐饮业者，工作负荷量一般较大，除了接触不同类型的顾客外，往往八小时的工作，皆须站立或四处走动，比较于办公室内的事务性工作，要耗费更多的精神与力气。因此，拥有健全的身心，对一位优秀的服务人员而言，是绝对必要的条件。更重要的是有责任心、不惧怕困难，有坚持性、有耐心、有毅力，努力完成工作任务，这是餐饮服务员应有的品格。

收银员的基本素质

收银员在结账时要认真检查、核对账单、台号、人数是否正确，检查食品项目、规格、数量和价格是否正确，具体说来还包括这些方面：

（1）将账单放入收银夹内，到台前轻声询问："请问哪位埋单？"待示意后，在客人右侧服务，打开收银夹，右手持收银夹右上端，左手轻托收银夹下端，递给客人面前，轻声报出账单金额。

（2）在客人右后侧检查客人所付现金金额并确认真伪后，将钱和账单送收银台唱交；检查找零是否正确，将找零用收银夹送回，站在客人右后侧，打开收银夹将找零递给客人。

（3）信用卡结账：把账单和客人信用卡、相关证件送去收银台，检查收银员所开据的账单数目是否正确；用收银夹把信用卡签购单及账单递交给客人，递上笔，请客人核对金额并在信用卡签购单上签名；把底单留给客人，将签购单及账单交回收银台，用收银夹把信用卡、相关证件交回给客人并致谢。

（4）支票结账：将支票及账单送到收银台，收银员填完支票后，将支票及账单送回请客人核对，并在支票背面留下姓名、地址、电话号码等以备联系。将支票交回给收银台，支票存根用收银夹送回客人。

（5）如客人需要发票，请客人稍等迅速返回收银台，用收银夹带回递交给客人。

（6）如客人对账单有疑问，应主动查看解释，如无法解决应及时报告上级。

（7）结账后收回收银夹并礼貌地对客人表示感谢，如客人结账后并未马上离开餐厅，服务员应继续提供服务。

餐厅领班要克服的毛病

（1）偏袒下属：没有一位店员喜欢自己的领班对某些店员有偏袒，因为这是不公平的。

（2）不注意聆听：如果一名领班丝毫不听从店员对工作的见解，店员将会非常失望，慢慢就会没有兴趣与领班谈论任何工作情况，使店员的积极性受挫。

（3）报喜不报忧：报喜不报忧并非一件好事，坏消息可避免使事情进一步恶化。当店员将坏消息报告领班时，领班大发雷霆或指责店员，这样会使店员不再把坏消息及时报告。

（4）爱讽刺挖苦：店员不喜欢领班用嘲笑的方法与他们讲话，在其他店员面前嘲笑讽刺一名店员，会使店员没有面子，使店员自尊受损。

（5）过分敏感：对店员的一举一动都十分敏感的领班，会使店员觉得自己正确的工作受到怀疑，会对工作产生杯弓蛇影的心理状态。

（6）犹豫不决：很多店员说他们最讨厌的是每次向领班一旦请示，领班都拿不定主意，得到的答复都是"待我们考虑一下吧"。很多时候，这样的领班通常得不到店员的尊敬。

（7）刻板教条：店员对教条式的领班十分反感，因为这领班不善听取别人的意见，认为最好的意见是他个人的意见。其实店员提出的实际操作上的意见都是十分宝贵的，有建设性的，只要是好的意见，就应该接受。

（8）主观武断：许多店员发现领班很快下决定，而当他决定后，便不容易再改变了。所以店员都避免让这样的领班太快下决定，想法使他拖延下决定的时间，结果影响了工作。

（9）时间管理不当：当一位领班对时间管理不当时，店员经常发现自己的领班处理事情没有条理，而会直接影响到店员对自己的时间管理，对工作产生消极影响。

（10）不懂运用职权：许多领班得不到店员的尊敬、信任是因为他们不懂运用自己的权力，使店员觉得自己的小组不如别人，许多店员不喜欢自己的领班是弱者，在应发言时却不发言。

（11）难觅踪影：每当店员遇到困难时，总是找不到领班，会感到十分迷惘。有些领班为了避免作出决定，往往逃避本身的工作。有一个常常无踪迹的领班比没有领班还糟。

（12）缺乏信任：信任是相互的，店员希望得到领班的信任，而当领班对店员的能力提出疑问时，店员便会大失所望。店员与领班之间应保持信任感，并天天保持这份信心。

（13）缺乏组织：缺乏组织的领班会使店员有混乱的感觉。许多店员认为与一位无组织能力的领班在一起工作是令人烦躁的。

（14）缺少领导艺术：有些领班往往忽视他所属店员的情感而不喜欢用客气的语调指挥店员，店员希望领班能以礼相待，保持自尊。

（15）独断专行：许多督导认为一个成功的管理者需要运用强硬的手段才行。领班发布命令，而店员是不能在有疑问中执行命令的。这会使领班变得孤独无援，使店员不能对工作产生归属感，店员认为与一位独裁的领班一起工作是十分吃力和困难的。

（16）喜怒无常：假如店员的领班时喜时悲，喜怒无常，有不可预测的个性，店员会感到紧张。在最要紧的关头，领班从一种个性变为另一种个性，这是最可悲的工作环境。我们应当维持一个清醒的个性和有一点幽默感。当一个人经常受到挫折的磨炼，会改变个性，变得平易近人。

（17）不善策划：店员不喜欢一个不会策划的领班。预先未作出妥善安排，会事倍功半的。每天花几分钟计划，会省出很多的时间，不会为突然而来的事感到不安。

（18）不善沟通：沟通是成功地完成任务的第一步。试想，当领班没有把任务清楚地交给店员，店员会对所应完成的工作一无所知，工作能否顺利完成便可想而知。如果领班粗言秽语，店员都指出他们不会对一个谈吐粗俗的领班有好印象。这不单是道德问题，用这种语言不能协助解决问题的。

餐厅服务员必备的风度与气质

人的礼仪风度不单纯是穿着昂贵的衣服或只是外貌五官端正就可以做到的，礼仪是人际交往中文明礼貌的表现，也是社会文化和行为规范的一个重要方面。作为一名服务人员，讲求礼仪风度直接能够体现出一个餐厅的整体素质。

第一，重视仪表仪容美。

（1）应注意自己的仪表仪态。爱美之心，人皆有之，讲求仪表仪容的美，并不是“臭美”，而是一种文明礼仪。整洁、新颖、美丽、大方的形象既合乎人们的审美，又适应交际的需要，同时又体现了对他人和社会的尊重。那些西装乱穿，领带歪斜，随口吐痰，大呼小叫，指手画脚的丑态恶习，是缺乏文化教养的体现，也是不尊重自己和他人的表现。

（2）讲求仪表之美，学点穿着的美学也是个重点。人们在串亲戚、会朋友和欢度年节假日，总要穿戴打扮得新鲜漂亮。尽管这个道理显而易见，但仍有许多人没有自觉地把讲求服装的美作为一种交际的意识和礼仪。人的穿着打扮一定要兼顾具体的时间、场合和目的，其中也自然包含有交往的对象了，绝不可以一味地“跟着感觉走”，不讲章法。如：我们在服务过程中经常会看见外宾穿西服打领带到餐厅用餐，说明此次宴会非常正规，因此要求我们在服务时应按照正规宴会服务程序进行服务。我们平时在参加婚宴时也应尽量穿着鲜艳颜色的衣服，但不宜穿着大红色的衣服，否则会分不清楚谁是新娘子。如果穿一身黑色，也不符合中国的风俗。

第二，正确运用仪态语言。

（1）站立姿态，要求是“站如松”，即站得要像松树一样挺拔，还需注意站姿的优雅，要领是站正、挺胸、收腹。

（2）行走姿态，要求是“走如风”，即走起路来要像风一样轻盈，要领是上体正直，不低头，面带笑容，两臂自然摆动，肩部放松。

（3）适当的手势，它可以帮助感情的表达。

（4）丰富的表情，服务人员应沉着冷静，表情含蓄，得体大方，接待宾客时能热情适度，耐心周到，对宾客的态度反应较敏感，虚心听取宾客的意见，遇事能冷静分析，从容不迫，面带微笑，给宾客一种可亲可信之感。

第三，确保发部的整洁。

（1）自觉主动地对自己的头发进行清洗、修剪和梳理。

①清洗头发。

一般认为，店员每周至少应当对自己的头发清洗两三次。假若条件允许，则最好是每天都对其进行一次清洗。

②修剪头发。

与清洗头发一样，修剪头发同样需要定期进行。在正常情况之下，店员通常应当每半个月左右修剪一次自己的头发。

（2）慎选发型。

对一般的店员而言，在为自己选择发型时必须优先考虑的因素，首先要考虑自己的职业。换而言之，店员在选择本人的发型时，理应首先以自己的工作性质为重。这是服务礼仪对店员的基本要求之一。

需要强调的有两个方面的问题。

①长短适中。

店员在选择发型时，应当优先考虑其具体长度是否得体。具体而言，对于男性与女性，则分别又有着各自不同的要求。

第一，对于男性的店员来讲，按照常规，绝对不允许男性店员在工作之时长发披肩，或者梳起发辫。不仅如此，男性店员在修饰头发，考虑其具体长度的上限时，还须切记令其既文明而又美观。根据一般要求，男性店员在修饰头发时，必须做到：前发不覆额；侧发不掩耳；后发不触领。不允许其剃光自己的头发。

第二，对于女性店员来讲，在工作岗位头发的长度不宜长于肩部，不宜挡住眼睛，而且不允许随意将其披散开来。提出这一要求，并不是强迫长发过肩者全部将其剪短，而是希望其采取一定的措施，在上岗之前，将超长的头发盘起来、束起来、编起来，或是置于工作帽之内，不可以披头散发。至于她们下班以后是不是可以长发飘逸，则纯属个人自由，不加干涉。

不允许女性店员在工作岗位上长发过肩、自然披散开来，主要是因为那样，会使其性别特征得以强化，这与店员在工作岗位上不宜强化自己的性别特征的要求不相符。除此之外，工作于一些卫生要求较高的工作岗位上的女性店员不允许留过长的头发，通常还与其特定岗位的要求直接相关。

②风格庄重。

店员在选择发型时，还应当有意识地使之体现庄重而保守的整体风格。有意识地使之以简约、明快而见长。

（3）注意发部的美化。

一般情况而言，人们在进行美发时最为常见的方法有护发、染发、烫发、佩戴假发，以及佩戴帽子、发饰等。

店员为了维护自己的形象，通常是应当采用适当之法来替自己美发的。然而按照服务礼仪的具体要求，店员在采用不同的具体方法来为自己美发时，必须遵守下列一些具体的规定。

在护发方面，店员要给予高度的重视。只有注意护发，才会真正使自己的头发完美无缺。要正确地护发，一是要长期坚持，二是要选择好护发用品，三是要采用正确的护发方法。

在染发方面，店员重点要考虑的，首先是本人染发有无必要。

在烫发方面，店员可以采用此种方法，为自己做出一些端庄大方的发型。但是在选择烫发的具体造型时，店员自当切记，不要将头发烫得过于繁乱、华丽、美艳。在佩戴帽子方面，店员必须注意的问题是：在工作岗位上，只有佩戴工作帽，才是允许的。人所共知，在人际交往里，有“脱帽为礼”的讲究。

在佩戴发饰方面，店员在工作之中最好是不戴。即使允许戴发饰的话，也仅仅是为了女性用以“管束”自己的头发之用，而不是意在打扮。故此，女性店员在选择发饰时，只宜选择黑色、藏蓝色且无任何花色图案的发卡、发箍、发带。

服务员的着装要求

服装不能造出完人，但是第一印象的 80% 来自着装。俗话说“先看罗衣后看人”。推销专家称：“推销的成功源于推销自己。”可见，对于销售人员来说，要有效地推销自己，进而成功地销售产品，掌握一定的着装技巧是非常有必要的。规范的服饰，既有利于开展工作，又有利于服务人员以典雅、大方、得体的仪表仪容出现在客人面前。而餐厅店员的着装要求也要规范。

有些餐厅非常注意店员形象，专门请人设计服装，力求设计得美观、实用、标准。工作服装既不能像礼服那样正规、华贵，也不能像便装那样随意，它一般要求整洁、大方、雅致。工作服装的选择与穿着，从色彩到款式都不必过分引人注目，应庄重、清洁和整齐，以表明店员的责任感和可信度。

不同餐厅的店员有不同的制服，工作制服应有统一规范要求，不能随意修改。要注意领子和袖口洁净，注意保持制服整体的挺括。鞋也是服装的一部分，在工作岗位上穿皮鞋，每天应当把皮鞋擦得干净、光亮，不要穿破线袜或露出脚部有破洞的袜子。如果有些工种需要穿布鞋，同样也应保持洁净。男店员的袜子颜色应跟鞋子的颜色和谐搭配，通常以黑色最为普通；女店员应穿与肤色相近的丝袜。

一般情况下，店员不宜穿质地华贵、颜色鲜丽、款式复杂的大礼服，不宜穿牛仔裤、拖地裙、大摆裙、旧式旗袍和带水袖的戏装，也不能穿太露的衣服，不宜穿练功鞋、高跟鞋、拖鞋、长筒靴等，特殊情况除外；不宜戴礼帽、凉帽、花帽、风雪帽和有色眼镜；不宜围纱巾、披肩、长围巾等。

总之，穿着打扮应该与时间、场合、地点保持和谐。这样不仅能令自己感觉舒适、信心十足，也能给食客留下良好的第一印象，唤起食客对你的好感与共鸣，乐意与你交谈，在无形之中使双方的关系变得融洽、亲和，否则，就会显得和这个环境格格不入，甚至滑稽可笑。

第十二章 餐厅迎宾管理和服务规范

迎接顾客的工作要领

迎宾员是餐厅的门面，是餐厅形象的窗口。所以，迎宾员的仪容仪表、礼貌素质、服务水准将给顾客留下第一印象，对整个餐厅的形象服务产生极重要的影响。所以，迎宾员在迎接顾客的时候，要注意个人的形象表现。为了给顾客一个良好的印象，一定要突出礼貌和真诚的特点。

所谓礼貌，指两方面，一方面指迎宾员的外在形象要符合自身的职业特征，另一方面指迎宾员的言谈举止要具有礼貌。

迎宾员装扮得体，即要求迎宾员在工作当中，服饰穿着要整洁合体、美观大方，与工作环境、工作特点、个人体型等协调一致。一般，迎宾员有统一的工作服，应保持清洁卫生，服饰整洁。并且，迎宾员应避免佩戴首饰和手镯之类，亦不能佩戴有色眼镜，有些地区还要符合地区和民族风俗习惯，注意一些细节上的禁忌。

迎宾员要保持良好的身姿，站立时抬头挺胸、收腹、两手交叉至前。行走时，脚向前迈步，步伐均匀，速度要快，手臂自然摆动。

迎宾员在接待顾客的时候，要表现出大方、端庄、有礼、富有教养，显现出素质高、修养好的良好形象。招呼顾客，要心诚语悦，面带微笑，声音清晰；态度要诚恳，叙说得当，声音和缓。

所谓真诚，是指迎宾员的言谈应具有亲和力，要对人热情，富于同情心，待人真诚。尤其迎宾员应当微笑服务，用具有感染性的情感来打动顾客。要对顾客亲切友善，将每个顾客都视作特殊和重要的大人物，用眼神同顾客交流，以表达对顾客的关心。

为做到以上两点，迎宾员要进行规范的训练，力图达到外在形态优雅、情感流露自然的状态，而不能过于矫揉造作、生硬僵化，并注意以下会影响服务效果的几个禁忌。即，不主动跟顾客打招呼、对待顾客态度冷淡、对顾客显露出不耐烦或责怪的表情以及对顾客以貌取人，等等。这些都是缺乏职业素养的表现，是迎宾员必须要避免的。要想做一名称职的迎宾员，就绝不能犯以上这些错误。

总之，顾客对迎宾员的第一印象非常重要，所以，迎宾员必须表现谦恭有礼且热情的态度，在顾客踏入店门的同时，要对顾客适时地打招呼，说声“您好！”、“早上好！”、“中午好！”、“晚上好！”，等等，这样就能给对方留下良好的印象。

另外，为了使顾客满意，迎宾员引位时也要注意以下事项：

1. 引位姿势要正确

迎宾员在引导过程中，女性的标准礼仪是手臂内收，右手向应平行进的方向，手尖倾斜上推并说“请往里面走”，姿态要优美、端庄；男性迎宾员要体现出绅士风度，手势要夸张一点，手向外推。同时，站姿要标准，身体不能倾斜。

如果要引导顾客上楼，手势和眼神就要有所注意。即手要向上比，眼神也要看到手指向的方向，并和顾客说明要去的位置和方向。引导的礼仪动作要配套、完整，仪态优美，声音悦耳，使人感受到服务人员内在的精神和热忱。这样会令顾客感觉良好。

引导顾客的过程中，可采用两种引导方式，即交流式和引领式。前者指站在顾客左前方约 30 厘米 ~50 厘米，并不时回转身体与顾客交流引领顾客。后者指站在顾客左前方约 1.5 米 ~2 米的位置，保持距离。通常餐厅使用后者，因为一般距离顾客太近，会让顾客产生紧张感，反倒会有所排斥。

2. 引位的程序要合理

迎宾员首先要询问顾客是否有预定餐位。如果有预订，应查阅预订单或预订记录，将顾客引到其所订的餐桌。如果没有，则应根据顾客人数的多少、顾客喜好、年龄及身份等选择桌位。所以，迎宾员应当清楚餐厅及包厢的空位情况，以方便确认顾客人数并能及时带到指定位置。

在为顾客引位的时候，可以主动同顾客沟通，多掌握信息，以便更好地为其安排座位。在引领顾客行走的时候，速度要合适，并注意回头观察顾客是否跟上。尽量避免走弯路或者人多的地方，如果遇到转弯或上楼梯时，应主动提醒顾客并打手势说“这边请”或“楼上请”如果地面有水渍、玻璃碎片时，应提醒顾客注意，转弯应走大弯，并打手势示意。

3. 到达餐桌时，要征询顾客意见

迎宾员将顾客引导至特定餐桌后，要询问顾客是否满意。如果满意，服务人员可以帮顾客落座；若不满意，应尽量根据其要求予以更换，如果顾客要求的餐桌已有预订，应作出解释和建议。

总之，迎宾员要争取为顾客安排令其感到合适的座位，尤其是在餐厅内人不多的时候，应尽量让顾客自己选择座位，以达到保证顾客愉快进餐、喜欢在该餐厅就餐的目的。

迎宾员迎宾送客的礼仪

为了给顾客留下一个美好的印象，以便再次光顾，作为餐厅的服务人员，下面基本的礼貌常识你不可不知。

（1）迎接顾客到餐厅的时候，一般宾客初来，对餐厅环境不熟悉，迎宾员或领位员应礼貌地走在顾客前面，为顾客引路和引座。在这个过程中，要在宾客左前方 1 米左右的距离行走，不时回头示意宾客，并招呼说“请跟我来”，同时伴以手势，指向要引导的位置。做手势时，要五指并拢，微微上抬，切忌用一个手指指指点点。

（2）当遇到拐弯或者楼梯台阶的时候，要适时停下等待顾客跟上。不能只顾自己一味地向前走，给顾客以迫不及待想完成引位的错觉。

（3）遇到性情急躁的顾客，不愿等待迎宾员引路，则可指清路线，避让顾客，不同顾客抢道。让顾客走在前面，迎宾员紧随其后，以能随时为顾客提供服务。

（4）为顾客引位的时候，尽量不要选过于拥挤的通道，也尽量不要将顾客安排在餐厅距门口较远的深处。如果餐厅没有其他空位，应先征求顾客的意见再引位。当然，顾客自行要求的除外。

（5）在为顾客安排好座位后，迎宾员应该询问顾客是否有其他要求。如果没有，迎宾员应礼貌地祝顾客用餐愉快和道别。“先生 / 小姐，早餐 / 午餐 / 晚餐愉快！”然后，后退两步后，转身离去，不要在顾客身边直接转身离去。

（6）顾客用餐完毕，示意要结账时，迎宾员要留意为顾客提供及时的服务。对于即将离开的顾客，迎宾员要提醒顾客带好自己的物品，如有重物，迎宾员应当帮助顾客拿取。

（7）主动送顾客离开是迎宾员的职责。迎宾员要跟在顾客身后约 1 米处，一直送到餐厅门口。再由迎宾员为顾客开门，目送离开。现实中，迎宾员要随时注意迎宾口的情况，做好迎送宾客的准备。不要等到顾客走到了门前才匆忙把门打开，将会让人感到非常失礼。

同时，迎宾员在目送顾客的时候，要保持微笑，做15° 鞠躬，并充满感激地向顾客道别“先生 / 小姐，您慢走，欢迎下次再来”、“谢谢您的光临”，等等。

迎宾员所做的迎宾工作，处在餐饮服务的最初和最终阶段，对餐厅的整体服务质量有着较大的影响。所以，一定要格外注意。迎宾员需要在这些基础的礼仪上给予重视。要记住，迎接和送别顾客的目的都是要给顾客留下美好的印象，吸引顾客下次光临。迎宾员的言行表情应当传递给顾客这样的信息：我们期待您的下次光临，并愿意为您提供更好的服务。

迎宾员的工作流程

迎宾员的基本工作流程主要有：

1. 做好准备工作

在开店前的半个小时中，迎宾员需要做准备工作。通常，餐厅会有班前会议。在会议上，由餐厅老板或者领班等来进行当日工作情况的简单介绍。尤其是有预定和团体用餐的情况下，会提醒迎宾员进行注意。迎宾员应熟悉预定材料，掌握个人预定、团队、包席等具体情况。然后，迎宾员应进行仪容自检，保证在上岗之前，衣着整洁，仪容端庄，以做好迎接宾客的准备。

2. 开门迎宾

在店门打开后，迎宾员应按规定着装，面带微笑，站立于门口。保证站姿优雅，不得依靠门或其他物体。迎宾员要保持精神饱满，举止自然大方，精力集中，做好随时迎接顾客光临的准备。尤其是要保持工作中的热情主动态度，以给顾客好印象，并感染其用餐心情。

3. 迎接顾客，并轻声询问

当顾客踏进餐厅的那一刻开始，迎宾员要有这样一种意识：主动迎接顾客。一般情况下，迎宾员在餐厅门口处（距离门口 1 米左右），当顾客进入餐厅时，应上前一步要迅速把门完全拉开，站好面对顾客鞠躬，目光注视顾客的眼鼻三角区，并礼貌地向顾客打招呼。

对于已经进入餐厅内的顾客，可以轻声询问，“请问您有预订吗？”如果没有预定，就可以向顾客作出指引的手势，并说：“先生 / 小姐，这边请。”然后，迎宾员可以走在宾客的右前方与宾客保持前后 1.5 米的距离，将顾客引向餐位。

4. 对离店的顾客致谢

当顾客要离开的时候，迎宾员应及时拉开门，同时向顾客鞠躬，礼貌称呼“请慢走，欢迎下次光临！”若在门口同时站有两位迎宾员，应由两人同时发出统一的送客声。

5. 保持门口区域卫生

迎宾员要随时注意大门的卫生，保持门面的干净。主动拾遗地面的纸屑烟蒂等，维护好设施设备。如果地面潮湿，应当摆放好“小心地滑”等提示牌提醒宾客小心。对于门口的照明设备，要时常检查是否正常运行。

6. 下班前的整理工作

迎宾员在下班前，要做好交接工作，或者在闭店前做好整理工作。既要保证所站立区域的清洁、干净，又要保证区域内的相关照明设备等处于正常状态。

服务员导餐服务的要点

顾客落座后，需要服务员进行下一项任务，即导餐。即由服务人员向顾客介绍餐厅的主要经营菜肴、特色菜品、优惠促销菜品等引导顾客进行餐饮消费的服务。导餐的时候，要关注几个服务要点：

1. 导餐前的准备

服务员在导餐前，可以通过观察或者言谈，了解顾客的数量、身份、国籍、民族及宗教信仰。弄清楚顾客的饮食禁忌与特殊要求。并根据自身餐厅的环境、特色与厨师的技艺，思考如何向顾客导餐。如果是举行小型宴会，则要探听清楚顾客的要求、标准、菜肴特色、菜点内容、开餐时间，等等。

另外，导餐前，应当将菜单呈递给顾客。让顾客自己先了解一下餐厅的菜色。传递菜单的具体方式是，菜单从顾客的左边递给顾客。对于夫妇，应先递给女士。如果是团体，应递给主人右手的第一位顾客，然后沿着餐桌逆时针方向依次递给顾客。在顾客未要求导餐的时候，服务员不应自作主张，强行为顾客推荐。

2. 提供导餐服务

导餐服务主要是介绍餐厅的菜单、风味特色菜点以及服务项目，对具有特色的风味食物或者菜肴，要进行重点的推荐和介绍。并可根据需要，示范具体的食用方法。

对于介绍的菜色和菜单上的菜品，服务员要给予准确的描述和回答。例如，哪些菜是季节性的，哪些菜是特制的，每道菜的特点和销售情况，等等。在顾客选择好菜品后，还应对顾客推荐饮品，服务员应有礼貌地问顾客："诸位喝什么茶水（饮料）？"对外宾可以说："我可以给您上杯鸡尾酒吗？"征得顾客同意后，给顾客端来所点饮品。

3. 导餐服务的技巧

提供导餐服务的时候，服务员应站在顾客的左侧，进行礼貌的表述。介绍菜品的时候，可以结合当地或者餐厅的餐饮特色来引发顾客的就餐兴趣。例如，以菜肴典故为题、以历史文化为背景等，向顾客介绍饮食项目，以让顾客对菜肴产生浓厚的兴趣。

服务员应在平时就关注菜点的搭配与设计，这样，在为顾客介绍时，就更能灵活发挥，让顾客有更多的选择余地和饮食的欲望，并能体会到服务员热情周到的服务。同样，服务员在导餐的时候，也要注意语言艺术，不能太过唐突或者气势逼人，否则会让顾客感到不舒服甚至产生厌恶进餐的情绪。

安排顾客的一般规律

服务员在安排顾客入座位的时候，应根据不同顾客的就餐需求进行安排，以保证顾客用餐愉快。因此，引领入座应一步到位。

在安排顾客时，在总体上的原则是，应考虑就餐人数及顾客到来的先后次序，按顺序招待顾客入座，并且要尊重顾客的意愿和风俗习惯，以及注意餐厅各区域的忙闲程度，合理调配顾客。

安排顾客的一般规律是，在熟练掌握宾客座位情况和餐饮规格的基础上，为顾客安排一个满意的位置。具体来说，首先，服务员要确定顾客是否有预定，了解相关要求，然后决定方向，引导顾客入座。若有预定，则直接引导顾客到预定餐桌，介绍负责该区域服务的领班或者服务员给顾客即可。若没有预定，就按照下列规律来进行安排：

（1）根据顾客的人数和到达的先后次序，凭借经验，合理分配座位。这就要求服务员了解餐厅内客情，以便随机应变地安排顾客。服务员不要把所有顾客都集中安排在同服务区域，以免工作量分布不均，也不能为顾客提供及时的服务。

（2）引位要尽量考虑顾客意愿，如果当时店内人不多，可以让顾客自己选择座位。安排座位时，以不拼桌为原则，对于常客，可以安排其常坐的位置，以满足感情上的偏好。

（3）引领顾客到相应位置的时候，除非顾客另有选择，否则一般不可以随便调换，更不能犹豫不决，在餐厅中往返寻找位置，让顾客无所适从。

（4）对老人、女士、儿童或者其他特殊顾客应当优先安排。

（5）安排老人和有残疾的顾客时，应让其坐在离门口近一点的地方，可安排在餐厅出入口的隐蔽处。

（6）单独来往的顾客，最好不要过多询问，将其安排在寂静不显眼的地方，让其不受喧闹干扰，更加凸显其孤独。

（7）群体性的顾客，如聚会等，要尽量安排在包间里，以免影响他人。

（8）如果有利用用餐时间商谈的顾客，安排他们到最安静的角落，以方便他们交谈。

（9）如果顾客对于安排的座位不满意，要求调换的，应当尊重顾客的意愿，再次咨询顾客的要求，为其寻找座位。

总之，要为顾客寻找到喜欢的位置，一方面要根据餐厅内的营业情况，另一方面要注意观察顾客的外在表现。经验丰富的服务员，可以通过顾客的视线、关注的区域、面部表情、言谈、举止上判断出顾客喜欢的位置。但无论怎样，服务员在为顾客安排座位时，一定要遵循尊重顾客意见、灵活处理的原则。

接待不同类型顾客的技巧

进入餐厅吃饭的顾客形形色色，那么如何能成功地接待好各种不同类型顾客呢？这是让很多服务员头疼的问题，以下几个技巧可以供你参考：

1. 初次光临的顾客

对待第一次来到餐厅的顾客，服务员应以真诚的态度、礼貌的语言去迎接，使他们感觉到真正受到尊重和欢迎，从而对餐厅留下美好的印象，力争让其成为餐厅的常客。

2. 青年顾客

青年顾客具有求新、求奇、求美的心理特点，对生活也有强烈的享受观念。在接待这类顾客的时候，可以为他们多介绍新的菜品或者较有特色的菜品，他们会很乐意接受的。

3. 中年顾客

中年顾客一般消费较为理性，对菜品和菜的质量要求也较理性，多要求“物有所值”。他们通常会点较高品质的菜品，不喜欢服务员过分热情和喋喋不休的介绍。服务员在接待时，应当多征求意见，少发言。但是也不要一直沉默不语，在为他们推荐菜品时，要本着菜美价合适的原则。

4. 老年顾客

老年顾客一般对于菜品的消费具有习惯性，他们喜欢自己经常吃的菜品，一般很少会改变。所以，在为他们推荐菜品时，一定要先征求他们的意见。另外，老年人在用餐时，对服务员的态度反映都较为敏感，所以，在与他们沟通的时候，要态度温和、语气尊敬、表现谦虚。

5. 男性顾客

除了年龄上会带来的消费差异外，性别也会对用餐者的消费情况有所影响。男性和女性由于在生理、心理方面的差异，以及在家庭中所承担的责任和义务不同，在购买和消费心理方面有很大的差别。

一般情况下，男性顾客在点餐的时候，往往有较为明确的目标，在做出决定的时候，比较自信，通常不需要服务员加以指点就能迅速做出决定。而且，男性顾客一般也不喜欢花很多时间去选择、比较，只要菜品符合自己的要求，通常很少提出其他条件。针对男性顾客的这些特点，服务员应当言语简洁，主动热情地为他们提供服务，以促使交易迅速完成，满足男性消费者求快的心理要求。

6. 女性顾客

女性顾客属于易冲动消费的群体。她们比较容易听从他人的劝导。并且，女性顾客还在菜品的外形和美感上会有要求，她们往往会喜欢精美的菜品，这是服务员在为她们推荐菜品时不可忽视的一个问题。另外，女性顾客在点餐时，最大的缺点就是犹豫不决，迟迟不能做出决定。这就要求服务员要更加耐心地为其进行讲解，为其提供更周到的服务，而不要急于让她们快速点餐。

接待特殊顾客的技巧

有一天，餐厅来了一位特殊的男士，只见这位男士走进餐厅后找了个靠墙的坐位坐下，服务员小张赶紧给顾客倒上茶水，然后热情地为顾客介绍本餐厅的招牌菜来，没想到顾客只是低头喝水，丝毫不理会小张。半小时过去，小张才发现面前的这位顾客是位聋哑人，小张立刻慌了手脚，平常餐厅的培训此刻一点儿也用不上了，这该如何是好呢？

经营餐厅的过程中，会遇到各种特殊顾客，那么如何接待这些特殊的顾客呢？以下几个技巧值得服务员耐心学习：

1. 身体上有伤残的顾客

对于伤残顾客，服务人员应理解其内心想法和不便之处，并根据残疾人的不同情况，细心观察，提供有针对性的及时服务。切忌不能用怪异或者同情的眼光看待他们。以免让他们感到不适。

对于上述例子中的聋哑顾客，服务员小张可以与其沟通，用手势或者书写文字的方式来了解顾客的饮食需求，并尽量及时给予满足。而对于双目失明的顾客，服务员应尽量在其旁边提供帮助，如为顾客指示方向，拉椅让座，并为顾客读菜单，等等。

2. 衣衫不整的顾客

当衣冠不整欠缺礼貌的顾客来到餐厅就餐时，服务员一定要表现出友好的态度，热情、礼貌地问候顾客。不能“以貌取人”，对顾客不理不睬，甚至推搡出门。另外，服务员也可以用委婉的语言和行为提醒顾客。如果顾客意识到自己的失礼，那么服务员可以将顾客引到洗手间，让顾客整理自己的衣冠。最后，服务员还要对顾客的合作表示谢意，并将顾客送至其选择的座位上。

3. 独行的顾客或心情不好的顾客

对于这类顾客，服务员应谨慎言谈。尤其是对于独行而面部表情不佳的顾客，切忌不要询问顾客的用餐人数，而是直接询问顾客想要挑选什么样的座位环境。通常，这类人应当安排在较为安静的角落中，以让他们调整心情。

此外，服务员必须做到细心观察和掌握顾客的心理动态，态度也要更加温柔和蔼，并且耐心周到。对于这类顾客的要求，服务员要尽量满足，并尽快完成。不论顾客是否愿意吐露心情不佳的原因，服务员都不应对此过多关注，更不适合评论。而是要用敬语安慰顾客，为他们提供更优质的用餐建议和服务。

通常情况下，要把他们的座位安排在远离人群、远离进出频繁的通道的地方。在提供用餐服务的过程中，要注意避免提到有关顾客心情之类的话题。还要主动为顾客续斟酒水，适时移动餐盘、菜盘等，并协助顾客移动桌椅或者撤换餐具等。要注意，服务员在提供这些帮助时，尽量要做到小心、谨慎，不要影响到顾客饮食，最好能做到“隐形”的效果。

满席的接待方法

恰逢元旦，杨小姐和一帮姐妹淘逛了一上午街，虽然收获不小但又累又饿，于是她们来到经常就餐的餐厅准备吃饭。没想到正逢中午吃饭高峰期，餐厅里早就没有了坐位。于是杨小姐叫来服务员了解情况："你们这还有其他位子吗？"

也许是因为忙碌，服务员面无表情，显得很没有耐心："没了。"

"那还要等多久？"杨小姐强抑住心中的不快问道。

"不知道，你要吃饭的话在外面等着吧。"

看服务员这个态度，杨小姐转身就带着一帮姐妹走了，从此再也没有去过这家餐厅。

餐厅在营业的过程中，通常会遇到满席的情况。此时，服务员该如何应对？

顾客来到店里，店面已经满员。服务员一定要体谅顾客的心理，切忌因为很忙而怠慢了顾客，注意这时的姿态应真诚、语言应得体，招呼顾客："抱歉，现在已经满座了，请稍等一下"，即在餐厅满座时，要向顾客说明情况和提出建议。让顾客感到自己受到了重视，或许愿意耐心等待一会儿，否则若顾客认为被冷落，则会毅然离去。

然后，服务员要对餐厅进行观察，确定餐厅是否真的已经没有空位。对于有预定的而迟迟未到的宾客，要及时与宾客联系，看其是否还来就餐。同时，随时关注店里的宾客上座情况，确保准确迅速地安排。如果需要，可以按照先后顺序安排好顾客；并按次序发号，让顾客了解等待的情况。

另外，顾客等待的时候，应询问顾客的姓名和人数，预先告诉顾客要等多长时间。可事先做一张"顾客一览表"，避免弄错。为消除顾客焦急心情，可在征得顾客同意的情况下，先让顾客点好菜。接着，服务员使用敬语对顾客提出建议，如暂时安排到餐厅其他安静、悠闲的位置等候，并送上茶水、水果等。具体可以这样表述，"先生/小姐，非常抱歉餐厅现在客满，您是否愿意先用一点零食或饮料？餐桌准备完毕，我将即刻通知您。"

一旦餐厅内有了空位，就尽快将顾客引到座位上就座，并向顾客表示歉意："让您久等了！"或者说几句感谢顾客的话。如果店内有多余的桌子可以拼台，在获得顾客同意后，可由服务员拼合成新的座位，让顾客使用。但有时，餐厅内会有零散的座位出现，若顾客为多人，不介意分开坐，也可以将顾客分别安排。若顾客拒绝，则应礼貌地对待。

切记，服务员对待顾客要热情、耐心。绝不能说出这样的话，如"餐厅确实没有地方了，如果坚持要走也没有办法"，或者"现在没有空位，还提出这种那种要求，没法满足，想走想留，自己决定吧"。这些都是不理性的处理方式，现在餐厅的竞争大，能出现等位说明餐厅很受欢迎，这时更应该显示出自己的耐心和周到。

所以，在用餐高峰，服务员不仅要准确领位，让顾客坐在自己满意的餐位，而且还要善于疏导宾客，使整个餐厅接待布局更合理。这就需要服务员能反应灵敏，同时也要有较强的应变能力与协调能力，千万不要让顾客产生着急、失望甚至愤怒的情绪。只要顾客走进餐厅，就应尽最大努力让顾客满意，要对每位顾客付出真心的热情。

同席时的注意点

同席指的就是在餐厅用餐高峰，餐厅内部有零散空位的时候，将顾客分别安排与他人同席的方法。

如果出现这种情况，服务员一定要事先征得顾客的意见，若双方都同意，才能安排他们坐在一起。在征求顾客意见时，说话要有礼貌，如"打扰您了"，对后来的顾客说"实在抱歉”，让后来的顾客坐下。在再次向双方致谢后，服务员才能离开。如果顾客的确不愿意，也不要勉强顾客。

在安排顾客同席时也有一定的技巧。例如，可让同一性别的人同席。即男士和男士，女士和女士。因为根据心理学的知识，大多数人在面对陌生异性的时候，会因对方给自己的感觉而产生激动、紧张、反感等心理想法。尤其是女士，对于陌生异性更是容易排斥。在用餐时，若对面坐着陌生的异性，男士和女士都会感到坐立不安。但如果是同性，大家就不会过度介意。

另外，还要注意的是，即使安排顾客同席，也要注意，座位之间和桌子之间不要太过拥挤，将室内安排得太满，会影响顾客用餐的心情。所以，顾客就餐的餐桌和座位的摆放是一个不可忽视的细节，既然顾客是慕名而来，就应当能让他们满意而归。为顾客提供良好的就餐环境，是餐厅服务员的职责所在，这样做也是为让餐厅抓住更多的商机，获得更多的赢利。

顾客就餐完毕，服务员要把顾客各自的账单要分清楚，不能弄错了同席的顾客账单，造成不必要的麻烦。因此，服务员在安排顾客同席的时候，最好能做个标记或者记录，以便于结账的时候，进行分辨。

座位安排是服务员的重要职责，尽管同席可以让顾客避免等待，提高餐厅座位利用率，但是，如果安排不当，不仅顾客本身会感到反感，餐厅和其他顾客也会受到牵连。所以，服务员在安排顾客同席时一定要考虑周全，谨慎安排。

在大多数情况下，顾客多为两三个人相约而来，希望彼此能够在一起。但目前餐厅的桌椅摆放多是以四个人为基础，常常需要将顾客拆散。为避免增加同席给顾客带来的不便，餐厅可以在平时多准备些两个人座位为基础，可以拼在一起的餐桌，既方便整理又利于解决顾客的座位问题。还能提高满座率，确保营业额和经济效益。

营业忙碌时接待多批顾客

餐厅在营业的高峰期，如婚嫁高峰期、旅游高峰期等，会十分忙碌。此时，一天要接待多批顾客。宾客满席，相信应当是每个餐厅老板所期盼的，但是，如何在繁忙的情况下，保持餐厅内融洽的气氛和良好的服务。这需要服务员注意以下几点：

第一，如果有数批宾客同时到达，要逐一带位，在带位的过程中不能慌张出错。安排好座位后，服务员也不能因为顾客多而冷落了他们，要及时给他们倒茶倒水。

第二，除了要安排有序外，服务员还要保持良好的精神状态。多批顾客的到来，会让服务员感觉非常疲惫。但服务员仍要尽量调整身体和精神的状态，不要将不满或者疲倦的状态带到工作当中，争取为顾客提供充满活力的服务。否则，就极容易得罪顾客，结果会损失大批量的顾客流。

第三，如果有数批顾客依次到达。服务人员要及时掌握这些顾客到来的时间和具体情况，并清楚各项需要注意的事项。在合理安排时间的基础上，将多批顾客的时间错开，以留下充足的时间供餐厅整理和重新准备食材。

第四，如果在接待多批顾客的时候，这时餐厅内也会有零散的顾客光顾。在这种情况下，服务员不能因为忙着照顾多批的顾客而冷落了这些顾客。应当作出具体的分工，让这些零散的顾客也能得到及时、周到的服务。若餐厅的确人员紧缺，无法为散客提供服务，也要对顾客进行诚恳的说明，并适当进行一定的补偿和协调。

另外，从餐厅整体的安排上，也应在就餐的高峰时期作出合理的员工分配。例如，在平时进行两班制。在营业高峰的时候，进行插班制。两班制指在平时，餐厅的服务员按照早晚的顺序进行分配，一部分为早班，服务早餐和午餐，另一部分为晚班，服务晚餐和消夜。这样可以让人手更充分的利用，且不容易让服务员过度劳累。插班制指在营业高峰的时候，将服务员分为几个小组，其中绝大部分集中安排在一天中营业任务最多的时间，而在其他时间安排少量人员，并可以随时抽调闲余的小组的人员进行替换或者帮忙。这样就能保证餐厅营业在高峰时期的顺利进行。

迎接年轻情侣就餐的技巧

爱情总是美好的，灯光辉映之下，一对年轻的情侣顾客光临餐厅，此时服务员应当注意些什么呢?

第一，服务员要将他们引位到环境优雅、安静的双人座或者包间中。正常情况下，除非顾客本身要求，不能将他们安排在门口的位置。情侣约会多是希望有更多的隐私空间，而门口的位置会让他们感到不舒服和不自在。

第二，为情侣引位时，也可视情况为他们安排面对面的位置。以方便为他们制造气氛，让彼此正视，感觉是对方的唯一。而尽量避免同行的座位。

第三，在让情侣点餐的时候，一定不要忽视女顾客。因为一般情况下，虽然最后的决定通常掌握在男顾客手中，但是女性顾客会有较大的发言权，并且容易接受影响。服务员可以拿着菜单供女顾客选择或更详细地为女顾客进行解释，在适当的时候，对其进行推荐。等到需要做决定的时候，再郑重地询问一遍男顾客的意见，给予其足够的尊重，使用其决定权。

整个过程，服务员都要显示出温和的态度，不要过于急躁，并可适当称赞女顾客的外貌、衣着等，营造和谐的饮食气氛。

第四，按照一般规律，服务员至少应尽量与同性顾客进行更多的眼神交流。因为情侣之间有相互的归属感和占有欲，如果服务员过度与其中的异性进行目光接触，势必会引起另一方的反感。

第五，服务员在对他们说话之前，要注意观察他们的互动和神态。弄清楚哪一方是较为有决定权的一方。一般来说，女性顾客的发言权较多，但最终做决定的多为男性顾客。

第六，为情侣服务时，如果餐厅恰逢有情侣套餐，可以隆重推出。女性顾客喜欢浪漫的氛围。温暖美妙的烛光晚餐、丰盛有情趣的情侣套餐，都是女性顾客所追求的目标。通常男性顾客也会尊重女性的意见，选择情侣套餐服务。

不过，服务员要注意，不能强制情侣进行消费。不能将某些餐品或者套餐硬性地推销给情侣，或者一次次地询问情侣还需要什么。尽管男性一般碍于面子，会主动为女性多点餐，但在没有需求时，服务员的频繁询问，会打断情侣间的交流与沟通，也会给他们留下极为糟糕的印象。

第七，在情侣即将离开的时候，为吸引情侣日后的光临，还可以为情侣们送上一份小礼物或者小卡片之类。这些看似简单的小礼物，却能让年轻情侣感到浪漫和感动。餐厅也就容易受到情侣的追捧。尤其是在情人节期间，这种方法屡试不爽。餐厅在为情侣制造浪漫的同时，也为自己创造了财富。

第十三章
餐厅值台管理和服务技巧

值台的工作内容

值台服务人员，就是俗称的点菜员。他们的工作包括餐前、餐中、餐后三部分。具体工作内容如下：

餐前工作为准备工作，又分日常准备工作和当天准备工作。日常准备工作是指值台人员在平时要做到：熟悉餐厅各种菜品的搭配和推销技巧、熟练掌握服务操作程序、熟练使用礼貌用语、熟悉处理突发事件和顾客投诉等服务程序并注重自身外在形象的修饰和维护。

当天的准备工作是指值台人员按规定着装，提前到岗，做好所负责区域的卫生工作及桌椅摆放，保证提供优雅干净的环境。此外，值台人员还要服从领班安排，掌握当餐菜肴、酒水及顾客情况。

餐中服务主要指用餐时的服务。顾客进入餐厅后，值台人员要面带微笑地站在规定位置上迎候顾客，并主动用礼貌用语同顾客打招呼，替顾客存放衣物，拉椅让座。接下来，就是按照服务程序及标准为顾客提供就餐服务。

1. 开餐前，一般要先为顾客提供茶水

由值台人员站在顾客的右面斟倒第一杯礼貌茶，用语“请用茶”，注意斟茶水时不宜太满。然后为顾客放好餐具。同时自我介绍“先生 / 女士，您好，我是今天的值台人员，很高兴为您服务，愿您用餐愉快！”

2. 服务顾客点餐

顾客落座并查看菜单的时候，值台人员要征询顾客是否可以点菜，并应积极地推荐餐厅的特色菜和当天供应的新菜品，用敬语说：“本店的特色菜是……推荐您品尝。”“今天刚推出 ×× 菜，您是否品尝一下？”顾客在点菜的时候，值台人员要保持站立姿势，认真记录菜单。如顾客请值台员代为点菜，值台人员要先详细询问顾客的饮食习惯、口味、禁忌等，灵活安排。点餐完毕后，值台人员向顾客重复一下所点的菜品，让宾客确认，确认后，再下菜单。

通常，吃饭的过程中，顾客也会点饮料或酒水。值台人员在提供这些饮品的时候，要事先征询顾客意见，是否有什么特殊要求。饮品上桌后，要询问顾客是否要打开。如果顾客没有点任何饮品，也应为顾客上一壶茶水，以免顾客在餐中感到口渴。

3. 为顾客上菜，服务顾客就餐

在上菜时，值台人员要注意菜品的核对，以免上错菜或者上了不合顾客口味的菜。每上一道菜，都要报菜名，让顾客清楚上菜的情况。在顾客用餐期间，值台人员要时刻注意顾客就餐状态，随时随地为顾客提供服务：及时为顾客斟添酒水、更换餐碟、撤下餐桌上的空酒瓶和菜盘，等等。

4. 餐后服务

顾客用餐完毕，值台人员应耐心等待顾客的离去，然后再清理餐台上的餐具。当顾客要离座结账时，应拉椅送客、道谢，并向顾客道："欢迎下次光临"，或者真诚地征询顾客对餐厅服务的意见"各位还满意吗？如果有什么建议的话，敬请提出，我们将会虚心接纳，不断改进服务。"

值台常用的服务敬语

为顾客服务时，值台人员的语言使用需要遵守一定的要求。即尽量使用服务敬语。具体来说，服务敬语的种类有如下：

1. 称呼语

对顾客的称呼，基本的分类是男性统称为先生，女性统称为女士。再细分为，男性可称呼为男士、同志、先生，女性可称呼为小姐、夫人、太太、女士。如果知道顾客的职位，也可按照情况来称呼。使用这类语言，要体现清楚、亲切和灵活变通的原则。在无法准确对顾客进行定位时，用统称先生、女士即可。

2. 指示语

指示语包括：请您稍坐一会，马上就给您上菜。您有什么事让我来帮您，您在座位上稍坐，我马上就来好吗？请避让一下，我来为您上菜。

使用这类语言，要注意说话的语气，不仅要注意说法，还要注意语气要软，眼光要柔和，面部表情要温和。避免用命令式的语言和顾客沟通。同时，要辅以远端手势、近端手势或者下端手势，以示正式。

3. 拒绝语

拒绝语包括：谢谢您的好意，不过……承蒙您的好意，但恐怕这样会违反酒楼的规定，希望您理解。非常感激您的好意，可惜……

使用这类语言的时候，遵循的一般规律是先肯定，后否定。客气要委婉，不能直白地拒绝，否则会让顾客感到情感和心理上的不适。

4. 道歉语

道歉语包括：对不起。请原谅。打扰了。失礼了。这是我的过错。是我说话不当，使得您不愉快，请谅解。是我搞错了，向您道歉。

使用这类语言的时候，态度要诚恳，面部表情要温顺，表现出虚心倾听，谋求谅解的样子。如此，才能换取顾客的理解，也表达了对其的尊重。

5. 道谢语

道谢语包括：谢谢您的好意！谢谢您的合作！谢谢您的夸奖！谢谢您的帮助！谢谢、非常感谢！

使用这类语言的时候，要表达清楚、明朗。尤其是当顾客提出一些菜品和服务方面的意见时，无论对错，都应先使用答谢语，以表示对顾客的尊重。

6. 征询语

征询语包括：我能为您做什么吗？请您……好吗？您有什么事情？我能为您做点什么？

使用这类语言，要言辞恳切，用协商的口吻表示谦恭。并应当将征询语视作服务的一个重要的程序，每项服务都应当先征询意见，得到顾客同意后再行动，不要自作主张。这样才能获得顾客的协作和支持。

7. 推销语

推销语包括：我们的特色菜是……我们的新款菜是…… 您好，我为您推荐这款菜……

使用这类语言的时候，要多用选择疑问句，为顾客提供多项选择的机会。一方面顾客会觉得餐厅菜品齐全，另一方面也会觉得自己有决定权，受到应有的优待。另外，还可以针对不同性别、年龄、职业等为顾客推销菜品。例如，为女士推荐具有美容保健作用的菜品。

值台服务人员与顾客交谈应注意的礼节

通常值台服务人员在与顾客交谈中需要注意的礼节有：

（1）注意基本仪表礼节。使用常用的礼貌用语，如请、您、谢谢、对不起、请原谅、没关系、不要紧、别客气等。注意在接待顾客的时候，要保持笑容，不时地点头示意，并且为顾客服务的过程中表现积极主动，而不能让顾客催促。

（2）与顾客交谈要注意态度、距离和神态。与顾客对话时，态度要温和、语言要亲切，从言语中要体现出乐意为顾客服务的情绪。一般与顾客保持1米左右的距离，不宜太近或太远。当顾客提出问题的时候，应圆满回答，若遇自己不清楚或不知道的事，应查找有关资料或请示上级，尽量答复顾客，绝不能以“不知道”、“不清楚”作答。回答问题要负责任，不能不懂装懂，模棱两可，胡乱作答。

当顾客陈述某些情况时，要目光注视着顾客，全神贯注用心倾听，不要随意打断顾客的谈话。更不要有不耐烦的举动。对于顾客合理的建议，还应记录下来，为日后改善服务提供参考。

（3）若遇到顾客提出的要求无法满足，应注意回应时的技巧。例如，顾客提出要吃某款菜品，餐厅因特殊情况，无法满足。则应主动向顾客讲清原因，并委婉表达歉意，或者为顾客提供一个其他的解决方法，灵活处理。而不能表现出厌烦、冷漠的神态。

在一些原则性、较敏感的问题上，值台人员的态度要明确，但说话方式要婉转灵活，既不能违反公司规定，也要维护顾客的自尊心。切忌引起和顾客的正面冲突，而要用询问、请求、商量、解释的说话方式。

（4）在顾客较多，同时服务多名顾客的情况下，值台人员若有打扰顾客或需要顾客协助的地方，首先要表示歉意，说：“对不起，打扰您了！”在取得顾客的理解和帮助后，再向顾客致谢。如果在与顾客对话的过程中，遇到其他顾客需要服务，应先点头示意或让后者稍候，在安排好当前的顾客时，再立刻招呼。而不能冷落眼前的顾客。值台人员要注意，无论是何原因，让顾客等待时，必须要表现出诚恳的歉意，应说：“对不起，让您久等了！”而不能一声不响就开始工作。

（5）为顾客服务，声音要清晰、轻柔。服务顾客用餐时，不应干扰其正常用餐，每次上菜前，都需轻声提醒。若顾客买单，则可由值台服务人员将账单送到顾客面前，并且应站到负责买单顾客的右后侧，轻声告之，然后将钱送至前台，最后将余款送至顾客手中。

餐厅必须提倡微笑服务

在餐厅做服务员的小敏经常遇到表情严肃的顾客，这些顾客要么面无表情、要么不好沟通、要么就有意刁难服务员，但是小敏还是微笑以待。刚开始的时候小敏心里很难受，觉得自己的付出不值得。不过后来通过一件事情让小敏心里的疙瘩解开了。

那还是多年以前，住了平房很久的小敏终于要搬到高楼里住了，尽管那是座旧楼，但小敏仍然掩饰不住心中的美意。

一脚踏进闷热的电梯间，小敏的高兴劲儿就减少了一半：一张破旧的桌子将电梯间一分为二，桌子后的高椅子上坐着一位四十多岁的冷漠的电梯员。看着那张冰冷的面容，小敏另一半的高兴劲儿也消失无踪，顿时感到气温似乎在零下。

“几层？”电梯员冷冷地问。

“九层。”小敏想缓和一下气氛，赶紧露出一个微笑，“阿姨，您的工作真辛苦，电梯间这么热。”

“可不是吗！”电梯员冰冷的脸开始融化，“这么小的地儿，就这么个小电扇，一坐就是6小时……姑娘，九层到了。”电梯员竟然也微笑着提醒她。

小敏忽然发现自己的心情又好起来了，一个微笑再加上一声问候就像一股暖流，瞬间就可以沟通人与人之间陌生的心灵。于是，她之后就将这种认知带入了自己的工作，时间一长，她发现，微笑真的可以改变冷漠顾客对自己的态度，同时，也对她的工作有了很好的影响。

微笑给人一种亲切、和蔼、礼貌、热情的感觉，加上适当的敬语会使人感到宽慰。真诚的微笑可以使宾客心理上产生完美感、亲近感，缩小宾客与餐厅的距离。真诚的微笑还可以润滑着顾客与餐厅的关系，给顾客以精神的愉悦，使顾客感到就餐的快乐，吸引顾客下次再来消费。可见，微笑可以将友好、融洽、和谐、尊重、自信的形象和气氛传染给顾客，为成功的服务打下良好的基础。因此，许多餐厅纷纷实行“三步微笑”、“三米微笑”等微笑服务。

实际上，微笑服务是一种特殊的无声的礼貌语言。它可以和有声的语言及行动相配合，起“互补”的作用。同时，它也是员工具有较高的礼貌修养和较高职业道德的表现。而想要在工作中自如地运用微笑服务，要注意以下四点：

1. 眼中含笑

眼睛是心灵之窗，眼睛具有传神传情的特殊功能。在微笑的时候，结合眼睛的自然下垂，展现出完美的笑容，才会让笑容情真意切，让笑意感染顾客。

2. 表情带笑

不仅是眼睛，服务员的整个面部神情都应该是带着笑容的。

3. 言谈蕴笑

仅仅是笑容，还不足以展现出全面的微笑服务。服务员要把柔美的语言和真诚的微笑相结合，才能相得益彰。

在服务市场竞争激烈、强手林立的情况下，要想使自己占有一席之地，优质服务是至关重要的。而发自内心的微笑，又是其中的关键。微笑服务可以使顾客产生宾至如归之感，它能为餐厅迎来高朋满座，生意兴隆。

在对微笑服务有了清楚的认识后，服务员要在平时，进行有效的微笑训练。例如，在每天都会出入的地方挂一面镜子，并时刻提醒自己，“今天我要微笑着为顾客服务！”在生活中，多阅读一些笑话，以培养个人的幽默感。另外，还可以进行笑容评比，彼此互相激励，看谁的笑容更加亲切自然。

总之，微笑是一种无声的行动，是一种宽容、一种接纳，它缩短了彼此的距离，使人与人之间心心相通。微笑是人类的宝贵财富，一个人的面部表情亲切、温和、洋溢着笑意，远比他穿着一套高档、华丽的衣服更吸引人注意，也更容易受人欢迎。当服务员的笑容能做到像呼吸那样自然的时候，顾客对服务员的态度也就会有所改变。并且，笑容是永不过时的通行证，只要餐厅能将微笑服务持久地坚持下去，就能赢得更多更持久的客源。

服务不同类型顾客的技巧

服务不同类型顾客，要善于观察和与他们沟通，以方便进一步的服务。在总体上，可以使用三大方法来了解不同的顾客。

方法一：观察。通过近距离的观察，能够确定顾客的类型以及其消费能力和习惯。了解他的真正需求后，才能推荐出更合适的菜品，提供最满意的服务。

方法二：聆听顾客的谈话。在迎接顾客入门到为顾客引位，以及到为顾客点菜的过程中，要注意倾听顾客的谈话，不要打断、插话，不使用否定的词语下定论。要从中了解更多信息，细心分析顾客的喜好和饮食倾向，以便对顾客进行餐饮的推销。

方法三：征询顾客的意见。尽管不同的顾客会有不同的要求，让服务员了解起来会增加难度。但如果服务员能够用轻声询问，征询的方法来多了解顾客，就能轻松地应对不同顾客。但注意，询问顾客的时候，不得让顾客有被触犯、受到委屈，甚至是被伤害的感觉。

下面来介绍几类典型的顾客以及接待他们的具体技巧。

1. 要求诸多，爱挑剔的顾客

这类顾客又可分为两类，一种是受到情绪影响，在遇到服务员服务稍有不周的时候，就会借机发泄情绪。一种是顾客本身心思细腻，善于观察，对饮食要求严格。例如具有一定洁癖的顾客，容易对饮食用具提出较多要求。对于前者，服务员说话时一定要简洁不可太烦琐，听顾客点菜和酒水时一定要仔细，不能听错，最好不要重复订单。上菜时间间隔要尽量缩短，上菜的顺序绝不能有错误，以确保服务不出现任何差错。

对于第二种顾客，在上餐具和菜肴时，服务员要仔细进行检查。平时厨房和服务员的卫生情况也要定时检查和维持。用恭敬的态度对待顾客的指责，如果顾客不满意，要面无愠色地为他们进行调换。

2. 点餐犹豫不决的顾客

这类顾客在点餐的时候，往往对吃哪款菜，喝什么酒犹豫不决、拿不定主意。对这类顾客要耐心讲解，让他们多了解些菜肴知识及荤素搭配的方式。如果能用试探性的语言搞清楚他们的爱好，就能更快地找到要重点介绍的菜肴，协助他们点餐。

3. 自称内行的顾客

这类顾客一般来到餐厅时，会展现出对菜肴非常精通的模样。无论真假，服务员都要极为谨慎。并要嘱咐厨师在菜肴的制作和选料方面更要精心。如果顾客试图与服务员攀谈，服务员应当显示出谦虚好学态度，可以请教一些一般性的烹饪知识，以让其个人表现的心理得到满足。

4. 在用餐时间工作的顾客

这类顾客通常是边吃边谈生意，一般需要较为安静、不被干扰的环境。所以，服务员尽量不要站在一旁或经常打断他们的谈话，注意观察他们的需求，在顾客需要时，再靠近服务。否则，若商谈失败，还可能将迁怒于餐厅和服务员。

服务特殊顾客的技巧

服务员接待个别情况特殊的顾客，应在言语和行为举止上掌握不同的技巧。以免造成顾客的反感。在这里，要体现出特殊顾客的个性化服务，要为他们提供特殊的照顾和食品，以及座位的安排。这里所指的特殊顾客，主要指残疾顾客、带小孩的顾客，等等。

1. 残障顾客

前面我们已经简单提到过此类顾客的接待方法，这里就不再赘述。而服务这类顾客，服务员要细心观察他们的不便之处，要主动上前服务，及时提供他们所需要的帮助。对于残疾人专用工具，要尽量放在方便顾客拿取的不引人注目处。

为顾客点菜的时候要耐心讲解，并用温柔的语气进行陈述，让他们感受到用餐的温馨。在上菜的时候，服务员要帮助顾客摆放好菜肴，不要将餐盘摆放在顾客不便接触的地方。

在整个用餐中，要尽量保持安静，不与他人耳语，甚至指指点点，引起顾客误会。如果顾客要求服务员提供帮助，服务员应及时满足。如代买食品、餐间需要脱外衣或去洗手间等。

结账的时候，不要催促顾客，体谅顾客身体的不便。并在结账后，耐心向顾客解释账单金额，让顾客了解消费情况。

由于残疾顾客行动不如正常人灵活，在他们起身要走的时候，服务员应当及时取回他们的专用工具，移开桌椅方便顾客起身，要尽量送到他要去的地方，顾客要送到餐厅的外面，帮助叫出租车，或是告诉他汽车站的确切位置。

不过，要注意的是，服务员的态度要表现得周到得体，而不要让顾客感到掺杂了同情的因素。关于顾客残疾的话题，要尽量避开。不要因为顾客身体上的残疾，而在表情态度上与对待其他顾客有所不同。

2. 带孩子的顾客

小朋友爱玩好动，一般照顾起来比较麻烦。服务员对于他们要认真、愉悦。尤其是年幼的小顾客，可以为他们提供儿童椅、儿童杯、儿童碗，等等。先从照顾好孩子入手，要帮助家长共同照顾孩子，让小朋友得到舒适的照顾。

在安排好孩子之后，再立刻为顾客点餐，并可适当推荐一些水果之类的餐饮提供给小朋友。并要注意，推荐的菜品应当易于小朋友食用、易软、易烂、易消化。

给小朋友提供饮料的时候，尽量用塑料或者纸杯，而不要用玻璃杯，以免小朋友打碎，碰伤自己。使用的餐具要安全，一般可以上一只小勺，最好是金属的。

在小朋友吃完后，可以由服务员帮忙照顾小朋友，或者给小朋友提供一些小玩具玩，以方便家长用餐。这样家长会更加感激服务员，从而愿意常来消费。

总之，服务员照顾特殊顾客的目的就是要让每一位顾客满意，为他们提供更为有效和积极的服务。如此，在提高服务质量的同时，也能得到顾客的首肯，增加餐厅的经济效益。

顾客入座后的服务

从顾客入座到上菜前，服务员的主要工作是为顾客做好开餐的准备。此时，每个细节都需要服务员熟练操作，以为顾客提供迅速有效的服务。

安顿顾客的工作主要有：

1. 摆放餐具

目前，餐厅使用的餐具有自己清洁消毒的散装碗筷，也有由专门的清洁公司消毒的成套塑料装碗筷。如果是后者，应当在征询顾客的意见后，拆除塑料包装和筷子套。切记，在拆除包装的时候，不可以用手触摸餐具底部或者筷子头部，要轻轻拿着餐具的边缘，将餐具放在顾客面前。

2. 提供茶水

上菜前，服务员要做好顾客的茶水服务。服务员要先把反扣着的茶杯翻正，然后为顾客推荐供应的茶叶。在顾客选择好后，根据人数为顾客斟茶。注意上茶水时一定要坚持从顾客右侧送上茶杯，放在顾客面前的餐盘右上侧，距桌边 8 厘米的位置，茶壶把手向右与餐台边平行。

3. 为顾客铺口布

在一些高档的餐厅，服务员还需要为顾客铺上口布（又叫餐巾，一种正规筵席上用于保洁的方巾），尤其是西餐厅。这时，服务员应从主宾或女宾身边开始，双手将口布在顾客身侧抖开，手臂交叉将口布盖铺在顾客身前，切记不可以双臂平移地将口布拉铺在顾客身前。因为拉铺口布的动作会使服务员靠近顾客一侧的手臂挡住或碰到顾客的脸部，造成不好的印象。

4. 为顾客提供其他服务

例如，帮助顾客点菜。如果顾客带的东西比较多，应协助顾客把东西放好，并提醒顾客注意保管。如果人数较多，服务员要帮助顾客增加座位，并及时填补欠缺的碗筷。在这时，服务员要主动说："请稍等，我马上把欠缺的碗筷补齐。"或者"不好意思，请您稍等一下！"

如果发现餐桌或者地面卫生有不良的情况，要及时为顾客调换到另外其他干净的地方就餐。并要表示对顾客的歉意。"对不起，是我们工作的疏忽，为您带来不便。"适当时，应当为顾客提供一些附赠的小菜，以作安慰。

在服务的过程中，服务员要牢记，每在顾客身旁完成一件事情，都应该退一步后再转身去做下一个动作。安顿顾客就座并不是一件复杂的工作，但是想达到良好的效果并不容易。如何能保证服务质量，给顾客留下良好的印象，使顾客心情舒畅，对餐厅增加信心，是每个服务员都必须思考的问题。

包间服务的要领

包间是一种对空间围合封闭而产生相对独立的空间，这里受外部干扰小，属于一种私密空间。餐厅中的雅间、包厢就是这样的一种。服务员在进行包间服务的时候，要掌握以下要领：

第一，保证包间的卫生。对于服务原来说，包间服务的第一步，就是要将其内卫生维护好。要定时清扫地面、整理桌椅，做到"地面无杂物，桌椅无积灰，房间无异味，墙面无痕迹，场所无卫生死角"。

第二，摆放桌椅和餐具。通常来说，包间的布置要比大堂的布置讲究、档次高，所以，在桌椅和餐具摆放上，要凸显出不同的档次。一般，包间摆放的时候，会讲究主、宾位的区分，并用餐具或者餐巾等做成的饰品来做出标识。

第三，迎接顾客。包间都有自己的房间门，所以在迎接顾客时，服务员应按照明确的站位要求，站在门内一侧，用右手向顾客示意，微笑。对于有衣物的顾客，服务员应主动将顾客的衣物接过，挂在包间内的衣帽架等设施上。

第四，顾客进入包间后，若室内有空调或者取暖设备，需要使用的，服务员应当即刻打开，并为顾客调试。如果室内有音响或者电视，服务员则应征询顾客的意见，看是否需要开启。在得到顾客的同意后，进行调试。

第五，包间服务的具体操作。在总体上，服务规范或程序与大堂基本一样。但更强调主次宾主的座位。一般，点餐和上菜都应在主座顾客的周围，从右侧开始。接下来，为顾客上菜，上菜的顺序通常是凉菜——热菜——汤——主食——甜品、果盘。但可以灵活掌握，尤其是主食和汤可以与热菜穿插上桌。

包间的酒水服务与上菜服务可同时进行。在为顾客开启饮料后，服务员要为顾客斟酒，并根据不同的酒类，倒不同量的酒水。通常的规律是，白酒、啤酒均为七、八分满；红葡萄酒为半杯；白葡萄酒、香槟酒均为六、七分满；白兰地、威士忌只斟 1/5 杯。如果顾客选择的是饮料，则斟至八分满即可。

第六，其他服务。包间服务员在顾客进餐的过程中，如果发现顾客的餐盘内骨刺、汁灰较多而影响进餐时，可提议为顾客更换餐盘，如："对不起，可以为您换餐盘吗？"顾客同意后，立即撤换。服务员还要主动为顾客点烟。不过，如果餐厅有命令禁止吸烟的规定时，服务员就要委婉地提醒顾客此处禁止吸烟，或者为顾客指明专门用于吸烟的地点。

西餐厅的服务程序

若餐厅是西式餐厅，则服务员要牢记整个餐厅的服务流程，以便能顺利地提供成体系的"一条龙"服务。具体流程详述如下：

1. 接受顾客订席

由于现在的消费者日益追求生活质量和个人享受，青睐西餐厅的顾客越来越多。尤其在节日、庆典等用餐高峰阶段，西餐厅的餐位就需要顾客事先预定。这时，服务员要准确记录顾客订餐时间及个人信息和订席要求，并避免弄乱、弄混。

2. 迎接顾客

当顾客按照事先的预定，来到餐厅，服务员就应当及时地为顾客引位，安排顾客入座。在迎接顾客的过程中，应使用流利的中文或英文，同顾客保持积极的沟通。

3. 为顾客提供菜单

顾客落座后，可由服务员递送菜单，供顾客选择菜品。对于顾客尚不太了解和熟悉的西式菜品，服务员应当结合菜单，流利地为顾客解释。如有必要，还应将菜品的原材料、做法等详细对顾客阐述一遍。

4. 为顾客铺好口布

西餐中，一般都需要提供口布，并由服务员为顾客铺好。注意在铺口布的过程中，服务员的动作要干脆、利落，并且尽量做到不碰触顾客。

5. 为顾客提供冰水

在前序工作基本做好后，有服务员为顾客提供冰水，以供顾客使用。

6. 供应餐前饮料或餐前酒

同中式餐饮有所不同的是，西式餐饮会有餐前饮料或餐前酒，有的饮品还有开胃的作用。服务员要在征询顾客意见后，根据顾客的选择，供应餐前饮品。

7. 接受点菜和点酒水

一般，顾客经过一段时间的思考后，将决定点用菜品，并选择酒水。这时，服务员要准确记下顾客的选择，并及时下单。

8. 供应所选择的酒饮

西餐厅中，多选择红葡萄酒。一般会将红葡萄酒放在酒篮内，向点酒顾客展示。待顾客确认后，为顾客开启，并斟好，三分之二杯即可。

9. 取菜并为顾客上菜

待厨房的菜肴做好之后，要由服务员统一取菜和上菜。注意，在取菜和上菜期间，服务员要保持餐具清洁，避免菜品受到污染。

10. 提供用餐期间的服务

在顾客用餐期间，服务员应保持对顾客的关注。若顾客还有其他需求，例如续点菜肴或者反映菜品的问题等，服务员要及时应答，并针对不同问题迅速处理。

11. 清理餐桌

顾客享用完正餐后，服务员应及时整理餐桌上的残余物品，让桌面保持整洁，以利于顾客继续点餐。

12. 提供饭后点心或饮品

通常，在正餐后，顾客还会继续点用饭后的甜点和饮料，所以，服务员要按照程序，继续为顾客服务。详细介绍餐厅的特色点心或饮品，并根据顾客的意愿进行提供。

13. 顾客离开并结账

顾客饮用完毕后，即将离席。此时，服务员应当用托盘将账单送至顾客处，将顾客所付的钱放至托盘上，送到服务台，然后将剩余的钱送回至顾客处。

14. 重新布置、摆设餐桌及餐具

在顾客结完账离开后，服务员应立刻将餐桌彻底收拾一遍，并重新布置餐具，以为下一批顾客的到来做准备。

顾客订位服务

经营中，很多餐厅可能因为菜肴可口、菜品上等，顾客在吃过一次后感到并未尽兴，会继续光临。尤其是经营火热的餐厅，更是人满为患。这时候，顾客往往会选择订位服务。餐厅也乐于在最大限度上充分地将空位都利用上。

实际上，订位服务是一种体现餐厅和顾客双方诚意，具有信誉度的协议。一方面它能便利顾客及时用餐，减少顾客的等餐时间，另一方面它能让餐厅更好地掌握餐位情况。

顾客订位的方式，通常有电话订位、电子邮件订位、亲自前去餐厅订位，等等。顾客要求订位时，服务员要仔细询问顾客的姓名、订位的时间、预定的数量、顾客的联系方式、若不能及时到达的预留时间，等等。并将这些信息记录下来，登记在册。当顾客前来用餐的时候，进行初步的核对。

一般在节假日的时候，由于餐厅顾客众多，不能订位。在这种情况下，如果顾客因特殊情况要求订位，则应首先向顾客致歉，并表示餐厅不能提供订位。但若根据用餐时间可以为顾客进行灵活性的调整，也可以略微进行调整。在不影响营业的时间内如中午 11 时至 12 时，下午 5 时到 6 时给顾客订座，并在订座前向顾客说明，当超过订座时间仍不来就餐时，餐厅会将订位取消。如此，既满足了顾客的需求，又能让餐厅灵活地进行运营。

不过，对于餐厅和顾客来说，如果订位后又取消，也是有可能发生的事情。在此事上也需要餐厅随机应变。当顾客延误了订位的时间，餐厅在不熟悉情况前提下，应当打电话确认预订再决定是否继续保留。毕竟一直保留预订座位无疑将影响餐厅翻台率，尤其是在就餐高峰时期。通常，如果电话无法接通，有的餐厅就会将保留时间自然限定在半小时，个别限定在一小时之内，以便能尽快抓住用餐时机。

当然，个别情况下，有些顾客可能在订位后不去。这种做法会直接影响到商家的生意。不过这是少数情况，随着社会不断发展人的素质也日益提高，人们在去高档餐厅前的订位，只是为了方便免去排队之苦，绝大多数顾客是具有诚意和信誉的。所以，服务员要认真对待订位的顾客，要将详细的订位信息汇总归类，以便于为顾客提供服务，并不影响餐厅安排当日的运营。

接听订餐电话的技巧

电话是现代人之间进行交流和沟通的便捷工具。现在，不需亲临，只要通个电话，就能立刻与对方进行联系。对于餐厅与顾客之间来说，也是如此。当顾客想要订餐的时候，利用电话，就可以随时地进行预订服务。

餐厅的电话接听是顾客了解餐厅的第一个窗口，很多顾客通过这个窗口建立起对餐厅的第一印象。不过，现实中，我们也会发现，很多餐厅虽然也对员工交代如何接听电话，但实际操作中的效果却往往参差不齐，而且这方面的服务质量也很难控制。所以，有人指出，能否接听好订餐电话是检验餐厅服务员语言表达能力好坏的一个重要标准，也是影响餐厅运营的重要步骤。

一般而言，接听电话前，服务员需做好以下两方面准备。

（1）接听电话虽然是一种直接的沟通方式，但无法看到对方的样子。服务员若想给顾客留下一个好印象，就要保持热情的服务态度，让顾客从言谈的过程中感受到对方的积极服务。

（2）接听电话对服务员的声音是一项挑战。我们在与人人面对面进行交谈时，不只是通过听对方说话来判断其内容，还要通过观察对方的表情和态度，来理解对方话里的意思。但电话不同，它是单凭声音进行交流的。如果服务员发音不准或语言使用不明确，会让对方误解意思或不高兴。所以，即使服务员不能见到对方，也要像顾客就在你的面前一样对待他们。

接听电话的操作具体是：

1. 电话铃声响过两声之后接听电话

按照通常的实践和电话礼仪，接电话要在电话铃声响过两声之后接听电话，如果电话铃声三响甚至四次之后才接听，要在拿起电话时，就先向对方致歉："对不起，让您久等了。"

2. 主动报出餐厅或者部门的名称

在电话接通之后，接电话者应该先主动问好，并立刻报出本餐厅或部门的名称，如："您好，这里是 ×××，我是 ×××，将为您提供服务。"

3. 确定顾客的身份和基本情况

餐厅的员工在接听顾客的订餐电话时，要先了解顾客的订餐情况。例如，顾客的身份和姓名、需要订什么餐、人数、时间、有否特殊要求等。在确定了顾客的订餐情况后，再次核对对方的材料，对基本订餐情况进行复诵。

要注意与对方交谈时要保持亲切随和的态度，避免对方不耐烦。

4. 向顾客致谢

接听完电话后，服务员还要真诚地向顾客致谢，这也是基本的礼仪。及时的道谢可以替服务人员传递良性的情绪，让顾客对餐厅保有良好的情绪。并且，在收线时，应当让顾客先收线，以示礼貌。

拨打电话时的注意事项

除了接听餐厅的订餐电话，有时也需要服务员向顾客拨打电话。例如确认订位情况或者对顾客的信息反馈等。当服务员要面对主动与顾客沟通时，可能会担心沟通的过程会有差池。实际上，跟顾客进行电话沟通的过程也是对员工能力的锻炼过程。只要养成良好的习惯，拨打电话并不是一件困难的事情。

通常，服务员在拨打电话的时候，只要做到以下几点，就完全能够应对。

1. 拨打电话时，先主动打招呼，并自动报上姓名或餐厅名称

当对方刚接到电话的时候，服务员开篇要使用简短的语言。太复杂的开场白会容易让人感到厌倦。所以，要记住，与顾客谈话的时候，服务员是餐厅的代表，要尽量为顾客留下良好的印象。在第一时间，服务员要清楚告诉对方餐厅的名称、自己的姓名。例如说："您好，我是 ×× 餐厅的 ××，打扰您了。"

2. 确认对方身份，并表明打电话的目的

在打电话时，最初无法确定是否是自己所要找的顾客，所以应当先确认对方身份，说明自己打电话的目的，询问对方是否有时间。如果顾客时间允许，服务员就要快速切入主题。

3. 过程简短、直白

无论服务员打电话是要确认事情或者是询问事情，都要做到简单直白，语言要简练、清楚、明了，不要拖泥带水，浪费顾客时间，引起对方反感。若总是在电话中叙述不得要领，则会让顾客产生非常糟糕的印象。如有必要，服务员可以在打电话前做个简单的记录，以做好准备，节省时间。

4. 专心与顾客沟通

与顾客打电话的时候，切忌在接电话的同时还在做其他事情，如果因为没有专心听顾客的话语而让顾客重复已经说过的内容，会引起顾客的不满。因此，从服务员拿起电话听筒的那一刻起，就是专心应答的开始，不要对打电话敷衍了事。

5. 注重声音和表情

应特别注意，在通话中吐字要清楚，发音准确。服务员要普遍使用普通话，以免造成误解和信息沟通的不准确。同时， 不要对顾客讲俗话和不易理解的餐厅缩写专业语言，以免顾客不明白。

同接听电话一样，服务员在打电话的时候，也要注意声音和表情。并应作为基本的礼貌和常识来进行培养和训练。要清楚，顾客一直在注意着你的声音，包括语调和心情，服务员态度应该是有礼貌的，声音是适中的、清晰的、柔和的，并注意微笑的使用。因为，当人面带着微笑说话时，对方听到的声音也就像在微笑。

6. 向顾客致谢

在拨打电话的末尾，服务员要主动结束电话，不耽误顾客过多的时间，并再次向顾客致谢，“您能在百忙之中抽出时间，真是感谢。”然后主动收线。

顾客就餐期间的等待不是服务员的休息时间

顾客在就餐期间，服务员一般都会暂时处于空闲的状态，但并不等于说这段时间就是休息的时机。相反，服务员要随时保持精神的振奋，要注意各个餐桌上顾客的用餐情况。当顾客需要时，要主动地或者及时地为顾客提供高效的服务。

第一，服务员的眼睛不能休息。因为我们要注意观察顾客的进食情况，当顾客的饮料快要饮用完毕时，可以主动上前询问是否需要续杯或者添加新的饮品。当顾客的菜品快要用完，而顾客仍食性大好的时候，要面带微笑地询问顾客是否需要添加菜肴。不过，要注意，服务员询问的次数不能过多，否则会打扰顾客饮食。

第二，服务员的手不能休息。一方面，服务员在看到顾客饮用过的餐盘或者饮料瓶、烟灰缸等，需要撤下的，要及时上前，替顾客收拾整理。另一方面，服务员在看到菜肴传送上来的时候，也要主动帮忙传递，以减少顾客的等餐时间。毕竟，在饮食中的等待非常容易让人感到心烦。对于现在竞争如此激烈的环境，服务员要有高效服务的意识，让顾客能在最短的时间内享受到高质量的服务。

第三，服务员的面部不能休息。在顾客就餐的时候，服务员不能面露疲倦之色，仍要保持良好的微笑的表情。当顾客示意需要服务时，要立刻展开笑容，以亲切的形象为顾客服务。而当顾客提出任何质疑或者疑问的时候，服务员要耐心地解答。

第四，为顾客热情服务的态度不能停止。服务员在顾客进入餐厅进行饮食后，就要表现出热情、专注的态度。要主动想顾客所想，为顾客提供周到的服务。例如，在顾客饮食的过程中，可能某项菜肴等待的时间较长，服务员可以先向厨房确定时间或者根据经验告知顾客可能等待多长时间，以让顾客做好心理准备。如果在规定的时间内，菜肴并未上齐，应主动向顾客提醒，并去厨房替顾客询问。

总之，虽然在餐厅进行饮食的时候，很多顾客都没想过应该享受哪些服务、能够享受到怎样的服务。但是，当服务员在顾客用餐的每个时间里，都用心的地去准备和提供服务，不仅会获得顾客的欣赏，也会为餐厅塑造良好的形象。可见从顾客进入餐厅的那一刻起，服务员就要让自己处于积极的服务状态，要时刻准备着为顾客提供快速、高质量、热情、周到的服务，让顾客有宾至如归的感觉。所以说在服务的过程中，任何一刻都应得到重视，任何时间都不是休息的时间。

翻台服务的要领

翻台指宾客在用餐结束后，由服务员收拾餐具、整理餐桌，并重新摆台的过程。它往往是在其他宾客仍在进餐的过程中进行，或是在没有找到餐桌的宾客正在等候时进行。一个餐厅翻台率的高低和翻台速度的快慢，能够反映出其营业水平和接待能力的优劣。因此，服务员的翻台训练应当在日常就进行，并不断进行技巧和熟练程度上的提升。

一般，翻台服务的要领主要有：

1. 翻台要注意顺序

一般翻台要按照先收餐碟、汤碗、汤勺等瓷器，再收筷子、刀叉，以及餐巾、玻璃器具、烟缸、花瓶、调味品等，最后换台布的顺序。要分别将各类物品依次摆放整齐，餐具最好不要混放，应当将剩余残汤剩菜倒入一个碗中，再按餐具的大小形状分类摞好，放到托盘上，餐巾、台布放在布巾车中。具体操作中，要注意清理餐桌的程序方式和摆放新餐具、物品的程序方式等。

2. 翻台要避免扰客

有的服务员，为了催促顾客离开，会在顾客还没离开就开始翻台，翻台中发出较大声响，给顾客带来非常不好的印象。实际上，服务员最应注意的就是这一点。他们应当保证文明作业，保持动作的稳定，不要损坏餐具、物品，也不应惊扰正在用餐的宾客。

3. 翻台要注意卫生情况

有时，为加快翻台的速度，服务人员会不换台布。这是一种极不卫生的情况。实际上，只要顾客用过的台布就应该及时更换，不能让顾客在台布上发现任何油污和食品的残迹。另外，在换台布的时候，要注意将残物处理干净，而不要将脏物随便抖落在地面上。要注意周围卫生，不要将各种废弃物乱堆乱放。

4. 翻台要注意时间

服务员翻台的时候，要注意撤换动作的连贯、仔细。尽量避免有超时现象，减少宾客的等待时间。一般应控制在 10 分钟之内。

5. 翻台要提高质量

一般，服务员的翻台是建立在熟练的技术和充分的餐前准备基础上的，对此，应引起充分重视。翻台的技术是时间和质量的保证，除在餐前要认真准备摆台的餐具和物品之外，还要熟练掌握托盘、分类、叠餐巾、换台布等技术，以便能够提高翻台的操作质量。

6. 翻台要注意细节

服务员在翻台的过程中，要注意其中的每一个细小环节。若发现宾客有遗忘的物品，应及时交给宾客或上交有关部门。

7. 翻台要做到充分调动员工

要想加快翻台的速度，服务员要尽量负责缩短点菜、上菜的时间，在顾客用餐后，要与其他员工共同迅速清理，做到快速、清洁。在翻台高峰期，甚至要调动其他员工来共同帮忙，以减少翻台时间。

顾客结账的服务程序

当顾客用餐完毕时，要准备为顾客提供结账服务。结账是一件很重要的事，服务员要有清楚的认识，账单应在最后一道菜上过后，即将账单正确的结算准备好，以免顾客等候。对于用餐完毕的顾客，习惯上要等顾客招呼结账时，快速送上账单。其基本程序是：

（1）当顾客示意结账时，服务员要请顾客稍等，迅速到收款台领取顾客账单。

（2）服务员要提供收款员所结账单的台号，并检查账单、台号、人数、食品及饮品消费额是否正确，核对主账单和各分单所开项目与价格是否相符。因为，顾客接到不正确的账单时，会很不高兴。尽管算账是收银员的事，在你接到账单时还是要尽量帮顾客核实一遍，这不仅仅是为顾客着想，更是为自己进行业务提供便利。

（3）将取回的账单夹在结账夹内，并确保账单夹打开时账单正面朝向顾客。另外，要随身准备结账用笔。将账单夹打开，从顾客右侧呈递顾客。注意不要让其他顾客看到账单。

（4）从顾客右侧躬身礼貌地将账夹打开递给顾客，并说明是该顾客用餐账单。若是一群顾客，尽可能辨明付款者，将账单放在其左侧；如无法判定谁是付款人（所有的定菜事先未交代分开而记在一张账单上）时，则将账单置于餐桌的正中，这样才不致因将账单递给非付款者，而造成尴尬场面。

（5）服务员在递送账单的时候，应即道谢。随即应保持距离，等顾客将钱准备妥当后再趋前收取，并当面将现金复点一遍；如是伴同顾客到出纳台付账应站离远一点，主要避免有等候小费之嫌。如果顾客在看账单时发现疑问，服务员应马上核实，并耐心地做好解释工作。

（6）收到顾客付款，应双手接过，点清所收数目，若需要找零，要对顾客说，“请您稍等片刻，谢谢”。到服务台找零后，在账单上签实发及姓名，回到餐桌，双手递给顾客找回的零钱，如顾客需发票，问清单位。

（7）结账完毕，服务员要记得向顾客致谢：“谢谢您，先生 / 小姐”。

为顾客服务结账的时候，要注意一些事项。如，顾客不说结账，永远不要主动拿账单给顾客。但如果顾客要求结账，服务员要快点递上，尽量让顾客等待的时间在 5 分钟之内。并切记，要保证账单的清洁，凡涂改或不洁的结账单，不可呈给顾客，而在付款时，钱要当面给顾客点清。

顾客常用支付方式的结账技巧

收银员在服务员来到款台，准备替顾客取账单的时候，要根据顾客采用的不同结账方式为顾客及时结账。具体来说，顾客常用的支付方式有现金结账、支票结账、信用卡结账等。在应用这几种结账方法时，收银员要熟练不同过程中的技巧。

1. 现金结账

顾客示意现金结账，则服务员要礼貌地将现金和账单一同交与收款员处理，核对。在找零后，收银员要核对找回的零钱及账单上联是否正确。然后，礼貌地递给服务员，让服务员将账单上联连同零钱放入账单夹交与顾客。如果顾客需要发票，则收银员应当开具同统一发票及各项消费凭单为顾客结账。收银员要注意，在现金结账的时候，要注意辨别现金的真伪，以防收入假币。

收取现金时，先用验钞机验两遍、然后再手动点钞两遍，确认无误后加盖现金收讫章，票款要点清，收银员将财务存查票粉票留下，其余三联交给顾客。

2. 信用卡或者银行卡结账

收银员在顾客选择用信用卡或者银行卡结账的时候，要先检查顾客的信用卡或者银行卡。看信用卡或者银行卡是否本店可以接收、截止日期及其真伪。准确无误后，再用顾客的卡进行结账。结账后，收银员要做好信用卡或者银行卡收据，然后由服务员将收据、账单及信用卡或者银行卡送回顾客处，请顾客分别在账单和信用卡或者银行卡收据上签字。然后将账单第一页，信用卡或者银行卡收据中的顾客存根页及信用卡或者银行卡递给顾客；将账单第二联及信用卡或者银行卡收据另外三页收回。

有些情况下，餐厅会使用会员卡制度。当顾客要求使用会员卡结账的时候，收银员要先核对顾客消费金额，并双手接过会员卡，插入读卡器，并同时告诉顾客消费概况。

3. 支票结账

顾客如果选择使用支票结账，应先让顾客出示身份证或工作证及联系电话。一般情况下，如非熟客或者身份可认证者，餐厅应拒绝使用支票付账。在顾客在支票后面签上姓名、地址及联系电话后，由收银员进行处理，收银员需要在结账并记录下证件号码及联系后，然后由服务员将账单第一联及支票存根核对后送还给顾客。

如顾客使用旅行支票结账，收银员须礼貌地告诉顾客到外币兑换处兑换成现金后再结账。如顾客付转账支票，将支票与账单一起交与收款员处理，并将处理完毕的账单上联和发票一起交与顾客。

收银员要注意，在结账的时候，无论顾客使用什么方式结账，都要将账单内容审核清楚、准确。顾客所点菜品、饮料、其他消费及服务费分项核算准确，操作规范。既要防止顾客多付，又要防止顾客漏账。

送客的服务要领

在餐饮服务过程中，顾客结账之后，服务员就认为服务已经基本结束。殊不知，在顾客离开时候的送别工作也是一个非常重要的环节，但往往这个服务细节会被服务人员忽略。实际上，送客的礼仪同样也很重要。服务人员要树立这样的意识，餐厅服务应当是由始至终的一套服务，应当要求自己时时刻刻把服务做好，提供良好的服务实际上就是肯定工作的价值。因此，服务人员也应该注意送客环节的礼仪，给顾客最为温馨的享受。

服务员要牢记的送客服务要领主要有：

（1）顾客用餐结束，准备起身离座的时候，服务员要拉椅，协助疏通走道。在为顾客拉开座椅的时候，服务员应当一次拉开，并注意拉开的距离，避免碰触餐桌，使脏物洒身。然后进行衣物服务，为宾客取衣，协助顾客穿好，礼貌提醒顾客不要遗忘物品即要主动按照顾客的要求送衣。尤其是冬天着装较厚，在餐厅内饮食需要脱去外套。对于餐厅服务员来讲，一定要注意提醒顾客拿衣，并及时送衣，而避免遗忘。

（2）如果顾客有行李或者其他重物等，服务员应当为顾客提前准备好，以方便顾客拿取或者帮顾客送至门口。

（3）协助顾客打包。如果顾客要将没吃完的食品打包带走，服务员应主动、热情地提供打包服务，用专用的饭盒盛装食品后装入专用塑料袋，以便顾客携带。

（4）为顾客开门。如果顾客从包间内出来，服务员要主动为顾客推开门，而不应当等待顾客亲自推门。当顾客来到餐厅门口的时候，服务员也要及时为顾客把门打开。如遇到雨雪天气，服务员应该为顾客准备雨伞。

（5）送顾客离开的时候，要遵守类似迎接顾客的规范要求。微笑着给顾客礼貌道别，“谢谢，请走好，欢迎再次光临。”一般服务员就走在顾客身后，在顾客走出餐厅后再送一、两步，边送边向顾客告别，同时欢迎顾客再次光临，并要躬身相送（即使顾客看不到也要背后行礼）。这时候，服务员的话语要是发自内心的敬语，并用身体行动来表示衷心的感激，给顾客留下好印象。

总之，服务员要注意送别的过程。不但要在迎接顾客时，热情的地接待顾客，还要在送顾客离开时，为顾客留下更好的印象，所以要特别注意送客的一些细节，在送客的过程中服务人员要礼貌、耐心、细致、周全，使顾客满意地离开。

第十四章 点菜服务与技巧

点菜服务的注意事项

顾客点菜的时候，做为餐厅工作人员，我们应该根据情况灵活掌握点菜：观察顾客需要何时点菜；餐厅服务员每天应知道沽清及需要推销的菜式，给予一定的建议。留意顾客的谈话，揣摸顾客的消费，留意其口味，以便进一步推销；此处要牢记一些老宾客在用餐方面的喜好、忌口，取得其舒心。对顾客人数确定之后，在分量上给予建议，但一定要让顾客知道价格的不同。若顾客点用的菜当日沽清，可以建议顾客点用相同口味的菜式。若顾客要去鱼缸观察，我们可以陪伴并适时推销，并记下烹制的方法。推销时注意适时搭配，顾客虽点海鲜、鱼翅、鲍鱼较多，但也要建议一些肉类或鸡类，能让顾客吃饱；否则，在一定程度上，有损主人的面子。若顾客人数较多，例如：十人、十二人以上，在考虑汤、羹、蔬菜或有件数的菜式时，给顾客建议，并告之价格的变化。若顾客点菜太多，可以建议顾客在用餐过程中视情况而定，以免造成顾客不必要的浪费。这样，会使顾客在心里认可餐厅员工的职业素质，又进一步提高了餐厅的知名度。

1. 书写点菜单

（1）写菜是记录顾客的具体饮食要求，使餐厅能够清楚地掌握顾客的需要，从而准确地为顾客展开服务的重要环节。

（2）将顾客的需求准确地写在点菜单上，切忌笔误或因误听而记错，如有听不清楚或不明白的菜名，不要擅作主张，应当礼貌地向顾客问清楚。

（3）如顾客点菜确实比较慢或餐厅快要结束营业时，应用委婉的方式礼貌地向顾客解释。

（4）如顾客点用的菜肴是本餐厅菜谱上没有的，应及时与厨师长沟通联系，若厨房有制作这个菜肴的原材料，让厨师长报价格，并告之顾客可以制作，把价格也一并告诉顾客，在点菜单上注明。

（5）在点菜过程中，顾客如有忌口，必须在点菜单上明确注明。

2. 点菜过程中应注意的问题

（1）价格的优势。

（2）按菜肴的价格高低顺序向顾客介绍。

（3）把菜肴销售的方式改变一下，顾客可以欣然接受。

（4）抓住顾客的心理以及陪同顾客的需求迎合。

3. 配菜的技巧

（1）顾客是否有特殊要求。

（2）价格可以超过顾客预期定的价格，超过50元左右一般顾客可以接受。

注意按顾客的居住地点和具体生活习惯为宾客点菜：

（1）对于老年顾客，可以向他们推荐一些比较松、软，不含胆固醇且油脂较低的食品。（如蟹粉菜肴、油炸菜肴不要点用，可以点用蒸、炒、烩等菜肴）。

（2）对于现在不少顾客患有糖尿病，要避免点一些含糖较高的菜肴，特别是糖醋类、甜品尽量不要点；饮料要点黄瓜汁或茶之类的。

（3）对于急于用餐赶时间者，可以向他们推荐一些制作方便、快捷，比较实在的食品。（不要点用红烧的、蒸、炸的菜肴，要点用滑炒的菜肴）。

（4）北方人喜欢面食，味道较重，偏于浓郁、咸味较重的食品；山东人喜欢大蒜，东北人可以推荐一些朝鲜菜。

（5）湖南、湖北、四川、云南、贵州、安徽等省份的顾客口味较重，比较喜欢带有辣味的食品，四川人喜欢麻辣食品。

（6）江浙沪一带的顾客比较喜欢甜食、口味清淡，南京地区的人比较喜欢咸水鸭、板鸭等食品。

（7）广东、港澳地区的顾客喜欢生、脆、鲜、甜的食品，口味清淡，喜欢在用餐前喝老火例汤。

（8）有一些顾客要求不放蒜泥、姜、葱、味精、糖等（患有糖尿病）；在入单时，必须在明显的地方注明，以提醒厨房人员注意。

注意宾客点菜时的消费能力：

（1）普通消费者：推荐一些家常菜，考虑经济实惠（家庭聚会）。

（2）工薪阶层消费者：有一定的消费能力，经济上有一定的承受能力，适当推荐一些档次较高的菜肴（白领阶层）。

（3）高消费者：追求高消费、高享受，考虑营养价值及观赏价值，推荐一些比较名贵的菜肴或新鲜的海鲜、野味。

注意各种菜肴的搭配组合：

（1）烹调方法的组合：兼顾炒、煮、扒、烧、煲、炖、扣、煎、炸、蒸、烩、焗等方法所烹制的菜肴。

（2）味道的组合：酸、甜、咸、辣兼有，顾客点的菜味道较重时，可以适当地向顾客推荐一些较为清淡的菜肴。

（3）冷菜与热菜的组合：一般情况下，既有冷菜又有热菜，当顾客点冷菜较多而热菜较少时，可向顾客做适当的提醒；如顾客只点热菜未点冷菜时，可向顾客建议点用一些冷菜作为开胃菜。

（4）菜肴颜色的组合：适当搭配，绿、黄、红、白等几种颜色兼有，能增加视觉上的愉悦和心理上的轻松，增加顾客的食欲。

（5）荤与素的组合：太多的油性食品不利于身体健康，可以建议在点菜时注意到荤菜与素菜的适当搭配。

（6）形状的组合：食品的形状是多种多样的，有条、块、片、丝、粒、茸等形状，不同形状的菜肴组合同样有助于构成视觉的美感，欣赏到食品烹制方法的多样性。

（7）菜肴器皿的组合：盛菜的器皿具备不同的风格，有瓷器、竹器、煲、铁板、藤器、紫砂器、透明玻璃等；并有各种形状与颜色，有白色、紫红色、黑色、黄褐色、青铜色等；不同风格的器皿盛上餐厅的特色菜肴，无形之中就提高了菜肴的品位。

（8）上菜速度的组合：有些菜制作的时间相对要长一些，可以向顾客推荐一些烹制速度较快的菜肴，以免使顾客久候；一桌菜肴的制作的时间要适当搭配，既有制作时间长的菜又有制作时间快的菜肴，等制作时间快的菜肴吃的差不多的时候，制作时间长的菜也上来了。

注意就餐人数与菜的分量的相称：

（1）在向顾客推荐菜肴的时候，要考虑到顾客的就餐人数（老人、女士、小孩），据此来确定为其点菜的分量；但最终确定菜的分量要尊重顾客的意愿和实际情况。

（2）通常每道菜肴的分量是既定的，但也有一些特殊的菜肴是根据顾客的需求而有不同的分量。

（3）有些菜肴的分量是例份的，但由于使用的原料比较充数，一般情况下，10 位左右的顾客也够用的了，不必要再提醒顾客分量加多了。

中餐的接客服务要领

中餐服务是基本的餐厅服务，服务员应当有熟练的服务技能和较好的服务意识。在接待顾客的时候，要做到表现热情、亲切，态度温和等。

通常，中餐服务员接待顾客，并不需要过高的技术性行为，相反，其要领很简单，即只要做到“一笑、三轻、四勤”即可。

一笑，指服务员在迎接顾客的时候，应当用笑脸迎接顾客，同时对顾客用敬语问候。并注意要按指定位置站立，不得交头接耳或倚靠着墙面而站，给顾客留下懈怠的印象。

三轻，指服务员在提供服务的时候，要做到说话的声音轻、走路动作轻、举止幅度轻。具体来说，在接待顾客的过程中，服务员要同顾客做礼貌性的交流与沟通，这时，说话的声音应当轻柔，给顾客以温和的感觉，但前提是应当能让顾客听清。

在为顾客引路或者带位的时候，服务员应走在顾客前面，其动作要轻缓，而不能过于急躁甚至发出较大的声音。服务员在引导顾客进入餐厅或者到达座位的过程中，偶尔会使用身体上的动作，来协助表达。此时，服务员要保证自己的举止幅度轻，以免碰触到他人或者显得过于夸张。

四勤，指服务员在接待顾客的时候，要眼勤、口勤、手勤、脚勤。眼勤指迎宾的服务员要注意观察餐厅门口的动向，当看到有顾客进入，要展开笑容，准备为顾客进行服务。口勤指见到顾客要勤于打招呼，并要主动与顾客进行沟通，要询问顾客是否有预订。如果没有预定，应根据顾客人数的多少、顾客喜好、年龄及身份等选择桌位。同时，要通过简单的交流，了解顾客所喜欢的菜肴，以为接下来的点餐做好心理准备。手勤和脚勤，主要指服务员要时刻关注顾客的状态，在顾客需要帮忙的时候，应当及时上前帮助。

顾客进入餐厅，迎宾员按迎宾规范进行服务，领至宴会厅。值台员应面带微笑，热情迎接，躬身行礼，问好：“您好，欢迎光临”；主动接挂衣物，“请将衣物给我，我为您保管”，挂衣时，应握衣领，避免衣袋里物品滑出或碰坏；热情地为顾客拉椅让座（将椅子拉开，当顾客坐下时，用膝盖顶一下椅背，双手同时送一下，让顾客坐在离桌子合适的距离 10 厘米 ~ 15 厘米为宜），并用手势示意：“您请坐”，随即进行递送毛巾、上茶等服务。当顾客的菜肴在等待了很久之后，仍未上来的，服务员要积极主动地帮助顾客到后厨进行询问。要想顾客之所想，帮助顾客解决用餐中的每项问题。

总之，服务员的服务，属于餐厅的软性实力。当顾客对服务员的服务表示满意的时候，就会留下较为深刻和良好的印象。

中餐的点菜服务

在中式餐厅，服务员在顾客落座后，先向顾客提供所需要的茶水和餐巾纸。服务员进行点菜服务的时候，菜单从顾客的左边递给顾客。如果菜单是带封面的，在呈递菜单前应首先将菜单打开。如果有女士，应当先递给女士，如果有儿童，最好不要递给孩子，应该交给他们的父母，由家长代为点餐即可。同时，当顾客在查看菜单的时候，服务员应当根据顾客的数量迅速为其增加或者撤走餐具。应注意，如果时间允许，应该等大多数顾客到齐之后，将菜单供顾客传阅，并请他们来点菜。因为中餐一般是共食，不能像西餐那样一份一份区分得很清楚，顾客的饮食口味最好经过统一之后再下菜单。还有很重要的一点就是要懂得跟顾客说明及推荐菜式。服务员的工作不只是点菜和上菜那么简单，除了服务之外，更重要是推销，呈递菜单后，即是向顾客推荐菜式的时候，服务员要向顾客介绍那些没有放在菜单上的菜式。

当顾客决定点菜时，服务员应立即上前准备写单。熟练的服务员都能看出顾客已经看完菜单准备点菜了，比如，当顾客合上餐单放在餐桌上的時候。

中餐的点餐顺序，一般为先点凉菜，其次是汤，然后就是主菜，包括荤菜，素菜，再次就是中式糕点，最后的是水果拼盘。根据这样的顺序，服务员可以让顾客依次点菜。在顾客点菜的时候，服务员应站在顾客的左侧。若人数较多，且顾客要求依次点菜，则服务员可按照逆时针方向依次接受顾客点菜。

如果顾客要求服务员代为推荐或者点菜，则服务员要注意以下几点：

1. 考虑顾客的人数

一般来说，人均一菜是比较通用的规则。如果是男士较多，服务员可以考虑推荐菜量较大的菜肴，并可征询顾客的意见，是否需要加量。

2. 考虑菜品和样式

一顿标准的中式大餐，通常，先上冷盘，接下来是热炒，随后是主菜，然后上点心和汤，最后是果盘。因此，服务员在推荐的时候，可依次进行不同的推荐，同时要确保每道菜之间相互的营养搭配，力求让顾客吃到最美味、最可口的菜肴。

3. 考虑荤素搭配

中餐的饮食忌太过油腻。帮顾客点餐的时候也应当保证一桌菜上有荤有素，有冷有热，尽量做到全面。如果桌上的男士较多，可以多些荤菜。相反，女士较多时，应多点些清淡、有营养的蔬菜。

4. 考虑顾客的年龄

不同的年龄群体，应推荐不同的菜肴。一般对于老人，服务员要多推荐质地软嫩、口味清淡、做工精细的菜肴。而中老年人肠胃较弱，且对高脂肪、高热量食品心怀顾虑，应避免过多大鱼大肉、煎炸熏烤等油腻厚味食品，如果主要是青年人，可以推荐一些味道浓香、油脂较多的菜，以方便他们一饱口福。

5. 考虑顾客的承受能力

服务员在为顾客推荐菜肴的时候，要先对顾客进行初步的预测，看其能否承受相应菜肴的价位。若顾客是普通的宴请，不应推荐龙虾、鲍鱼等较为昂贵的菜品，以免顾客感到尴尬。多推荐一些经济实惠的大众菜肴即可。若顾客所进行的是高规格的宴请，则可以加上些刀鱼、鲥鱼、翅粉等上档次的菜肴。

总之，点菜的方法有三个要点，第一必须能让厨师看清顾客点的是什么（包括有什么特别的要求）。第二，服务员必须能看清哪个顾客吃什么菜。第三，收银员必须清楚顾客吃的是什么，以便准确地结账。

中餐上菜前后的服务工作

中餐上菜前后的服务，主要指服务员端取菜肴的过程和放置菜肴后的服务工作。通常在中档以上餐厅设有专职传菜员，负责传递菜单和菜点。在中餐中的小型餐厅和一些西餐厅中，为降低劳务成本，由服务员直接传递菜单和端取点菜。

服务员要做好上菜前的准备工作。要先看一下菜单，记下菜点的名称和用餐特点，以便回答顾客可能提出的疑问，撤下前一道菜的餐盘，并根据将要上的菜点的品种，换上适当餐具（上一般的菜换上餐盘，上汤汁多或不便用筷子夹起的菜则应上小碟并配带小勺）。如果上需要用手直接拿取食品的菜点，如烤鸭等，要先上毛巾（在右侧）供顾客擦手。上带有配料的菜点，要在菜点上桌之后及时跟上，或在上桌之前先上配料。

端菜前，服务员应通过已掌握的基本烹调知识来估计准备好菜的大概时间。应尽可能在点菜准备好时就取走，以保证正常的服务速度。不过，有的餐厅也会使用特殊的呼叫系统，来让服务员取走菜肴。

在端菜的过程中，服务员要注意一些端拿盘子的细节和步骤：

1. 保持个人卫生

一般服务员在上岗进行端菜服务的时候，要先洗干净双手，换上整洁的衣服，尽量做到手上、身上无异味和污渍，服装和双手表面经过基本的清洁和消毒，才能进行端菜服务。

2. 端菜时注重程序

按照取菜肴的顺序，是先取凉菜，再取热菜。如果在同一托盘里，冷热菜要分开放。在同厨房的菜单核对无误后，服务员可以告知厨师将拿走哪盘菜肴，并及时将菜单上的记录划去。服务员在取走菜肴时，也要将相应的饮食用具，如勺、吸管等同时为顾客奉上。

3. 端菜时注意卫生

端菜的时候，服务员要注意拿盘碟的姿势，手指要放在餐具的边缘，而不能伸入餐具内，污染饮食，更不能沾到菜汁和汤水。在上菜前检查盘碟的卫生，看其四周是否有缺口、污渍、其他的脏物等。尽量不要使用有缺口的餐碟，因为缺口中常常藏有细菌，容易让顾客吃到不卫生的菜肴。另外，菜肴也不应满溢出餐具，要保证餐具的边口清洁干净，没有溢出的液体或者菜片。

4. 注意上菜时的姿势

到达餐桌，为顾客上菜时，服务员首先要将台面上现有的碟移好，留出空位，才把新菜放在桌面上，并注意小心菜汁，汤水，不能淋在顾客的身上、台上或地上。尽量在上菜前就向顾客做好提醒，将在什么位置上菜。并且，在使用托盘上菜的时候，要注意平衡，防止意外。然后从顾客的右手边上菜。要留意自己的手勿碰到顾客头部。

5. 保证上菜后的服务

服务员在菜上齐后，要主动询问顾客是否还需要什么服务。当发现上菜的过程中，造成桌面受污的情况时，要示意顾客，并用毛巾或其他物品将其快速清理干净，以免耽误顾客进餐。

中餐用餐中的服务工作

在顾客用餐的过程中，服务员通常会在较远的距离处等候，观察顾客的用餐情况，在需要服务的时候，及时上前。餐中的服务相对比较琐碎，服务员应尽量做到耐心、细心、热心。

1. 保持餐间的卫生

主要指维持餐桌和餐具的卫生。例如，若在用餐期间，顾客将水杯或者汤汁打翻，服务员要立刻准备好毛巾，用毛巾吸干台面水分，然后把一条清洁的餐巾平放在刚吸干水分的地方，并用台上现有的用具压平。再例如，若在用餐期间，顾客的餐具已经满是残菜，服务员就要上前询问顾客是否需要更换，一般顾客都会表示同意。注意，在撤走餐具的时候，禁止将剩菜倒在一起、将垃圾放到食器中去、还有将食器重叠在一起、将手放入食器中去拿东西之类的行为，这类行为既不卫生，又会影响顾客的食欲。

同时，在清理餐具的时候，要尽量使用托盘，但注意操作时，不能将托盘放于桌面上，而应当左手托托盘，右手收餐具。

2. 为顾客提供其他服务

在顾客享用中餐的过程中，常会饮用一些饮料。服务员在一旁服务的时候，应当注意，

斟酒是餐厅服务工作的重要内容之一。服务员给顾客斟酒时，一定要掌握动作的分寸，不可粗鲁失礼，不要讲话，姿势要优雅端庄，注意礼貌、卫生。服务员娴熟的斟酒技术及热忱周到的服务，会使参加饮宴的顾客得到精神上的享受与满足，还可强化热烈友好的饮宴气氛。同时顾客的茶水必须保持热度，每次添加饮品的时候，要注意加于顾客的杯子八分满即可，不要添加得过满。

分菜服务就是在顾客观赏后由服务人员主动均匀地为顾客分菜分汤，也叫派菜或让菜。

如果发现顾客拿烟，服务员应当为顾客提供烟灰缸。为保持其清洁，当烟灰缸中有四五个烟头时，就应为顾客换个干净的烟灰缸。若在提供这些服务的时候，有顾客帮忙，服务员一定要对其表示感谢。

在用餐过程中，通常下列情况需撤换餐具：（1）凡是装过鱼腥味食物的骨碟；（2）凡是吃过甜菜、甜点、甜汤之前的汤碗；（3）食用风味独特、调味特别的菜肴前；（4）食物汁芡各异、味道有别的菜肴时；（5）碗碟中洒落酒水、饮料时；（6）骨碟中残渣过多时。

3. 餐中服务的注意事项

服务员在顾客用餐的过程中，若暂时闲暇下来，要记住，不得在餐厅中依靠墙面或依靠桌椅站立，更不可快走和奔跑，并且在站立忌背对顾客。一定要保持端正和优美的姿势，展现出良好的工作态度。更不能与其他的服务人员围聚一团聊天或调笑，而应彼此互相合作，随时提醒对方为顾客提供细致的服务。

在与顾客交流的时候，要语音温和，言谈举止大方得体。尽量避免介入顾客的谈话，更不得批评顾客的任何举动，也不宜有过分的言行。

如遇到突发事件，如顾客打架闹事或者醉酒等，切忌惊慌失措，凡事均宜沉着处理。自己无法应对的，应及时通知相应管理人员共同帮忙处理。

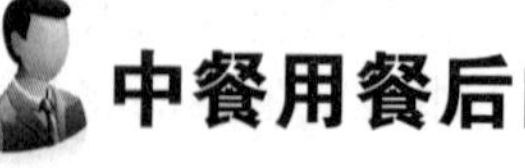

中餐用餐后的服务工作

顾客用餐完毕后，服务员应当做好餐后的服务工作，具体包括：

1. 递上纸巾

顾客用餐完毕后，不应等待顾客召唤，服务员就应马上为顾客递上纸巾，供顾客使用。递送的时候，服务员要注意身体微倾，双手奉上，表示对顾客的尊敬。

2. 继续提供茶水或其他服务

如果顾客用餐后，并未马上离开。服务员不能收拾餐桌，或者在语言、表情、动作上流露出催促之意。而应当继续为顾客提供茶水，并询问顾客是否还需要其他服务。通常，顾客听到服务员要继续提供服务的要求，就会主动表示休息片刻就离开。倘若顾客一直不离去，服务员也不要显现出不满的情绪，要耐心等待顾客离开。

3. 为顾客拉椅、让路

顾客离开时，服务员要主动拉椅，并将通道让给顾客。同时，要说“谢谢光临，很高兴为您服务”，如果在行进的过程中遇到顾客，应当将身体侧向一面，优先让顾客通过，并在顾客通过时，微笑地说“感谢您的惠顾，欢迎下次光临！”如果，顾客有寄存的衣帽或者提包，应当主动提醒顾客或者帮忙拿取，避免其遗落物品。

4. 表示感谢和征询意见

服务员在递送纸巾后，应表示，“很感谢您的惠顾，希望这次的菜肴能够符合您的口味。”如果顾客露出不满意的神色，服务员应当征求顾客的意见，对顾客提出的意见要虚心接受，记录清楚，并表示感谢：“非常感谢您的宝贵意见”。

5. 清理餐桌

待顾客离开后，服务员要及时整理桌面。观察餐具是否都已经收拾干净，桌面是否有尚在燃烧的烟头，如有及时熄灭。同时，要检查各种餐具的完好性，如有短缺及时告知上级管理人员，以便采取相应措施。

随后，准备用专用的清洁用布擦拭桌面，直至桌面擦亮为止。要注意，服务员一定要保证桌面清洁，对于餐饮环境来说，这个细节很重要，将可能直接影响顾客的就餐欲望。整洁、干净的用餐环境会比脏乱的环境更对顾客有吸引力。

最后，服务员要按照餐厅的要求，重新布置桌面，用干净的桌布或用品将桌子布置好，检查席面摆位是否达到要求。并及时清理椅子和地面，观察是否有顾客遗落的物品或者餐厅空间内是否还有卫生死角。当确保将餐桌四周的环境都清理完毕，服务员才可以准备离开。

中餐服务的额外注意事项

由于中餐的种类繁多，在为顾客提供服务时，服务员要针对个别菜肴，注意特殊的服务技巧。

一般，需要引起服务员注意的菜肴有火锅类菜肴、油炸、拔丝和原盅炖品类菜肴。

1. 火锅类菜肴

在上火锅类菜肴的时候，要在备餐台上将固定酒精放于酒精炉，提醒顾客将酒精炉上台，点着火，然后从传菜员处拿下锅仔放于酒精炉上，请顾客慢用。在该过程中，火锅要放置于平整的桌面上，并先由服务员进行调试操作。如果顾客不会使用，就应当由服务员亲自为顾客进行服务。并要小心在点酒精的过程中，避免烧伤自己的手部，动作要简洁、快速，并注意提醒顾客在食用时注意安全。

2. 易散开的油炸菜肴

油炸菜肴因其容易散开，时间长了容易变形，要注意上菜的时间，最好能即刻上菜，保证菜肴的形状和风味。其具体的上法是，上菜前在落菜台上摆好菜盘，由厨师端着油锅到落菜台边将菜装盘，然后服务员快速端送上桌。服务员在上菜后，还可以轻声提醒顾客，该菜肴在刚上桌时最为鲜美，为尝到新鲜的滋味，建议顾客先行品尝。

3. 拔丝类菜肴

拔丝类菜肴，是甜味菜肴的一种。拔丝类菜肴通常是将原料裹匀糖浆后，快速装入事先抹过油的盘子里。因此，其一般温度较高，为避免菜肴烫嘴，服务在上拔丝类菜肴的时候，要托凉开水一同上。这样做的目的，是为了让食者拈起原料用凉开水一激，这样不仅吃起来更香脆，还能保持拔丝菜的风味。此处需要注意的是，在顾客点了拔丝菜的时候，要尽快上桌，避免糖浆凝固影响口味。

4. 原盅炖品菜

原盅炖品菜肴一般要当着顾客的面撕去封纸，而不能先行将盖子撤下。这样做的目的，一方面是向顾客证明炖品是原盅炖品，另一方面也有利于保持炖品的原味，使香气在席上散发出来，引起顾客的食欲。一般原盅炖品菜上桌后，服务员要先征询顾客的意见，是否立刻撕开，当顾客表明可以后，要撕去封纸并快速揭盖。这里需要注意的是，要在揭开盖子后迅速将盖子拿开，以免上面的蒸馏水滴在其他菜肴或者顾客身上，烫伤顾客。

西餐菜肴的基本常识

随着人民生活水平的不断提高，食用西餐作为改换饮食口味的做法已被一些人们所接受，因而西餐也受到了国内各层次消费者的喜爱。作为餐厅的一种，若服务员在西式餐厅工作，提供服务时，就要清楚地掌握西餐菜肴的基本常识，了解西餐菜肴的基本特点。

1. 西餐菜肴的特点

（1）选材精细、制作考究。通常，制作西餐菜肴选料极为精细，口味也较为丰富。如美国菜常用水果制作菜肴或饭点，咸里带甜；意大利菜则会将各类面食制作成菜肴：各种面片、面条、面花都能制成美味的席上佳肴；而法国菜，选料更为广泛，诸如蜗牛、洋百合、椰树芯等均可入菜。

（2）调料、香料品种丰富。一般，制作西餐其除了主料精选外，调料也十分讲究，往往制成一种菜肴，需要多种调料方可完成。有时候，一个简单的配菜，就需要是多种原料加工而成。其中，酸奶油、桂叶、柠檬等都是常用的调味品。

（3）搭配合理。与中餐相比，西餐的菜肴搭配得更为合理。一般西式菜肴每种菜在营养成分方面都有一定的规格标准，而且要求畜、禽、蔬菜、水果等必须做到合理搭配，以保证人体所需的各种营养。并会根据人体对各种营养（糖类、脂肪、蛋白质、维生素）和热量的需求来安排菜或加工烹调。

（4）烹饪方法繁多。西菜的烹调方法很多，常见的就有煎、焗、炸、炒、烤、烩、烘、蒸等多种，每一种方式都独具特色，制作出来的菜肴也别有风味。同中餐有着较大的不同。

（5）器皿高档。西餐的餐具与中餐的餐具相比，更多地使用瓷制品、水晶制品、玻璃及各类金属制品，更凸显西餐的高档与考究。

2. 不同式西餐菜肴的各自特点

如上节提到的，西餐也分不同的种类，各自菜肴也都具有不同的特色。下面，将着重介绍美式和法式菜肴的基本特点。

（1）美式菜肴的特点：美国菜是在英国菜的基础上发展起来的，继承了英式菜简单、清淡的特点，口味咸中带甜。美国人一般对辣味不感兴趣，喜欢铁扒类的菜肴，常用水果作为配料与菜肴一起烹制，如菠萝焗火腿、菜果烤鸭，喜欢吃各种新鲜蔬菜和各式水果。美国人对饮食要求并不高，只要营养、快捷。美式菜肴的名菜有：烤火鸡、橘子烧野鸭、美式牛扒、苹果沙拉、糖酱煎饼等。

（2）法式菜肴的特点。法国人一向以善于吃并精于吃而闻名，法式大餐至今仍名列世界西菜之首。法式菜肴的特点是：选料广泛，如蜗牛、鹅肝都是法式菜肴中的美味，加工精细，烹调考究，滋味有浓有淡，花色品种多；法式菜还比较讲究吃半熟或生食，如牛排、羊腿以半熟鲜嫩为特点，海味的蚝也可生吃，烧野鸭一般六成熟即可食用等；法式菜肴重视调味，调味品种类多样。用酒来调味，什么样的菜选用什么酒都有严格的规定，如清汤用葡萄酒，海味品用白兰地酒，甜品用各式甜酒或白兰地等。法国人十分喜爱吃奶酪、水果和各种新鲜蔬菜。法式菜肴的名菜有：马赛鱼羹、鹅肝排、巴黎龙虾、红酒山鸡、沙福罗鸡、鸡肝牛排等。

如何布置和整理西餐餐桌

西餐的餐桌摆放同中餐桌面的摆放有很大不同，这主要是由进餐方式决定的。吃中餐时，每个人可从桌上摆放的各种菜中随意选取食用，每份饭菜可供大家共享。而西餐则更讲究个人的饮食，大家虽坐在同一张桌旁，但每人只是享用自己盘中的饭菜。因为，菜肴不同，食用方式各异，西餐桌的布置也同中餐有着迥然的差异。

餐厅服务员若想顺利地进行餐桌的布置和摆放，首先要了解餐桌布置的两项原则：

1. 餐桌的布置要注意浪漫风格的体现

西餐桌的布置在视觉性上要比中餐的布置更具有浪漫气息。一方面要具有干净的色彩搭配，例如，使用与室内颜色相互辉映的桌布，并添加一些有艺术气息的摆设，例如插花、盆栽等。一方面要体现餐厅的较高档次，可以在附属物品上使用一些具有华丽感和纯净度的物品，银质的餐具和光洁透明的高级酒杯等都可以做到这一点。

2. 餐桌的布置要营造一种舒适的气氛

服务员进行西餐桌的布置时，通常会在桌上摆放一些蜡烛，可以利用烛光柔和的光线为室内营造一种舒适的氛围，也会为宴席增添情趣。一般，在正式宴会中的餐桌布置就经常将灯光与烛光并用，从而制造舒适的气氛，陶冶人们的情操。

布置西餐餐桌的详细过程是：

1. 布置前的准备

服务员在布置西餐桌的时候，先用毛巾沾上少许水，将台面擦干净，确保台面没有任何污垢和油渍。随后，依照服务标准，将台布铺上餐桌。将台布铺放平整后，要检查台布有无穿孔、表面是否光滑，台布是否中缝居中，四边下垂的长短是否一直，四角是否与桌角成直线下垂。

2. 摆放餐具

铺好桌面后，服务员要将准备好的各类餐具、玻璃器皿等摆放在桌面上。在摆放前，要确保各种餐具表面清洁光亮、没有污垢、没有破损。

然后将餐具摆放在席位的正前方，一般盘边距桌边 2 厘米。而在餐桌的中央可以摆放一些盆栽或者餐厅的宣传单。

一般刀、叉、勺等按菜单顺序从外向内摆放，并将汤勺摆在最外端。在餐盘的右侧按菜单由外向里，汤勺、头盆刀、鱼刀、主菜刀等。并保证匙心向上，刀刃向左。将所有餐具摆成一字形或品字形，供顾客取用。最后再摆放酒具和调味架等其他布置用的器具。

西餐的接待和服务要领

对于西餐，走在时尚前沿的人士对此应该不陌生。西餐是一种迥然不同于我国饮食文化的食品。许多人听过西餐、也吃过西餐，但不知是否对这种复杂而讲究的东西“知根知底”呢？

西餐一般以刀叉为餐具、以面包为主食，多以长形桌台为台形。西餐的主要特点是主料突出，形色美观，口味鲜美，营养丰富，供应方便等。西餐大致可分为法式、英式、意式、俄式、美式，地中海等多种不同风格的菜肴。

餐厅在提供西餐的接待和服务的过程中，要注意虽然西餐是对于西方菜肴的统称，但是其下还分成几大不同的种类。而不同的西餐菜肴和服务具有不同的特点，在提供服务和接待的时候，要注意各自的服务要点。一般来说国际上流行着三种西餐服务方式，即法式服务、美式服务、国际式服务。

1. 法式服务

这类服务主要用于法国餐厅。其餐厅整体上装饰豪华和高雅，以欧洲宫殿式为特色，餐具常采用高质量的瓷器和银器，酒具常采用水晶杯。通常采用手推车或旁桌现场为顾客加热和调味菜肴及切割菜肴等服务。

传统的法式服务要由两个人来操作。其中一名为经验丰富的正服务员，另一名是助理服务员，由他们共同为顾客提供最周到详细的服务。

所以，法式服务对服务员的准备工作要求较高。通常在营业前就要做好服务台的一切准备工作。法式服务注重服务程序和礼节礼貌，也注重对顾客的专注照顾，能让顾客感受到受尊重。不过法式服务的节奏缓慢，需要较多的人力，并不利于餐厅提高工作效率、增加效益。

2. 美式服务

这类服务的特点是简单快捷。一般在美式服务中，菜肴由厨师在厨房中烹制好，装好盘。餐厅服务员用托盘将菜肴从厨房运送到餐厅的服务桌上，是一种快速廉价的服务方式。它进行服务的基本原则是，由服务员用左手从顾客左边送上所有食物，从顾客右边撤盘，并由服务员从顾客右边送上或添加饮料。

一般，美式服务较容易操作，餐厅的空间利用率及餐位周转率都比较高。所以常常会成为餐厅经营方式的首选，被广泛用于咖啡厅和西餐宴会厅。

3. 国际式服务

所谓的国际式服务，又被称为俄式服务。这是西餐中普遍采用的一种服务方法，也是现在较为流行的一种服务方式。国际式服务的台面安排与法式服务的台面安排类似，但服务上各有不同。一般，国际式服务的食物在厨房中已完全备好，然后由厨师放入大浅盘中，由服务员端到餐厅，再从盘中分送给顾客。而大浅盘一方面能让顾客欣赏菜肴的美观，另一方面又能刺激顾客的食欲。同时，国际式的服务只需要一个服务员，方式简单快速，服务时不需要较大的空间。所以餐厅的利用率和效率也较高。

西餐点菜服务流程

当顾客进入西餐厅，入座准备点菜的时候，服务员应马上上前，呈递菜单及饮料单，供顾客点菜。其中具体的程序是：

（1）服务员拿取菜单和饮料单，行至顾客身边，并从其左侧递送。根据顾客就餐时间的不同，还可以灵活地进行征询。例如，恰逢正餐时间，可以先将饮料菜单呈上，问顾客是否先来些餐前饮品。

（2）等候顾客点菜。顾客在观看菜谱一段时间后，一般会主动提出所要点的菜肴。若顾客有多人，可以等待每位顾客都选择好后再下订单。不过，在西餐厅中，常会遇到有顾客对菜肴不甚了解或者对其材料产生疑问的情况，这时服务员就应当耐心地为顾客推荐或者解释，也可以试着建议一些菜式帮助顾客点餐。绝不可以催促顾客或者表现出厌倦的神态。

（3）用记录单记录顾客点的菜。一般服务员都应手持记录单，并有系统地记录。对于顾客的每项要求，服务员都要详细记载，以满足顾客的个人要求。

（4）填写菜单的主要内容。西餐菜肴较为复杂，所以在填写菜单的时候也要逐一仔细填好。例如，要填写清楚服务员姓名、顾客就餐人数、基本材料，要标明顾客的座位的情况并为其编号，要根据顾客所点的菜分类开单。一般，按照西餐上菜的顺序，菜单的填写顺序将开胃菜、汤、头盘写在订单的最上面，主菜在中间，甜食放在最后。而酒水饮品等通常要与菜肴分开订单。

（5）向顾客复述、核对。服务员为避免出现差错，应当向顾客复述一遍其所点的菜肴内容。对顾客有特殊要求的地方要重点核实，在得到顾客的认可后，再询问顾客，是否还需要什么补充。若顾客表示没有异议，则点菜的过程可以基本结束。

（6）注明各种菜需配菜和调料。在下单之前，服务员要熟练地将各种菜肴的主要配菜和调味品填写在菜单上，以供厨师和顾客参考。而当顾客有特殊要求的时候，例如要替换调料或者配菜材料等，更要详细说明。

（7）退离下单。这是顾客点菜流程的最后一个步骤，如果顾客表示点菜结束，服务员可以向厨房下单时，服务员要礼貌地后退两步，从顾客身旁一侧离开，将菜单送递至厨房或者其他专门的服务人员，并开始准备为顾客上酒水。

西餐上菜前应做哪些准备工作

西餐厅内，服务员在上菜前，即餐前也要为顾客提供周到热情的服务。这段时间里，服务员为顾客进餐也要做好相应的准备。主要工作有：

1. 为顾客提供冰水

通常在顾客进入餐厅，落座后 5 分钟内，服务员就应当先将桌面的水杯翻过来，为顾客提供一杯冰水，水不必斟得太满，六成即可。同时要表示对顾客的欢迎，并做简单的自我介绍：“欢迎光临，为各位服务很高兴。”

2. 向顾客呈递酒单

在顾客入座后 10 分钟内，服务员就应向顾客呈递酒水或者饮品单，从右侧呈上。主要打开开胃酒和鸡尾酒栏目，请顾客点单。当顾客选择后，服务员记录下顾客点的饮料，然后为顾客上饮品，并为顾客斟好。

3. 向顾客呈递菜单

当顾客在饮用开胃酒的时候，即可同时为顾客解释菜单，帮助顾客点菜。或者在顾客示意有点菜的倾向的时候，就可以上前咨询：“现在可以为您点菜吗？”如果顾客表示同意，则服务员要站在顾客斜后方可以观察顾客面部表情的地方，上身微躬，开始准备记录顾客所要点的菜肴。

有些情况下，顾客并不知如何点菜或者点哪些菜才能得到更好的高品质享受。这时，服务员就可以用餐厅内的招牌菜或者名菜来作为重点推荐项目，毕竟招牌菜等菜肴的质量较高，厨师做起来较为拿手，通常也能够满足更多人的口味。

4. 点菜记录

顾客点菜后，服务员要将顾客所点菜点记在四联单的小票上，然后将所写内容同顾客核对一遍，请顾客确认：“您点的是 ×××，对吗？”如果顾客点有煮蛋，牛排等，要问清喜欢何种生熟程度。将这些信息都详细地记录在菜单上，然后第一联交厨房，第二联收银留账台，第三、四联由服务员、传菜员留底备查。

5. 清理餐桌

如顾客饮用完饮料或者冰水，可以将杯具撤换下来，并及时清理餐桌，以准备上菜。若餐桌上有多余的餐具也要及时收集起来，集中放置。尤其是西餐的餐具多为银器或者瓷器，若顾客或服务员不小心，容易造成磕碰。所以，但凡是与用餐无关的物品，都应当尽量撤离餐台，以方便服务员上菜和顾客用餐。

西餐上菜服务要领及基本流程

因西餐同中餐有很多细节上的差异，在为顾客上菜服务的时候，有许多地方需要服务员注意。所以在餐厅提供西餐的上菜服务时，服务员应当掌握以下几个要点：

1. 菜单要记录准确

因为西餐是分餐制，每个人所点的菜肴都不同。服务员在记录顾客的菜肴时，应当保证针对每个顾客都有一份详细的记录，并最好能在菜单上标明，以确保记录的准确。而对于菜单上的各种选项，个别还需要进行进一步的询问。例如，当顾客点了牛排、羊排，就应问清顾客要求几成熟。如果顾客点的是汤，就要问清顾客需要什么口味的汤，如果顾客点的是色拉，就要问清顾客具体需要什么种类的色拉。

2. 服务要严格按照顺序和流程

西餐服务中，各项餐具的摆放和放置都有相应的规定。例如，饮料杯固定置于顾客右侧，供应与撤除时，服务员要用右手进行服务；面包牛油碟固定置于顾客的左侧，供应与撤除时服务员要使用左手服务。当有众多顾客的时候，若需要点餐，斟饮料等，应从主人的位置开始，向右侧环桌依次服务。

同时，服务员还要注意，在为顾客撤换或者上盘碟的时候，手一定要和顾客保持距离，以免顾客在无意的行动中打翻餐具，并切忌从顾客正面端送食物或对象，以免造成意外。

3. 上菜的时候要注意时限和菜品的连续

西餐的上菜程序较为复杂，所以每上一道菜都应当有一定的时间限制，不能拖延时间，造成顾客的长时间等待。通常，各道菜之间也应当能够在时间上连接。例如，从开胃菜开始，一般是从顾客入座后 15 分钟后进行。食用完毕后，由服务员撤下，清理完毕后 10 分钟内上第二道菜肴汤。汤饮用完毕，撤换餐具后 10 分钟内为顾客上主菜和副菜。等到主菜都食用完毕，就可以彻底清理餐桌，只留水杯或饮料杯等。清理完毕后 15 分钟内上餐后甜点。至于茶饮，可以同甜点同时上，或者在甜点食用完后，10 分钟内上。如此，将整个餐饮流程接续上，才不至于让顾客久等，产生不良的情绪。

同时注意，服务员要熟练掌握西餐的礼节。例如，在点餐或者进行上菜服务的时候，要优先为女士提供服务，因为西方更讲究“女士优先”的礼貌，以使女性顾客能够得到更好的照顾。对于这些基本的西方礼节，服务员也要熟练掌握，以免在顾客面前露怯或做出失礼的行为。

通常西餐的上菜顺序是按照开胃菜、汤、色拉、海鲜、肉类、点心等顺序进行的。所以服务员在为顾客上菜的时候，也是按照这样的流程进行操作。

1. 为顾客提供开胃菜

此为西餐的第一道菜，也被称为头盘，一般有冷盘和热头盘之分。其味道以咸和酸为主，数量少，味道鲜美。有些餐厅还会在开胃菜上来前为顾客提供开胃酒，如鸡尾酒等，辅佐开胃菜共同食用。常见的开胃菜有鱼子酱、鹅肝酱、熏鲑鱼、鸡尾杯、奶油鸡酥盒、焗蜗牛等。通常其作用就是起到开胃的效果，让顾客更有用餐的食欲。

2. 为顾客提供汤

西餐的第二道菜是汤。可分为清汤、奶油汤、蔬菜汤和冷汤等 4 类。汤的品种也较为繁多，常见的有牛尾清汤、美式蛤蜊汤、俄式罗宋汤等。一般它在开胃菜食用完毕后 10 分钟内为顾客提供。当服务员为顾客放置汤具的时候，应当把汤从顾客左侧放置在底盘中。

3. 为顾客提供副菜

通常水产类菜肴与蛋类、面包类、酥盒菜肴均称为副菜，常作为西餐的第三道菜。因为，水产品肉质鲜嫩，比较容易消化，所以放在肉类菜肴的前面，并使用专用的调味汁进行料理。一般常用的调味汁有鞑靼汁、荷兰汁、餐厅汁、白奶油汁、大主教汁、美国汁和水手鱼汁等。

4. 为顾客提供主菜

西餐中，肉、禽类菜肴即为主菜。其原料取自牛、羊、鸡、鸭等动物。一般，肉类中较为有代表性的是牛肉或牛排，而禽类较为常用的是鸡。作为西餐的第四道菜，主菜因主要是肉制品，而比较讲究调味。肉类菜肴配用的调味汁主要有西班牙汁、浓烧汁精、蘑菇汁、白尼丝汁等。禽类菜肴的调味汁有咖喱汁、奶油汁等。

5. 为顾客提供蔬菜类菜肴

将蔬菜菜肴安排在主菜之后，是为了缓解主菜的油腻。蔬菜类菜肴在这里多是生蔬菜，一般用生菜、西红柿、黄瓜、芦笋等制作，又称蔬菜色拉。其主要调味品有醋油汁、法国汁、千岛汁、奶酪色拉汁等。而煮熟的蔬菜一般和主菜同时上桌，摆放在餐盘中，作为配菜食用。

6. 为顾客提供餐后甜点和饮料

当顾客食用完主菜和蔬菜类菜肴后，甜品就可以上桌了。此时，要先布置好甜点餐具，摆上甜点盘、甜点叉、甜点刀等。然后为顾客提供甜点，例如布丁、煎饼、冰淇淋、奶酪。

在顾客食用甜点的时候，还可以询问顾客稍后是否还需要咖啡或茶水。一般西餐的最后一道是上饮料，有时候还会随着甜点同上。在顾客选择后，服务员要立即着手准备。一般，顾客喝咖啡要加糖和淡奶油。茶要加香桃片和糖。

西餐中酒水服务的注意事项

西餐中因酒水在用餐过程中出现的时间差异，可分为餐前酒、佐餐酒、餐后酒三种。

其中，餐前酒是在餐前，与开胃菜搭配，开胃之用。常见的是鸡尾酒。佐餐酒一般指的是葡萄酒，它是在正式用餐时饮用的酒水。常用的佐餐酒均为葡萄酒，多为干葡萄酒或是半干葡萄酒。餐后酒指用餐后所享用的酒水，主要是起到帮助消化的作用。

用酒与菜肴相互搭配，往往能够更加凸显菜的味道，让两者相得益彰。所以有人认为美酒与佳肴的配合是享受西餐美食时的最大乐趣之一。但因为酒水有诸多种类，在食用时也有很多需要注意的地方。所以服务员要清楚酒水服务中的一些注意事项，以免让顾客不能尽兴地享受餐饮过程：

一、注意酒水与菜肴的搭配

总体来说，口味清淡的菜式与香味淡雅、色泽较浅的酒品相配，深色的肉禽类菜肴与香味浓郁的酒品相配。但要注意，不能让酒的味道盖过菜肴的味道，这样会影响顾客菜品的食用。一般，鱼类菜肴应该配以白葡萄酒，肉类菜肴应该配以红葡萄酒。即所谓的“白酒配白肉，红酒配红肉”。这其中的原理是，一般而言，白酒因其酸度高有去腥味的功效，非常适合搭配各种海鲜食物；红酒中所含的单宁有去油腻的功能，搭配肉类相得益彰。不过，香槟酒可以与任何口味的佳肴相配合。

二、注意上酒水的程序

一般，开胃酒和餐后酒都是酒水中的配角。真正在西餐中占主要位置的是佐餐的酒水。即通常所喝的红葡萄酒、白葡萄酒。在提供这些酒水的时候，服务员要根据它们不同的特点，进行不同的操作。

1. 红葡萄酒

一般红葡萄酒应在常温下保存，卧放在酒篮或酒架上。在顾客点完之后，服务员要将红葡萄酒放置在垫餐餐巾的酒篮内，商标朝上，送到顾客面前，让其确认酒标是否完整、瓶盖是否完好，瓶内是否有沉淀等，从而确保酒水的品质。

在得到顾客的认可后，服务员可以着手开瓶。注意，服务员在开瓶的时候，不要发出声音或溅出。在取下瓶塞之后，服务员要先检查瓶塞是否有异味，若发现酒水有酸味，则应立即撤换。开瓶后，要为顾客倒入大约 30 毫升红酒，让其品尝。当顾客表示满意后，就可以正式为顾客斟酒，让其饮用。

2. 白葡萄酒

白葡萄酒通常需要冰镇。一般要为其准备冰桶和冰桶架。桶内放满三分之二的碎冰和冰水，将酒瓶置于冰桶中。同样，也要让顾客查看酒的商标并为顾客示酒。同样也让顾客品酒，在主人品尝后，按先女士后男士，先主宾后主人的顺序将酒倒入白葡萄酒杯约 1/3 满。然后继续将酒瓶放入冰桶中，保持温度。

西餐结账服务的要领

餐饮结束后，服务员要准备好账单，以便能够及时地呈递给顾客，便利顾客结账。其基本要领如下：

1. 预先打印出账单

在顾客用餐期间，服务员应当在收银处预先将账单打印出来。当顾客要求呈递的时候，快速地为其递上。一般，顾客在餐饮的过程中，服务员不要手持账单在一旁。尽管可以预先将账单准备好，但不应在顾客面前展示，让人有催促顾客进餐的嫌疑，反倒影响顾客用餐。

2. 注意递送礼节

在顾客的示意下，服务员才可以上前，根据核对好的材料，例如人数、桌位号、所点叫食品的项目和名称，核对无误后，再拿账单夹夹取账单，送到顾客面前。注意，要将账单夹放在收银盘上，抵达顾客座位处后，将账单夹拿在左手上，递给顾客，并可再次询问，顾客是否还需要其他服务。如果需要，服务员可以立即再做准备；如果不需要，服务员就可以略微后退，等待顾客查看账单，对自己示意或者重新递上账单夹。

注意在这一过程中，不要用眼睛直视顾客或者一直盯着顾客看，这样会让顾客感觉不舒服。出于礼貌，服务员要和顾客保持一段距离。如果顾客并未取账单，也不要站在一旁等待，将账单放在顾客的桌子上即可。但务必要示意顾客，这是他的账单，然后再观察顾客的下一步动作。

3. 后续工作

在顾客示意服务员拿走账单夹的时候，服务员将身体微向前倾，用双手接取并表示感谢，然后背对顾客打开账单夹核对顾客所付账目是否准确。如果核对正确，则服务员可以迅速离开；若顾客的结账不准确，应当委婉的提醒顾客所支付的账目有问题，并可以拿取菜单与顾客共同核对。如果顾客身边有其他人，则服务员要轻声提示，避免让顾客感到尴尬与难堪，然后可以引领顾客到别处一起核对菜单是否有误。

4. 其他事项

若顾客选择使用银行卡、会员卡、折扣券等方式进行结账，服务员要仔细核对顾客的身份和所用卡或者券的信息，并让顾客进行刷卡或者现金结算。无论顾客是否要求，服务员要随时准备为顾客解释银行卡或者折扣券的使用的程序和注意事项，并提醒顾客保管好个人的银行卡和现金，并在顾客准确结账后，向顾客的合作表示感谢。

西餐如何送客与清理菜单

服务员在顾客用餐完毕，即将离开前，要做好送客的准备。其实，相关步骤与中餐送客的步骤大同小异。主要的步骤有：

1. 为顾客拉开桌椅

当顾客即将离开座位，应及时为顾客拉开桌椅，其宽度以适合顾客转身离开为准。不要拉开太大，阻碍其他顾客行走，也不能拉开太小，无法让顾客自由离开。同时，要注意，在拉开椅子的时候，尽量不要发出过大的声音，或者让桌椅磨蹭地面发出尖锐的声音，影响了其他顾客的用餐。

2. 送顾客离开

顾客起身后，要帮助顾客拿好个人物品，对顾客说："希望您吃得愉快。""谢谢光临。""欢迎下次再来。"目送顾客走出餐厅门外，鞠躬道再见或晚安。

当顾客离去后，服务员要着手清理餐台，以保证餐厅内的卫生。而在清理的过程中也要参考一定的流程和标准，以维持餐厅环境的卫生和清洁。

第一，先整理桌椅。对用过的餐桌进行及时的清洁，并注意检查桌底是否有顾客遗留物品。在清理完毕后，要按摆台规范将桌椅重新摆放整齐。

第二，撤掉桌上的物品。将桌上的可回收物品收到托盘上，以备再次利用。对于暂时没有地方放置的物品，可以存放在服务台柜子上等地方。

第三，撤掉餐具。撤掉桌上日后还需要用的有用物品后，服务员要开始用托盘撤桌面上的餐具。其基本顺序是：毛巾、口布→玻璃杯→汤勺、筷子、筷架、勺托、刀叉→其他餐具。在依次将餐具撤下后，应当分类摆放并让其保持整齐有序，然后统一送到洗碗房清洗。

第四，清洁台面。在餐具都撤掉之后，如果桌面上有菜汁迹、酱油迹或其他污迹，应当立即用抹布擦拭干净，并马上更换一块干净的台布，准备迎接下一批顾客或为下一餐铺台。如果餐桌上使用转盘，则需先取下已用过的转盘，然后更换台布。在擦净转盘之后，再将其摆置在桌面上合适的位置。

第五，重新摆设。在顾客走后，餐厅一般仍要继续营业，还要接待其他顾客。这时，将餐桌清理完毕后，还要对其进行重新的布置和摆设，以方便接下来的顾客使用。尤其是西餐店的餐具和摆设都较考究，清理的时候既要迅速，又要保证摆设后的效果。当服务员将新的餐具和器皿、盆栽等摆放在餐桌上，应当形成新的、干净的就餐环境。

第十五章 应对服务顾客时出现的意外情况

两桌顾客同时要求一个服务员服务

餐厅营业的时候，如果遇到两桌的顾客都同时需要一个服务员的服务，该如何处理?

这种情况也分两种类型，一方面，两桌的顾客都与该服务员熟悉，认为其服务质量好，指定其为他们服务；另一方面，可能是餐厅内顾客众多，例如在用餐高峰，就可能出现两桌顾客同时要求一个服务员服务的情况。

在第一种情况下，服务员若与两桌顾客都熟悉，则可以先对顾客示意并表示感激。在服务其中一桌的时候，也要对另一桌顾客表示“马上就到这里来”或“请稍等一会儿”。当为该桌服务完毕后，立刻去另一桌进行服务，并用更热情、更礼貌的语言对后者提供服务，与顾客多做沟通与交流。若服务员实在走不开，应当通知餐厅经理让他们为另一桌的顾客介绍服务质量较好的服务员，并由经理进行推荐，而服务员则需向不能服务的顾客道歉。

在第二种情况下，营业高峰，顾客众多，则服务员同时看到两桌顾客的召唤时，要先打招呼示意，并逐一进行服务。当然，对那些等待的顾客要给予热情、愉快的微笑，在经过他们桌子时说一声：“请稍等片刻”等，这样，会使顾客觉得他们并没有被忽视和怠慢。如果的确无法分身，也可以让其他服务员进行代劳。一般，只要顾客没有特意指定由谁进行服务，服务员之间的互相补位是可以被接受的，顾客通常也能理解。

在面对多个顾客同时要求服务的时候，服务员也可以按照这样的方法处理。如此，服务员在餐饮工作中，才能做到既热情、周到，又忙而不乱。即使遇到再多的顾客，都能有序地进行服务，做到面面俱到。

尽管服务员没有分身之术，但至少应当为顾客推荐其他服务人员，以让顾客能够及时地进餐。所以，在处理两桌顾客同时要求一个服务员服务的时候，一定要态度积极和热情，并灵活地对不同情况进行处理，以防止顾客因长时间等待得不到应有的照顾而心生不满。

顾客就餐赶时间

在一些情况下，顾客因有急事或其他原因赶时间。如果顾客提出要赶时间，服务员就绝不能慢吞吞地为顾客服务，以免激起对方的不满。那么面对这类赶时间的顾客，服务员

应当如何提供服务呢?

1. 弄清顾客能够在餐厅停留的时间

顾客能停留时间的长短，是服务员为其推荐餐饮的基础，也是为顾客提供高效服务的前提。一旦服务员的服务超出了顾客能够容忍的时间，就会惹恼顾客。服务员出于为顾客和餐厅秩序的考虑，都应当清楚掌握顾客能在餐厅停留的时间。

2. 为顾客安排座位

在顾客进门后，服务员就应当及时为其安排座位。如果顾客提出赶时间，就更应以较快的速度让顾客就座，或者将顾客安排在门口附近，以方便顾客及时离开。

3. 优先为顾客点餐和送餐

基于顾客的原因，服务员要优先为赶时间的顾客服务。要立即为他们点餐，并同时告诉顾客做每道菜所需要的时间。如果顾客所要点的菜较为占用时间，服务员要轻声提醒顾客，该菜可能需要较长的时间，问顾客是否能够等待。若顾客愿意等，可以先将该菜下单，让厨房立刻准备材料，着手制作。若顾客表示迟疑或不能等待，这时，就是服务员为顾客推销的时机。

针对这些赶时间的顾客，服务员要重点推荐一些制作时间较短、上菜速度快的菜肴。可能无法考虑到顾客的口味和价格，所以在推荐的时候，还要询问顾客是否有特殊的要求，或者能否承受相应的价位。不过，服务员适合多推荐一些大众菜或家常菜，这是因为一方面，厨师能熟练地进行制作，提高上菜速度；另一方面价位都较为平民化，顾客通常可以接受。

顾客下单之后，服务员要观察上菜的速度，并提醒厨房顾客要求的做菜时限和情况。并在服务员之间互相提醒，优先为该顾客进行服务。加速每道流程的速度，缩短等候时间，并争取提前为顾客准备好菜肴。

4. 提前为顾客结账

顾客在就餐前，服务员要主动上前，询问顾客是否需要提前结账，并及时将账单做好，以方便顾客结算。如果顾客提出要开发票，服务员还要及时通知收银台，做好发票，并送到顾客手中。

总之，服务员要做到服务快捷，以免耽误顾客的时间。在此过程中，要进行简短和明晰的介绍，让顾客感到自己的要求能够得到满足，也能更迅速地完成整个服务过程。

顾客点了菜单上没有的菜

服务员在为顾客提供服务的过程中，会遇到这样的情况，即顾客点的菜在菜单上没有。顾客来消费，就希望能够吃到可口的菜肴，但菜单上没有就会影响顾客的食欲，往往也就影响了餐厅的生意。遇到这种情况的时候，服务员要灵活应对，绝不能敷衍处理。

一般出现这种情况有两种原因，一种是原来餐厅提供该菜肴，但后来不提供。所以菜单上就没有该菜品。有些顾客可能曾在餐厅就餐或者听他人推荐慕名而来，但并不知道餐厅的菜品变动，结果点了餐厅菜单上没有的菜品；另一种是原来菜单上就没有，但顾客强烈要求餐厅提供。个别顾客自认为是餐厅的熟客，在点菜的时候便自作主张，而未考虑到餐厅内是否具有该菜品。

无论顾客出于哪种原因，服务员都要坦诚面对。要委婉地对顾客说抱歉，并及时向厨师咨询，能否做出该菜肴。如果厨房有制作这个菜肴的原材料，要向厨师长了解该菜能否马上制作。若可以，就告之顾客可以制作，把价格也一并告诉顾客，在点菜单上注明。如果厨房暂时无原料，或制作时间较长，要向顾客解释清楚，请顾客下次预定，并请顾客谅解。

同时，服务员也要注意观察，顾客点了菜单上没有的菜，他的心里定然感觉很不舒服，饮食的过程可能也无法得到满足。这个时候，正是服务员推销菜品的最佳时机。服务员若能留意顾客的谈话，揣摸顾客的消费，留意其口味，就能够根据顾客的口味提出建议，为顾客开出更好的菜单。例如，有的顾客在谈话时，会透露出自己喜欢的菜肴、菜品的要求，等等。

当没有顾客所点的菜品时，服务员就及时向顾客说，说“抱歉，您点的那道菜厨房不能出品，换其他菜肴好吗？”同时向顾客介绍口味相近的菜肴，这样就能化解尴尬，并做到为餐饮做推销。

为顾客换菜肴的前提是，服务员自己要了解菜品本身的特点，然后要多从顾客的角度去考虑。并思考如何用言语表达，服务员要在平时就要对菜品本身的特点下工夫，注重积累经验。如果实在无法提出太好的替代菜品，可以向顾客推荐店内的招牌菜，用有保证的菜肴来换取顾客的理解。

由于上菜慢导致顾客不满

餐厅上菜慢可以说是餐厅普遍遇到的工作难题之一。一旦顾客用餐时对上菜速度不满，他们常常会情绪激动地对餐厅投诉，甚至迁怒于服务员，从而引发对餐厅整体的不满。因此，在餐厅经营中，上菜的速度不是一件微不足道的小事，而是关系到餐厅运营发展的大事。

为什么会上菜慢？主要有如下几个原因：

1. 厨房的原因

当后厨准备不充分——菜品原材料加工不及时、菜单没有提前准备好、在做菜过程中出现漏配现象或忘通知现象、后厨的人员不能全面的分工和高效工作、与前台人员配合不够、没有沟通上菜顺序、菜肴工序繁杂而厨师没有安排好时间等待。这些都可能造成出菜慢的情况。

2. 服务员的原因

例如，服务员的态度不积极，上菜速度慢、不能与后厨及时沟通、不按顺序为后厨下菜单、遗忘菜单等情况。有时候，顾客还能看到服务员在营业期间坐在椅子上休息，而不主动为顾客服务。基于各种服务自身的不足，都会影响上菜的速度。

3. 顾客的原因

例如，顾客点餐不够合理只点热菜、未点凉菜，顾客没有要饮品、直接等待吃菜，顾客赶时间，等等。再加上顾客往往不了解菜肴的搭配，也不清楚具体都需要多长的时间。本身等餐就让人感到不适，再加上各种因素的干扰，顾客就会很容易感到上菜慢。

遇到上菜慢、顾客催菜的时候，服务员先要向顾客表示歉意，然后查看菜单，确定是否有菜肴遗漏或者未做。确认无误后，要马上通知传菜员或自己到厨房查对、催促。如果该菜已经开始做，就应向顾客解释，并告诉他们菜很快就做好，请他们稍等，并为此再作道歉；如果菜还没做，也应向顾客如实陈述。对于坚持要快速上菜的顾客，服务员要通知后厨，先做该菜，并马上为顾客呈递。但顾客若要取消菜肴，则服务员要通知厨房停止烹调。

在一般情况下，当顾客点餐后，服务员就应在30分钟内检查顾客的菜是否到齐，如果顾客菜仍未到齐，应当马上通知厨房人员及时配菜、准备原料，让厨师先做，尽量缩短顾客的候餐时间和在传菜过程中浪费的时间。所以，要想解决上菜慢的问题，服务员一方面要主动和后厨保持联系，并注意各环节之间的相互配合；另一方面服务人员在推荐顾客点菜的时候，要注意冷热、生熟搭配，并在顾客众多的情况下，可以引导顾客尽量点用时较短的菜品，这样也可以缩短上菜的时间。

给顾客上错了菜

因服务员未记清楚顾客点的菜或者出菜口与传菜员之间没有交接清楚，而导致上错菜。服务员应当如何应对？出现这种情况，一方面可能是服务员自身的能力问题，另一方面可能是餐厅的管理有漏洞。针对这两种情况服务员可以参考以下操作：

（1）若是服务员自身登记的失误，要向顾客表示歉意，并征求顾客意见，是否需要换盘菜。如果顾客对此并未表示过多的不满，则可尝试推销该菜肴，让顾客食用。但如果顾客坚持不要，不可勉强顾客，则服务员应当通知厨师优先做出顾客想要的那道菜，并自行承担点错的菜的费用。同时，还要因耽误的时间而向顾客再次表示歉意。

（2）若是传菜过程中的失误，也应先向顾客表示歉意，由主要的餐厅负责人来澄清事情，并表示承担责任。如果顾客并未坚持换菜，可以用试探性的口吻推销，若顾客坚持换菜，则应立即催促厨房，快点再做一份。

（3）若是顾客已经吃了菜，则服务员应主动承认自己的过失，说该菜上错了，并询问顾客是否愿意享用这份菜品。如果顾客原谅，就可以继续享用。并且，必要时，服务员应当用打折或者附赠其他菜品的方法来进行弥补。若是顾客已经吃了菜，但坚持要退菜，服务员就要坚持重做，并马上补单给厨房，而用过的菜品应及时撤换。但如果顾客已经将菜吃完，服务员应当表示歉意，将菜肴打折或者赠送给顾客。

服务员要清楚，在餐厅的消费中，如果遇到为顾客上错菜的情况，要尽快进行处理，甚至要超出消费者预期的处理，以迅速把不满变成满意，而不是让不满升级。其实，做这样的处理，与其换来的良好收益相比，成本是很小的。

从预防的角度看，要想杜绝经常上错菜的现象还要使用一些措施。例如在下菜单前，服务员要向顾客仔细核对所点的菜品，然后再下单。再例如对服务员的错误操作等做监督，并将其作为月底业绩的考核等，以让服务员更认真地对待上菜的过程。另外，服务员对餐厅台号不熟悉，也会导致上错菜。这就要求餐厅在平时加强对服务员的训练，让他们尽快熟悉餐厅的内部设备和餐桌结构，以提高服务质量。

顾客发现饭菜中有异物

餐厅时常会出现顾客对饭菜中有异物的投诉，比如炒青菜中有草棍、米饭中有沙石等。有时甚至还有更让顾客不能接受的物品混在饭菜中，如木棍、碎瓷片、碎玻璃等。轻则顾客向服务员表示不满，重则顾客就可能使用法律手段来进行投诉。实际上，作为餐饮行业，餐厅有义务提供质量合格的饭菜和服务，菜中有异物，属于饭菜质量不合格，即是餐厅自身的问题。而顾客对此的反映通常是非常气愤，因为面对这样扫兴的就餐经历，败坏的不仅是胃口，还会带来自身的健康问题，极大地影响了餐厅的经营和形象。

遇到这种情况的时候，服务员首先应当致歉，争取在第一时间就安抚顾客的情绪，缓解顾客的不满。毕竟有异物的食物令顾客不悦，一直放在眼前只会惹顾客更生气。如果顾客已近吃了多半，则要注意确认顾客有无受到伤害。同时服务员要仔细分辨是什么东西。经分辨认定是异物后，要立刻为顾客重新做一份新的饭菜，或者征求顾客的意见换一款与之相近的菜肴，同时再次向顾客表示歉意。也就是说，在确定饭菜内有异物的情况下，服务员做的第一件事情就是马上换下菜品。

在再次上菜的时候，要再次表示歉意，“让您久等了”，并要发自内心地表示愧疚。要相信，顾客是敏感的，如果服务员能够发自内心地表现出对顾客照顾不周的歉意，则顾客也可以感受到这种真诚的情感。

在个别情况下，如果顾客情绪较为激动，服务员还要及时与值班经理沟通，为顾客提供免费的服务或者餐饮，以减弱顾客的不适感。若为顾客提供其他的免费菜肴，要不论价格高低，都要做到口味纯正、菜品上乘。

处理完毕后，服务员再和有关负责人通知当值经理或者厨师长，追究相关责任人的责任。此外，针对这类问题，为了减少顾客的投诉和不满，餐厅除了要注意加工环节的管控外，还要注意流通环节，也就是传菜和上桌过程，服务人员应注意检查、鉴别，发现问题及时消除，从各个程序上都保证餐饮的健康和卫生，以让顾客能够安心地进行消费。

顾客反映菜品口味不对

当顾客提出口味不对的时候，服务员要小心处理。饭菜口味不对有很多原因，有顾客口味的问题，也有菜肴质量的问题。实际操作的时候，可以按照下列方法来分别对待。

1. 顾客认为味道不正宗或者不好吃

有时候，有的顾客认为菜咸了、淡了或者和自己要求的口味不对。遇到这种情况，服务员在确定菜肴没有质量问题的情况下，即在“色、香、味”上菜肴没有缺陷的时候，可确定此问题的发生是因为每个人的口味不一样。为了能了解顾客的口味，服务员要先仔细听取顾客的看法，明确顾客所要的是什么口味的菜。如果是在调味上出现差异，还要按照餐厅的做法为他解释一次，这个菜是怎么做出来的，先后加了一些什么调味品，为什么需要这些调味品，等等。在解除了顾客的误解之后，服务员再征询顾客的意见，看是否需要换菜。如果顾客坚持换菜，则服务员应当通知厨房立刻为顾客重新做一道他满意的菜肴，并向顾客道歉。

由于个人的喜好和口味有较大差异，同样的菜品，一些顾客可能会感觉菜肴烹饪得不好吃。当顾客提出关于菜肴方面的投诉时，服务员不能轻易回绝顾客，而应当处理好顾客对所点菜品不满意这一问题。首先先征询顾客不满意的原因，了解顾客的要求。其次，根据顾客的口味推荐类似的菜肴，以弥补顾客的不快，务必要让顾客满意。

2. 顾客认为菜没煮熟或者过熟

餐厅中，也常见顾客投诉食物未熟、过熟等情况。餐厅服务员在处理时，应先向顾客致歉。如果是食物未煮熟，应该迅速将菜送回厨房，继续烹制。若是食物过于熟，则应请厨师再煮另一份同样食物，并不再收费。

3. 顾客认为菜变质

顾客认为菜品质量本身有问题，接受到这样的投诉，服务员要立即撤下菜肴，并向顾客道歉。然后拿到厨房由厨房或餐厅经理检验食物是否变质。若食物确已变质，服务员需要再次向顾客致歉。服务员要明确表示，愿意将菜肴退掉，并可以免费赠送类似的菜肴，上桌后请顾客再次品尝，看是否符合口味。若食物并未变质，则可能是顾客不了解菜肴的做法导致的，服务员应向顾客介绍菜肴的原料、配料、制作特点和口味特点等，以消除顾客对菜肴特点的误解。

上菜时汤汁洒在顾客身上

服务员在为顾客服务时，可能由于各种原因把汤汁洒到顾客身上，这时服务员该怎么办？

首先，服务员不能慌乱。服务员的失误已经对顾客留下了不好的印象，如果再手忙脚乱，就会让顾客更加心烦意乱，甚至勃然大怒。所以服务员绝不能慌乱。

其次，解决的过程中，要注意在将汤汁洒到顾客身上后，必须要先向顾客致歉。然后确认顾客是否被烫伤，如果有轻微烫伤，及时为顾客敷上药膏；如果伤的严重的话，由餐厅管理人员立即将顾客送到医院治疗。同时，还要询问顾客的状态，看顾客是否有受到惊吓。为顾客倒一杯温开水或者果汁之类的饮品，并说“别担心，我们马上为您处理，不知道有没有伤到您”或者说“您有没有不舒服的地方”。

如果顾客只是弄脏了衣服，服务员就要主动表示出对顾客的关心和道歉的诚意。在征询顾客的意见后，用干净的湿毛巾为顾客擦拭。如果衣服被弄脏的程度较轻，经擦拭后基本干净的，服务员还应表示出为顾客补偿的态度，例如免费提供一些食品或饮料，以示对顾客的歉意，同时迅速撤下或者移开具有汤汁的菜品，并清理桌面。

不过，对于顾客来说，不管衣服弄脏的程度怎样，衣服被汤汁弄污，都是件非常令人扫兴的事情。从总体上看，为了减少顾客的不悦感，服务人员最好能主动提议为顾客免费洗，如果顾客允许的话，请顾客脱下衣服，立刻送往洗衣店快速洗，最好赶在顾客用餐结束前归还。如果顾客不方便脱外套的话，应与顾客约定时间取衣洗涤。在归还衣服的时候，服务员需再次向顾客致歉，有时候，还可以附上一张表示歉意的小卡片，也许能获得顾客的最大原谅。

个别情况下，汤汁洒在顾客身上，并非是由于服务员操作不小心或是违反操作规程所致，而是由于顾客的粗心大意，衣服上洒上了汤汁造成的。这时，服务员也应迅速来到顾客面前，主动为顾客清理，并安慰和关心顾客，而不要对顾客不闻不问。

总之，在这个事件的处理过程中，服务员和管理人员都要表示出向顾客的诚挚的歉意，并表示愿意承担责任。当顾客看到服务人员积极的表态时，一般也不会继续难为服务员。而后，再根据具体情况来追究个人的责任。为了预防这类事件的发生，服务员在服务过程中，特别是在端菜上台的时候，也要注意礼貌地提醒顾客或者预留出专门上菜的位置，并让顾客避开上菜的地方，以免将菜汁、汤汁等淋洒到顾客身上。

顾客被烫、烧伤

餐饮服务中，有时候会涉及一些高温或者具有燃料性的餐饮工具。尤其是操作性和危险性餐饮器具，必须要由工作熟练的服务员严格按照操作性，以防止出现危险情况。例如对于使用酒精、煤气等火锅餐饮器具，其具有遇高温、明火易燃的特点，具有一定危险性，就必须由服务员亲手操作。

可是有些时候，顾客因操作不当或餐厅的器具使用不当，会引发意外的爆炸或者燃烧事件，结果导致顾客的人身受到伤害。这时候服务员该如何处理呢?

首先，顾客来餐厅就餐，服务员和餐厅应当能保证顾客的人身与财产安全，这是餐厅提供就餐服务的基础。除非是顾客自己没有小心操作，服务员都应当主动上前表示承担责任。

所以如果顾客在就餐期间接触可能会有烫伤、烧伤的餐具，服务员应当先小心示范操作，再密切关注顾客的举动，提醒顾客注意安全，避免意外事件的发生。

其次，顾客若已经被烫伤或烧伤，服务员发现了，就要及时上前处理。对于烫伤，主要可能是餐饮中的热汤、热油、沸水或是大量的蒸汽等引起的，服务员可以做些急救的措施。

这时的首要的急救方法就是迅速“降温”，之后再作进一步的处理。烫伤分三度：

Ⅰ度：皮起红斑，火辣辣刺痛。

Ⅱ度：患处起水泡。

Ⅲ度：伤处皮肤、肌肉坏死剥落。

无论哪种烫伤都需要急救处理。以下就介绍各种处理方法，以备餐厅工作人员在遇到此类情况时使用。

1. 迅速“降温”，用冷水冲洗患部

冲冷水可阻止创伤蔓延，且可充当临时的止痛剂。所以事故发生时可以用大量冷水冲刷患部 30 分钟以上直到伤处不再灼热。此处要注意的是勿使用冰块或冰水，以免使烧伤部位更糟。

2. 切忌不要急于脱去贴身衣服

如果顾客或餐厅工作人员烫伤时穿着鞋袜和衣服，应将贴身的衣物、鞋袜先用冷水冲洗一段时间后小心地脱去，或用剪刀剪开脱下衣物，以免将水疱的皮弄掉而影响伤口愈合。然后，再浸泡在清洁的冷水中。如果是被热油、热汤或电池酸溅到，先将被沾湿的衣服脱下，洗去皮肤上的油脂，然后将伤部浸入冷水中。

一定要注意不要用醋、酱油、马铃薯皮或蜂蜜等物治疗患部，因为这些物质会妨碍烫伤组织散热，使情况更严重，同时也可能引发感染。

3. 水泡的处理

如果顾客的烫伤部位出现水疱，应提前告知他们最好不要挑破，可用干净纱布覆盖，再用绷带包扎好，去医院处理。或者水疱可用消过毒的针穿透，使水疱的水慢慢流出，然后用消毒的纱布覆盖伤口。一定要记得告诉患者千万不要把皮肤擦破，因为这些皮肤有保护创面的作用。如果水泡已破，用消毒药水清洗创口，涂抹抗菌软膏，并保证伤口的透气性，以利于伤口的修复和结痂。

4. 盖住伤部

当处理好患部后，轻轻地用一块干净的纱布覆盖，患部将自行复原。切忌烫伤后立即涂抹结痂性烫伤药。否则的话，热量会散发不出来，就只好向组织深部侵入了，这样就会加重烫伤程度。当烧伤部位正逐渐复原，可把维生素 E 胶囊涂在受伤的皮肤上，起到缓解不适、预防疤痕的作用。

此处要注意，服务员在发现顾客烧伤或烫伤的时候，如果自己不知该如何处理，一定要立刻通知上级管理人员，而不能在一旁待着或者毫无举动。如果是餐厅器具的原因使顾客受伤，则更不能推诿责任，要及时将顾客送到医院检查，并主动表示餐厅会承担责任。如果顾客伤势严重，绝不能耽误时间，要立即由餐厅人员呼叫救护车送顾客去医院检查，并留下记录，以备后期处理。

最后，对于烧伤、烫伤的顾客，服务员和餐厅除了表示真诚的歉意外，还要照顾顾客的心理感受。顾客用餐本是件轻松的事情，但造成意想不到的伤害，会让顾客的情绪产生异常的波动，同时，受伤也让顾客变得更加敏感和脆弱。这时服务员不能再提一些可能刺激顾客的话语，如让顾客在去医院之前先把账目结清等，都会让顾客异常反感。相反，如果服务员能够适时地表示出关心，给予体贴的照顾，反倒能换得顾客的理解，从而利于事件的解决。

顾客或小孩过于吵闹

餐厅嘈杂，会让人感到心生怨愤。很多人都表示，餐馆的噪音环境影响就餐质量，甚至有人认为应当将此作为和饭菜质量同样高的评判位置上。但毕竟餐厅是公共场所，不可能没有人群声，况且一般噪音大的餐馆说明生意好，顾客为了能一饱口福，不得不忍受吵闹的声音。

而当遇到顾客或者小孩吵闹的情况，顾客的不满就会升级加倍，面对顾客这样的意见反馈，服务员应当怎样做呢？

1. 面对顾客的吵闹

餐厅中，偶尔会出现顾客吵闹的情况。这时候，服务员要做的就是先弄清楚顾客吵闹的原因。例如有的顾客在餐厅就餐的过程中会打牌或猜拳，从而影响了其他人的就餐环境。

这时候，服务员就应当礼貌地给予劝止，取得顾客的理解和合作，以免影响其他顾客。

再例如，有的顾客之间发生争吵，搅得大家都无法继续进行用餐。这时候，服务员就应当立刻上前制止。以免顾客大吵大闹，而损坏物品，影响餐厅正常的经营秩序。有可能的话，要由不同的服务员分别安抚两位顾客。并在征求双方同意的情况下，将双方安排到距离较远的地方进餐。在顾客们都略微平静的情况下，再主动为他们提供纸巾茶水等，让顾客消除情绪。

另外，当顾客感到自己没受到周到的照顾和关照时，还可能在餐厅内大声吵嚷，例如长时间都没有等到菜品。此时，如果是上菜慢的原因，服务员要上前致歉，并表示立刻去催菜。然后迅速为顾客倒茶或饮料，耐心地劝慰顾客。

如果遇到无理取闹的顾客，只是想用提高声音的方法来引起他人注意，服务员应态度和蔼，更加细致耐心地为顾客服务，尽量满足顾客的合理要求，委婉地求助同桌通情达理的顾客的帮助。通知主管、领班采取必要措施，如调整服务员服务区域等。任何情况下服务员不得对顾客态度、口气生硬，更不能发生口角。如果顾客借机威胁餐厅提出不合理的要求，则餐厅就可以召唤保安或者报警，请顾客迅速离开。

2. 面对小孩的吵闹

一般，遇到有小孩的顾客进餐时，要细心地为小朋友提供服务。并且，尽量把带小孩的顾客安排在餐厅靠里面的位置，以免小孩子哭闹影响顾客进餐。

服务员要清楚，小孩子容易蹦蹦跳跳，发出各种声音。对待小孩子的服务中，如果遇到小朋友吵闹，服务员不妨提供一些小玩具或者说一些鼓励、夸奖的话，引导小孩子安静下来。并且，尽可能快地把食物递给小朋友让他们能够静下来进餐。同时，服务员还要委婉地提醒孩子的父母，希望他们能够协助共同管理孩子，不让他们乱跑、乱吵闹等。通常家长都会积极地给予配合。

顾客向服务员敬酒

服务员在提供服务的过程中，可能会遇到顾客想向其敬酒的情况。顾客可能是出于感谢服务员的服务或者有其他目的。无论顾客是怎样想的，服务员都可以这样处理：

1. 表示谢意

顾客向服务员敬酒，从礼节上，服务员应表示感谢。比如说："谢谢您的厚爱、多谢您的抬爱"，等等。并面带感激地向顾客微微倾身鞠躬，表示谢意。这样，服务员的行为将能够给顾客非常礼貌的印象。

2. 婉言拒绝

尽管顾客看起来是好意，但在服务员工作期间，并不适合饮酒。所以服务员应当委婉地向顾客表示，目前自己仍在工作时间内，不能喝酒。同时主动地为其服务，如撤餐具、加茶水等，转移顾客的注意力，不使其感到难堪。要注意，服务员在表达的时候，要语气真诚，以便能说服顾客，获得顾客的理解。

3. 用灵活的动作化解尴尬

被服务员拒绝，顾客可能会感到很难堪。为避免顾客产生这样的情绪，服务员应当主动上前为其服务，避开顾客注意力或者用推荐菜肴等方式转移顾客的注意力。

如果实在无法推辞，服务员应当尝试以茶代酒，聊表心意或者浅尝一口，然后立刻给顾客换个酒杯斟满酒水，并同时表示谢意。或者接过杯来，告知顾客工作结束后再饮，然后换个酒杯斟满酒给顾客，同时表示谢意。

4. 及时离开

为避免顾客再次敬酒，服务员要时机恰当的时候，以为其他顾客服务为由等，及时离开。如此，也就避免了和顾客继续发生接触。并且，也减少了顾客借题发挥的理由和机会。一般，服务员离开后，顾客通常不会再想起或提及敬酒的事情。

有时候，顾客为服务员敬酒仅仅是单纯的表示谢意，如果服务员生硬地拒绝会让顾客感觉非常糟糕。在没有辨别出顾客的目的或者不能辨别的时候，服务员最好能谨慎地面对，用温和、委婉的话语和顾客沟通，务必要做到不得罪顾客。

如果服务员没有处理好，与顾客之间发生了矛盾。此时，服务员应当及时退出或者让他人帮助将上级管理人员请来，共同解决这一问题。例如，对顾客欣赏本餐厅或者服务员的服务表示感谢、向顾客赔礼道歉，耐心解说服务员不能喝酒的原因，以争取顾客的理解、为顾客提供免费的茶水或饮料等。试图用较为缓和的方式来处理问题。而不能和顾客发生正面的冲突和矛盾，否则可能使事情愈发扩大无法收场，从而影响了餐厅的正常营业。

顾客要求服务员陪酒

顾客要求服务员陪酒，有时是因为顾客性格外向，有时是个别顾客一个人喝酒感到没有兴致。遇到顾客需要陪酒，服务员该如何应对？

第一，服务员服务的时候应态度和蔼，对顾客的合理要求尽量满足。但是，对于陪酒这类的要求，服务员应当先谢过对方，然后委婉地告诉顾客，与顾客共同喝酒是被餐厅禁止的，希望顾客能够谅解。

第二，服务员若能严肃专注地进行服务，保持镇定，精神集中，就会给顾客一种无形的影响，让顾客不敢有过多的非分之想。而此时，服务员只要专心做到提供高质量的服务就可以了。

第三，服务员要注意自己的行为举止，看是否是自己的行为给顾客以错觉，让其产生陪酒的想法。为避免顾客借酒消愁，把服务员当成倾诉或发泄不满情绪的对象，影响正常的服务工作，服务员必须要更加的谨慎小心，以免把自己无端卷进顾客的是非之中。

第四，言谈不要过于隐私。有时候，顾客让服务员陪酒，是为了消除内心的寂寞等，也可能是服务员在与顾客交谈中涉及顾客的某些隐私，令其有欲罢不能之感。为避免这种情况的产生，服务员在提供服务的时候，要注意——服务周到、热情是餐饮服务追求的目标，但是，服务员不能对顾客有过多的涉及隐私的交流。在言谈时，更不能表现得太过开放或随便，有些敏感或者较为私密的话题，不要在饭桌上同顾客交流。如此，顾客自然不会找到机会与服务员搭讪，也不会有其他的想法。

第五，在服务员不能处理的时候，要及时通知上级主管。既不能在言语上直接顶撞或回绝顾客，又不能不应答顾客而让顾客感到不受尊重。为避免造成不良的效果和印象，服务员应立即报告主管、领班采取必要措施，如调整服务员服务区域等，让服务员尽快脱离这种尴尬的局面，并由主管等负责照顾顾客。但在任何情况下服务员不得对顾客口气生硬，更不能发生争执。

知名人士突然来进餐

餐厅在接待顾客的时候，偶尔会发现有知名人士来进餐，例如著名的明星、银行家、商人、政治家，也有可能是时尚设计师、演员、艺术家，等等。在这种情况下，服务员会感觉到措手不及。面对知名人士，餐厅的人员在兴奋之余，还要注意：

1. 不要声张

任何人都不喜欢在进餐的时候被人围观或者议论，知名人士更是如此。如果见到他们，服务员不能大声声张或者表现得太过激动。这样会影响顾客的用餐心情，甚至会当场离去。

因为，对于知名人士来说，隐私和安全很重要，若在用餐的时候还得不到应有的安宁，就会感到非常不舒服。

2. 提供优质的服务但是不要打扰顾客用餐

知名人士在餐厅用餐的时候，最多考虑的必然也是服务的问题。为了体现优质的特色服务，餐厅在接待顾客的时候，要根据顾客的身份、职业、所能表现出来的口味和喜好，为顾客提供个性化的服务。尽管无法做到量身定做，但要在最短的时间内为顾客提供一份餐厅的优质菜单或者推荐最有特色的菜肴，然后下工夫为顾客准备一桌能令其满意的丰盛菜肴。但是有些服务员因见到知名人士而感到非常激动，希望能多与其交谈或沟通。殊不知，在吃饭的时候，如果服务员一直打扰顾客，在一旁询问问题，顾客就会感觉食欲都被打消，根本不能安心用餐。正确的做法应是服务员在一旁为顾客提供更热心、仔细的服务，而在顾客离去的时候，可以要求签名或者合影留念，等等。

3. 送别顾客时要注重礼仪

知名人士在用餐后，服务员应有礼貌地为其拉开座位，送至门口，表现得更为恭敬，并可以适时邀请顾客下次光临，以使顾客感受到接受了较高水平的服务，从而影响其继续来用餐。餐厅的礼仪性的举动，很可能就打动和吸引了他们，让这类顾客更愿意光顾。

4. 对顾客的习惯和细节进行详细的记录

在知名人士离去后，服务员在不知顾客是否会再次来临的时候，要为顾客做好资料备份，以防止在顾客下次光临的时候，缺少准备而感到慌乱。

如今，社会上都强调名人效应，若某家餐厅经常有名人光顾，或者有名人的留影，则顾客对餐厅的评价就会在不知不觉中提升一个层级。这也证明了餐厅的菜肴丰盛可口，无形中为餐厅做了宣传。再者，若知名人士感觉餐厅的服务能够细致入微，让其感受到舒适，还会继续推荐其他名人等来光顾，也为餐厅打响了知名度。所以，当知名人士来就餐的时候，服务员要对其投予更多的关注，让其满意而归。

顾客将宠物带进餐厅

在餐厅进餐的时候，如果有宠物的叫声出现，会极大地影响顾客的情绪。但现实中，很多顾客在进餐厅的时候会携带自己的宠物。对于这些宠物，餐厅该如何看待和处理？

现在的餐厅，很少有明确标注“谢绝宠物入内”的情况，且也很少有服务员会阻止顾客带宠物进餐厅。尽管可能存在卫生和安全隐患，但其他顾客没有主动提出，一般餐厅也不会对宠物进店采取强硬态度。但是，一方面，宠物进入餐厅，肯定会影响室内的就餐环境。宠物好动，以狗为例，它们可能在顾客吃饭的时候，上蹿下跳，闻来闻去。让其他顾客会感到进餐受到了打扰，有时候还会引发争端；另一方面，宠物进入餐厅，也让其他顾客感到心里不舒适。餐厅是人们进餐的地方，若让宠物也进入，甚至在这里进餐，顾客就会感到不卫生和厌恶，还会在内心感受到不平衡，也影响餐厅的正常经营。

所以出于卫生的考虑，为避免宠物进入餐厅后，传播疾病或者在陌生的地方因受惊而伤害其他顾客，服务员应当尽量避免让顾客携带宠物进餐厅。当顾客要求带宠物进餐厅的时候，服务员应当委婉地劝阻，劝说顾客将宠物带出餐厅。

若顾客坚持，则餐厅可以将宠物安排在专门的不用于餐饮的房间里，跟顾客说明，将宠物暂时存放在里面，当顾客离开的时候，再由服务员帮助顾客认领带走。在存放的过程中，应当有相应的服务人员观察宠物的情况，保证其安全与健康。若没有存放宠物的地方，顾客又坚持带宠物进入，则餐厅服务员应当将顾客安排在距离其他人较远的地方，让宠物尽量离开人群，减少其接触其他顾客的可能性。对于餐厅里出现的这类“不速之客”，服务人员要尽量多和其主人沟通，争取取得对方的谅解和配合。服务员可以委婉地对顾客说：

"您好，您的宠物很漂亮，我也很喜欢他，这里是公共场合，可能有些顾客不喜欢宠物，您看您是否可以把宠物由我们工作人员来看护。我很乐意照看您的宠物。"之后就给放在门口的位置或者仓库等就可以了，一般顾客会选择放在门口旁边窗户附近。

总之，在餐饮场合，很多宠物都没有经过相应的卫生检疫，很容易传播疾病。为了餐厅和顾客饮食卫生，禁止让顾客带宠物进入餐厅，还是十分有必要的。餐厅也可以把相关的规定标识在显眼的地方，"养犬人及携犬人应当遵守下列规定：不得携犬进入市场、商店、饭店、公园、公共绿地、学校、医院、展览馆、影剧院、体育场馆、社区公共健身场所、游乐场、候车（机）室等公共场所"。

顾客结账时钱不够

收银员在收银的时候，有时会遇到顾客结账而钱不够的情况发生。当顾客声称没有足够钱的时候，收银员不能面露鄙色或者口出不好的言论，而应帮助顾客弄清原因，是顾客没有带够钱，还是没有找到钱包等。若真是钱包在餐厅内遗失，收银员还应当安抚顾客，并共同寻找。

如果顾客仅仅是没有带充足钱，则收银员可以根据不同情况进行处理：

1. 顾客是否有其他替代交费的途径

例如，若顾客身上缺少足够的现金，但是有银行卡也可以。现在随着银行卡使用越来越普遍，很多餐厅都能用银行卡来结账。所以，收银员在顾客不能及时提供充足现金的时候，可以站在顾客的角度恰当地提醒顾客，使用银行卡，帮助其解决问题，完成收银工作。

再例如，有的餐厅有会员卡或者其他活动折扣等，收银员也可以试图提醒顾客，看其是否能够符合条件。而不是非逼着使用现金，甚至采取强硬措施。

2. 根据顾客所欠金额的大小进行区别处理

顾客没有其他交付方式，则看顾客所欠的金额大小。若顾客所欠的金额较小，如几元或几角钱，则收银员可以直接决定免掉其差额。若所欠的金额约为餐用费的 1/10，且具有一定数额。收银员可以为顾客打下欠条，等顾客下次光临的时候，再补上。

若顾客所欠的金额较大，收银员无法处理的时候，应当建议顾客打电话让友人帮忙结账或者押下有效证件，等其拿钱后归还。对于绝大多数的顾客而言，去餐厅吃饭没有带够钱，是较为尴尬的事情，没有人愿意面对这样的情况。因此，收银员服务员要本着顾客至上的原则，从顾客的角度进行考虑，为顾客留足回旋的余地，而不是单纯机械地执行收银，也要照顾到顾客的个人感受妥善地处理。况且，用宽容的心态对待顾客也是一种招揽顾客的方法。绝对不能对顾客讲，"领导决定的，我们没办法"等之类的话。

但是，刷卡机出了故障，顾客的现金又不够。顾客又不愿意将有效的身份证件押在餐厅。该怎么办？首先问清顾客是否要发票，若要发票，并且顾客的现金差额不大，可给顾客开具一张发票的欠条，注明顾客欠的款项，等顾客在适当的时间再来结账。

如果管理人员在场，有打折扣的权力，顾客的差价在折扣的控制范围以内，可以直接给顾客用折扣的方式解决。如果管理人员不在场，员工可以在差额很小的情况下，决定免掉其余差额。

不过，若是有顾客故意拖欠或多次拖欠的情况，收银员就要态度严肃，用较为郑重的态度与顾客沟通和交涉。若无法与顾客取得一致性的意见，则要及时叫保安或者上级主管人员，让他们来进行处理。

总之，面对类似的情况，收银员既要实实在在地为顾客着想，又要慎重地考虑餐厅的经营，不能伤害任何一方以换取另一方的利益。

顾客对账单持异议

餐饮服务经常会碰到这种情况，即顾客对账单持有异议。一般是顾客认为菜价不符或者菜价弄混弄错。

当遇到此类事件的时候，服务员首先要了解顾客对账单的异议心态。消费过程中，顾客实际消费超过其承受的心理，想通过争执、挑剔来获取打折的优惠。顾客往往对最低消费、服务费等费用的附加不很了解而产生异议。也有可能由于工作失误，错算或多算，或者在消费之前，对某些费用未向顾客交代清楚，使顾客产生受骗感。或者顾客喝酒过多，或不知晓同行友人的额外消费，而产生争执。此时，买单的服务员应心平气和地站立一旁，聆听顾客的意见，并判断其意图。同时采取以下的处理方法：

1. 仔细核对

既然顾客提出账单有问题，服务员就应当耐心地同顾客一起核对上菜的品种、数量、大小盘、是否和顾客点菜要求相符合，等等，重新核对后，若发现是餐厅工作上的失误，导致账目不符，要向顾客表示歉意，并将多收的钱退还给顾客。

若是顾客算得不对，服务员就要巧妙地掩饰过去，以免顾客尴尬。并继续为顾客服务，在顾客结完账后，有礼貌地表示感谢。

2. 详细解释

不过，有的顾客可能会提出店内菜品的价格太贵等要求，拒绝付账。这时候，服务员要先了解顾客的心态。随着现在餐饮的升级和菜品质量的提升，很多菜肴的价格都有所上调。如果顾客感觉实际消费超过其承受的心理，就可能有产生异议甚至同服务员产生争执。这时候，服务员所应做的就是为顾客进行详细的解释，介绍餐厅菜品的特色，厨师的资历等优势，让顾客感觉到自己做吃的菜品的确是物有所值。当然，服务员在解释的同时，也要注意观察顾客的态度，不要让顾客下不了台。

3. 做好其他准备

解释后，若顾客仍无法接受，坚持要投诉甚至表现激动等，可以通过附赠小赠品等来安抚顾客，满足其心理需要。对这类问题的处理尽量要用温和的方式，若当时，具有折扣权限的管理人员也在场，也可以决定在工作权限内为顾客打折。如果遇上拒签账单或无理取闹的顾客，要及时报告保安部门来处理。在处理这类问题时，要注意讲话的语气和处理问题的技巧，并为顾客留面子。

除了这些解决措施，餐厅在平时也应当加强业务训练和采取必要的措施，尽量避免和减少顾客对相关服务内容提出异议的机会或可能。

服务人员应加强业务训练，尽量防止和减少顾客对相关服务内容提出异议的机会或可能。一方面，餐厅的账单应详细明了，提高透明度，打消顾客可能产生的疑虑。另一方面，餐厅收银员的收银技能和准确性也要有专人监督和培训。

服务员应清楚，收银结账意味着整个餐饮服务的结束，根据服务原则，服务员在此环节上也不能有所松懈，应当继续追求精益求精，严格按照程序将工作做好。况且，这一环节不仅涉及顾客的切身利益，同时也关系到餐厅本身的经济效益，店客之间很容易在此出现矛盾。服务员必须要加强工作责任心，谨慎对待、灵活处理，避免矛盾的产生。

为此，餐厅服务人员要严谨地对待结账这一环节，在为顾客提供服务的时候，要认真核对账单和桌号，确认无误后再让顾客交费、签单，以免出现差错，产生不必要的麻烦。

顾客损坏餐具

顾客在用餐的过程中，如果损坏餐具，服务员要如何应对？首先应该先区分原因，分别进行考虑。

例如，有的顾客在饮食的过程中由于使用时未加注意而打碎了玻璃杯、碰掉了餐盘。这时，服务人员要对顾客的失误表示同情，不要指责或批评顾客，使顾客难堪，并及时上前关心顾客，询问顾客是否弄伤自己。如已受伤，则建议及时找医生。如果并未对顾客造成伤害，则立即将已经破碎的餐用具清理收拾干净，然后为顾客换上干净的餐具，请顾客继续用餐。并注意使用语言安慰顾客，避免影响顾客用餐情绪“先生、小姐，我已换好餐具，请您继续用餐”。如果发现顾客仍无法摆脱不满的情绪，则餐厅服务员要见机行事，主动转移顾客的注意力，为顾客推荐菜肴或看顾客是否还需要其他服务等，让顾客摆脱不良的情绪。

再例如，有的顾客是因打闹或者饮酒过量，酒醉后失态，损坏餐用具等，服务员就应当在及时清理餐具碎片的时候，提醒顾客适当注意，避免造成不必要的伤害和餐厅的损失。在迅速清理餐具残片后，继续为顾客服务。

面对顾客已经损坏餐具的事实，服务员一般要做下记录，并在顾客结账的时候，委婉地提示其进行赔偿。当顾客没有异议的时候，及时向收银员说明损坏餐具数量、品名、赔偿价格，等等。

不过，有几种情况需要灵活处理，并不一定非要顾客赔偿：

1. 老顾客

对于老顾客可以不必太过强调原则，数量小或者不贵重的餐具，可以免赔。但是若被摔坏的餐具和用品较贵重，服务员可以向顾客解释清楚，并同顾客商议可以按照一定的折扣比率进行赔偿。

2. 消费较多的顾客

如果顾客损坏的是一般的消耗性物品，可以告诉顾客不需要赔偿了，如果是较为高档的餐用具，需要赔偿的，也可以按适当的比率折扣后进行赔偿。因为顾客已经消费较多，从这个角度上看，就可能会发展成为餐厅日后的关键性顾客，为了餐厅长远的利益着想，可以准其少赔偿或者不赔。

3. 贵重餐具

无意而损坏，价值不大或被损坏物品价值与其在本餐厅消费额相比，比重甚小，可以不叫顾客赔偿，假如价值较高或与其消费额相比，比重甚大，可以请顾客酌情折旧赔偿，同时要注意选择适当的时间和场合向顾客说明后索赔。

4. 坚持不赔偿的顾客

有时候，顾客在餐厅消费后，损坏餐具，坚持不赔偿。如果是一般的餐具，在一定限额内，可以让其不赔偿。但如果确实是较为贵重的餐具，则应和顾客商议如何赔偿。

5. 故意损坏餐具的顾客

若明显是故意所为，不论价值如何，均可请顾客赔偿，出于故意挑衅闹事破坏，请餐厅经理出面处理。

最后，服务员在下班前，要将登记的损坏餐具数量在第一时间上报领班或主管，并申领新的餐具。

顾客偷了餐具

令很多服务员头痛的是，顾客在就餐的过程中会偷拿餐具和用具，这种情况不仅影响餐厅的正常营业秩序，也会给餐厅带来经济上的较大损失。有时候，餐厅使用的餐具由于款式新颖别致、做工精巧，往往就会成为顾客私自拿取的对象。尤其是在顾客的用餐高峰，由于餐厅服务员的工作较忙，很难注意到这样细微的地方，就会给个别顾客提供了机会。

为了防止餐具的丢失，餐厅一方面应要求服务员在餐具管理上，特别是在对贵重物品的管理上要做到心中有数，并在平常时常查点。另一方面，在为顾客服务的时候，如果桌子上有多余的餐具，则应当及时撤走，只要将在桌子上留下与人数相应的餐具即可。

发现顾客拿走了高档餐具，实在是很令人尴尬、很难处理的事情。不要回来肯定不行，但是如何巧妙地要回来又不使顾客丢面子，确实要费一点脑筋。餐厅要训练员工懂得此类处理方法的基本原则，在不当着其他顾客面的情况下，低声告诉顾客："对不起，×× 不是一次性的"，或"对不起，您误拿了 ××"，顾客归还后要表示感谢。如果顾客执意要拿走（比如说要留作纪念），应该心平气和的说："对不起，根据我店的规定，如果您一定要带走，希望您按价购买，好吗"？ 如果百般劝解不能奏效，到最后，还是要开城布公地单独跟埋单的顾客表明餐厅的意思，希望能协助让拿了餐具的顾客主动把餐具拿出来，说明如果顾客实在太喜欢的话餐厅可以折价转让给他，但是绝对不允许私自拿走。

如果发现顾客已经拿走餐具，则服务员应当及时确认。考虑到顾客的感受，服务员在与顾客核对时，不能大肆声张，也不能生硬地让顾客当场把物品交出来。并且，在任何情况下都不能说出偷或者拿的字眼。实际操作可以以参考如下方法：

1. 区别餐具，区别对待

在发生顾客拿取餐厅餐具的情况下，服务员要根据餐具的性质，区别对待。一般，对于餐厅可以免费使用的用品，如茶叶、火柴、牙签、餐巾纸等，这些物品如果顾客私自拿走，可以忽略不考虑。但对于餐厅的餐具、小毛巾等物品，顾客只能使用，但不能私自带走。

2. 通过适当的方式取回

如果顾客已经拿走了餐厅的餐具，服务员应当尽量将其追回。但要注意方式方法和分寸。注意尽量不在大庭广众之下索回，在语言上不采用过激言词。因为，大多数顾客偷拿餐具的情节并不恶劣，有的顾客也只是出于一时的好奇和喜爱。有时顾客吃饭时喜欢上餐具，这也是情有可原的。所以在处理的时候，服务员要花费些心思，例如，在与顾客交谈的过程中，用"喜欢"代替"偷窃"，用词更加婉转，服务语言也更有礼貌。

小兰从旅游中专学校毕业两年，一直在 ×× 酒店当服务员。这天，顾客正在等待结账，小兰习惯性地飞快扫视了桌面一圈，发现桌子上少了一副汤匙架，情急之中，语气平和地对大家说："很高兴今天能够为各位先生和女士服务。希望大家都能够满意、开心，以后常来。根据以往的经验，很多顾客都喜欢购买本店的餐具作为留念。因为我们的餐具很有特色，很多都是银造的，做工精美，就像一件件精美的艺术品，很有收藏价值。比如大家面前的汤匙架、筷子架，小巧玲珑，色泽鲜艳，所费无几，在座的如果谁有兴趣购买，我可以联系营业部为各位效劳。那里有各种类型的美观的餐具供大家选择。"说完，她环视了所有的顾客，并把目光特意停留在缺了汤匙架的男士身上好一会儿，然后才故意转过身去在备餐桌忙乎。两三分钟后，她再回过身，清楚地看到，那丢失了的汤匙架已经回到了原来的位置上。

3. 无法取回的情况下，可以用记账的形式变相卖给顾客

有时候，顾客碍于情面，不愿意承认自己偷拿了餐厅的用具，并拒绝将餐具拿出来。此时，服务员不妨换一种处理方法，将餐具用折扣的价格卖给顾客，从而避免了服务员与顾客之间的矛盾冲突，也缓解了紧张的气氛。不过让顾客买下餐具的办法要慎用，有时反倒会刺激顾客的自尊心，引发新的冲突。所以，处理此类问题的最佳办法是事先提醒顾客，预防为主。若发现顾客偷拿，应采取暗示的办法让顾客自动归还。

发现未付账的顾客离开

餐厅服务中，发现顾客在未付账的情况下离开，对服务员来说是件非常棘手的事情。服务员应先有这样的认知，故意不付账的顾客是很少的。顾客发生吃完后忘记买单的情况，也是有可能出现的。服务员不能对此带着情绪，用带有偏见的眼光看待顾客，更不能用质问的语言来同顾客说话。

如果发现顾客未付账就要离开所在的餐厅，服务员一定要保持冷静，绝不能不问青红皂白，抓住顾客就追账。这不仅让顾客感到难堪，还得罪了顾客，造成极坏的影响。

相反，服务员要先走到顾客身边，很礼貌地和顾客打个招呼问问是否就餐完毕，如果顾客回答是吃完了，则服务员这时候可以顺势递上菜单，热情地表示为顾客进行结账服务。一般情况下，顾客看到服务员的动作就已经明白了问题的所在，自然会很配合地进行结账。

如果顾客身边有朋友，就应站在顾客一边，有礼貌地小声地把情况说明，然后让顾客及时把餐费结清。此种情况下，尤为要注意礼貌，如果粗声粗气地质问顾客，有可能使顾客反感而不承认，反而造成不可收拾的局面。如果顾客送别他的朋友，随送顾客至门口处，可以向顾客多致几声问候，以达到提醒顾客的目的，此时顾客定会不由自主想起自己尚未结账。如果顾客在你的特意提醒下还未想起来，则可以用言语提示。例如："先生，给您准备了小礼品，在吧台放着"等。若顾客还未想起，则需要礼貌地向顾客说明。但是要求服务最终不能伤害顾客的面子。

但若顾客并不合作，以各种借口来搪塞服务员，暂时拒绝买单。这时，服务员就要注意了，要婉转地表达让顾客先买单再离开的意思。倘若顾客坚持不合作的态度，服务员就要及时请保安过来，协助处理。

除了事后的及时处理，餐厅还应加强事前的预防，在服务的各个环节，采取一定的预防措施或者对服务员加强培训。例如，从顾客进入餐厅的时刻开始，服务员就要留意值台区域内顾客中的主客区别，辨别出将由谁结账，避免出现推诿和结账差错的情况。而当顾客就餐的过程中，服务员要勤于观察，看顾客餐饮即将结束，就要适时取来账单，让顾客结账。同时，如果顾客在用餐过程中有什么特殊举动，也可以主动上前进行询问，并提醒其他服务人员，防止顾客逃单。

从处理顾客未付账离开餐厅这一事件上来看，餐厅必须在平时就注意对服务员观察力、记忆力和服务能力的培训与考核，这样才可能保证其服务工作的质量，并减少工作中的差错和损失。面对形形色色的顾客，即使判断出顾客有可能是故意逃账，服务员也要假装不知，语言仍然需要注意礼貌。

顾客财物丢失或损坏

作为一种公共场所，餐厅进出的客流量较大，人员也较为复杂，难免会发生顾客财物丢失或者损坏的情况。所以店员在接收到顾客丢失财物的信息时，要保持冷静，并主动要求为顾客进行寻找。

实际上，为避免顾客的损失和对就餐氛围的破坏，一般店员在顾客进入餐厅进餐的时候，就应提醒顾客注意保管好自己的财物，提高自身的警惕。

倘若顾客不幸丢了财物，店员需要保持同情与关注，并尽量为顾客寻找。例如在顾客的座位处、餐厅的通道、地面等等，一定要仔细地在餐厅内帮对方寻找。如果顾客没有找到，店员应当记清楚顾客用餐的具体位置、餐桌的台号、物品的件数和特征等情况，并且当着顾客的面登记备查。如果有了物品的下落，就可以根据顾客留下联系地址和电话号码等及时通报。

在帮助顾客寻找物品的过程中，顾客的焦急情绪，可能会转嫁到服务员的身上，甚至对餐厅的环境或者服务员产生怀疑，有时甚至当场说些情绪激动的话。这时，服务员要从顾客的角度出发，报以同情和理解，不急不恼，不与顾客争辩，而是用自己的实际行动来替顾客排忧解难，这样，便会化解顾客的愤怒，有助于事情的解决。

如果当时无法为顾客找到，应当适当地安抚一下顾客，或者让顾客暂时在餐厅内休息一下，喝一杯茶水。再好好思考一下还可能会将东西留在什么地方，或者帮助顾客回忆，也许能发现一些线索。

经过一系列的查找后，仍未找到，则服务员要主动向顾客提出会继续关注丢失的财物，一有消息一定通知顾客，并与顾客约定一个时间，无论能否查找到，都给顾客一个回复。在经历丢失物品的不良体验后，如果顾客能及时体会到服务员的人性化关怀，定然会心存感激，并对服务员留下良好的印象。

如果在一段时间后，服务员找到了顾客遗失的物品，应当妥善地给予保管，并及时报告当天的领班或餐厅经理，留作备案，以等待顾客来寻找。但如果顾客联系不上或者一直不来拿取，则服务员可以将物品送到保安部，待后处理，或者交由餐厅相关人员继续保存，以等待顾客来寻找或者索要 。

做为餐厅方面应做好各方面的工作以给顾客提供一个安全、舒适的就餐氛围。可从以下方面入手：

（1）在店堂内张贴温馨提示语及由公安局提供犯罪分子经常作案的手法，以提醒顾客引起警惕。

（2）在餐中工作人员应加强对餐厅的巡视工作，对在餐厅兜圈子的可疑分子给予关注，并做好椅套服务与提醒顾客注意随身物品的保管。同时领导应随时给服务人员灌输这方面的安全服务意识，以免类似的事情再发生。

（3）在生意较好时，会有个别社会上的不良分子，混水摸鱼，混入餐厅混吃、混喝，甚至偷盗顾客财物。服务员在人多生意忙时，应时刻留意这种人的出现，一旦发现可疑人员，应不动声色地报告管理人员，并密切留意该人的一举一动。

顾客在餐厅醉酒

在餐厅吃饭，有时顾客会醉酒，此时若顾客继续喝酒，可能就会趁着醉酒闹事。为不影响餐厅的正常经营，服务员要随时观察顾客。如果发现有醉酒的情况出现，应及时进行处理。

首先，如果发现顾客已经接近醉酒的时候，言谈间应从关心顾客的角度出发，机智巧妙而又礼貌地谢绝继续为顾客提供酒水，向顾客推荐一些不含酒精的饮料或果汁，如咖啡、热茶、矿泉水等。再及时为顾客递上热毛巾，让其逐渐恢复神智，回到较好的状态。

如果顾客因醉酒在酒店各营业区域突发疾病，服务员不得移动顾客身体，应疏散围观顾客，询问其同伴顾客是否有疾病史。随后立即通知大堂经理和安全部人员携带急救药品到达出事现场，根据顾客病情及时做出处理。醉酒顾客因突发疾病造成死亡，应第一时间拨打120、110，在110没到之前要保持现场原貌，保留顾客食用过的所有食品留样备查，同时通知值班人员，及时疏导围观的顾客并说明情况，以免给餐厅造成不良影响。劝阻其同伴不要离开现场，配合公安机关进行调查。

其次，对于已经醉酒的顾客，服务员要注意其喝醉程度，并对其采取醒酒措施。如送上醒酒果汁（梨、橙、苹果、西瓜等）或醒酒汤（食醋 30 毫升加白糖 15 克加少量开水或红糖 20 克加生姜 5 片加水煮），再请顾客到通风处休息。或者将顾客暂时带到离其他顾客较远的、比较安静的位置，让顾客躺下或者倚靠在桌椅上放松休息。注意顾客的情绪，恰如其分地关心顾客，注意不要在语言和行动上刺激顾客，以免引起顾客冲动，避免影响到其他顾客用餐。

再者，若遇到顾客因醉酒而呕吐，服务员要提供体贴的照顾。我们都不希望有顾客在餐厅醉酒，但如果顾客酒醉，并有呕吐，则服务员不能表现出皱眉、黑着脸等容易激怒顾客的动作和表情，而是要赶紧清理，耐心地为顾客服务。安排顾客暂时休息，若顾客有友人陪伴，还要提醒顾客朋友照顾。

服务员发现顾客醉酒闹事损坏餐厅设施、设备时，首先询问顾客是否受伤，是否需要救治，然后报经理通知工程部对顾客损坏物品进行估价，或咨询财务部查询物品价格，然后与顾客协商进行赔偿。如顾客对损坏设施、设备的赔偿价格有疑义，大堂经理可报值班经理说明情况，拿出具体处理结果由大堂经理向顾客做最终答复，如顾客对餐厅的最终答复仍不满意时，值班经理或大堂经理通知安全部执行餐厅决定或满足顾客要求。顾客在餐厅醉酒后被绊倒撞到物品导致物品摔坏。餐厅有权选择要求赔偿的方式。一般情况下，能恢复原状的，先恢复原状，不能恢复原状的，可以要求赔偿损失。

对于已经有所恢复的醉酒顾客，服务员应当委婉提醒其及其他顾客让其注意酒喝多了，会影响身体健康。

最后，还要提醒服务员要注意顾客的情绪。恰如其分地表示关心顾客，注意不要在语言和行动上刺激顾客，引起顾客冲动反应。尤其是在醉酒的情况下，顾客有时神智并不清醒，若服务人员的言谈无意中激怒顾客，将会引发难以预料的后果。同时，与醉酒失去理智的顾客相比，服务员还要注意控制自己的情绪，不能与顾客发生冲突。

顾客醉酒要准备离开的时候，服务员要提醒顾客带齐物品，及时帮助检查有无遗漏，并送顾客离开餐厅。如果顾客是开车前来而醉酒，则餐厅可以联系顾客的家人或者朋友，请求来人帮助顾客；另外还可代为顾客联系出租车，让顾客同行中清醒的人护送醉酒顾客离开，顾客的车在餐厅停放，等其清醒后来取。如果顾客没有开车，离开时，服务员就应当在必要时帮顾客叫出租车，交代好司机，并记下车牌号。

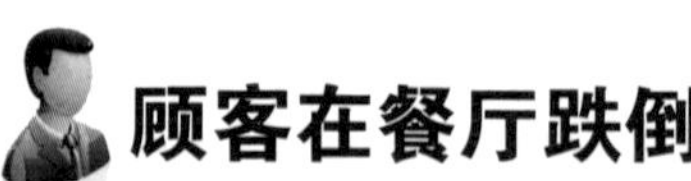

顾客在餐厅跌倒

顾客在餐厅跌倒，属于餐厅中的突发事件。服务员若发现这种情况，应主动上前扶起，安排顾客暂时休息，细心询问顾客有无摔伤或碰伤，严重的马上与医院联系，采取措施，事后检查原因，引以为鉴。要迅速上前查看顾客的情况，并主动上前扶起，安置顾客暂时休息。通常顾客跌倒的原因可能有三种，根据这三种不同的情况，服务员分别采取措施来处理：

1. 餐厅地面的原因

有时候，由于地面有水或者刚刚进行过清洁，也可能会让顾客跌倒。在这种情况下，服务员首先要向顾客致歉，表示是餐厅的问题，并主动把顾客搀扶起来。如果需要，服务员可以为顾客提供一些简单的菜肴或者饮料，让顾客舒缓受到惊吓的情绪。同时，服务员要及时检查地面情况及发生事故的原因，引以为鉴并及时报告，做好登记，以备查询。并且，服务员在地面应当设置一定的警示标志，以防止再有顾客摔倒。

2. 顾客自己不慎跌倒

由于顾客在走路的时候，没有注意或者脚下有东西被绊倒，这种摔伤属于正常情况下的跌倒。当服务员看到顾客跌倒的时候，要细心询问顾客有无摔伤或碰损，如果磕碰的程度较为严重，则要替顾客拨打120或者及时与医院联系，采取措施。若顾客跌碰的程度不严重，则待顾客情绪稳定后询问其情况，并用委婉的语言提醒顾客要注意安全。

3. 顾客身体的原因

在个别情况下，由于顾客身体不适，会突然在餐厅跌倒。这时候，服务员要先上前查看顾客的情况，是否清醒。如果顾客因身体不适陷入昏迷，则服务员不能挪动顾客，而是及时通知管理者，并协助顾客拨打急救电话。等待急救人员到来，协助管理者进行后续处理。

此时，如果顾客陷入深度昏迷，则应立刻送顾客到医院就医，并及时通知餐厅主管顾客的情况。但如果顾客暂时清醒过来，服务员仍要注意后续的观察，在顾客躺下休息一段时间后，再观察顾客的举动，并主动为其提供更为细心的服务。

对于摔伤的顾客，服务员也不能过度声张，并阻止其他服务人员或者顾客围观或嘲笑，以避免给摔倒的顾客带来不必要的压力。如果顾客摔伤很重，应当由餐厅的管理人员主动送顾客到医院接受治疗，并为顾客支付费用。在这种顾客身体受到伤害的时刻，服务员和餐厅不能推卸责任，应主动表示分担顾客的医用费用，毕竟顾客是因为餐厅地面滑而摔伤的，餐厅应当为顾客支付一定的费用或者补偿金。

顾客打架闹事

餐厅是为顾客提供休息、餐饮、娱乐、放松的场所，如果有顾客打闹，既会影响餐厅的经营，又会威胁到其他顾客安全。通常情况下，顾客到餐厅就餐都能保持良好的秩序。但也会有特殊的情况，如果遇到顾客打架闹事、寻衅滋事等情况，服务员应保持一种理性和平稳的心态，尽量采取理性的处理方法及时将事态遏制，具体方法如下：

（1）如果顾客相互认识，共同来到餐厅，发生冲突。则服务员应当上前，与其同伴等人协商，将顾客分别劝开，并进行安抚。最好能让其友人们将双方制止，餐厅的服务人员在一旁辅助帮忙。倘若顾客之间动用餐具或其他物品时，服务员就必须请保安前来，相互配合制止顾客的不理性行为。同时要报告餐厅值班经理。如果打闹者的行为危及到其他顾客人身安全时，其同伴又不予配合的情况下，要令保安人员等强行制止酗酒闹事的人。

（2）如果顾客并不认识，相互发生冲突。服务员要弄清原因并尽量用舒缓的语气进行调节，注意，劝解要公正，不要偏袒，更不能从中激化矛盾。机智、果断、灵活地与双方顾客周旋，使之相互谅解，达成和解的认知。但若顾客不听劝告，同行的人不但不劝阻，甚至帮忙打架闹事，服务员在不能制止的情况下，应当及时拨打110报警，由公安人员出面解决。

对待这类顾客，由于其情绪较为激动，一般处在头脑失控的状态，如果采取正常的处理手段，往往不会取得令人满意的效果，有时还会加剧矛盾。在此时，服务人员应心平气和地采用软性的处理方法。尽量劝说和解，用有礼貌和具有逻辑性的语言唤醒顾客的理智，让其尽快地恢复常态。

服务员在处理的同时要注意保障不影响其他顾客。同时保护公司财物不受损失。发现顾客吵架，马上隔离一方到别处再劝另一方，并通知保安部，在劝架过程中应避免与其他顾客冲突。尽量劝到隔离的地方去。保安人员在不得已的时候才出动强的手法。当值主管把餐厅的损失及时报保管部处理顾客。马上找到大堂副理和保安部人员让其处理，一般先劝架，发生纠纷先调解，严重者报警。一般员工不要贸然参加处理过程，也没有资格处理，除非与其有关。

同时，服务员也要注意，一旦出现顾客打架的事件，要尽量将周围的餐具、酒杯等器具移走，以防止双方使用这些利器互相伤害，并密切注意事态的发展，及时向大堂经理和保安部报告。

总之，为预防顾客打架闹事，服务员在平时也要注意观察顾客的动态和行为举止。对于那些在餐厅聚会、相互劝酒无节制的顾客，餐饮服务员应保持密切的关注，发现其有打架闹事的倾向时，要及时将其分开，并通知保卫部采取必要的措施。

第十六章 机智处理顾客的投诉

建立顾客投诉的渠道

需要怎样的服务？希望菜肴能有怎样的改善？这是顾客应有的发言权。也就是说，顾客的意见是餐厅理应接受的。但目前我国的餐厅和顾客之间并没有建立起良好的沟通机制，甚至有的餐厅根本没有与顾客沟通的意愿。处理顾客的投诉，就像是“兵来将挡水来土掩”的临时性表演。

其实，餐厅建立顾客投诉渠道是一个同顾客拉近距离、培养感情的机会。为顾客提供通畅、方便的投诉渠道，将对餐厅的发展起到良好的作用。现实中，餐厅一般有以下几种供顾客选择的投诉渠道：

1. 向服务员当面投诉

顾客直接与服务员沟通，对服务中出现的问题进行反映，力求迅速解决。这是最常用的一种投诉渠道，也是最为便捷的。一般，顾客都希望问题能得到重视，并立刻解决。所以，服务员就需随时充当一个倾听者和接受者的角色，做好接受顾客投诉的心理准备，不要在顾客投诉时，出现惊慌失措或者抵触的表现和情绪。

2. 通过客服热线进行投诉

有时候，顾客在离开餐厅后，对餐厅的服务有所不满，也可以用客服热线进行投诉。一般餐厅可以将客服热线或者投诉电话印在卡片或者餐厅的餐巾纸上，以方便顾客注意和记忆。

3. 在餐厅内设置意见箱或者意见簿

餐厅内部悬挂意见箱或者意见簿，也是一种不错的让顾客抒发情绪的渠道。在顾客用餐后，可以适当征询是否有不满之处。如果有，则可提醒顾客将投诉内容写在意见簿或者纸张上，放入意见箱，以供统一处理。

4. 专门配备处理投诉的人员

个别大型的餐厅，还会备有专门处理投诉的人员。例如，大堂经理一般也具有处理投诉的职责。为了让服务员和餐厅的工作不受影响，可以由这些专门的人员对投诉进行处理。在遇到顾客投诉的时候，由服务员直接将他们找到，为顾客处理投诉。

5. 在网站上设置投诉版块

作为信息时代的一种特征，网络已经非常普及。而它们在服务行业中具有的信息反馈作用也日益重要起来。一些餐厅会在网上设立自己的网站，而在这些网站上，为能更好地让顾客对服务发表自己的看法和意见，也应当设立投诉的版块，并由专门的人员负责回应和处理。

总之，如果没有合适的顾客投诉渠道，餐厅就不可能与顾客进行良好的双向的互动沟通，也就不可能了解他们的心理需求和物质需求，服务就会一直具有缺陷。相反，顺畅的顾客投诉渠道能让顾客与餐厅和服务人员拉近距离，以便以后的服务更具有针对性，投客所好。

从餐厅的角度看，顾客的投诉是具有积极意义的，它有利于服务质量得到进一步的提升，赢得更多的忠实顾客。因为，绝大多数的顾客若是不满意，不会将问题提出来，但以后绝对不会再光临，这就等于根本不给餐厅消除他们不满的机会。相对的，有些顾客会向餐厅诉说问题，如果这些问题得到及时解决，顾客还是会回头的。如此看，接受顾客的投诉对餐厅的“利”大于“弊”。

餐厅服务中，如果顾客感觉到他的消费感受低于他的期望值时，就会产生不满或者抱怨的情绪，在这种情况下就可能会引起顾客的投诉。如何合理、有效地处理顾客的投诉，就成为服务员必须掌握的一项基本技能。

顾客选择投诉，一方面是希望问题能得到解决，另一方面是希望得到餐厅的关注和重视。服务行业的相关数据显示，5% 以下的不满意顾客会投诉，而 95% 左右的不满意顾客通常不会投诉，但是会把这种不满意告诉给他周围的其他人。也就是说，会有更多的人感受到这种不满意。若顾客的投诉能够得到重视，就会有一半以上的顾客选择继续消费，若问题能被迅速解决，就可以有高达 80% 左右的顾客选择继续消费。可见，有效处理顾客的投诉，才是餐厅经营的长久之道。

相反，如果服务员不能很好地处理投诉，不仅会影响投诉顾客的心情，也会影响到其他在餐厅内用餐的顾客，甚至让餐厅的形象受到破坏。例如，与顾客对峙、甚至争吵，就会影响其他顾客的正常用餐，也让餐厅和谐温馨的氛围一扫而光。其造成的不良影响，往往是很严重的。

因此，餐厅要正确处理顾客投诉，把投诉所带来的不良影响降到最低点。餐厅在日常为服务员培训处理顾客的投诉时，不能简单带过，应当详细介绍处理顾客投诉的程序和步骤。培训的过程中，要让每位员工都意识到，顾客投诉不仅不是无理取闹的行为，重视顾客的投诉更会给餐厅带来诸多的好处：帮助自身找到解决问题的最佳途径，改进管理和服务的方法，提供培训员工、帮助员工提高服务技能和应变能力，等等。对于餐厅的员工来说，投诉的处理是一项非常具有挑战性的工作，但若能通过训练再加以灵活的运用，也是可以顺利应对的。

引起顾客投诉的原因

服务中，顾客的投诉是一个良好的自省的机会，餐厅和服务员要分析其中的症结所在，以便在以后的工作中弥补不足，为顾客提供更好的服务。

一般，容易引起顾客投诉的服务环节主要有菜肴价格贵、菜肴质量差、服务员服务态度恶劣，如言语粗鲁、态度冷漠、爱答不理、同顾客争执、环境卫生差等方面。不过最集中的还是反映在服务问题上，而服务问题可分为服务质量和服务态度两大区域。究其原因有以下几点：

1. 顾客用餐前的环节

（1）餐厅正常营业，但顾客进入后，却无人迎接。服务员各自休憩，不带领顾客入座。

（2）顾客就座后，发现桌椅卫生极差或者餐具上有污点、有破损及餐具码放不整齐。

（3）顾客数量众多，但服务员增加餐具或者桌椅的速度过慢。

（4）顾客入座后等待较长时间，但没有服务员前来问询并提供服务。

2. 顾客用餐中的环节

（1）服务员将顾客所点的记错或者没有核实桌次就上菜，导致菜肴重复或错误，给顾客带来尴尬的局面。

（2）顾客点菜后较长时间，才被告知因缺少原料，无法做所点的菜肴。

（3）顾客中有吸烟者，但服务员未能及时提供或者更换烟缸。

（4）服务员在上菜或服务过程中，动作幅度过大，造成声响，影响顾客进餐情绪。

3. 顾客用餐后的环节

（1）顾客尚未离开，服务员就开始清扫卫生，严重影响顾客的用餐。

（2）临近关门的时候，顾客在店内逗留，服务员直接将灯具关掉、停止各项服务。

除此以外，对服务态度的投诉，也可能发生在餐饮的其它细节中，这就要求餐厅在日常生活中应加强服务员的礼仪训练，以减少因态度问题引起投诉的事情发生。

总之，对服务质量的投诉，是因为服务员没有按照有关原则来服务，从而引起顾客的不满。它可以在餐厅服务的任一环节出现，只要服务员违反相关规定，就会影响整体的服务质量。

除了上述顾客容易投诉的问题外，在餐厅服务的实际操作中，还有顾客的投诉未必合理，甚至是恶意挑拨的情况出现。这就需要服务员在面对投诉的时候，要学会区分什么样的投诉是合理的、可以接受的投诉，什么样的投诉是恶意的甚至欺诈性的投诉。可能引起顾客投诉的客观原因主要是：设备损坏没有及时修好，餐厅椅子不牢固摔倒顾客，丢失文件无法找回等。

一般，当餐饮服务员遇到顾客投诉事件，首先要想到是否是本身服务或者态度的问题，也就是先自省，如果过错方是自己，那么要及时道歉并为顾客解决问题。如果并非是服务员或者餐厅的原因，通常是由以下两个方面引起的：

一方面可能是顾客过于挑剔，但并非出于恶意。在这种情况下，服务员要尽量满足顾客的需求。要牢记“顾客的需求在服务中是至高无上的”。无论是重新上菜还是做其他的补偿，都要先对顾客解释清楚。切记，即使要面临重做的麻烦，也不要对顾客报以冷漠甚至粗鲁的态度，以免使矛盾激化以致失去顾客。

另一方面，也可能是由于顾客的情绪不稳定而引起的投诉。例如有时顾客会碰到一些意外的情况，如路上堵车、用餐高峰、事业不顺等，就会增强顾客对其他事物不满的心理。这个时候，可能服务员和餐厅并没有过错，但顾客却将情绪都投注在餐厅之中。遇到这种情况，餐厅不能事不关己就不予理睬，而要体谅和安抚顾客的心情。尽量顺着顾客的意愿，为他开解，然后再帮助其点餐，注意语气要温和，以免有干涉顾客之嫌。

以上两种，通常都被视作是合理的可以接受的投诉。可现实中也不乏故意挑剔，恶意讹诈的顾客。

在实际操作过程中，往往有个别不诚信的消费者抓住餐厅不愿声张的心理，故意在菜肴上放置异物，或者故意影响服务人员的服务，进行恶意的欺诈。这时，服务员也要先平心静气地为顾客做解释，力求将问题迅速处理。但如果顾客执意要坚持不合理的要求并作出损害餐厅利益的行为，服务员就应该及时通知保安。

所以，如何区分不同的顾客投诉，明辨是非，灵活应对，就需要餐厅服务人员注意积累相关服务经验，使用有针对性的方式来维护餐厅的声誉和利益。

仔细分析顾客的心态

着手处理顾客投诉前，服务员应当对顾客的心态有所了解。无论是何种方面的原因导致顾客的投诉，顾客的心态都是大同小异的。一般，顾客投诉的心态主要有：寻求关注、寻求尊重、寻求发泄、寻求补偿、寻求暴利等五种心理。

寻求关注的心理表现主要是：顾客希望自己能够引人注意，通过投诉，感受关注的感觉。很多顾客在平时都是普通的员工或者工作者，他们在工作中并不引人注意，也很少受到关注。当来到餐厅的时候，因为是花钱消费，就有一种想要寻求关注的需求。他们希望意见被重视、被采纳、被实施，以感受到工作和生活中无法体验的成就感和满足感。对于这类顾客，要尽量表现出对其提出问题的重视程度，并向其表示郑重的歉意，然后立刻采取行动，解决所投诉的问题。

寻求尊重的心理表现主要是，顾客希望自己能够得到应有的尊重。一般，当服务态度和服务质量有欠缺的时候，顾客会感到非常不受尊重，不满之情自然溢于言表，这也是普通的顾客常见的投诉理由。对于这种顾客，在确认他的投诉后，要认可其说的话是有道理的，给予他们充分的尊重和理解。一旦服务员表示歉意，顾客的态度自然就会软化下来。

寻求发泄的心理表现是：顾客在进入餐厅前，就已经“七情浮面”，生活中或者工作中遇到的不满和烦恼的事情，让他们情绪不佳。这时，他们想寻求一个发泄的地方和机会，以求心理平衡。一般，这类顾客从表情上就可以辨认，他们表情严肃表现出愤怒甚至敌视态度，语调高亢，语调尖锐，并不时会对服务员做出大声的命令或者呵斥。面对这类顾客，服务员要多加留神，提供服务时要迅速、及时，服务质量要好，服务动作要标准、到位。偶尔顾客有抱怨或者发脾气的声音，服务员要笑面应对，并用柔和的语言化解尴尬的气氛。

寻求补偿的心理表现是：顾客在受了一定的损失，包括物质方面或精神方面后向服务员投诉，希望能够得到一定的补偿。例如食物不洁、菜中出现异物等希望餐厅能给另上一道或者给予其他菜肴作附赠，以让心理得到安抚。对于这类顾客，只要其要求不是特别过分，服务员理应立即答应，并给予适当的打折或者补偿。

寻求暴利的心理表现是：有些顾客，既可能是在接受服务后发现问题，也可能是故意给餐厅制造问题，然后在餐厅表示要低调处理的时候，寻求暴利，否则就以此为要挟。对待这种顾客，如果是前者，服务员应当尽量解释和道歉，并尝试用一定的补偿看是否奏效。若是后者，在服务员沟通不能解决的情况下，餐厅就应当让保安或者警卫来处理。总之，餐厅了解了顾客投诉的心态后，处理起问题来就可以简单很多。

处理顾客投诉的流程

处理顾客投诉的技巧，可参考下列的“五步法”，即通过五个步骤，顺利化解顾客的不满情绪，解决所投诉的问题：

第一步，倾听。

倾听是解决问题的前提。服务员当务之急是要了解问题的核心在哪里，而不是先进行解释或者辩驳。在倾听时，不但要听他表达的内容还要注意他的语调与音量，这有助于你了解顾客语言背后的内在情绪。无论服务员是否认同顾客的想法和意见，都应作出认同顾客情绪的表现。等顾客将心中的怨气发泄干净后，自然就能平静下来，与服务员有所合作。

第二步，道歉。

顾客投诉的对象，也许是服务中存在的问题，也可能是菜肴中的问题，无论属于哪个部门的过失，服务员都应先以诚恳的态度向顾客道歉，即使顾客误会，也要体谅顾客的心情，为其在本餐厅就餐过程中的“生气”而表示歉意，并耐心地向其解释。况且，道歉的心态也说明餐厅的“退一步”，给顾客一个降低情绪的台阶。

第三步，询问。

顾客的情绪稍微稳定后，服务员还要详细询问一下个别细节问题。此时，要学会巧妙地问话，例如：“我很愿意为您解决问题，情形是这样的……您看，还有什么补充吗？”

这句话界定了具体问题出现在哪里，以及思考如何解决。在询问的过程中，服务员要显示出乐于为顾客提供帮助的态度，礼貌的询问，从而进一步消除对立情绪，这样双方才可能澄清其中的问题，并找到解决的方法。

第四步，解决。

掌握具体情况后，服务员要为顾客提供几种解决的方案。通常一个问题的解决方案都不是唯一的，给顾客提供选择会让顾客感到受尊重。同时，顾客选择的解决方案在实施的时候也会得到来自顾客方的更多认可和配合。在提出解决方案后，服务员应当根据解决问题的难易程度做恰如其分的估计，确定所需要的时间，最好能定一个较为具体的时间，然后将确定的时间明确告诉顾客。如果在短时间内，问题不能及时解决，服务员就应当诚实地回馈顾客，作出相应解决的承诺。

倘若所需要解决的问题已经超出了自己的职权范围，服务员就要应立即与较高层的管理者联系。对一些复杂的问题，不应急于表态和做承诺，以免造成被动。

第五步，后期反馈。

顾客选择了解决方案，并由餐厅和服务员落实后，还要及时地检查和向顾客反馈。比如，要时常对处理结果进行跟踪和监督，确定问题是否彻底解决。并且可以联系顾客，让其继续来餐厅进行体验和感受，看是否对改善后的结果满意。另外，若顾客愿意继续光临，还应向其表示诚挚的谢意，感谢他对餐厅和服务的关注与支持。

处理顾客投诉的主要原则

餐厅的服务员应有这样的心态，即“有顾客投诉是正常现象”。从某种意义上讲，投诉也是沟通餐厅与顾客的桥梁，服务员应以平和正常的心态来对待顾客投诉，不应带逆反烦躁情绪。面对顾客投诉，服务员要在保持良好的心态的情况下坚持这几项处理的基本原则：

1. 弄清事实的原则

在接待顾客时，接待人员首先要表明自己的身份，使对方产生一种信任感、信赖感，愿意并相信你能把问题处理好；在顾客指名要总经理接待时，经理要亲自出面，代表总经理进行处理；顾客是公司的“上帝”，不管顾客态度如何都要保持“冷静、倾听、了解”的态度去接待处理顾客投诉；迅速通过有关渠道，了解顾客投诉事件的来龙去脉，做到心中有数。

2. 尊重顾客感受，尽量安抚顾客情绪的原则

服务员在处理顾客投诉的时候，应能站在顾客的立场上来将心比心。应当表现出充分的理解。服务员应不断对自己强调，顾客是前来消费的，享有充分的自由，凡事都应当以顾客的感受为先。

投诉时，顾客的情绪大多不稳定，常心怀怒气。这时，服务员应当做的就是尽量安抚顾客情绪，待其化解了怒气、心理平衡之后，再解决问题。作为一名服务员，接受到顾客投诉，无论已经被证实还是没有被证实的，都应放低姿态，先表示道歉，然后再搞清楚顾客的怨气从何而来，以便对症下药，有效地解决问题。

3. 不与顾客争辩的原则

顾客一般是遇到了麻烦、不顺之后才来投诉的，往往心里是有气的，难免会表现在言语行为之中。对待怒气冲冲的顾客，服务员首要的做法就是理解、克制，应该心平气和地听顾客把自己的遭遇讲完，对顾客表示歉意。如果顾客情绪很激动，服务员就更应该注意礼貌，绝不能与顾客发生争执，一旦争执，就会给顾客留下糟糕的印象，进而影响到顾客对服务部门的印象，或许下次就再也不会光临。因此，服务员一定要努力克制自己，设法平息顾客的怒气，必要时将管理人员请出来接待顾客，解决问题。最好的方法，是持冷静的态度并坚持听下去。服务员必须有这样的认知，顾客的气愤并非针对你，而是针对服务中的某些问题。身为服务人员，所做的就是倾听事实，并帮助顾客寻找解决的方法。

4. 维护餐厅利益的原则

服务员在处理顾客投诉时，一方面要注意平息顾客的情绪，帮顾客解决问题；另一方面，也要注意维护整体的利益，即要懂得一些处理问题的技巧。比如在对顾客所投诉的问题进行解答时，不能简单地把一切责任都推卸给其他部门，随意贬低其他部门，以此来暂时平息事件。这种做法虽然能消去顾客的心头之气，但却损害了整体的利益，是不可取的。此外，简单地退款或是减少收费也不是解决问题的最有效办法，一般来说，服务员可以通过面对面的额外服务，以及对顾客的关心、照顾来得到解决。

维护餐厅应有的利益，作出恰当处理。明显属于服务工作中的过错，应马上道歉，在征得顾客同意后，作出补偿处理；对一些复杂问题，在真相不明之前切忌急于表态和当面贬低餐厅及其他部门、员工。除非顾客物品、财产因公司原因遭致遗失或损失外，应先平息顾客的情绪，然后与有关部门共同处理；对于不合理的投诉，要做到有礼、有理、有节，讲清道理，说服顾客，不失顾客面子，作出恰如其分的处理；对一时处理不了的投诉，要让顾客知道事情的进展。

5. 迅速解决问题的原则

相关的调查表明，在顾客投诉后，处理的时间越快越迅速，处理的效果越好。当餐厅出现服务失误而导致顾客投诉时，应该在第一时间处理。否则，拖延会让顾客和餐厅都受到不必要的损失。而迅速解决问题，也是为了不让其进一步复杂化。这一环节的工作，应当由服务员尽快完成，并及时将信息回馈给顾客，以表示餐厅的诚意。亦可让顾客留下联系方式以便日后告知最终处理结果。

6. 诚恳道歉的原则

在弄清事件真相后，及时地诚恳地向他们道歉，满足他们的自尊要求，为圆满处理铺平道路。

总之，遇到顾客投诉，餐厅服务员首先要以认真负责的态度来处理。要清楚自己的作用是要真心诚意地帮助顾客解决问题，而不是要和顾客辩驳理论，态度上要虚心耐心。况且，营业中的一些问题，虽然存在，但往往餐厅或者服务员本身无法发现，而顾客消费者，一般对餐厅的服务及设施存在的问题很敏感，细心听取他们的投诉，将有利于餐厅改善服务，提高服务水平。

如何对待顾客的投诉

一般来讲，顾客来投诉，说明餐厅服务和管理工作存在问题，不到万不得已或忍无可忍，顾客是不愿前来投诉的。当问题出现，服务员要始终把顾客摆在“有理”的位置，处于顾客的位置树立无条件为顾客着想、为顾客服务的思想。将“顾客永远是对的”的信念贯穿于行为之中，即使在某些方面店方有理，也要忍让三分。

常常会看到，在餐厅中有顾客抱怨菜的味道不好，或者“不正宗”，面对这样的冲突与不协调，服务员能做的就是体谅顾客的心情，表达真诚的歉意，并视实际情况运用服务应变技巧，与厨师积极协作，适当加一些调料或稍许改变烹调方法，重做“符合顾客口味”的菜肴，如此来满足顾客的“心理平衡”和需要。

另外，服务员要清楚，餐厅的服务对象是人。由于顾客对服务评价的主观性，导致不同的顾客对同样的服务的评价各不相同，甚至大相径庭。所以，顾客的各种需求不可能得到完全一定的满足，餐厅的服务一方面要不断提高服务品质，另一方面也要随时准备接受顾客的投诉。

面临投诉时，要用积极的心态去面对。要把投诉视作改进工作、接触顾客，增进互动的机会。顾客不是餐厅斗智斗勇的对象，餐厅永远不会赢得争辩。即使把“理“争回来了，可能也就失去了这个顾客。同时也不要试图说服顾客，因为任何解释都隐含着“顾客错了”的意思。为了问题能够迅速解决，服务员应尽快道歉，让顾客的情绪得到稳定，然后再仔细研究如何解决。

处理顾客投诉时要尽量让对方坐下谈话，让对方放低重心，避免和对方站着沟通。站着沟通往往比坐着沟通更容易产生冲突，而座位越低则发脾气的可能性越小，所以人们常说“拍案而起”。在处理顾客投诉时，若对方带有较高情绪，摆事实讲道理都是没用的，对方根本就听不进去。第一件事是应该让对方坐下，等对方情绪平静后再进行沟通。甚至可以在接待投诉的地方专门安放几组特别矮的沙发，而且只要一坐就会陷下去，起来时还会觉得费力，那么顾客身体一收缩，重心下移，自然不太容易发火。

在沟通中，可以将顾客的谈话内容及思想加以整理后，再用自己的语言反馈给对方。例如：“为了使我理解准确，我和您再确认一下。您刚才的意思有以下七点，第一点是……第二点是……您认为我理解的对吗？还有什么，您接着说。”如此重复，可以让其感到备受重视。对方也一定会反过来专心听你重复的话，寻找错误或遗漏之处，如此转移注意力，自然更利于降火。重复对方的话的频率与顾客情绪高低成正比，对方情绪越高，就应该增加重述的频率，从而努力让对方平静下来。

总之，餐厅作为一种服务场所，其宗旨就是要保证顾客满意，但保证顾客满意说起来简单，做起来确是困难的事。对服务员而言，最难的是如何理解和贯彻“永远让顾客满意”这句格言。服务员要具有良好的服务意识，对投诉的顾客从心态、情绪上进行有针对性的服务。对待投诉的顾客时，要清楚顾客来餐厅是来享受的，是以自己的感受为中心的，服务员必须也要站在顾客的立场来设身处地为他们考虑，也要明白处理顾客投诉的最终目的是要让顾客的“不满意”变成“满意”。因此，真心实意地帮助顾客解决问题，不要因小失大，要尽快解决投诉，避免时间上的拖延。

处理顾客投诉时需要注意的细节及方法技巧

餐厅服务中，遭遇顾客投诉是件非常棘手的事情，处理不好，可能会影响整个餐厅的运营，但若能处理得好，也可以收到不错的效果。因此，服务员在处理顾客的投诉时，要注意一些细节上的要求。

1. 语言细节

接受顾客投诉时，要表现得温和有礼。在语言上，要同顾客发泄或过激的言辞有所规避和区别，如果服务中与之针锋相对，势必恶化彼此关系。在道歉和解释的时候，要注意措辞，既要大方得体又要合情合理，并且要伴随着谦恭的动作，以示对顾客的尊重。此处需要注意的是，与顾客就投诉的问题进行沟通时要避免使用有感情色彩的词语，尽量选择中性、没有针对性的词语，用婉转的语言与顾客沟通。

2. 态度细节

服务员遭遇气愤的顾客时，要比为其他人服务时多一分耐心。要认真地对待顾客的抱怨，不要轻易打断顾客的叙述，也不要批评顾客的不足，而是应该鼓励顾客倾诉，让他们尽情宣泄心中的不满。当顾客将不满的情绪倾诉干净，他们就会感觉到心情舒畅，这时服务员若再进行诚恳地解释，就会降低顾客的抵触情绪。

3. 行为细节

处理顾客的投诉，一方面服务员要动作快，多拖延一分钟，就会对餐厅经营多一分危害和风险；顾客的投诉如果属实，服务员就应立即将问题记录在案，或者立刻向上级反映，请示处理方法。加快处理投诉和抱怨的动作。这样一来可让顾客感觉到尊重，二来表示解决问题的诚意，三可以及时防止顾客的“负面污染”对餐厅经营造成更大的伤害，四则可以将损失减至最少。

处理顾客投诉，若想取得良好的效果，需要进行有针对性的训练和不断的实践。这点，餐厅在对服务员进行培训时就应有所侧重。并教会服务员基本的处理投诉的方法和技巧。

第一，要让服务员对顾客投诉随时做好心理准备。顾客投诉随时可能发生，服务员应当轻松地面对这件事情。心理上做准备，要确立“顾客总是对的，顾客是上帝”的信念。并且现在服务行业都遵循一个原则：即使是顾客有错，也要当他是对的。不要发生对抗，以免将小问题变大，破坏原有的良好关系。

第二，照顾顾客的自尊心。要尽力维持顾客的自尊，尤其是顾客产生误解或者问题出现在顾客身上时，服务员不要一语道破。应当给顾客适当的回旋余地。无论多不情愿，都应当表示理解和尊重，尽力维持和增强顾客自尊心，如“我很抱歉您遇到这样的麻烦。”

若顾客情绪激动，就要先想着怎样安抚顾客，让他平静下来，其他的事情暂时先不要考虑，先满足顾客的心理，与顾客善意的沟通，才是控制整个局面，顺利解决问题的必要前提。而服务员给予顾客足够的尊重，就会换得顾客的信赖与依靠，也可以促进被投诉问题的良好解决。

第三，处理顾客投诉适合使用“换”的方法。即换处理的人、换处理地点、换处理时间。

顾客投诉，都是出于希望得到重视和尊重的角度，所以换处理的人，就是让直接与顾客发生矛盾的服务员先退后，由其他服务员或者管理人员来处理，即体现出对顾客投入的关注和重视。换处理的地点，指如果方便尽可能不要与顾客在就餐中发生冲突，可以将顾客请出餐桌再详细商议。

第四，做好投诉记录。服务员最好能随身携带纸和笔，当顾客在叙述的时候，将有关要点和顾客投诉的内容等记录下来，以作为下一步解决问题的资料和原始依据。同时，这也向顾客表明了自己虚心求教的态度。要将顾客的喜怒哀乐放在重要位置，以顾客的利益为重点，当看到服务员用心的办事态度，顾客也会不自觉地降低声调或者减慢语速，这样无形之中就起到了一个缓冲的作用。

第五，灵活处理。灵活指的是服务员既要快速反应，又要在问题尚无法解决的时候灵活与顾客沟通。例如对顾客进行简单的承诺，或者将顾客的资料记录下来，当在内部协商好处理方案后立即给顾客一个答复。

若顾客就要当场解决，则若服务员无法满足时，可以给顾客提供一些补偿或者小礼品，主动同顾客配合。总之解决问题的办法有许多种，只要服务员能先稳住顾客，让顾客情绪稳定下来，一切问题都可以商议解决。

D饭店某天傍晚迎来了一位商人模样的常客。客人点了半只走油蹄膀，可惜餐厅是整只卖，不能分割。客人一脸的不高兴，领班也不能给客人满意的处理结果，他摇摇头气呼呼地向餐厅外走去，刚巧餐饮部经理进来与客人擦肩而过。经理觉得饭店有一个显著的特点，绝大部分入住者都是商务长包顾客，餐厅就应让他们感到像在家里用餐一样方便、自由。在规范服务上，更应再强调个性服务，上半个走油蹄膀等要求必须满足。虽然眼前利润低了或赔本，这也是个别的，可为我们餐厅创造信誉，也为饭店留住顾客，创造了利润。餐厅服务员随后手推餐车来到客人房门，为他提供了免费的半只走油蹄膀。

如何处理顾客的投诉电话

顾客的投诉电话和信件，是一种餐厅收集反面意见的方法，也是服务中的一个重要组成部分，所以餐厅不能有抵触的情绪，而是同样要认真对待。在处理顾客的投诉电话的时候，

要注意以下几点：

1. 仔细倾听

想要安抚一个愤怒的电话访客，最有效的手段莫过于倾听，仔细地倾听是处理投诉电话成功的关键。因为问题只有在充分搜集事实后，才能够解决。餐厅得到对方传来的一堆讯息，其中一大部分是情绪化的反应，但也有一些是客观的事实。认真地倾听使餐厅能在最短时间内抓住顾客提供的主要信息，从而使自己有重点地回复和找到顾客的需求点。往往有时候答案就隐含在顾客提供的信息中。并且，在顾客陈述的过程中，要适时回应，让对方知道你在听。

2. 态度亲切

电话沟通的目的是要让顾客的情绪得到疏导，为理性的讨论做好铺垫。服务员必须维持一种友善的态度，并逐步引导对方走出情绪化，走向理性的分析。而融洽气氛的营造，就要求服务员在接电话的时候语气要亲切、声音要适度。与顾客沟通后，要让其感到服务员是来友善地解决问题的，而不是将问题变得更糟糕。

3. 勤做笔记

在听的过程中，服务员还应当动手做个笔记。笔记中应体现投诉事件的时间、地点、人物、情节和后果五大要素。做笔记可以让餐厅专注于讯息的内容，而不必太在意那个人的声音或他的情绪。同时，做笔记能清晰地将问题反映给上层的经理人，分析顾客的态度和意图。毕竟真正了解了顾客的意愿才能更好地提出解决的方案或者建议。

4. 商讨解决

经历过前面几个步骤后，服务员接下来就需要征询顾客的意见，商讨解决方法。具体的操作是先询问顾客，“先生，您的投诉我们已经充分了解，也对您的经历感到抱歉。现在，不知道您需要怎样的处理方式？您希望我们怎样解决？”

打开沟通的切入口后，再努力与顾客沟通，并适时地推荐自己的方案，力求与顾客达成一致。而在顾客选择了处理方案后，服务员还要确认顾客是否认同这个方案，要得到对方的全面认同后，才能采取实施。

5. 后续行动

放下电话后，服务员就要着手调查和解决顾客反映的问题。如果需要其他部门的配合，还应请示管理人员，以获得统一的行动。在处理的过程中，服务员也要认真对待，要忠实履行所提出的承诺，并负责敦促你代为承诺的其他方面都依约而行。

最后，在问题处理后服务员应当主动与顾客联系，用电话的方式进行回复，告知解决的情况和现状，并感谢对方费时费力来帮助你们改善服务质量。这时，一句感谢的话语，就能让对方产生更多的欣赏和信赖感，从而为餐厅制造了更多的机会。

对预约纠纷要妥善处理

现实中，在餐厅预订座位的事情是常有的。不过也时常会发生顾客预约的座位被安排给其他人的情况。通常处理预约的纠纷比一般的纠纷要难。先预定的地方被别人使用，肯定会让顾客很扫兴，顾客的情绪也会比较大，服务员在应对时更要小心谨慎。

考虑到顾客的情绪，服务员要尽量表现出诚意，先让顾客冷静下来。重点要在语言交流和处理方式上进行沟通。在语言上，不要用质疑的语气同顾客交流。例如：“不知道。”“不清楚。”“真的吗？”这些话语来回应顾客，而是要用谦恭的态度说：“对不起，我立刻为您查询一下。”“很抱歉，我不太清楚您说的情况，让我帮您立刻咨询一下，好吗？”不要让顾客感觉受到了轻视和怀疑，而应让其感觉到被信任和尊重。

在处理方式上，要主动征求顾客的意见，看如何处理。在顾客的信息得到确认后，若发现的确是餐厅的失误，服务员就要诚恳地表示歉意，并询问顾客想要如何处理，在聆听顾客的建议时，不能打断顾客，而是在确定顾客的意愿后，再提出自己的建议。一般的建议有："您看，我再帮您安排个更舒适的位置行吗？""您看我们更改下时间或者……，行吗？"并且一定要承诺给顾客一定的补偿，以降低顾客的气愤程度。经过服务员的努力，若顾客仍不满意处理结果，要及时向上级管理人员反馈，以求迅速将问题解决。

实际上，在纠纷出现之前，服务员也应做好预防的措施，尽量减少预约纠纷。

首先，出于预防的目的。服务员在接受预约的时候，就应当非常注意。按照工作的常态，应询问好顾客姓名、顾客的人数、要预留的位置、到达时间、到达的最后期限、是否预先订购菜肴、是否有什么喜好、是否需要特殊需要，等等。

其次，在顾客到来的时候，要注意核对顾客的情况和资料。不要随便处理未到达餐厅的顾客预定位置。要尽量避免接待顾客中的错误，做到"对号入座"。如此，才能减少顾客的投诉。

最后，对于有预约，但超过预约时间仍未到的顾客，要及时联系，询问其是否光临。如果暂时无法到达，要给予顾客充足的延缓时间，保持预约。若超过了延长的时间，顾客仍未到，在再次确认顾客的信息后，决定是否取消预约。如果顾客提前预付了定金，应当及时退还给顾客，并表示歉意。

减少顾客投诉的方法

由于餐饮行业属于高投诉行业，常成为相关部门公布投诉中的重点对象。当餐厅提供的商品无法满足顾客的心理期待、品质要求时，顾客就会产生心理不适感或心理恶感，从而向餐厅提出具体的意见或表达抽象的情绪抱怨，也即餐饮投诉。

一般，顾客的投诉具有随机性、频发性、情绪性的特点。随机性是说，餐饮服务是由众多不同环节、众多员工构成的一个整体服务。从顾客进门甚至预订起，餐饮服务就开始启动，直至顾客离店，在此期间任何时间任何环节都可能招致顾客投诉；频发性是指，现在顾客的维权意识逐渐增强，常常会使用投诉来维护自身利益，而餐饮行业虽有自己运行的指标，但在顾客眼中仍可能存在各式各样的偏差，所以投诉频发。

如何减少顾客的投诉，下面的方法可以引为借鉴：

首先，具备成体系的预防投诉的措施。针对服务员的服务质量和态度，要在日常加强服务技能的培训。餐厅可以根据所找出的投诉问题有针对性地进行培训。培训可以改变员工的态度，增长知识，提高服务技能，从而提高服务水平，满足顾客需求。针对顾客投诉的菜肴，一方面要更换厨艺精良的厨师，另一方面，要加强厨房卫生的清洁和管理，甚至可以使用透明的厨房，接受顾客的监督。

针对顾客的投诉方式，餐厅要采用多种投诉方法，如电话、信箱、意见簿、网络等，主动征求和收集顾客的反馈意见，寻找到工作中的瓶颈和不足。针对整体餐厅服务的管理，还应设置专门的管理者，加强对室内服务的监督和管理，并将每个服务人员的表现都记录在案，作为日后业绩评比的标准或参考材料，激发服务员不断改善自身的服务。

其次，遇到顾客投诉时，服务员的处理态度和方式如果采取得当，也能有效地减少顾客的投诉。其中服务员应掌握的有积极主动、能屈能伸、真诚坦然的态度。

顾客投诉往往具备一定的前兆，若服务员发现顾客有不满甚至愤怒的倾向，要主动对其询问，查找问题所在，并及时解决。积极主动的态度，可以让顾客有依赖感和安全感，也就能将投诉化解于无形之中。

众所周知，顾客极其看重到餐厅场所的享受和满足。如果与顾客的预期有差距，顾客自然会面露不满，满口抱怨。在对待这些顾客时，服务员要本着为顾客服务的心态，能屈能伸，对顾客的任何抱怨都采取软化的态度。

此外，有时候顾客投诉是由于对某些服务或者菜肴不熟悉，产生了误解。此时服务员不能带着讥笑或者不屑的态度看待顾客。而应该真诚地为顾客解说，帮助顾客沟通和解决问题。真诚坦然的态度，有利于化解顾客的疑虑，而相关知识的解说，会让顾客感到非常舒心畅意。

处理顾客投诉时的禁忌

与顾客沟通过程中，服务员会听到很多来自顾客的反对、拒绝、不满以及不同的意见或看法，遇到这种情况，服务员一定要先稳定自己的情绪，掌控局面。务必将问题最小化处理，而要做到这点，就要了解在处理顾客投诉时的一些禁忌：

1. 忌与顾客争辩，认为顾客无理取闹

顾客对餐厅的服务提出看法和意见，有的服务员就认为是顾客在无理取闹，会跟顾客争辩一番。这样，不仅服务员难以争得到理，更会影响餐厅的形象和业绩。正确的做法是，在听到顾客抱怨后要表现出理解和接受，尽量不与顾客在言语上正面冲突，遇到有争议的地方，要在调查后再做定论，而不要急着同顾客辩驳。这才能给顾客带来好印象，或至少能减轻不良印象。

2. 忌态度生硬、冷淡，敷衍顾客

餐厅服务中，出现问题是在所难免。出现问题时服务员回应顾客的投诉，不能在言语中表现出不愿理睬、含糊不清的状态，用各种借口敷衍顾客。正确的做法是坚持笑对顾客，用合适的用语，为顾客排忧解难，若的确是自己服务的问题，面对顾客的指责，要学会控制负面情绪，为过错及时、积极、迅速的采取行动。态度生硬、冷淡，敷衍顾客是一种不专业，缺乏职业素养的表现，服务员务一定要避免这种态度的出现。

3. 忌推卸责任

“这和我没有关系。”

“这不是我做的。”

“这不是我负责的区域。”

面对顾客的投诉，餐厅服务员不能推诿过错。要清楚顾客的投诉影响的是餐厅的整体利益，任何推诿的行为都会让顾客增加反感。如果有关责任人员在敷衍顾客后不知去向，更会加重顾客的愤怒情绪。正确的做法是，先将责任承担下来，对顾客表示道歉，抚慰顾客的情绪，然后再进行调查，看具体该如何分配责任。

4. 忌久不处理，拖延时间

个别餐厅服务员在应对顾客的投诉时，只采用一种方法，即“拖”。认为时间长了，没人理睬顾客，问题也会自然消失。殊不知这种做法，不仅得罪顾客，还会影响今后的客源。正确的方法是面对顾客投诉，服务员一定要快速、积极处理，要持有积极受理服务的态度，要让顾客知道你在帮助他。如果需要较高层的管理人员，应当在投诉发生10分钟内将其请到。

5. 忌盲目承诺，事后不兑现

处理顾客的投诉，不仅要表现出有诚意，还要在随后的行为中表现出诚意。不能在对顾客承诺后，不履行或者不完全履行。这样就会更加影响服务的效果。正确的做法是，要将现实情况向顾客坦陈，并尽可能做到“说到做到”，实际能履行到什么程度，都要坦白对顾客说明，并表明日后会继续改善。

第十七章 餐厅的推销与促销活动

 餐厅推销应该切合消费者心理

广东名企“真功夫”为了促使顾客在店里进行消费，曾经举办过“套餐拼拼乐”的活动。为了能吸引更多消费者，达到更好的传播效果，这次活动起了个很好玩的名字——“爱拼才会赢”、“我跟你拼了”。

其实，真功夫每个月都会有新品推出，相应的促销活动也一直在举办，真功夫营销活动的主题就是提供给顾客更多物超所值的选择，“套餐拼拼乐”活动正是在这个大主题下的一次尝试。“拼”的概念估计时下的年轻人都不陌生，“节约、时尚、快乐、共赢”，已经成了这些“拼客”共同的追求，很多地方甚至出现了“拼饭网”，精明理财之外，还能顺便交友，广受年轻白领的欢迎。

真功夫推出一系列“拼拼乐券”，不仅推出优惠套餐，而且如果两位以上顾客同时使用各自的活动券，还能进一步享受优惠，真功夫将赠送不同的小食配菜。拼饭的人越多，得到的实惠越大。

所以，真功夫“我跟你拼了”的活动，吸引了很多消费者，尤其是年轻白领，拼券的回收率比一般的推广活动高出许多，获得更多消费者的认同和好感。而那些没有拼饭习惯的顾客，凭优惠券依然可以享受折扣，消费心理得到满足，因而，促销活动最终收到了远超预期的效果。

真功夫的促销模式之所以会取得成功，与他对消费者心理的准确把握有很大的关系。在现实中，餐厅经营者也可以从真功夫的成功促销中吸取经验，在餐厅经验中根据自身的特点和顾客心理，找到适合自己的促销模式，为餐厅招徕更多的客源。那么，何为消费心理，消费心理又有哪些呢?

消费者心理就是人们在实施消费时的心理，可以分为积极迫切型和被动随意型，对于前者任何形式的促销都能实现销售，甚至没有促销也能实现销售。而各类促销的首要目的就是要吸引后类消费心理的消费者，促销的执行也是要让这类人购买，要实现这个目的除了有一个目标对象明确最佳的促销方案之外，促销的执行也决定了方案的成功与否。从品牌、定位到差异化，从定价、促销到整合促销，莫不都是在针对消费者的心理在采取行动。现在的市场促销将越来越依赖于对消费者心理的把握和迎合，从而影响消费者，最终达成产品的销售。

而以下几种消费者心理类型，在中国具有相当的普遍性，摸准这些心理，对餐厅经营者而言，具备很好的促销价值：

1. 面子心理

中国的消费者有很强的面子情结，在面子心理的驱动下，中国人的消费会超过甚至大大超过自己的购买或者支付能力。这种面子心理实质上其实就是人的炫耀心理、攀比心理的一种表现。因此，餐厅促销人员可以利用消费者的这种面子心理，为餐厅的菜品设立不同的价位，满足这类消费者的心理需求，提高餐厅营业额。

2. 从众心理

从众指个人的观念与行为由于受群体的引导或压力，而趋向于与大多数人相一致的现象。消费者在消费过程中，会表现出从众倾向。促销人员可以利用消费者从众的盲从心理，为餐厅营造一种人人消费的潮流趋势，引导顾客用餐消费。比如，社会上比较流行的一些创意模式，或者餐饮食点，等等，都可以收纳为己所用。

3. 推崇权威

消费者推崇权威的心理，在消费形态上，多表现为决策的情感成分远远超过理智的成分。这种对权威的推崇往往导致消费者对权威所消费产品无理由的选用，并且进而把消费对象人格化，从而达成产品的畅销。餐厅促销人员可以以此为例，利用消费者推崇权威的心理制造权威，形成专业意识，在消费者中树立餐厅威信。例如，可以利用媒体，比如各类餐饮推荐节目进行推销，并在介绍菜品的时候，可以直接介绍这是某某饮食节目的推荐菜。

4. 爱占便宜

“便宜”与“占便宜”不一样。价值50元的东西，50元买回来，那叫便宜；价值100元的东西，50元买回来，那叫占便宜。餐厅促销人员可以利用消费者不仅想占便宜，还希望“独占”便宜的心理，以及不是想消费便宜的菜品而是消费占便宜的菜品的心理，进行餐厅菜品促销和降价促销。比如说，某样菜的式样、营养价值等备受高档餐厅的推崇，但是在自家的餐厅里却可以享用性价比比较高的同样菜品。

5. 害怕后悔

每一个人在做决定的时候，都会有恐惧感，他生怕做错决定，生怕他花的钱是错误的。这就是所谓购后冲突，这是指：消费者购买之后出现的怀疑、不安、后悔等不和谐的负面心理情绪，并引发不满的行为。餐厅可以利用顾客的这些心理进行某种承诺和暗示，打消他们的顾虑。比如，餐厅经营者可以对菜品的质量作出保障——出现有问题的菜品进行替换或赔偿，等等。

6. 心理价位

任何一类产品都有一个“心理价格”，高于“心理价格”也就超出了大多数用户的预算范围，低于“心理价格”会让用户对产品的品质产生疑问。餐厅促销人员可以充分并深入了解消费者的心理价位，为本餐厅的菜品制定合适的价格，达成销售。

明确了以上几种消费心理对推广促销的重要性，餐厅就可以对不同的菜品进行促销最佳方式的研究，依据这些菜品的价值、价格、口味、外观、使用频率、知名度、新奇度、消费场合、消费对象等因素，来研究消费者心理，从而为本餐厅策划出具有针对性的促销方案，提高餐厅的知名度和营业额。

餐厅促销的作用与原则

促销是促进产品销售的简称。从市场促销的角度看，促销是餐厅通过人员和非人员的方式，沟通餐厅与消费者之间的信息，引发、刺激消费者的消费欲望和兴趣，使其产生在餐厅进行消费的活动。促销活动策划的实质是促销利益和促销利益传播方式的设计，以及促销预算的分配。

广州某餐馆的“蟹籽云吞面”和“马拉檬面”是这家餐馆的招牌产品，很受顾客欢迎。原来的价格分别是35元和30元，为了吸引更多的顾客来店消费，他们大胆地实行了这两项产品推出“天”价。“蟹籽云吞面”每碗45元，“马拉檬面”每碗40元。前者定额为每天供应50碗，后者为80碗。售完即止，想吃的话，翌日再来。结果每天都售罄。以云吞面为例，虽然每天只售50碗，但是晚市的营业额由于“天”价活动在顾客中引起了轰动效应，使来就餐的人数比平时增加了很多，而营收更是大获全胜。

餐厅促销在餐饮市场发展中有其特别的意义和作用，促销可以推广新菜品，为销售点增加人气，吸引人流，增加销量，提高市场占有率，从而增强餐厅员工的自信心、凝聚力及战斗力。同时促销还可以对抗竞争对手，缓解他们带给自己的市场压力。

具体的餐厅促销的作用有：

一、鼓励消费者对新菜品给予尝试、激起消费者的消费欲

具体的做法表现为以下几点：

1. 短程刺激，引导选择

运用促销形式，通过利益优惠给予消费者以短程刺激，使之产生突发的选择行为，从而与餐厅相联系。比如，开店伊始，有些餐厅就打出消费多少元打8.5折或者5折等活动。或者有些已经长期经营的餐厅，也在特殊日期打出优惠活动的口号，比如节假日或者餐厅会员生日，等等。

2. 鼓励试用，刺激消费

在餐饮市场中，消费者由于存在着多元选择和消费惯性，餐厅往往在有新菜品推向市场时，很少会受到消费者的关注和选择。在这种状态下，运用促销手段，鼓励消费者试用新菜品，就是一个非常好的方法。

3. 大量赠送，促进销售

最初运用大赠送的促销手段，鼓励消费者尝试新菜品，最终赢得市场青睐。这种促销方式经常被一些刚开业的餐厅采用，比如一些餐厅在开业伊始推出的买一送二优惠券，前几名顾客进店消费打折优惠等方法进行促销，提高人气，招徕顾客。

二、保持竞争中的主动性

促销常被用来抵消竞争者们的各种活动，使自己在竞争中占据主动地位。有效地抵制了来自不同方面的竞争，稳稳地保有了自己的市场份额，而且在某种意义上增加了现有消费群体的消费量。在市场竞争激烈的情况下，同类餐厅很多，并且，有些餐厅菜品差别微小，消费者往往不易分辨。餐厅通过促销活动，宣传、说明本餐厅菜品有别于其他同类竞争餐厅之处，便于消费者了解本餐厅菜品在哪些方面优于同类餐厅，使消费者认识到消费本餐厅菜品所带来的利益较大，从而乐于消费本餐厅菜品。餐厅经营者作为卖方向顾客提供有关信息，特别是能够突出餐厅特点的信息，循循善诱地介绍本餐厅菜品知识，一定程度上对消费者起到了消费指导作用，能激发消费者的需求欲望，变潜在需求为现实需求，实现扩大销售之功效。

比如，同一个菜品，在某段时间里面，你要比别家的性价比更高，物美价更廉，那么，对消费顾客来说，这家餐厅的菜就势必比别家更具有选择性和吸引力，这就是这家餐厅脱颖而出的一个契机。但是，切记不可为了竞争而无限制地调整或者降低自己的定价。

三、传递信息，提供情报

销售菜品是餐厅促销活动的中心任务，信息传递是菜品顺利销售的保证。

1. 介绍信息，引导消费

餐厅人员主动地向消费顾客介绍有关餐厅现状、产品特点、价格及服务方式和内容等

信息，以此来引导消费者对菜品或餐厅服务产生需求欲望并采取消费行为。

2. 市场反馈，更新需求

根据消费者向餐厅反馈对菜品价格、质量和服务内容、方式是否满意等有关信息，促使餐厅经营者取长补短，更好地满足消费者的需求。

四、形成偏爱，稳定销售

在激烈的市场竞争中，餐厅菜品的市场地位常不稳定，致使有些餐厅的菜品销售此起彼伏、波动较大。餐厅运用适当的促销方式，开展促销活动，可使较多的消费者对本餐厅的菜品滋生偏爱，进而稳住已占领的市场，达到稳定销售的目的。对于消费者偏爱的菜品，即使该类菜品需求下降，也可以通过一定形式的促销活动，促使对该菜品的需求得到一定程度的恢复和提高。

总之，餐厅如果想在激烈的竞争中发展壮大，就必须做到知己知彼。对内，要严把质量关，做出物美价廉又受人欢迎的菜品，提升服务人员的服务质量；对外，要了解顾客的心理和爱好以及同行的动态。只有做到了这些，才能在鱼龙混杂的餐饮行业中屹立不倒。

顾客点菜推销法

点菜的环节是消费者和服务员单独相处且面对面的机会，点菜环节顾客必然要索要菜单，如果顾客不熟悉的话，可主动向服务员询问特色菜品和菜价。因此这是餐饮推销的绝佳机会。以下几种方法可供服务员推销菜品时借鉴：

1. 形象解剖法

服务员在顾客点菜时，把优质菜肴的形象、特点，用描述性的语言加以具体化，使顾客产生好感。从而引起食欲，达到推销的目的。比如，“您好，我们的这道剁椒鱼头，是我们这儿湖南师傅的拿手菜，您要是能吃辣的话，这道菜是鲜辣可口，还略带一些酸味，鱼头也十分的鲜嫩。吃得惯湘菜的人，这道菜是十分好的选择。”

2. 选择反问法

是指在推销时不以“是”与“否”的回答直接肯定或者否定顾客的疑问。选择反问要给顾客留下选择的余地和空间，不能把路给走死，要给顾客自己选择把握的权利。服务员通过选择反问，充分了解顾客的需求，为推销铺好道路。比如，顾客如果问，“你们这道臭豆腐是不是特别臭啊？太刺激的味道我不喜欢的。”这时候我们可以这样巧妙地回答，“这个味道倒不是这么夸张，而且味道香臭是因人而异的，喜欢吃的人就觉得那是香的，而不习惯这个味道的人，一时半刻或许接受不了呢，您说是吗？”

3. 一卷芭蕉法

一卷芭蕉法又称“转折术”，即先顺着顾客的意见，然后在转折阐述。例如：“这道菜确实比较贵，但他的原料在市场上的价格就不低，成菜工艺也较为复杂，口味别具特色，您不妨尝一尝！”转折术的运用，容易打动顾客。

4. 加深印象法

加深印象法又可以称为语言减法，即把菜肴的特色和优点不断地加深和强调，向顾客说明如果不品尝这道菜会有一种损失，让消费者形成深刻的印象，从而产生品尝的欲望。例如：“宫廷酱牛肉是咱们店的十大金牌菜之一，您一定要尝一尝！”

加深印象法实际上是通过允诺向顾客介绍产品的满意度，从而在顾客心中形成一种意识，那就是不品尝会对自己造成亏欠，从而刺激顾客的消费欲。

5. 加法技术法

语言加法是指尽可能多的罗列菜肴的各种优点。例如：“这道菜不仅味道好，原料也十分新鲜，含有多种营养，具有滋补养颜的作用！”

通过优势连珠炮的陈述，通过这种隐形的推销，增强顾客的认同感和好感。

6. 除法技术法

除法技术法，即将一份菜的价格在介绍推荐的时候，用化整为零说法提出来，让顾客对于我们要推荐的菜有一种“物美价廉”的想法。从而产生购买欲望。例如：“某某菜虽然 50 多元一份，但 6 个人平均下来差不多 8 元钱，您只需要花 8 元钱就能品尝到本地的特产了。”

除法技术法实际上是在为顾客购物寻找合理化的经济实惠的借口，为顾客的消费提供合乎经济的口实。

7. 提供两种可能法

针对有些顾客求名贵或价廉的心理，为他们提供两种不同价格的菜点，供顾客挑选，由此满足不同的需求。比如，我们在向顾客推荐菜品的时候，可以这样说，“您如果想要吃清淡爽口一点煲汤的话，这道海参煲汤倒是挺好的，一盅是 80，价格虽然贵一些，但是的确是很滋补可口的；当然我们还有另一道性价比很高的煲汤——老鸭酸萝卜汤，一盅才 38 元，爽口补气的。您看您选哪一种呢？”

8. 利用第三者意见法

即借助社会上有地位的知名人士对某菜点的评价，来证明其高质量、价格合理，值得品尝。这种方法又叫作借人之口法，就是通过先前顾客的口碑作为推销。例如：“顾客都反映我们这里的黄河口大炖做得很好，您愿意来一份吗？”这种方式便于增强推销的可信性和真实性，更令消费者信服。

9. 赞誉法

赞誉法是指通过夸赞自己的招牌菜，在顾客心中留下较好的印象，从而为自己的促销赢得好感。例如：“这宫廷酱牛肉是我们这里的十大招牌菜之一，您不妨试试。”

10. 代客下决心法

当顾客想点菜，但或多或少还有点犹豫，下不了决心，服务员可说：“先生，这道菜我会关照师傅做得更好一点，保您满意。”或者通过适当的语言向顾客示好，例如：“您一直这么关照我们生意，今天我特意介绍一道好菜给您。”这种方式便于拉近与顾客的心理距离，从而便于促销。

具体的点菜环节服务员推销细节

服务员的主动招呼对招徕顾客具有很大作用。比如有的顾客走进餐厅，正在考虑是否选此餐厅就餐，这时如果有一个面带笑容的服务员主动上前招呼“欢迎光临”，同时引客入座，一般情况下，顾客即使对餐厅环境不十分满意也不会退出。当然，主动招呼不等于硬拉，强拉硬扯反而会引起顾客反感，避而远之。当顾客落座之后，就进入到了点菜及点酒水环节。点菜及点酒水不仅影响到餐饮服务质量和顾客的消费体验，而且直接关系到餐厅的总体营业额和经济效益，因此餐厅应当高度重视。服务员在这一环节中充当着双重角色：既是服务的提供者，又是餐饮产品的推销者，要做好这一环节的服务工作，服务员必须具备相当的业务素质和高超的服务技巧。

一、点菜服务推销前应做好的准备

点菜服务牵涉到非常具体的服务信息，对后续服务有着信息指导作用，而且还关系到收银结账等经济方面的问题，店、客双方都十分敏感，因此必须严格遵照程序操作。同时，在做好点菜推销之前，我们还应有相应的准备：

1. 明晰菜品，详细介绍

服务人员应对餐厅所经营的菜点和服务内容了如指掌，如食物用料、烹饪方法、口味特点、营养成分、菜肴历史典故、餐厅所能提供的服务项目等，以便向顾客作及时介绍，或当顾客询问时能够作出满意的答复。

2. 明晰喜好，合理推荐

事先了解市场和顾客的心理需求以及风俗习惯、生活忌讳、口味喜好等，有针对性地推荐一些适合他们心理需求的菜肴、酒水或提出建议。

二、点菜推销基本技巧

注意要为顾客着想，适度推销。服务员要善于根据顾客的不同情况实施不同的推销，服务要点如下：

1. 建设性推销，不能指令式推销

具备推销意识，主动向顾客建议性的推销，而不是仅仅被动地接受顾客的指令。

2. 尊重顾客意愿

不能以个人的好恶影响顾客的选择，要尊重顾客的意愿。推销要做到适可而止，千万不要让顾客觉得你试图在对他进行强买强卖。

3. 征询顾客，提供建议

顾客拿不定主意时，服务员可提供建议，从中档价格开始，由顾客选择。或先征询顾客喜欢的食物，再建议制作方法。

4. 软性推销不强迫消费

严禁硬性推销，强迫顾客高消费，任何时候顾客的满意都比销售额重要，否则很难提高回头客率。

5. 生动描述，引起食欲

生动地描述，有时会令顾客在不饿的时候也会引起食欲。

原料展示推销

实物推销法是借助各餐厅产品实物原料或图片、模型来刺激顾客消费行为的一种推销方法。餐厅经营者通过有意识地设计各种刺激物或刺激方法来影响人的情绪，使之有利于向消费行为转化，从而达到推销菜品和服务的目的。如在餐厅特定位置展示原理，从视觉、听觉、嗅觉等方面对顾客进行感官刺激，以激发消费者的消费欲望。

原料展示强调的是“鲜”、“活”，要使顾客信服餐厅使用的原料都是新鲜的。例如一些大型餐厅定做较大的鱼缸，养鲜鱼、活虾、蟹等，任凭顾客挑选，当场秤称，然后厨师根据顾客的要求加工烹调。由于顾客目睹原料的鲜活，容易对其产生满意感。

餐饮推销除了餐厅促销人员、餐厅服务员通过面对面的洽谈向顾客提供信息之外，还可以通过实物原料的形式进行推销。食品原料展示就是这样一种有效的餐厅内部推销形式。它是利用视觉效应，激起顾客的购买欲望，吸引并留住顾客就餐，并且刺激顾客追加点菜、酒水等消费。

具体的食品原料展示推销主要有以下几种表现形式：

一、原材料展示推销

前面已经提到过，原材料展示的基本要求是强调“鲜”、“活”，要使顾客相信本餐厅所使用的原材料都是新鲜、卫生的。餐厅可以在餐厅一进门的位置放置一个巨大的海鲜池，一方面当大盆景，具有很强的观赏性，顾客能见到一些平时较少见到的海鲜，更重要的是顾客直接目睹原料的鲜活，容易对菜肴质量产生满意感，服务员当着顾客的面称取海鲜，顾客对海鲜重量也放心，餐厅还可以用陈列架摆放些色泽鲜艳透亮的蔬菜、水果由顾客挑选，有些顾客对一些河、海鲜或特殊蔬菜的名字不太清楚，根据实物来点菜就十分方便。

二、现场原材料烹调推销

1. 刺激食欲、促使冲动消费

现场烹制表演往往是在座顾客关注的焦点，制作过程中散发出的声音和香味可以刺激顾客的食欲，促使顾客产生冲动性消费，大大增加食品的销售机会，同时减少了食品烹调后的放置时间。

2. 现场烹调、当场品尝

顾客当场品尝，味道会更加鲜美，厨师也愿意运用现场现火烹调，因为这是一项富有创意性的工作。

3. 注意烹调选料、注意操作安全

进行现场烹调推销时，主要选择半成品，要求外观漂亮新鲜，烹调速度快而且简单，烹调时无难闻的气味和弥漫的烟雾，烹调的器具一定要清洁光亮，同时要注意操作安全，避免火灾等。

三、推车陈列原材料推销

1. 推车服务推销的策略

（1）善于展示，以香诱之。

推车宣传的目的就是为了刺激消费，做好产品展示的宣传，因此推车展示的商品一定要注意色香味俱全，要注意色泽和香味的展示，让顾客打上第一眼就被吸引，对菜品产生好感。

（2）察言观色，适时询问。

在推车游走的过程中要善于观察，查看饭桌上的食品情况以及顾客的表情神态，用来揣测顾客的需求，对有需求倾向的顾客，再进行适时询问是否加菜。询问时要注意细节和礼貌，不可有强迫的倾向和不依不饶的行为。

（3）推荐新品，推广新菜。

推车展示服务，不仅可以兜售一些凉菜和佐料，还可以推荐展示一些新品菜和一些被忽视的菜肴。这样不仅可以增加顾客的口味，又避免直接宣传的生硬之感。顾客通过色香味俱全的展示自然而然地会接受一些新品菜的推广。

（4）有益补充，气氛调剂。

推车展示作为正规上菜的有益补充，不但作为正规上菜的后续，也可作现场气氛的有益调剂。

（5）文化特质，优良传统。

推车展示作为餐厅优质服务的一个优良传统，可以将一种餐厅文化加以发扬光大，形成本餐厅的特质。

2. 推车服务推销的意义

（1）方便顾客、餐厅赢利。

有时顾客点菜不够充分，但又怕再点等待时间过长，这种情况下，推车服务既方便了顾客，又增加了餐厅的赢利。

（2）适时推销、引诱加菜。

有时顾客虽已点够了菜，但看到车上诱人的菜肴，遂会产生再来一份的追加选菜的购买行为。因此，这种推销方式是增加餐厅额外销售的有效措施。推车陈列促销，推车上的菜不一定是顾客非买不可的。但当顾客看见这些菜品，便有可能冲动性地产生购买动机和行为。

（3）促进零售，无形口碑。

推车服务推销，看似是小的零售却能给顾客产生好感，也是一种很好的产品宣传，在方便顾客的同时也能产生良好的口碑宣传。

现场烹调展示推销法

餐厅现场烹制推销就是将菜肴的烹制过程放在餐厅进行，或将菜肴的最后一个烹制环节放在餐厅进行，通过其烹制，让顾客看到形、观到色、闻到香，从而使他们因消费冲动引发消费而决策，使餐厅获得更多的销售机会，如煎蛋、铁板烧、锅巴虾仁等。有些餐厅就采取了这种方式，摆台厨师现场操作，餐厅气氛浓厚，生意红火，可以值得借鉴。

一、现场烹调展示对于餐厅的意义

1. 刺激食欲，增加需求

在顾客面前表演烹调，会使顾客产生兴趣，引起顾客想品尝的心理。现场烹调既可以减少食品烹制后的放置时间，又可以利用食品在烹制过程中散发的香味和声音来刺激顾客的食欲。

例如一些餐厅别出心裁地让顾客自由选择配料，根据顾客的意愿进行现场烹制，这样能满足顾客不同口味的需要，如一些煮、白灼类、烧烤类的菜式容易现场烹调。但切记，烹调的器具一定要清洁光亮，盛食品的器具可以有不同风格，但不能给顾客一种不洁的感觉。

2. 吸引冲动消费

现场烹调制作，可让顾客看到形、观到色、闻到香，从而使他们因消费冲动引发消费决策，使餐厅获得更多的销售机会。

3. 树立品牌和餐厅信誉

成功的现场烹饪展示，往往有利于树立餐饮业的品牌，以及餐厅信誉。因为现场烹饪不仅是一场饕餮大餐还是一个技艺的展示平台。

二、现场烹饪展示的促销策略：

1. 注意细节，精密要求

现场烹饪需要展示餐厅制作菜肴的每一个环节，一个不如意的细节可能会引起顾客的不满，在顾客心中留下阴影。因此现场烹饪的每一个环节都要精密要求，严格把关。

2. 注重互动，寓销于乐

现场烹饪的促销还要注意现场的互动，可以尝试让顾客自行配菜或进行现场制作，总之要让顾客融入这种热烈的氛围。

总之，在餐厅进行现场烹制表演是一种有效的现场推销形式，能起到渲染气氛的作用。顾客对色、香、味、形可以一目了然，从而产生消费冲动。

使用菜品轮流降价的促销策略

“一个便宜十个爱”，年终岁尾，商家总是以真诚回报消费者为宗旨，开展打折销售、买大件赠小件，“天天让利、日日优惠”等促销活动。大伟的餐厅也推出了自己的促销活动，那就是菜品轮流降价。周一，大伟的餐厅“鱼香肉丝”打 8 折；周二“香辣螃蟹”8.5 折；周三“酸笋肥牛”9 折；周四“琥珀核桃仁”半价；周五“水煮鱼”8 折销售。三个月下来，大伟发现餐厅的顾客果然多了不少，利润也呈直线上升。

像大伟这样实行菜品轮流降价的推销固然不错，但也有值得注意的问题：

1. 理性降价，成本控制

餐厅促销的目的，就是要把菜品推销出去，最大限度地占有市场，增加餐厅的销售量和市场占有率，同时赚取尽可能多的利润。那种没有利润，赔钱赚吆喝的促销是没有生命力的，也不会引起大家的兴趣。

因此在降价促销时，必须把握好，应该理性降价，不能盲目杀价，应该考虑到菜品的成本，在此基础上，进行一定程度的降价推销。餐厅的促销者还应该在采购、推销方面降低费用，从而达到降低成本的目的。

2. 分类降价，品种控制

在推销降价时应该把自己所促销的品种进行分类，确定哪些是可以降价的，哪些是不适合降价的，再确定是否降价。弄清楚某一个品种应该降价多少，才能吸引客户，使自己获得最大利益。因此在具体的推销过程中要具体问题具体分析，做好菜品的分类，不同的菜品应该区别对对待。

3. 确定方向，有的放矢

餐厅的每一次降价，都不可能让所有顾客满意，降价的品种也是有限的，因此一定要把握好每次降价推销的重点人群。因此在降价推销之前，应该确定好降价推销的方向、目的、服务的人群、达到的效果。每一次服务都必须明确重点，真正做到推销有目的，有效果。

口碑营销

口碑促销是指餐厅在调查市场需求的情况下，为消费者提供需要的产品和服务，同时制定一定的口碑推广计划，让消费者自动传播餐厅产品和服务的良好评价，从而让人们通过口碑了解产品、树立品牌、加强市场认知度，最终达到餐厅销售产品和提供服务的目的。

美国有这样一个小案例：某家餐厅给吃午饭的顾客，每人六份打包好的甜点让他们带回办公室。如果给一份，顾客就自己吃掉了。可是给了六份呢，他们只能回办公室，把甜点分给同事吃，一边分一边要告诉同事：我中午在××××吃的饭，这是他们送的甜点。别人白吃东西很开心，也就随便问问说那家店怎么样啊，顾客就会跟他们描述一下，帮你做口碑传播。口碑促销的媒介又叫做口碑传播大使，口碑传播大使的三个类型：优质客户、权威人士、团体用户。

一、口碑促销开展的前提条件

1. 重视卖点，服务细节

不是所有的菜品都可以进行口碑促销。口碑促销对于没有卖点的菜品不起作用，菜品与服务的高品质是口碑促销的生命。重视菜品与服务在细节上的完美结合是开展口碑促销前的必修课。

2. 口碑可控，防止负面

口碑促销要具可控性，以防止口碑促销可能带来的负面影响。调查表明，正面评价的传播速度是负面评价的传播速度的十分之一，负面的口碑可以毁掉一个品牌甚至一个行业！

二、口碑促销的传播特点

1. 长期性与持续性

口碑促销并不一定能在销售额上实现立竿见影的提升，这是一种有可能需要通过长期耐心推广才能起作用的促销手段。

2. 混搭战术

口碑促销很少作为一种促销战术单独的使用，餐厅为提高口碑促销的传播速度和效果，有必要辅以菜品展示和广告、平面媒体、附赠菜品光盘等辅助工具和其他宣传方式，做到全方位、立体化传播，以期达到最佳效果。

3. 双重功效性

口碑促销兼具渠道推销和餐厅品牌传播的双重功效，是一箭双雕的好买卖。

4. 低成本、高效率

对餐厅来说。口碑促销和其他媒体传播方式相比具有低成本、高效率的优势。

三、口碑促销策略

1. 口碑促销与新渠道组合策略——权威人士推荐策略

一些投入市场的新菜品，在人群中的认同感不足，这时往往通过一些权威人士的首先品尝，起到良好的示范推广作用，形成良好的口碑基础，从而带动消费。

2. 口碑促销 + 传统媒体的组合策略

传统媒体给口碑促销一双翅膀。几乎所有汽车厂家推出新车前都会邀请专业媒体的记者和专业车手进行试驾活动，通过试驾体验和媒体发布的测评报告，会以较高的可信度征服消费者，在这种情况下口碑促销的策划者采取用传统媒体发布权威人士评论的方式提高了口碑的可信度和传播的广度。同理，餐厅经营者也可以在推出新菜品时在不同的消费对象中找一些具有代表性的人来品尝这些菜品，起到口碑宣传的作用。

口碑促销加传统媒体的组合策略，可以利用传统媒体的主流喉舌作用，加快口碑的传播，从而促进餐厅的菜品销售。

3. 口碑促销 + 传统推销的组合策略

这种策略是通过推销活动让口碑大使主动进入角色，具有见效快、效果显著的特点。口碑促销加传统推销的策略，焕发了传统促销的活力，使口碑促销和传统推销相得益彰。

4. 口碑促销 + 优质服务

以优质的产品或者服务作为口碑的依据。菜品品质是卖给消费者最长久最有价值的东西，是餐厅生存发展的根本之根本，它是形成良好口碑的必要条件。如果缺乏基本的品质保证，餐厅所制作的菜品必须在口感、外观等多个方面达到或者超过消费者的预期，这样才有可能让消费者满意，进而形成口碑。

5. 口碑促销 + 主动出击

主动出击设计口碑。虽然口碑是消费者之间的信息流通，是消费者之间的主动行为，但是作为餐厅应该抓住口碑的起点，把主动权牢牢掌握在自己手中，让口碑这个信息流再远也离不开餐厅这个源泉。所以在定位餐厅、菜品或服务的同时就要设计自己的口碑，让消费者在消费之初就能在口碑上受到潜移默化的影响。

6. 口碑促销 + 网络媒体组合策略

口碑促销 + 网络媒体组合策略是指通过在网络世界里招募口碑大使、参与或独立建立网络论坛、电子商务网站、开展网上问卷调查、开展网上团购和购物俱乐部、品牌爱好者博客圈等活动，进行网络传播是一种有效的传播策略。

互联网技术的出现与飞速发展正改变着人们的生活和行为方式。采用网络 + 口碑促销策略，可以充分发挥网络传播的力量，有目的有计划地推销餐厅菜品。采用网络 + 口碑促销策略，树立餐厅在网民中的良好口碑。

7. 口碑促销 + 体验促销组合策略

这种策略有两层含义：

（1）口碑促销为了获得良好效果，口碑大使有必要亲身体验菜品，或者口碑大使本身就应该是餐厅的忠诚客户，这样能保证口碑传播的公信力。

（2）把体验促销作为配合口碑促销的一种推进方式，让顾客在接受亲友或权威人士推荐的同时能亲身体验一下菜品是否确如其然，会极大地提升口碑促销的效果。

8. 口碑促销 + 传播渠道

设计正确、有效的口碑传播渠道。餐厅可以依据环境分析的结果，对目标市场区域范围内的消费者进行传播细分，形成众多传播细分市场，并确定口碑促销的种子成员。

总之，餐厅只有将口碑信息扩散和渗透到所有的传播细分市场中，才能最大限度地挖掘市场潜能，获得最佳顾客数量。

根据顾客的特性推销

顾客的种类很多，需求也各有不同。因此在推销过程中要根据顾客的不同特性进行推销。根据顾客的不同特性进行推销要善于察言观色，了解顾客的不同需求。

一、顾客的特性与类型

1. 习惯性

这类顾客吃惯了的食物往往不一定有独特的风味，由于长期食用，在决定用餐时就形成了一种心理惯性，这类顾客往往偏好某一种小吃或某一道特色菜。

因此在接待这类顾客时应自然大方，向对待老朋友一样亲切，使他们在主观上感觉能得到某种优待和机遇，在介绍菜品时给予对口的介绍。此外要熟知对方的习惯口味，也要适当推荐一些新品种。

2. 炫耀型

这类顾客好面子，重友情，情感较为丰富，一般易感情用事，以炫耀富有和慷慨邀朋请友。这类顾客一般不考虑价格范围，不求快，只求好，求尊重。

因此在介绍菜品时应多介绍一些有特色的菜肴，数量少而精。同时应注意操作方法、口味、色调和原料的搭配。此外，还要给顾客充分的尊重，给足顾客面子。

3. 茫然型

这类顾客不常外出，不太习惯在外就餐，需要就餐时不知道到哪家餐厅好，也不知吃什么好，没有主心骨，对就餐知识和经验较为缺乏。这类顾客进入餐厅后，往往会环顾四周，看别人吃什么然后再决定。

因此在服务时要当好参谋，必要的时候替他们拿主意，介绍一些餐厅风味菜肴，但注意要把菜的风味、特色、原料加以介绍，使顾客对菜肴加以了解，另外推销菜品时，应考虑一定的价格范围。

二、根据顾客特性推销的策略

1. 预见动机，掌握需要

在对客服务中要善于体察顾客的情绪及获得服务后的反映，根据顾客特性采取针对性服务。例如：为闹肚子的顾客提供药品或一份醋炒鸡蛋；为上火的顾客提供一杯苦瓜汁；为醉酒的顾客提供一份冰糖水。发现老客户来就餐时，根据客史档案记载，做好菜品的调整工作，顾客若一天两次来就餐，及时通知厨房做好菜品的调整。

2. 换位思考，体谅顾客

在对客服务过程中，应多以顾客的角度来考虑问题。服务员要做好换位思考的工作，要善于察言观色，要多角度、全方位地体谅顾客。

针对儿童的推销策略

某餐厅记载了约五千名小朋友的出生日期，在每个小朋友生日前几天，会收到这家餐厅寄来的电脑生日卡，到了生日那天，小朋友可以持卡到那家餐厅来。这时，店里的工作人员除了对小寿星说一声“生日快乐”以外，还鼓掌欢迎他们的光临。这家餐厅推销的生日宴还有“宝宝满月”、“周岁宴会”等，从长远看，这些小朋友是餐厅的潜在顾客。

所以，针对儿童来说，他们的促销活动就必须符合其本身的特质。

1. 特设设施，服务儿童

餐厅要为儿童准备适合儿童自身的娱乐和用餐设施，满足儿童的生理和心理需求。提供为儿童服务的设施，例如儿童座椅、儿童餐具、围兜，一视同仁接待小顾客。

2. 赠送礼物，投其所好

提供儿童菜单和儿童份额的餐饮品，多给儿童一些特别关照，赠送儿童小礼物，尤其选送他们喜欢的与餐厅宣传密切联系的礼品。因为儿童的喜恶感比较明显，只要获得了他们的好感，他们就会很容易对餐厅产生一定的偏好。餐厅经营者可以抓住儿童自身的这种特点进行策略推销。

3. 娱乐活动，吸引儿童

儿童具有好动、好奇心强的特点，因此餐厅可以抓住这一特点，进行娱乐宣传。在餐厅一角开设儿童游戏场，放置一些木马、积木、翘板之类的玩具，还有的专门为儿童开设专场木偶戏表演、魔术和小丑表演，或放映卡通片、讲故事等。尤其在周末、周日、儿童节日，这是吸引全家用餐的好方法。

通过这样的活动可以吸引儿童的好奇心和注意力，形成良好的市场推销。

4. 生日宴会，策略推销

餐厅可以印制生日菜单，进行宣传，给予一定的优惠。通过这样的促销，既能够迎合家长的心理，也能够为餐厅扩大市场和受众。

5. 抽奖赠品，寓“销”于乐

常见的做法是发给每位儿童一张动物画，让儿童用蜡笔涂上颜色，进行比赛，给获奖者颁发奖品，增加了儿童的乐趣。

通过这样的小活动以及一些小赠品，投小孩的所好。抓住了小孩容易满足的心理和好玩的心理。

6. 赞助儿童事业，树立餐厅形象

餐厅可以给孤儿院等儿童慈善机构进行募捐，设立奖励助学金，赞助儿童体育比赛，绘画、音乐比赛等，可以吸引新闻焦点，树立餐厅在公众中的形象。

总之，在做儿童推销活动的时候，餐厅经营者既要考虑这一群体的自身特点又要考虑推销策略的适宜性。

隐瞒附加条件的推销误区

目前餐饮市场各种“优惠套餐”让消费者眼花缭乱，可背后却往往隐藏着不少陷阱。虚假优惠、隐瞒附加条件等，在餐饮行业非常普遍。餐饮商家隐瞒附加条件的短视行为，只会给餐厅带来一时的经济效益，却不利于餐厅的长期发展。而且这种隐瞒附加条件，模糊附加条件的行为很明显是伤害了顾客的信任感，是餐厅自砸牌子的行为。餐厅促销常见的隐瞒附加条件有：

1. 虚假让利型

部分商家往往采用少量的低价商品来吸引消费者，来达到销售其他价格相对较高商品的目的。面对这些促销行为，餐厅要引以为戒，不能盲目添加附加条件进而达到诱骗消费者，促进销售量的意图，这样发展下去，促销的路会越走越窄。

2. 暗藏玄机型

满百送50元代金券，满两百省100元，满百返30元现金，目前很多餐厅经营者都打出“满百送”的促销招牌。而所有商家无一例外地解释称必须满百才能送，不满百则不能享受优惠，消费者即使“额外加付现金补满百元也不行”。餐厅也要以此为戒，不能为了一时的经济效益而做了一锤子买卖，伤害了顾客的情感，最终受伤的只能是自己。

3. 虚标原价型

餐厅在降价标签中标出原价、现价等字样，而原价与现价之间差距还比较大。但是，切记不可采取虚标原价方式，扩大原价与实际售价的差距来吸引消费者，对消费者实施价格欺诈。

总之，餐厅要三省吾身，闻者足戒，争取用诚信的方式，将心比心，以诚待人，盲目附加条件的话只会把顾客推到别处去。

对老年人的推销技巧

老年人是一个特殊的社会群体，老年人特殊的生理、心理和行为特征，决定了其消费能力、消费偏好、消费行为、消费方式、消费观念、消费习惯、消费决策等方面的特殊性，由此形成了现实消费需求和潜在消费需求的特殊性。在这部分人口巨大的数量规模背景下，已经并将形成一个特殊的消费市场。

餐馆可以在老年人的饮食方面加以开发，形成新的老年消费理念，促进餐厅的成熟与发展。

对老年人的体质特点及消费需要进行调查分析，制定老年菜肴与食谱。针对老年人喜欢实用、经济合理的心理特点进行促销。给老年人推销菜品时要注意菜肴的营养结构，重点推荐含糖量低、易消化的食品或者软嫩不伤牙齿的菜肴，站在他们的立场考虑消费需求再行推荐。比如：“您老不如品尝一下我们酒店的这一道菜，它的名字叫‘翠塘豆腐’。这道菜的特点是看起来、吃起来像豆腐，但却是用蛋清等原料精制而成，入口滑嫩、味道鲜香、有丰富的营养价值，因其外形酷似豆腐，所以我们就把它称为‘翠塘豆腐’。我相信一定会让您满意的，同时也祝您老‘福如东海，寿比满山’。”相信一定会受到老年朋友们的青睐。

对情侣的推销技巧

情侣间心动的约会是一件美妙的事情。为了约会更加圆满，前期的一些准备工作是必不可少的。而餐馆在对待情侣顾客时就有了很大程度上的主动权。当一男一女进入餐厅时，根据对他们关系的判断，选择恰当的推销方式就至关重要。因此，餐厅在培训服务人员时就要有意识地加强这方面的培训，仔细观察。如果确定他们是情侣关系，就要主动引导他们到环境浪漫的位置用餐，在点菜时就可以刻意的推销一些有象征意义的菜，比如“拔丝香蕉”象征甜甜蜜蜜、如胶似漆等。同时服务人员可以针对男士要面子，愿意在女士面前显示自己的实力与大方，并且在消费时大都是男士掏钱的情况，可适当推销一些高档菜。

餐厅也可以针对一些情侣推出一些专门适合情侣们使用的情侣座，隔出相应的私密空间以适应顾客需求；设置情侣套餐，增添一些浪漫情趣，比如赠送一支鲜花，一个小型蛋糕等供他们使用，这些温馨的措施让他们感到浪漫、舒适，就能赢得顾客好感，从而增加他们对餐厅的好感，以便下次继续光临。

另外，餐厅也可以在菜单上下一番功夫。例如：为每道菜取一个浪漫而温馨的名字，如心心相印、浓情蜜意等等，餐盘或者茶杯等配上小物品的装饰，一朵花、一个心形茶杯、一只爱心汤匙等都可以彰显餐厅的细心与周到，让情侣们吃得舒心，待得安心，下次就免不了会优先选择这个地方。

抓住情侣用餐的特点，了解他们通过就餐想要达到的感情交流的目的，就可以通过浪漫主题制造气氛，并在特殊节日如情人节、圣诞节举行情侣间的小活动，并附赠礼品如情侣挂饰、情侣套餐、情侣餐具等，吸引更多的情侣顾客光临，成功地实现餐厅的推销策略。

对挑剔客人的推销技巧

在日常的接待服务工作中，服务人员经常会碰到一些对餐厅的各个方面评头论足的客人。遇到挑剔的客人在所难免，但是也不能将客人拒之门外。对于爱挑毛病的客人，服务人员首先要以自己最大的耐心和热情来服务，采取正确有效的策略解决问题。对于客人所提意见要做到“有则改之，无则加勉，不卑不亢，合理解答”。

首先，要保持一种良好的观念和心态。观念和心态是一切行为的根本，有了良好的观念和心态，才能采取正确的作法，让顾客既满意又感动。

其次，对待挑剔客人要保持服务热情。餐饮是服务行业，而面对形形色色的顾客的不同需求就要做到耐心细致地为顾客服务。顾客的挑剔其实是消费的潜在表现。因此，面对顾客的挑剔要时刻保持较高的服务热情。

第三，要勇敢面对顾客的挑剔，欢迎顾客挑剔，更要感谢顾客挑剔。因为顾客愿意对餐厅的各项挑剔，是真的要消费，在挑剔下能让顾客满意，对餐厅的各个方面都有一定的益处。因此要把顾客的挑剔看成是可以改进的空间，耐心接受，被挑剔是改进的机会。客户的挑剔不管有没有道理，若能从挑剔中仔细深入探究，通常可以发现一些不足之处。顾客提出的意见和建议，也许就能为餐厅的发展打开一个更广阔的空间。对待合理的意见要吸收和采纳，不合理的意见也不能委曲求全地一概遵从，视具体情况再做决定。

总之，在遇到挑剔型客人的时候，要耐心地弄明白顾客的需求，有的放矢地满足顾客的需求。要尽可能顺着顾客的意思回答问题，在推销饭菜和酒水时多多征求客人的意见，比如“先生，不知您喜欢什么口味的菜，您不妨提示我一下好吗？我会最大限度地满足您的需求”等，了解客人的消费习惯与个人喜好，有针对性地推荐适合顾客的餐点和酒水。同时要切记，无论客人如何挑剔，都要以灿烂的微笑对他。“对抗”挑剔的最好方法，就是要做到让客户不挑剔。要做到让客户又满意又感动而不挑剔，才是最高的境界。

节日促销和办理培训班

慈母手中线，游子身上衣。临行密密缝，意恐迟迟归。一首孟郊的《游子吟》道出了母爱的伟大与无私。一年一度的母亲节即将来临，在这温馨的日子里，“舒心餐厅”祝天下所有的母亲——母亲节快乐！借此机会，于 5 月 13 日举行“感恩母亲爱在舒心——舒心餐厅母亲节特别促销活动”……

不难看出，这家餐厅是在利用节日进行促销的。近年来，利用节日进行促销是一种行之有效的促销手段，一般情况下，我们可以利用以下节日进行促销：

1. 节日促销

促销作为现代商品经营的一种营销手段，在店铺的整个营销活动中起着至关重要的作用，其对于提升店铺的社会形象、经营业绩等都大有裨益。尤其是在各类节日期间，各种各样的促销活动令人眼花缭乱。不仅让消费者大开眼界，并享受到促销带来的实惠，实现了超市与消费者的双赢效果。一般说来各种节日都是难得的促销时机，餐饮部门每年一般都要制定本部门的促销计划，尤其是节日促销计划，使节日的推销活动推陈出新，有吸引力，能够取得较好的促销效果。节日促销活动一般可以按照来源推出不同的活动。中国传统节日中比较有特色的节日可以推出节日促销活动。例如：

（1）春节。这是最能体现民族传统的中国节日，也是让在中国过年的外宾领略中国民族文化特色的节日。餐饮业利用这个节日可推出的促销活动包括常见的具有中国传统的饺子宴、汤圆宴，个别地方根据不同习俗也可特别推广年糕、饺子等。同时举办守岁、喝春酒、谢神、戏曲表演等活动，以丰富春节生活，用生肖动物拜年来渲染节日气氛。

（2）元宵节。农历正月十五，可以在店内外组织客人看花灯、猜灯谜、舞狮子、踩高跷、划旱船、扭秧歌等活动，参加各式民族传统庆祝活动的同时，配套推出各式元宵来增添节日气氛，达到促销目的。

另外，中国的传统节日还有很多，如清明节、中秋节、七夕——中国情人节、端午节、重阳节、腊八节等，只要精心设计，认真挖掘，就能搞出有创意性的促销活动。

西方的节日在中国比较普及的有情人节、圣诞节等，针对这两个比较受大众关注的节日推出促销活动。例如：

（1）情人节。2 月 14 日。这是西方一个比较浪漫的节目。针对顾客心理，餐厅可推出情人节套餐。如推销“心”形巧克力，展销各式情人节糕饼，可以选择特制情人鸡尾酒，一根双头心形吸管便可增添许多乐趣。餐厅还可以增加一个卖花项目，鲜花当是一笔可观的收入。

（2）圣诞节。12 月 25 日，这是西方第一大节日，相当于中国的春节。圣诞节这天人们穿着盛装，互赠礼品，尽情享受节日美餐。在西方的餐厅里，一般都要布置圣诞树和小鹿，有圣诞老人赠送礼品。这个节日是餐厅进行促销的大好时机，一般选择以圣诞自助餐、套餐的形式招徕客人，推出圣诞特选菜肴：火鸡西梅卷、腌火鸡丝沙律、李子布丁、碎肉饼等。圣诞活动可持续几天，餐厅还可用外卖的形式推销圣诞餐，扩大销量。

西方的节日也还有很多，如：复活节、感恩节、万圣节、啤酒节等，他们不但在外国客人中有市场，对国内客人同样也有一定的吸引力。要针对消费人群合理地制定促销策略。

2. 举办培训班

现在餐厅最受欢迎的项目是为女性们安排的活动。如果举办一些能使女性们感兴趣的活动，她们就会把丈夫、小孩带来一起参加活动，这无疑是为餐厅打开了一条销售渠道。所以，要认识到这一点，就能为餐厅拓展一条发展道路。可以利用这一点举办一些吸引女性消费兴趣的活动。例如：

（1）举办一些有关烹调技术培训的课程。该课程的讲授可以从讨价还价的技巧开始一直到烹制美味佳肴的技术，聘请有一定知名度的厨师给学员们讲解他们自身食品制作的过程，并请他们亲临指导，示范讲解烹制美味佳肴的诀窍，让消费者在学习中消费。

（2）家政培训班。使学员学会怎样才能更有效地操持家务并节省钱财。访问那些愿意教给学员修理家具、刷墙等技术的手艺人，对学员进行一个初级的家装培训，赢得顾客好感，提升餐厅的好感度，以达到拉拢顾客的目的。

第十八章 餐厅成本的控制与管理

餐厅成本控制体系的建立

餐厅成本包括菜品原材料、设备（厨房、就餐区）、服务（人力资源）从这几方面介绍如何把握好成本控制，分重点和次点。

1. 采购环节——计划采购，预先控制

（1）建立原材料采购计划和审批流程。

餐饮部管理人员要根据餐厅餐饮的运营特点，制订周期性的原料采购计划，并细化审批流程。

（2）建立严格的周期性询价报价制度。

餐饮部建立周期性市场询价制度并严格落实，以及时发现市场的价格变动情况。

2. 验收环节——严把进货关

（1）确立明确的验收标准。

各餐厅行政总厨应根据本餐厅的菜单，制订适应于市场且符合菜肴制作要求的原材料标准。

（2）实行验收责任人制度。

验收工作应由专职验收员负责，业务上接受餐饮部的专业指导。

（3）验收结果记录档案。

要求采购和验收人员每日填写“采购验收日报表”，记录原材料供应情况，评价供应商的信用程度，并做好相关分析。

3. 库存环节——有效降低库存成本

（1）完善定期盘存制度。

通过盘存，明确重点控制哪些品种，采用何种控制方法，如暂停进货、调拨使用、尽快出库使用等，从而减少库存资金占用，加快资金周转，节省成本开支。

（2）严格控制采购物资的库存量。

每天对库存物品进行检查，对于不够的物品及时补货，对于滞销的物品，减少或停止供应，以避免原材料变质造成的损失。

（3）做好发货管理工作。

建立严格的出入库及领用制度。仓库应设立签字样本，特别是贵重物品要专人领用。仓库管理人员做好原料出入的台账登记工作，这样可以很明显地看到每日经营情况与原料领出的数量比。

（4）保质期的管理。

所有仓储必须有标签，并规定一定的保持预期。

（5）建立严格的报损丢失制度。

对于原料、烟酒的变质、损坏、丢失制订严格的报损制度，如餐具等制订合理的报损率，超过规定部门必须分析说明原因，并与部门奖金考核挂钩。

（6）月底盘点要点。

盘存是一项细致的工作，是各项分析数据的基础。盘存的准确与否，也影响了成本的准确度。

4. 生产环节——标准化作业控制损耗

（1）标准成本与标准菜单。

标准成本的制定，是为了保证菜肴在制作、加工过程中，能够按规定的分量和比例出品，并实现期望的毛利率。而标准菜单的制定，可以保证厨房工作的有序，并赢得期望的毛利。

（2）编制厨房生产标准食谱。

标准食谱的内容应包括菜点名称、制作份数、份额大小、投放原料的名称、规格、数量，需要的生产设备，详细的制作程序、时间、温度和方法等。标准食谱不仅控制了各种原料的投放数量和规格，还严格控制了产品质量。

（3）关注价格信息的变动，实行毛利率预警制度。

针对不同季节的原材料价格变动情况，定期预报价格变动并提前调整出品价格，有效稳固了毛利率。

5. 操作过程中的监控

（1）建立生产标准和控制方法，分别对加工、配制、烹调三环节操作标准制订有效可行的控制方法。

（2）菜肴制作的科学性是餐饮控制成本和毛利率的关键。

（3）降低原料成本与烹调师效益挂钩，杜绝加工过程的浪费。

（4）控制餐具破损和易耗品成本。

综上所述可以看出，一个优秀的餐厅都有一套贯穿于所有部门的成本控制流程和制度，这里不仅涉及采购、库房、厨房的原材料管理，也涉及各种部门的日常领货、办公用品消耗等方面，用这些去防范餐厅日常管理上的漏洞，作为餐厅的管理者，只有管理控制好成本，才能保证利润的最大化，进而有效率地达到经营的目标。

控制餐厅成本的重要性

加强餐厅餐饮成本控制，最大限度地降低餐饮成本，尽可能为顾客提供超值服务，已成为餐厅经营管理的核心和任务。

对于以小本经营为主的餐厅，资金的控制是需要严格注意的，而为了保证目标成本的实现，成本控制是最关键的一环。它根据目标成本及成本预算的要求，对业务经营过程中与成本形成的有关方面进行指导、监督、调节与干预，以保证目标成本和预算任务的实现。在成本施控过程中，应充分调动各级成本管理责任单位及人员降低成本，增加经济效益的积极性，以保持经营目标的一致性。

顾客到餐厅就餐，不仅希望能够享受到精美的菜点和热情的款待，更希望餐饮产品物美价廉，而为保证这一点，就必须进行成本控制。因为为了满足顾客对于菜品的心理价位，餐厅的售价已经有所控制，而在有限的售价中还想要获得相应的利润，就必须要有效地控制成本。

成本控制是增加利润的根本途径。成本控制直接关系到餐厅以至于整个餐厅的营业收入和利润。餐厅在满足顾客的餐饮需求的同时，还担负着为餐厅提供盈利的任务。如果成本失控，就会影响餐厅的经营成果，甚至造成不应有的亏损。

其中，合理地降低成本可以有效地增加利润。在餐厅销售收入不变的情况下，降低成本可以使利润增加；在餐厅销售收入增长的情况下，降低成本可以使餐厅利润更快地增长；在餐厅销售收入下降的情况下，降低成本可以有效地控制利润的下降。因此，餐厅应该把成本控制作为日常管理的一项重要内容来抓。

成本控制还是抵抗内外压力的重要武器。餐厅在生产经营过程中，会遇到来自各方面的压力，如：同行业的竞争，餐厅职工要求提高薪水、改善福利待遇等。餐厅要想在压力中寻求生存及发展，降低成本是最重要的措施。降低成本可以降低保本点，扩大安全边际，增强餐厅抵抗风险的能力，使餐厅在激烈的市场竞争中处于有利地位。

餐饮成本，包括食品原料成本、劳动力成本和设备折旧费用。而餐饮成本控制主要是控制原料成本，原料成本随着营业收入的变化而变化。营业收入增加，原料成本也随之增加，营业收入降低，原料成本也随之减少，如果没有营业收入，也就没有成本可言。餐厅降低成本、扩大销售后有了稳固的经营基础，才能有力量去寻求新的发展。餐饮成本控制关系到产品的规格、质量和销售价格，成本的高低直接影响其售价，因此搞好成本控制是餐饮工作的必需步骤。

总之，成本控制的关键取决于餐厅的经营管理水平，经营管理水平越高，成本控制就越好，反之就会产生成本失控现象。餐饮成本控制是增加利润的最直接、最重要的手段，在餐饮业不景气时期，注重成本控制的餐厅拥有较强的抗震能力。

餐厅成本控制的策略

餐厅经营讲究策略，首先要考虑如何有效地控制成本，其中，“餐饮标准成本”是每一个餐厅经营者必须处理的问题。餐饮标准成本，是核算餐饮成本的一把尺子，用标准成本与实际成本进行对比，从中发现问题，采取措施，才能控制餐饮成本。

成本控制主要分为两部分内容，一是制度上的控制，主要体现在餐厅内部成本控制、制度建设、绩效考核机制等方面。再者，就是人为方面的控制，主要体现在员工的成本控制、节约意识、自主管理意识等方面。

1. 餐饮成本制度控制

制度控制方面的成果，集中休现在整个餐饮行业的各个经营步骤中。如采购制度、验货收货制度、库存管理制度．原材料领用加工管理、销售服务管理。其中各个过程都是成本控制的重要环节。

改进和应用传统的成本控制法，实施标准化生产。有条件的还可以尝试利用计算机软件，准确计算原材料的有效利用率和销售实际毛利率，分析定额成本与实际营业成本的差异，掌控成本管理绩效，指导对原材料的成本控制。没有计算机的辅助，我们同样有策略管好我们的账本。其中包含以下几个方面：

首先合理控制原材料成本。餐厅要在激烈的竞争中脱颖而出，留住回头客、吸引新客，须在做特色、树品牌、创口碑、创新等方面做足文章；科学用料节约成本，达到物尽其用；提倡厉行节约并保证质量。比如餐饮标准成本的制定，事先要在厨房进行实地考察，在正常经营情况下，每份菜品应发生的成本，作为实际生产经营中餐饮成本应达到的标准。还要确定近期餐厅推出的菜谱的标准分量、标准配方。

其次，与厨师长一道进行实地烹饪试验，观察菜品用料，以及菜品色、香、味、形，再经过反复测算后，制定出各种菜肴品种标准成本卡，作为餐饮成本核算的标准或依据。

科学的管理已成为提高餐饮行业管理水平的发展趋势，这就需要我们对员工实行科学定编，动态用人，楼面与厨房分工合作，全员参与，把各项经营指标分配到每一个人，定期考核，并把其考核绩效与经济利益挂钩，有奖有罚，提高职员的积极性。

再次，制定成本预算，实施成本考核奖惩制度是成本控制的关键。成本预算是成本控制的量化表现，制定成本预算时，要坚持完整性、针对性、合理性、挑战性的原则。

餐饮直接成本的高低取决于食品成本率的高低，而食品成本率的高低又取决于毛利率的高低。毛利率是毛利与营业收入之比，用公式表示则为：毛利率 = 毛利 / 营业收入 ×100%。毛利是餐饮的收入与直接成本之差，它等于收入减直接成本，等于利润加费用加税金，毛利是利润的基础。直接成本与毛利率的关系极为密切。毛利率越高，成本率越低，成本就越低。因此如果餐厅一味提高毛利率，就会降低消费者应享有的食品量，使消费者的利益受到侵害。

另外实行定量采购核定。由于食品原料种类繁多，季节性强，品质差异大，所以采购的质量和价格对食品的成本有很大影响。采购控制的关键是明确采购标准，建立、健全采购制度，严格控制采购数量，在充分比较各供应商的报价及其食品原料的出品率基础上，选择合适的供应商。厨师须在进货前一天进行职业判断，根据原料的剩余情况、次日预定用量、淡旺季状况、菜肴受欢迎程度，提出次日原料申请单。这些措施将可以大大减少因为调配不均造成滞销的经济损失。

餐饮的经营比较灵活，同时难度也是比较大的。因此制定有效的餐饮成本管理制度，运用系统分析法进行成本控制，对于减少浪费、提高经济效益具有重要作用。

最后实行专业标准配送。餐厅为了控制经营活动的成本，其服务产品可以借用工业流程设计的方法，即生产线方法，设计标准化程度较高的服务流程，建立日清月结制度，应用标准成本分析法有效控制成本。食品原料的验收是确保购进的原料质量符合采购所规定的要求。验收程序主要是核对价格、盘点数量和检查质量。原料发放控制的目的是保证厨房生产供应，控制厨房用料数量，以正确计算厨房成本。发放控制可通过领料单进行。存货控制的目的是为了采购和成本核算提供依据，防止损失和偷盗。

调用当日销售菜肴的标准食谱卡片，根据当日菜肴销售量，按销售量乘以每份菜肴各种原料的配置量，计算当日各种原料的标准耗量，再调用原料的价格，按耗量乘以价格，计算出当日标准成本，认真做好饮品耗量控制。

2. 餐饮成本人员控制

人为因素控制，体现在餐饮业生产经营的每一个细节当中。人自身的主观因素也对成本有很大的驱动作用，如职工的成本管理意识、集体意识、餐厅主人翁意识、工作态度和责任感，以及管理责任的落实情况等。这也是当前餐厅成本管理中非常欠缺的一部分。

包括培养员工成本意识，倡导勤俭节约的文化是成本控制的前提。建立成本监督体系，设立专人监督检查的成本控制小组是成本控制的保证。员工有了成本意识，并且有奖惩考核制度进行激励，但要真正实现最大限度的成本节约，还需要在日常工作中有专人监督检查，及时更正，这样才能保证成本控制工作的成功实施。

总之，要科学认识和应用“成本最低化”策略。传统观点片面地把控制成本理解为减少成本支出的绝对额和降低成本率。包括标准成本的制定、成本差异的计算分析。不能为控制成本而降低产品质量，损害消费者利益，最终使餐厅失去信誉和市场。

如何加强餐厅的分析与核算

对餐厅进行准确无误的分析是我们严格控制餐厅的成本的关键。其中对餐厅产品进行成本核算是餐饮成本控制及管理的基础性工作，该项工作直接关系到成本核算的准确性及管理的有效性。

餐厅经营首先要了解自己餐厅的产品，分析产品出品之前的耗损。首先是厨房原材料的耗损，对厨房进行核算。厨房核算主要是指为厨房生产和产品定价服务，控制厨房实际成本消耗，同时为会计成本核算提供基础数据。再者，进行会计成本核算，即从会计专业化管理角度核算餐厅餐饮成本消耗及成本率。

厨房核算和会计核算必须做好餐厅的分析与成本核算的基础工作，主要包括四个方面的内容。

一、成本核算原始记录

原始记录也可叫原始凭证，是成本核算的依据。餐厅的原始成本记录是进行产品成本计算的根据。建立和健全成本记录制度，确保所提供资料的完整性、准确性，对于加强餐厅经营管理，挖掘潜力，不断降低产品成本，提高餐厅经济效益，有十分重要的意义。

二、成本核算计量工具

厨房为准确计量各种食品原材料的采购、领取、销售等各个环节原材料消耗，必须配备必要的计量工具。主要有三种：台秤，用于大宗食品原料计量，如米、面、肉、青菜等；天平秤或电子秤，用于小宗食品原料计量，如酱料、奶油等；量杯或量筒，用于调味品原材料计量，如油、黄酒等。在日常工作中，应根据不同食品原料适当使用不同规格的计量工具，以便准确计量、准确核算。

三、成本核算数据处理

餐饮成本核算是通过原料计量、计价和单位成本来计算实际成本的，其数据处理要正确，以便为成本控制提供客观依据。在餐饮产品成本核算过程中，其数据处理有三种形式：

1. 有效数据

有效数据是以实测或原始记录为依据所提供的数据，比较准确。在餐饮成本核算中，一般不得采用估计数据。如果必须用估计数据时，也应以过去的实测为准，以保证成本核算数据的准确性和有效性。

2. 尾数处理

尾数有重量尾数和价值量尾数两种。重量尾数处理一般到克为止，克以下的重量单位采用四舍五入法，进到克为止，然后按原料单价核算成本。

3. 成本误差

成本误差分为绝对误差和相对误差两种。

对餐厅进行分析以及核算成本消耗，是控制餐厅成本行之有效的管理措施，与此同时可以为餐厅经营者提供决策的依据。可是餐厅产品品种繁多，在核算时如何才能提高核算的准确性和科学性呢，具体方法主要有以下几种类型。

1. 顺序结转法

顺序结转法根据生产加工中用料的先后顺序逐步核算成本，适用于分步加工、最后烹制的餐饮产品。

2. 平行结转法

平行结转法主要适用于批量生产的产品成本核算，它和顺序结转法又有区别。生产过程中，批量产品的食品原料成本是平行发生的。

3. 订单核算法

订单核算法是按照顾客的订单来核算产品成本，主要适用于会议、团队、宴会等聚餐活动。

在实际工作中，需要餐厅经营者每天及时收集各厨房的领料单、调拨单、内部招待单等有关凭证，认真进行审核。

对各厨房的食品原料耗用情况分类进行统计核计核算。

（1）库房领用：各厨房从食品仓库领用的冷冻食品、干货食品、粮油等。

（2）直入厨房：经收货验收后直接进入厨房的鲜活食品、蔬菜等。

（3）内部调拨：指各厨房间因生产销售需要而临时互相调拨的食品原料。

（4）餐厅请客：因业务交际往来，餐厅内部请客吃饭消耗的食品原料。

除此之外，每月末对库存食品原料进行盘点，做到账实相符。每月末到厨房进行盘点，计算出当月食品原料的实际耗用数，保证成本的真实准确。编制每月食品成本核算表，反映当月食品成本率、毛利率、上座率及人均消费额等情况。根据当月食品成本情况，写分析报告。

健全食品原材料的表格制度

食品原材料无论处于采购阶段，还是存库阶段，都需要通过慎密、及时的表格制度体现采购流程中产品数量流动、增减变化，制定表格制度不但能反应餐厅食品销售情况，同时可以最客观体现消费者的需求趋向，从而为餐厅日后经营项目给予正确的指导。表格制度应该围绕原材料整个流程中，包括采购、验收、生产、存库等，每一个环节都必须经过仔细记录。

采购作为整个食物原材料的初次阶段，其表格的制订必须严谨、精密，才能保证后续各环节的顺利开展，记录的初次数据必须准确、分类清晰。一般来说，采购包括询价、订购和交货三个环节，对采购阶段的表格管理也应该依据这三个环节进行记录。

询价阶段。采购人员需要通过市场同类型餐厅进行针对性的市场询价，随后作好记录并制作表格。例如现阶段青菜、肉类、海鲜等市场均价，记录一周的数据，并观察价格的变动走向，这些都需要通过表格反应出来，经营者根据表格所反应出来的市场价格趋向，判断为餐厅采购哪种类型的原料。

订购阶段。采购人员根据经营者的意向，采购目标原材料，进行采购之前，必须先把目标原材料的种类、价格、数量等记录好，当采购完成后，把实际采购的情况记录到表格中。

交货阶段。此阶段属于订购阶段后期，也就是下面即将提到的验收阶段。

验收表格在验收工作中起看重要的作用，它清晰地表明厨房收到了哪个供应商的货物，收到多少，质量规格如何、单价总额是多少；同时，它提示验收人员在验收工作中应注意哪些环节，如何处理验收过程的常见事务等。

常见验收表格为：

（1）食品原料进货请购单

（2）食品原料订购单

（3）送货发票

（4）贷项凭单

（5）验收日报表

验收人员应在当天工作结束时，将以上 5 种验收报表填好并且送交给负责核准付款的人员。验收是原材料进入厨房的第一道关口。厨政管理及验收人员必须严格把关，并建立相应的管理制度，以防止、避免不合格原料进入厨房。

（1）验收人员必须以餐厅利益为重，秉公验收，不图私利，坚持原则。

（2）验收人员必须严格按验收程序完成原料验收工作。

（3）验收人员必须了解即将取得的原材料是否与采购订单上规定的质量要求一致，拒绝验收与采购单上规定的质量不符的原材料。

（4）验收人员必须做到，了解如何处理验收下来的物品以及在发现问题时知道如何处理。对已验收的原材料出现质量问题，验收人员应负主要责任。

（5）验收完毕，验收人员应填写好验收报告，备存或交给相关部门相关人员。

（6）原料领用，凭单取用，按单发货。厨房到仓库领用的原材料，由各厨房根据当天的需要填制仓库领用单，及时登记材料领用消耗状况。

（7）存余盘点，填制报表。每天营业结束后我们也需要对存余的原材料、调料、半成品进行一次盘点。

（8）制定切实可行的成本控制和成本核算制度。财务部门要根据原材料的价格及粗加工、半成品的出成率、价格等建立档案，规定出各种菜品原材料的消耗定额，制作出标准成本卡，并要经常地、不定期地核实厨房部实际考核定额的执行情况，检查各菜品、主食的定额成本与实际操作有无差异，有无跑冒漏滴及因保管不善而发生原材料残损或变质现象，把厨师的奖金与出品业绩和成本控制挂钩，以提高厨师的节源积极性。

生产和库存阶段可以合并为同一个表格进行管理，也就是原材料的消耗、耗损情况的反映，表格记录人员每天对原材料的剩余情况进行准确、仔细记录，根据数据判断对原材料进行补足，保证餐厅正常供货，对于一些滞销的原材料，餐厅经营者作出客观评估，在下一次新采购环节中，对滞销的原材料不予采购考虑，或者减少采购量。

可见，完善、清晰的原材料表格制度能反映原材料的市场需求，为经营者提供客观、可行的采购策略。

流动成本的特点

餐厅的流动成本包括很多方面，分析餐饮流动成本的特点，便于掌握不同流动成本的特质，从而采取措施为餐厅开源节流，加强餐厅的成本控制，优化餐饮成本结构，延伸餐饮成本资金链，进而扩大业务范围。具体的流动成本的特点有以下几点。

一、变动成本比例大

餐厅的流动成本费用中，除食品饮料的成本以外，还有物料消耗等一部分变动成本。这些成本和费用在营业费中占的比例大，并随销售数量的增加而成正比例增加。这个特点意味着餐饮价格折扣的幅度不能太大。

二、可控制的成本比例大

除营业费用中的折旧、大修理、维修费等是餐厅不可控制的费用外，其他大部分费用及食品饮料成本都是餐厅经营者能控制的费用。这些成本和费用的多少与管理人员对成本控制的好坏直接相关，而且这些成本和费用占营业收入的很大比例。这个特点说明餐饮成本和费用的控制十分重要。

三、流动成本泄漏点多

餐厅流动成本和费用的大小受经营管理的影响很大。在菜单的计划、食品饮料的成本控制、餐厅的推销和销售控制以及成本核算的过程中涉及许多环节：菜单计划——采购——验收——储存——发料——加工切配和烹调——餐饮服务——餐饮推销——销售控制——成本核算。每个环节都可能影响成本。

1. 菜单计划决定成本率

菜单计划和菜单的定价决定菜品的成本率，也影响顾客对菜品的选择。

2. 采购验收影响质量

对食品饮料的采购、验收控制不佳，或采购的价格过高、数量过多造成浪费，或采购的原料不能如数入库，采购的原料质量差等，都会引起成本提高。

3. 储存发料

储存和发料控制不当，会造成原料变质或被偷盗、丢失和私用。

4. 加工烹调

对加工和烹调控制不严，不仅会影响食品的质量，还会增加原料的折损和流失量。对加工和烹调的数量计划不好，也会造成浪费。

5. 餐饮服务

餐厅服务不仅影响顾客的满意度，也关系到顾客对高价菜的挑选，从而影响成本率。

6. 餐饮推销

餐饮推销搞得好不好，不仅影响收入，也影响成本率。例如加强宴会和饮料的推销会降低成本率。销售控制不严，售出的食品饮料得不到收入，也会使成本比例增大。

餐厅若不加强对流动成本的核算和分析，就会放松对各个环节的成本控制。除了造成浪费外，还有可能损害餐厅的利润增长。

控制餐厅费用支出的几个方面

餐厅的成本可以按照直接成本和间接成本两部分进行区分。计算中就习惯以原材料作为其直接成本要素，它包括食品原料的主料、配料和调料。间接成本，就是操作过程中所引发的其他费用，包括员工的工资、奖金、福利等，房屋租金、设备装潢的折旧、燃料、水电、利息、税金、保险和其他杂费等各项费用。

一、餐厅间接成本的控制

餐厅间接成本，是指在餐饮操作过程中所运用的营业费用和人事费用。其中，营业费用又叫经常费用，包括保险费、税金、广告费、装潢折旧费、水电费和其他杂费等。而人事费用则包括员工薪资、福利、训练、奖金，等等。控制餐饮的间接成本，同样可以避免无谓的浪费，使餐厅获取最大的盈利。

二、餐厅直接成本的控制

1. 降低原材料成本的方法

如何有效地降低原材料的成本和损耗，降低餐饮直接成本，成为餐饮成本控制的关键。

（1）菜单的设计。

设计菜单要注意标准单价。标准单价是指按照菜谱中制作一道一人份的菜所需要的原料成本。原料的应用也决定了每道菜制作所需的人力、时间，所以设计菜单时要注意上述因素，慎选菜色的种类和数量。

（2）原料的采购。

采购原料过多或过少都会带来不便，浪费人力成本，因此应准确地预测销售、定时盘点，且机动性改变部分菜单，以保存使用的安全量，都是采购与库存管理人员需注意的要点。

（3）菜品的制作。

菜品制作人员一时疏忽，或温度、时间控制不当，或分量计算错误，或烹饪方式不正确，往往会造成食物的浪费，而增加成本。标准菜谱的合理应用，可以控制这方面的问题。

2. 直接成本控制的方法

有效的餐饮成本控制，并非一味地缩减开支或采购低成本的原料，企图节省支出费用，而是以科学的方法来预算、记录、分析支出费用的合理性。

（1）建立成本计算标准。

建立成本的计算标准可以确定加工规范，不仅可以促进餐饮行业的制度化、规范化建设，也便于餐饮制作的统一化。

（2）预估支出标准。

根据采购、生产的具体情况，在一定时间段内，预先估计成本支出状况，制定完善的标准菜谱。

（3）记录实际成本。

真实地记录操作过程的费用不仅可以规避因运送错误、储藏不当造成的损失，还可以避免制作中的消耗以及服务不当造成的损失，还可以防止员工偷窃等不良行为。

（4）分析成本支出。

实际成本经常会高于或低于标准成本，如果是可控制的因素导致的，就需要及时对照预估的支出标准，进行分析，可以及时发现管理问题，从而进行改善。

（5）调整。

根据具体问题，调整成本的分配状况，控制成本。

三、餐厅经营费用的控制

控制经营费用，餐厅可以从以下方面着手：

1. 严格进行预算控制

餐厅的费用开支必须编列预算，报请核准，不得随意添置或选购。至于临时性的费用支出，也必须提出申请，统一核准。

2. 完善责任制

要控制各种费用，还必须落实各种责任制，做到分工明确，专人负责和团体控制相结合，并且要与每个人的物质利益结合起来管理。

3. 加强审核和分析制度

餐厅必须建立严格的审核制度，定期分析费用的开支情况，以便掌握资金的运作情形。

（1）有效而合理的预算。

（2）建立财务计划。

同时，在对财务计划的建立时，最好进行费用的分类，专项费用，业务经费，办公费用，流动资金等，这样方便餐厅主管进行分门别类的监督检查，也较方便于管理。

总之，有效的餐饮成本控制，并非一味地缩减开支或采购低成本的原料，企图节省支出费用，而是指以科学的方法来分析支出费用的合理性，在所有动作展开之前，规划以年或月为单位的开销预算，然后监督整个过程的花费是否合乎既定的预算，最后以评估和检讨的方式来修正预算，改善控制系统。

餐厅人力成本的影响因素

餐厅人力成本是指餐厅在一定的时期内，在生产、经营和提供劳务活动中，因使用劳动者而支付的所有直接费用与间接费用的总和。影响餐厅人力成本的因素很多，了解其因素的目的就是为了进行餐厅人力成本的控制，进而减少餐厅人力成本，实现餐厅的收益。

餐厅人力成本的控制不是要减少人力成本的绝对值，餐厅人力成本的管控是要降低人力成本在总体成本中的比重，增强产品或服务的竞争力；对人力成本的管控要降低人力成本在销售收入中的比重，增强员工成本的支付能力；对人力成本的管控是要降低人力成本在餐厅增加值中的比重，即降低劳动分配率，增强人力资源的开发能力。

一、具体的影响人力成本的因素

1. 政府政策

政府政策明确规定了餐厅的劳动成本标准，从目前的趋势来看，政府对餐厅的用工政策越来越严格，餐厅就人力成本的付出将越来越大。

2. 工资及福利水平

工资及福利水平是影响人力成本的关键因素，因为当地的工资及福利水平直接影响到餐厅给予员工的工资标准。当地的平均工资福利水平较高，则餐厅的支出也越高，反之亦然。

3. 经营的季节性

餐厅的经营季节性将影响人力成本的开支。经营的季节性通过旅游的淡旺季招收员工的差异进而影响人力成本。如餐厅在旅游旺季时，用工的数量较多，但可招用计时工，可节约一大笔支出，到淡季时，仅需少量的固定服务人员即可运转。

4. 投资

餐厅通过现代化的投资，购置大功率高效的设备进而节约了劳动力，从而节约了人力成本。餐厅在现代化设备上的投资减少了用工数量，如购置和面机、绞肉机、洗碗机等机械设备可节约人力；添置电脑等设备也可减少用工人数等。

5. 营业收入

餐厅的营业收入与餐位周转率及消费者的人均消费等直接影响餐厅员工的工作量。

（1）单位时间工作量影响人力成本。

营业收入越高，工作量越大，每份产品的单位人力成本就越低，也即员工的生产效率越高。

（2）成品采购节约人力成本。

餐厅如采购已经拣洗的蔬菜，已经加工切割的肉类、禽类等半成品或冰淇淋、面包等成品，则可降低加工餐饮原材料的人力成本。

6. 产品的制作难度

餐饮产品的加工制作难度越大，所需的人力成本越高。

（1）加工难度影响生产效率。

加工制作每种产品的工作量大，导致员工的生产效率较低。

（2）加工难度要求加工人员高素质。

制作难度大的产品需要更高等级的厨师或服务员来完成，而这些员工的工资待遇等要比普通员工高得多。

7. 建筑设计

餐厅的建筑设计，特别是厨房的设计布局是否合理将直接影响餐厅的人力成本。如厨房的设备布局不合理，厨师在工作中的行走距离过长，会增加体力和时间消耗，降低生产效率。

8. 员工职业培训程度

如果员工的职业培训程度高、质量好，则其员工的速度快、效率高，也即人力成本较低。因此，餐厅的管理者应抓好员工的职业培训，既可提高餐厅的服务质量，又可降低人力成本。

二、人力成本控制

1. 制定科学的劳动定额，提高单位时间生产效率

劳动定额是指餐厅员工在一定营业时间内应提供的服务或应生产制作的餐饮产品数量的规定。科学的劳动定额应根据餐厅确定的服务或产品质量标准及工作难度等内容来制定。

2. 配备适量的员工，灵活增减员工

（1）配备员工。

在制定各岗位科学的劳动定额的基础上，餐厅应根据各自的规模、营业时间、营业的季节性等因素来配备适量的员工。

（2）合理调适。

餐厅可以按每月、每周或每天的营业量来配备员工，但应经过一定时间的试验期以使

员工的配备更具有准确性。在试验期内，餐厅应记录每天或每餐的营业量，以判断各岗位员工的实际生产效率是否符合预先规定的劳动定额，从而作出增减员工的决定。

3. 合理排班

（1）满足需要，合理灵活。

员工的班次安排必须适应餐饮经营之需要，应根据餐厅的营业量及有关员工工作时间的法律灵活规定，合理地排定班次。

（2）发挥潜力，符合规定。

餐厅管理人员在排班时，应在满足餐饮经营需要的前提下，既要发挥员工的潜力，又要考虑员工的承受能力和实际困难，还需符合《劳动法》的有关规定，尽力提高员工的工作效率，并保障员工的身心健康。

与餐厅成本控制相关的财务知识

餐厅经营者在了解了基本的成本控制原则和方法之外，还需要懂一点财务的知识，虽然有条件的餐厅可以配备专业的会计，但是作为经营者如果没有一点财务的知识的话，连报表都看不懂更谈不上控制成本了。

一、财务在餐厅经营中的作用

（1）核算：就是利用专业的、科学的计算方法，为餐厅作好经营分析。

（2）通过核算，提供分析，监督财产完全状况及作用状况。

二、财务成本控制的主要方法

财务预算编制出来之后，是需要落实的，而财务控制就是这样一个过程：按照一定的程序和方式确保餐厅及其内部机构和人员全面落实，实现财务预算的过程。

财务控制的主要方法就是责任中心财务控制。责任中心财务控制包括成本中心财务控制、利润中心财务控制、投资中心财务控制。

1. 成本中心

（1）成本（费用）变动额＝实际责任成本（费用）－实际业务量的预算成本（费用）

（2）成本（费用）变动率＝成本（费用）变动额 / 实际业务量的预算成本（费用）

2. 利润中心

（1）边际贡献总额＝销售收入总额－可控成本总额（变动成本总额）

（2）利润中心负责人可控利润总额＝边际贡献－负责人可控固定成本

（3）利润中心可控利润总额＝负责人可控利润总额－负责人不可控固定成本

3. 投资中心

（1）投资利润率＝利润 / 投资额

（2）总资产息税前利润率＝息税前利润率 / 总资产

（3）剩余收益（第一种算法）＝利润－投资额 × 预期的最低投资报酬率

（4）剩余收益（第二种算法）＝息税前利润－总资产 × 预期的最低总资产息税前利润率

三、建立严密的财务成本控制体系的措施

1. 以制度理财：制定游戏规则，不折不扣实施

财务控制是对财务活动过程的约束和调节，既然要约束和调节，就得有一个节制标准和尺度，就必须建立起餐厅的财务制度和监控体系，财务制度的实质是指节制人们财务行为的尺度，是事先制定的一种游戏规则，监控就是为保证制度体系能有效运行，而采用的

监管体系。

2. 以统管聚财：以财务集权为主体体制

财务集权有利于餐厅经营者随时调集各分餐厅与部门的财务数据，消除信息不对称所带来的种种弊端，同时将餐厅有限的资金资源集中控制，有利于将有限的资金用于餐厅的战略投资和偿还到期债务，加速资金周转速度，降低成本和财务风险，以统管来达到餐厅聚财的目标。

3. 抓龙头控财：以现金流为中心

财务控制从餐厅投资到利润分配，涵盖餐厅生产经营活动全过程，但其核心和龙头是餐厅的现金收支，即流动资金。可支配的流动现金是餐厅生存的必要元素，不仅可以反映餐厅的支付能力，而且可以证明餐厅的信用和实力，是餐厅控财的中心。

4. 用指标管财：推行全面预算管理

现在餐厅推行的主要是全面预算管理。全面预算是根据生产状况和生产经营指标，在效益最大化的原则下确定实物工作量和货币资源的优化配置，充分体现生产与财务的结合优化，避免了算和干脱节的现象。

5. 建立全方位的财务控制体系

财务控制是餐厅的中枢控制，餐厅生产经营的所有活动最终都会以各种财务信息反映出来，因此，餐厅必须建立全方位的财务控制体系。

6. 建立多元的财务监控措施

餐厅还必须采用多种财务监控方法来有效收集数据，利用 IT 技术、审批、定期审计、不定期抽查、对比分析等手段，保证收集数据及时性、准确性，通过分析这些数据，从中发现问题，采取多种策略来监控餐厅的各种经营活动，以防止人为控制造假账，导致财务数据失真。

餐厅常见的三种浪费与控制

“谁知盘中餐，粒粒皆辛苦”，餐厅的浪费现象虽然不能完全避免，但是完全可以通过意识的提高和观念的更新来逐步减少。餐厅的浪费将直接影响到餐厅的规范化生产和节约型餐厅的建设。因此餐厅的浪费控制就显得尤为重要、刻不容缓。

一、传统的加工方式造成的浪费

1. 采取合理加工方式，最大限度来减少浪费

餐厅厨房在传统加工方式方面造成的浪费是很大的。这种浪费有一些是暂时无法避免的，只能从采取更合理的加工方式入手，最大限度来减少浪费。

2. 增强节约意识，更新传统铺张观念

因为这类浪费随时发生，有时又受员工的情绪所左右，规定和制度对此无可奈何，因而也就见怪不怪了。因此要提高员工的素质，增强节约意识、更新传统观念。

3. 传统加工方式的改观节约

（1）循环用水，多次利用。

因没有净菜供应而造成厨房的用水过多。

（2）节约用油，少量多次。

烹调菜肴时食用油使用过多。

（3）提前试菜，掌握适度。

为加工一道特殊菜、特色菜投入过多，造成燃料、水、电等成本浪费。

（4）审慎用菜，注意节约。

学徒工加工菜肴不成功造成的浪费。

（5）用心保管，避免浪费。

炉台调料、汤料因保管不善变质或剩余浆、糊、粉、芡料的浪费。

（6）物尽其用，高效利用。

使用后的炸油，腌渍主料的调味料弃料，不够单独加工一份菜肴使用的剩余蛋液，熬油后的油渍，鸡、肉泥剩料及某些调味料，也多数都被倒掉或用水冲入下水道，等等。

4. 改进加工方法，杜绝浪费

传统加工方式的浪费有些是不可避免的，但有些是能减少或杜绝的，作为工作人员不能轻视这类浪费现象，应该设法改进加工方法。

二、责任性浪费

这是指管理不严或者责任心不强而造成的浪费。

厨房自来水的跑、冒、滴、漏或用后不关；电器设备的空转；空火炉灶不及时关、压火；照明灯具长明不关；排风、排烟设备空转；原料加工无计划或一次性加工过多而造成的浪费，或因未经及时加工处理而造成霉变、混杂、污染等，最后只能作垃圾处理；对于厨房炊具、炉具、机冷藏、加工、消毒电器等因使用不当造成损坏报废，等等。

以上现象都是责任性浪费的种种表现，属于无谓的浪费。责任性浪费说明厨房管理水平不高，需要管理者认真加以研究。

三、观念性浪费

观念性浪费主要是指顾客因比阔气、讲体面、重面子造成的浪费。

1. 顾客明知吃不完也要点

由于菜肴的加工方法和风味特点等原因，无论是散座还是宴席上，餐桌上吃不完的饭、菜、汤、水果及点心比比皆是。几乎看不到一家餐厅有一桌完全空净的盘、盆、碗、碟。

2. 服务员对待剩菜一律倒掉，不注意回收

对一些原封不动的菜肴点心，服务人员在收台时也未能做到及时回收进行再利用，满桌的鸡鸭鱼肉甚至是更高档的菜肴便统统被倒进泔水缸中去了。

俗话说：节约犹如针挑土，浪费如同浪淘沙。总之为了生产和生活需要而消耗物质财富称为消费，而对人力、财物、时间等使用不当或没有节制称为浪费。在这两个完全不同的概念中，前者需要刺激，而后者则是可耻的。

降低食品毛利成本

食品毛利是餐厅销售收入减去食品原进价后的余额，是净利的对称，又称食品进销差价。因其尚未减去商品流通费和税金，还不是净利，故称食品毛利。

降低食品毛利成本就是为餐厅节约成本，就是为餐厅的发展开源节流。具体的降低食品毛利成本的方法有：

一、制定生产标准，完善生产机制

生产标准既是控制成本的工具，又是目标。餐厅经营者要仔细客观地制定各项标准，不能让标准形同虚设，没有可行性。如净料率，餐厅经营者要多次观察、检查员工加工原料的情况，然后再根据客观情况制定出标准，以后可作为对新员工的技能、态度等的检验指标。

二、明确责任，建立完善监督与控制机制

1. 加强监督制约机制

生产加工的各环节相互关联、相互承接，呈现出一环扣一环的链式特征。正是这种特征，使得生产加工的每个环节都非常重要，其中任何一个环节出了问题，都有可能影响菜肴的质量和餐饮生产成本，正是这种特征，使得建立生产加工各环节间的监督控制机制非常必要。在各个环节间建立监督与控制机制，可以防止员工间相互庇护的现象。

2. 具体生产流程的制约机制

厨师从储料间领取原料时，要认真填写领料单，领料单上应当包括原料的种类、规格、质地、数量等详细信息，同时要在领料单上签字，当原料出现问题时，这些收据都是考查、追究责任的依据。进行粗加工的员工在收到原料时，也要先核对所收原料是否与领料单上记载一致，经核实无误后，方能使用，并由粗加工的主要负责人在领料单上签字。

厨师接到经粗加工的原料后，要检查加工是否达到标准，如是否洗净，加工后的重量、数量是否与生产标准基本一致，对严重超标的，可记下相关粗加工员工的姓名，供餐厅经营者作为对员工考核的依据。同时，餐厅经营者与厨师之间也要形成一种监督机制，以防止厨师制作人情菜，如加大分量等。

3. 提高技能素质，加强控制成本意识

成本的加大主要是人为的因素造成的，因此，提高员工的素质对减少成本很关键。

提高员工的素质主要包括三个方面：

（1）业务素质。

业务素质主要体现在员工的业务操作技能上。首先员工要懂得所需的业务技能，这是最基本的；仅仅懂得还不够，员工还需要对这些技能操作娴熟，这样可节约时间、提高工作效率和质量。

（2）责任感。

员工要具备强烈的责任感，把餐厅当作自己的家，时时刻刻想到自己该如何努力把它管理得更好，时时刻刻想到怎样节约成本。如积极鼓励员工充分利用边角料，培养员工养成人走灯灭等自觉的责任心。

（3）节约意识。

员工要养成节约意识，在日常的工作中将节约进行到底，把节约意识落实到日常的行动中。

4. 优化菜单结构，提高各种原材料的综合利用率

在保证餐厅餐饮产品质量的前提下，在菜单设计方面要下工夫，要综合利用原材料，减少辅料和边角料的浪费，这样才能控制成本支出的增长。

5. 建立有效的成本考核和奖惩制度

餐厅经营者在进行考核时要凭借一定的依据，如考核厨师、服务员等的工作业绩时可参考退菜表，因为退菜表上对负责的服务员、菜肴退回原因等都有详细记载，餐厅经营者根据这些信息可以了解到员工的工作业绩、工作问题，从而给予相应的奖罚。

6. 采用现代化的管理方式

应大力推行电脑在餐厅的应用。如餐厅经营者可将销售记录表、标准菜谱等存入电脑，这样统计起来就更快捷方便，也容易保存。

利用现代化信息技术，实行网络连接，使之在出品、储存、标准等有着规范的格式，每周、每月、每季度、每年度等都可以查询，这样既可以了解到原料的进价、储存、领料、生产、销售等一系列数据，又可以全面地掌握餐厅在食品生产加工的每一个环节。

努力降低仓储成本

仓储成本是指餐厅在经营过程中为销售和生产耗用而储备的资产，是一项重要的流动资产。因此，其利用状况直接关系到餐厅的资金占用水平及资产运作效率。具体的降低仓储成本的策略有：

一、分析仓储费用组成要素，对症下药

1. 降低存货发生成本

（1）排除无用的库存。

（2）减少库存量。

（3）重新配置库存时，有效、灵活地运用库存量。

2. 降低产品包装成本（针对提供外带服务的餐厅）

（1）使用价格低、质量好的包装材料。

（2）使包装简单化。

（3）整理相同包装内容，统一包装。

二、实现餐厅内部信息共享，有效降低库存量

1. 加快周转，提高效率

加快仓储货物的周转速度，其好处是明显的，如资金周转加快、资金效益提高、货物损失降低、仓储设施利用率提高、管理成本下降等。

2. 信息共享

让采购人员、餐厅经理（服务员）、经营者了解餐厅最新的库存情况，以便他们在各自岗位作出准确的判断。例如，采购人员了解最新的仓储情况，则可以此作为新一轮采购的依据，餐厅经理或服务员，对于仓储的情况，有针对性地向食客推荐菜式，以便尽快消化仓储的原材料，加快原材料的消化，就能加快餐厅资金回笼。

总之，由于降低仓储成本的可操作性大，降低仓储成本已经成为“第三利润源”。在餐厅管理的其他环节成本降低潜力不大的情况下，在降低仓储成本上下工夫，已经是成本管理和餐厅管理的最终所向。

控制餐具成本

一、餐具采购成本控制

每家餐厅对餐具的要求都很高，每天有大量的碗、盘等餐具在循环使用。如果不控制好餐具的损耗，必然会加大餐饮成本。如果餐具不合格，损耗量大，每天使用缺损餐具，再好的饭菜也会让顾客食欲大减。因而，首先应从餐具的购买过程入手：

1. 注意餐具的质量

餐具的质量直接影响着餐具的使用寿命。餐具采购中，采购人员应对餐具的质地、做法有一定的了解，从中选择质优、价廉、耐用的餐具。

2. 选择餐具的款式与形状

餐具款式、形状的选择对餐厅的整个气氛、环境有一定的影响，款式、形状另类的餐具可以使顾客产生好奇，对餐厅的印象加深，会产生潜在消费者和再次消费者。

3. 做好供应商的选择

依据餐厅的经营主题、风格，选取合适的供货商，当然，也要把采购预算考虑在内，餐厅经营者必须思考采购餐具的频率，也就是餐具的耗损预测，包括以上几点提及到的注意内容，均是决定经营者选择怎样的供应商的依据。

二、餐具各流程的成本控制

1. 洗涤部

（1）正规合理，硬件完善。

洗涤正规化、合理化，是减少洗涤中餐具破损的第一环节。对于洗涤的硬件给予完善，比如待洗涤餐具的工作台、分类设备、烘干设备等一系列设备对保持餐具的完好无损十分重要。

（2）严格落实，“有法必依”。

制定合乎餐厅情况的洗涤标准和程序，这些规定一般餐厅都有，关键是落到实处，而且“有法必依”。

2. 荷台

荷台，也就是厨房的小工，其职责包括协助厨务部炉台、案台完成菜肴出品辅助工作。每天荷台上班后，根据前一天余下的餐具和炉灶所用的餐具数量，填写当日餐具领用表，领用餐具。所领用的餐具专菜专用，并在营业结束后及时统计出当日营业中各种餐具的使用数和余下数。

3. 服务员

（1）全面检查，认真核查。

所有上菜的餐具在服务员上桌前都要经过服务员的检查。

（2）发现破损，立即退回。

对所上菜品发现餐具破损的，应立即返回并记录，如发现有没有记录的破损餐具上桌，将由服务员对破损的餐具负责。

4. 撤餐环节

已知所有的服务员要为顾客服务时手上都有一份顾客的点菜单，上面记录着顾客的菜品，所有撤餐的人员在撤餐的时候都要求服务员所撤的餐具同菜单相符合，并对餐具的破损进行质检，这样服务员的餐具破损和丢失就一目了然了。

5. 洗涤

洗涤中的破损由月终盘点得出。这样，每一个部门对上一个部门的不认真监督，都有会造成由自己来承担负责的后果。

6. 放置

各类不同的餐茶用具应有固定的存放位置，严禁乱堆乱放，以免无故损耗，增加不必要的支出。

7. 管理

餐厅经营者应根据餐厅的实际情况，分别确定各类用品的消耗标准，并监督服务人员切实执行。餐厅应根据自己的等级和档次灵活确定，例如，对于餐茶用具一般应指定专人负责管理，以明确责任，还应制定相关的领用手续，并严格执行。餐厅经营者应制定详尽的餐茶用具管理制度，如餐茶用具损耗统计制度，要求员工在损坏用品时如实填写，同时还会有相应的奖罚制度。

餐具作为餐厅设备一个重要的服务项目，无论是怎样的餐厅，都必须投入大量的人力、物力进行科学有效的管理，餐具是盛载食品的工具，与食客直接、多次接触，能给食客产生对餐厅的第一印象，美观、具有特色的餐具能为食客来带良好的印象，促进后续消费，相反，破损、残旧的餐具不但影响食客的评价，更会减少食客就餐的欲望，间接降低餐厅盈利。因此，餐厅经营者必须认真管理餐具的每一个环节。

节约发放环节的成本

科学的食品发放管理可以保证厨房能及时得到足够的原料，控制厨房的用料数量，并能正确地统计食品饮料的成本和食品饮料原料的库存额。

一、直接采购原料的发放统计

直接采购原料主要是指那些立即使用的易坏性原料，这些原料进货后经过验收直接发到厨房，而不经过库房这一环节，其价值按进料价格直接记入当日的食品成本。这样，在计算当日直接采购原料成本时，只需抄录验收时日报表中的直接采购原料总金额即可。当一批直接采购原料当天未用完，剩余部分可在第二天、第三天接着用，但作为原料的发放和成本的计算按当天厨房的进料额计算。

二、库房采购原料的发放管理

库房采购原料包括干货食品、冷冻食品等。这些食品经采购验收后送入库房，其价值计入流动资产的原材料库存项目内，而不是直接算作成本。在原料从库房发出后，发出原料价值计入餐饮成本中。为搞好库存管理和餐饮成本的核算，库房原料的发放要符合下列要求：

1. 定时发放

为使库管人员有充分的时间整理仓库，检查各种原料的库存情况，不致因忙于发料而耽误了其他工作，餐厅应规定每天固定的领料时间。有的餐厅规定：领料应提前一天交领料单，使库管人员有充分时间提前准备，以避免和减少差错。这样既节省了领料人员的时间，也使厨房管理人员对次日的顾客流量能作出预测，计划好次日的生产。

2. 凭领料单发放

领料单是仓库发料的原始凭证，它准确地记录了仓库向厨房发放的原料数量和金额。领料单具体作用有：控制仓库的库存量，核算各厨房的食品成本，控制领料量。无领料单任何人都不得从仓库取走原料。即使有领料单，也只能领取领料单上规定的原料种类和数量。

凭领料单发放原料的具体程序如下：

（1）领料人根据厨房生产的需要，在领料单上填写品名、规格、单位及申请数量。领料数量一般按消耗量估计，并参考宴会预订单情况加以修正。

（2）领料人填完以上栏目后，签上自己的姓名，再交给餐厅经营者审批。没有审批人员签字，任何食品原料都不可从库房发出。审批人员应在领料单的最后一项原料名称下划条斜线，防止领料者在审批人员签字后再填写并领取其他原料。

（3）库管人员拿到领料单之后，按单上的数量进行组配。由于包装原因，实际发料数量和申请数量可能会有差异，所以发放数量应填写在“实发数量”栏中，并且填写金额栏，汇总全部金额。

（4）库管员将所有原料准备好后签上自己的姓名，以证实领料单上的原料确已发出，并将原料交领料人。

3. 正确如实记录原料的使用情况

厨房人员经常需要提前几日准备生产所需的原料。例如，一次聚餐的菜品往往需要数天甚至更长的准备时间。因此，如果有的原料不在原料领取日使用，则必须在领料单上注明该原料的消耗日期，以便把该原料的价值计入其使用日的食品成本中。

烹饪环节的成本也要控制

食品原料的初步加工、切配、烹调、装盘等生产环节对餐厅的食品成本高低有着很大影响。加工烹调环节的成本控制并不是要降低产品质量，而是在保证产品质量的前提下进行成本控制。对加工烹饪环节进行成本控制可以实现餐厅成本结构的进一步优化，也可以实现餐厅烹饪的规范化操作，增强员工的节约意识和开源节流观念。

加工烹调环节的成本控制主要有下述内容：

一、逐步加工

1. 规范操作，保持净料率

严格按规定的操作程序和要求进行加工，达到并保持食品原料应有的净料率。食品原料的净料率是在保持食品原料有效利用。

2. 加工试验，确定方法

对于成本较高的食品原料，应进行加工试验，以确定最佳的加工方法。

加工试验可以防止对原料的误用或滥用，因此是节约原料，有效利用原料的有效环节。加工试验要注意方法得当、考虑周全。

3. 废料回收，降低成本

对于初步加工过程中的下脚料，应尽量回收利用，以便降低成本。没有废料，只有放错了位置的资源。因此下脚料等废弃资源要做到合理高效利用，要做到物尽其用。

二、切配环节

切配是决定主、配料成本的关键环节。

1. 合理利用原料，降低食品成本

切配时应根据原料的实际情况，合理利用原料，做到不同原料的区别对待，要具体原料具体分析，遵循整料整用、大料大用、小料小用、下脚料综合利用的原则，以尽量降低食品成本。

2. 坚持标准投料量，严格按程序操作

（1）按规定切配，避免以次充好。

在切配过程中，应按标准菜谱中规定的投料量进行切配，严禁出现用量不足或过量或以次充好等情况。

（2）严格按程序操作，保证质量。

餐厅应要求厨师主料过秤，不能凭经验随手抓，以保证菜点的成本及质量。

三、烹调

餐饮产品的烹调，一方面影响菜点质量，另一方面也与成本控制密切相关。

1. 调味品用量的控制

烹制某一菜点所耗用的调味品较少，在食品成本中所占比重较低，但从差异产品的总量来看，调味品的耗用量及其成本是相当可观的。因此，在烹调过程中，餐厅应严格执行调味品的成本规格，这不仅会使菜点质量稳定，还可较好地控制食品成本。

2. 菜点质量的控制

（1）一锅一菜，专菜专做。

在烹调过程中，餐厅应提倡一锅一菜，专菜专做，并严格按标准菜谱的规定要求进行操作。

（2）掌握火候，规避废品。

掌握好烹调时间及温度，力求不出或少出废品，以有效地控制烹调过程中的食品成本。

3. 装盘时的分量控制

餐厅中有不少菜点是成批烹制生产出来的，这就要求在成品装盘时应按标准菜谱规定的份数进行，以控制食品成本。

如何降低酒水成本

餐厅的酒水定价也直接影响到餐厅的经济效益，但许多餐厅常常忽视酒水带来的利润，酒水就像水一样，很容易流失。因此，餐厅应像控制食品成本那样做好酒水成本控制，并将发现的问题进行原因分析，从而采取有效的改进措施。

酒水成本控制的内容很多，涉及酒单的设计、酒水的采购、验收、库存、领发、销售等环节。

一、酒单的设计

酒单与菜单一样，是餐厅最好的推销和控制工具。一般的餐厅往往将酒单与菜单合二为一，但从销售的角度讲，酒单最好单独设计。一份设计精美的酒单通常会激发顾客的酒水消费欲望。

1. 内容完整

（1）餐厅的名称、地址、电话号码及营业时间等。

（2）酒水编号。

（3）酒水名称。

（4）单价等。

2. 印刷精美

3. 酒水的品种、定价应合理

二、酒水采购控制

酒水采购控制的目的是保证餐厅的酒水供应并保持适量的存货，同时应以合理的价格购入酒水。

1. 采购人员控制

（1）专人负责酒水的采购工作。

（2）为了便于控制，酒水采购人员不能同时从事酒水的销售工作。

（3）规避回馈问题，定期更换采购人员。

2. 采购数量控制

（1）定期订货法。

（2）定量订货法。

3. 采购质量控制

当顾客说明需要某种牌子的酒水时，餐厅才供应指定牌号的酒水，如顾客没具体说明需要某种牌子的酒水，则供应通用的。

4. 采购价格控制

了解三家以上的供应商，以取得他们的报价，然后选择其中价格最低的供应商。

三、酒水验收控制

1. 数量

2. 质量、价格

3. 填写酒水进货日报表

四、酒水领发控制

1. 建立吧台存货标准

为了便于了解每天应领用多少酒水，餐厅应建立吧台存货标准。吧台存货标准的酒水数量应根据顾客的酒水消费喜好及消费量来确定，它应保证餐厅能满足顾客需求，又不能在吧台存有过多的酒水。

2. 宴会酒水单独领料

餐厅在承办大、中型的聚餐时，因酒水的消耗量较多，并且酒水品种较为特殊，绝大多数餐厅都根据宴会的特殊需要要求吧台单独领料，以满足宴会顾客对酒水的需求。

3. 实行酒瓶标记制度

为防止吧台服务员或餐厅服务员在餐厅私自销售自己带入的酒水，餐厅可要求酒水仓库保管员在发料之前，在酒瓶上做好标记。标记上应有不易仿制的标记、代号或符号。

五、酒水销售控制

1. 瓶装、罐装酒水销售控制

（1）坚持使用酒水订单。

酒水订单与点菜单一样属于餐厅的控制表单。餐厅应要求所有服务人员在接受顾客点用酒水时，必须填写酒水订单。填写好的酒水订单应交账台收款员签章后再送至吧台领取酒水。吧台服务员应做到“无单（酒水订单）不发货”。对酒水订单的其他控制如同点菜单控制。

（2）健全酒水管理制度。

在销售过程中，餐厅应建立并健全相应的酒水管理制度，以杜绝服务人员的贪污、私藏等行为。

2. 调制饮料销售控制

在酒水的调制过程中，很容易发生酒水的损耗与浪费，如不加强控制，就会不可避免地增加酒水成本。

销售成本的控制

餐厅产品销售过程中的任何差错或漏洞都会引起食品成本的上升，因此，必须引起餐厅管理人员的高度重视。销售成本的控制是餐厅成本控制的重要环节，销售成本控制得好，不仅可以节约资金、资源，还可以优化餐厅的资金利用结构，促进餐厅的发展。

一、餐厅销售成本的控制要做到

1. 编制预算，拟定申请

每年年末，市场营销部应分月编制销售费用预算，拟定、填写下一年度的销售费用年度预算申请表，经财务部试算平衡，报总经理批准后执行。

2. 分项统计，偏差分析

每月月末，市场营销部管理人员及销售专员应对本月发生的销售费用进行分项统计，填写销售费用分析表，开展偏差分析，及时发现问题，并采取措施。如销售专员费用过高时，可调整访问路线或降低住宿标准等。

3. 支出小于预算原则

销售费用支出原则上不允许超过预算费用。

二、具体的销售成本控制策略有

1. 点菜单控制

餐厅在接受顾客点菜时，应要求所有服务人员必须填写点菜单，充分利用点菜单来控制成本：

（1）填写错误，及时划掉。

服务人员应使用圆珠笔或不能擦去字迹的铅笔填写点菜单，如果填写错误，应该划掉，而不应擦掉。

（2）点菜完毕，签章入厨。

点菜单填写完毕，首先应经过收款员签章后再送入厨房，厨房不应烹制未经收款员签章的点菜单上的任何菜点。

（3）点菜编号，措施改进。

点菜单必须编号，以便出现问题后，可立即查明原因，并采取相应的改进措施。

（4）菜单保存，留作备查。

厨房、收款员、传菜服务员等应将点菜单保存好备查。

（5）点菜（单）严格控制，严防贪污揩油。

严格控制点菜单，避免服务人员用同一份点菜单两次从厨房取菜而将其中一次的现金贪污；更应避免服务人员在收款员签章后的点菜单上任意添加菜点造成成本增加。

2. 服务过程控制

餐厅应加强服务过程的成本控制，以免成本增加：

（1）健全制度，控制成本。

餐厅应建立并健全各项管理制度，以防止或减少由员工贪污、盗窃等引起的成本上升。

（2）端正态度，提高技能。

餐厅应促使员工端正服务态度，提高餐饮服务技能，力求不出或少出差错，以免态度不好、技能不够增加不必要的成本投入。

3. 收款控制

餐厅不仅应抓好从原料采购到菜点生产、服务过程的成本控制，更应加强收款控制，以保证餐厅的既得利益。

（1）业务培训，精确核算。

加强对收款员的业务培训，提高其业务能力和工作责任心，以防止收款员漏记或少记点菜单上的菜点价格，在顾客结账时做到核算准确。

（2）审核账台，确保利益。

餐厅的财务部门应每天审核账台的“营业日报表”和各种原始凭证，以确保餐厅的利益。

菜单计划成本也可降

菜单不能够只是一道道菜的列表，它一定要能够影响销售以及餐厅的营业效率。开篇应当挑选一些顾客比较喜欢的并强调厨师做得好的菜。如果你的餐厅没有什么大的特色的话，要尽力去满足所有顾客的需要。菜单应当是内容以及餐厅品质的主要显示器，也是一项重要的成本控制手段。

一、有效菜单的功能

（1）强调顾客的需要以及自己的长处。

（2）有效的交流、推销和成本控制手段。

（3）获得销售和利润所需要的平均账单。

（4）使员工和设备有效运转。

（5）使销售预测更加具有一致性，并且采购、准备和时序安排更加准确。

二、菜单计划的具体成本控制

1. 菜单销售组合

菜单设计是餐厅的第一步。如果菜单上的菜肴有独特的风味或有特殊的设计，你的餐厅的地点还应当精心选择，以确保消费者交通方便。一旦菜单内容确定，设备和厨房所需要的空间应当围绕菜单上的食谱来设计。

设计得好的菜单会使顾客对餐厅的印象很深刻，即使在他进来之前，它也使得顾客被某些菜目吸引并增加点这类菜的概率。依据其复杂性和组合方式，菜单还决定了成本控制系统所需的详细程度。

2. 菜单设计

菜单的设计将直接影响到是否能够实现这些目标。不要怀有侥幸心理，一定要设计一个可以协助餐厅达到目标的菜单。某些行为可以影响顾客的选择，将餐厅想要卖的菜挑选出来加以突出，而不是随意地将它们列在菜单上。这些菜应当容易做、成本低并且利润高。

一旦确定这些菜，然后就进行设计——印刷体、彩页纸一级图形设计——使顾客的注意力被其吸引。一般来说，顾客被菜单吸引到的别的部分也将非常有效。同时，顾客对他记忆中的第一道和最后一道菜的印象比别的都深刻。因此选择恰当的时机推荐这些菜也是非常重要的。

一旦拥有设计有效的菜单，分析销售组合以确定各道菜对销售、成本和利润的贡献率是一项很重要的工作。如果存在可以控制的成本和浪费，就可以观察菜单销售组合，从而有助于进一步降低成本和增加利润。你会发现对某些菜进行分类非常必要。

3. 菜单推荐的分类方法：

（1）强烈推荐类。

这些菜成本低、利润大。在菜单上应突出他们的位置。

（2）标准类。

这些菜成本高、盈利空间大。可以适当提高价格并将其作为信号。

（3）休眠类。

降低低成本、低利润菜的销售。致力于将这些菜在更突出的菜单设计、提供膳食的菜单以及低价格菜单当中被看到和被点的可能性。

（4）问题类。

这类菜成本高、利润低。如果可能的话，提高价格，降低生产成本。如果不行的话，尽量在菜单中隐藏起来。如果销售没有增加，干脆把它在菜单上取消。

三、菜单菜品的具体成本控制

1. 标准化的食谱

因为食谱是决定菜单成本的基础，标准化的食谱可以保证稳定的质量和成本。标准化的食谱包括主要成分、烹饪方法、分量、需要的设备以及餐具的摆放。

2. 标准化的采购规范

这是对标准化食谱中成分做更详细的说明。所有成分的质量和价格是在采购决定之前已知且公认的，保证了食谱成本在每一成分和每一时间都具有一致性。

3. 每道菜的成本

在具备标准化的食谱之后，可以计算每道菜每一份的价格。需要知道主要成分的成本以及在每道菜种可获得的收益。在这一过程中，有一系列需要考虑的因素：

（1）毛重。

这是指菜品原料发送或购买时包括包装物、骨头等在内的重量。

（2）净重。

在加工或烹饪之后可用于分份的重量。

（3）浪费。

在处理、烹饪或分份过程中损失的可用产品，包括一些不适合售出的有用的副产品。

（4）有用部分。

副产品精加工后可以作为一道菜。这将抵消该产品部分或全部成本。

（5）产出。

指处理后、分份前食品的净重或净含量。

（6）产出标准。

按照标准化的食谱和分份过程所获得的产出——在处理和烹饪之后还有多少有用的材料。

（7）分份标准。

标准化食谱决定分份的大小以及每盘的成本。

（8）便利材料。

这是指至少有一部分准备工作是在发货之前完成的。包括切好的大小合适的鸡块、已经揉好的生面团等。

合理节约水电、燃料费用

水电燃料费用也是餐厅成本的组成部分，合理节约水电、燃料费用有利于控制水电、燃料成本，进而促进餐厅成本结构的优化，节约餐厅不必要的费用，为餐厅的持续发展打好经济基础。

具体的水电、燃料成本控制方法有：

一、编制年度预算，合理高效利用

餐厅的水电及燃料消耗较大，一般可根据前一阶段水电及燃料消耗的实际费用来确定未来某一时期内的费用，用公式表示为：

$$年度水电及燃料费用=C\times(1+M)\times(10-\triangle N)$$

其中公式中的 C 为上年度餐厅水电及燃料的实际消耗数；M 为预算期内营业收入的增减百分比；$\triangle N$ 为预算期内水电及燃料费用的降低率。

凡事预则立，不预则废。编制年度预算可以有效规划水电燃料成本的使用，争取做到物尽其用，合理高效加以利用。

二、编制月度消耗标准，规范有效使用

根据年度水电及燃料费用预算，各餐厅应编制某项费用的月度消耗标准，其用计算公式表示为：

$$某项费用的月度消耗标准=该项费用年度预算总额\times季节指数$$

季节指数是利用百分比反映某项费用的季节变化规律，使各季节应分摊的水电及燃料费用更加合理。季节指数应根据近年来各季（或各月）餐厅实际发生的水电及燃料费用来确定，编制月度消耗标准，不仅可以进一步具化水电、燃料的使用情况，做到规范有效利用，还可以做好后期统计调查。

三、加强水电及燃料的日常管理

节约水电、燃料，要从小事做起，从现在做起，把节约真正落实到实处，落实到细节，

落实到日常的餐饮服务当中去。餐厅管理人员在日常的经营管理活动中，应加强对水电及燃料的日常管理，具体的措施有：

1. 节约水电，养成习惯

餐厅节水、节电的关键在于员工，因此，管理者应教育并督促员工养成节约用水、用电的良好习惯，如随手关闭水龙头，待顾客全部离去后关闭空调等。

2. 操作规范，加强保养

如果餐厅的设施、设备等坏了再修理，一是难度大，二是费用高（耗能大），所以设施设备管理的关键在于保养，要预防其出毛病。这就要求厨师、服务人员在日常使用设施设备时应严格按规程操作，如炉灶、冰箱等，而设备维修人员应不断巡查，以便在设备出现小毛病时即修好，严禁跑、冒、滴、漏现象的存在。只有这样，餐厅的水电及燃料费用才有可能控制在规定的消耗标准之内。

四、定期进行费用差异分析

为确保餐厅的水电及燃料消耗控制在月度消耗标准之内，餐厅应认真记录各项费用的实际消耗量，并与标准对照，如发现有差异，应进行仔细地分析，找出问题的产生原因，并采取有效的相关措施。

设备勤保养，用节能设备与器材

设备是生产力三要素之一，是进行社会生产的物质手段。设备管理的好坏，对餐厅产品的数量、质量和成本等经济技术指标，都有着决定性的影响，因此要严格按照设备的运转规律，抓好设备的正确使用，精心维护，科学维护，努力提高设备完好率。

为此，餐厅可以建立以下设备维护保养制度：

一、维护与检修并重，以维护为主

餐厅可以要求每一个操作人员或者维修人员应以主人翁的态度，做到正确使用，精心维护，用严肃的态度和科学的方法维护好设备。坚持维护与检修并重，以维护为主的原则。

二、岗位责任制，设备包机制

餐厅内部制定严格执行岗位责任制，实行设备包机制，确保在用设备完好。

三、“四懂、三会”，“三项权利”

尽管餐厅员工主要以餐饮为主，但在操作诸如空调电视机等设备时，也要求做到“四懂、三会”（懂原理、懂结构、懂性能、懂用途；会使用、会维护保养、会排除故障），并享有“三项权利”，即：有权制止他人私自动用自己操作的设备；未采取防范措施或未经餐厅经营者审批超负荷使用设备，有权停止使用；发现设备运转不正常，超期不检修，安全装置不符合规定应立即上报，如不立即处理和采取相应措施，有权停止使用。

四、服务员操作设备时，必须做好下列各项主要工作：

1. 规范操作，认真执行

正确使用设备，严格遵守操作规程，启动前认真准备，启动中反复检查，停止后妥善处理，运行中搞好调整，认真执行操作指标，不准超温、超压、超速、超负荷运行。

2. 精心维护，巡回检查

精心维护、严格执行巡回检查制，运用“五字操作法”（听、擦、闻、看、比），手持“三件宝”（扳手、听诊器、抹布）。定时按巡回检查路线，对设备进行仔细检查，发现问题，及时解决，排除隐患。搞好设备清洁、润滑、紧固、调整和防腐（即“十字作业法）。保持零件、附件及工具完整无缺。

3. 应急处理，安全防护

餐厅往往会出现各种难以预料的状况，这就需要餐厅员工掌握设备故障的预防、判断和紧急处埋措施，保持安全防护装置完整好用。

4. 定期切换，限期检修

设备计划运行，定期切换，配合检修人员搞好备用设备的检修工作，使其经常保持完好状态，保证随时可以启动运行，对备用设备要定时盘查，搞好防冻、防凝等工作。

5. 填写记录，操作日记

认真填写设备运行记录、缺陷记录，以及操作日记。

6. 保持环境清洁、卫生

经常保持设备和环境清洁卫生，做到沟见底、轴见光、设备见本色、门窗玻璃净。

餐厅电器设备桌椅等不动产作为餐厅固定资产，也属于经营成本的范畴，是餐厅经营过程中不可忽视的重要环节。

如何降低成本又不影响菜肴质量

餐厅一方面要降低成本，做好节约工作，另一方面要严把质量关，保证产品质量，因此餐厅要做好降低成本与保持质量之间的平衡。具体的平衡措施有：

1. 少买勤买，多次少量

对于每个餐厅而言，厨房都是餐饮业的核心，应有明细的厨房管理规定、过硬的管理团队，确保菜品的味道、速度与质量，要想节约成本而又不影响菜品质量，必须要从厨房管理细节开始着手，更好地做好厨房管理才能达到。有经验的厨师都知道自己餐厅正常的客座数。根据这一点，要做到心中有数。每天需要多少原料就采购多少原料。遇到生意特别好的时候，就应多去采购几次，库存的货尽量用完再进，以免久放变质。

2. 信息敏感，明晰变化

采购时应随时了解市场信息及菜价的变化，及时通知厨师。

3. 淡季多购，注意保存

对有些因季节或别的原因影响而容易涨价的原料，可以选择那些较耐贮存的提前在低价时多采购一些，但一定要保存好。

4. 见单上菜

所有员工，包括老板及其亲属、家人，上菜必须下菜单，厨房要做到不见菜单不上菜。

5. 慎重打折

饭菜打折并不是做生意的最佳手段，所以不能随意打折或打折幅度太大。

6. 实惠赠菜，荤素搭配

有些老顾客经常会要求店方送两道免费菜肴。在这种情况下，可以送两道成本较低且有一定特色的荤素搭配菜肴。

7. 价格调整，灵活适度

有些原料价格昂贵，应随时注意调整菜价。

8. 点菜精简

点菜单应注意“精简”。一只鸡可做好几道菜，一条鱼也一样，没有必要把市场上的原料都列上。对采购回来的良好原料，后厨应做到物尽其用，能用的都要用上。如大排骨上带有的边肉可以做肉末，也可以做炸酱面用，还可以和五花肉一起做肉馅，脊椎骨可以吊汤等。

9. 荤素搭配，主辅搭配

对套菜单而言，应注意荤素搭配。个别菜肴的主、辅料搭配也要注意这个问题。有时辅料多一些反而口感更好。

10. 贵菜制作，辅料垫底

特别贵重的菜可以找些辅料垫底。如菜胆、生菜或炸好的白粉丝等。也可用些异形小餐具如鲍鱼、蛤士蟆造型盅。

11. 杜绝乱吃

杜绝乱吃、乱拿和偷盗现象。

12. 验收检查，注重质量

采购回来的原料要保证质量。如有以劣充优或缺斤少两的情况，验收员要拒绝验收；初加工人员要不予加工；厨师们有权不配菜不烹调；服务员有权不上菜。只有环环相扣，才能保证饭菜的质量和经营成本。

13. 固定流动，区分对待

固定资产与流动资产应区分开来。

14. 薪水挂钩，鼓励参与

营业额与毛利率应该和员工的薪水挂钩，鼓励员工都参与管理。

15. 相互监督，规范操作

员工们应相互监督。对不良现象的检举者应该给予奖励，同时要为他们保守秘密。

同时餐厅要制定出品标准，菜品标准就是对菜品质量、菜品成本、操作规格进行量化管理，并用于检查指导出品的整个过程，随时消除一切出品中的问题，确保菜品优质的质量与味道，使督导有标准的检查依据，达到控制管理的效能。

1. 加工标准

制定对原料用料的数量、质量标准、涨透的程度。

2. 配制标准

制定对菜品制作用料品种、数量标准及按人所需营养成分进行原料配制。

3. 出品标准

对加工、配制好的半成品加热成菜规定调味品的比例，以达到色、香、味、形俱全的菜肴。

4. 标准菜品

制定统一标准、统一制作程序、统一器材规格和装盘形式，标明质量要求、用餐人数、成本、利率和菜谱。

总之，制造有质量保障的菜品是餐厅经营的根本，如何节约餐厅的成本都不能动摇菜品的质量，否则只能把顾客赶到别处去。

教育餐厅员工爱护公物

为了提高餐厅公物的使用效率，延长使用期限，有必要增强员工的爱护公物意识，制订餐厅公物管理制度。餐厅的公物和公共设施是餐厅的共有财产，是餐厅发展的基础设施和基础保障。

具体的餐厅公物管理制度内容有：

1. 众抓齐管，物尽其用

餐厅员工必须树立对财产着眼于用，着手于管理，使物尽其用的观念，杜绝那种重钱不重物，用而不管的现象发生，餐厅员工发现损坏公物时，均有责任追究其赔偿和报告主管人员的责任，众抓齐管，把财产管好用好。

2. 登记建卡，综合管理

餐厅财产必须按用途、性质归类，造册编号，登记建卡，并采取主管（餐厅有专职保管员）、兼管（作业组负责人兼管）和群管三结合管理。

3. 填写入库单，建立公物台账

餐厅所购物品必须首先进入公物室（购货发票非经公物保管员签字则无效），保管员必须填写好物品的入库单，建立公物台账。

4. 领用公物，登记签名

5. 公物损坏，及时报修

对于损坏的公物，使用人要及时报告情况并填写好维修登记卡，属正常损坏的则由餐厅总务处安排修复整理，非正常损坏者则由肇事人照价赔偿或修复。

6. 按时清理

每季度结束时，由公物保管员负责组织公物清理，若有丢失或损坏者，则按本制度执行处理。

对餐厅工作人员使用餐厅公物的要求：

1. 餐厅公物的界定

餐厅公物是指归属本餐厅管理、使用和维护的各种物品，包括本餐厅的办公用房、办公工具和用品等。

2. 珍惜爱护，合理使用

餐厅工作人员应珍惜爱护公物，正确、合理地使用公物。

3. 公物公用，严禁私用

餐厅公物仅限于处理餐厅工作之用，任何集体或个人不得使用公物进行与工作无关的活动。

4. 统一管理，安排使用

除指定部门管理的公物外，餐厅公物由餐厅总务处统一管理、安排使用和维护。

5. 公物出借，说明用途

使用餐厅公物需要借出的，必须向管理部门提出申请，说明用途、使用时间，填写出借单，并由使用单位负责人签字。

6. 按时归还，保证完好

借出物品必须按时归还，并保证其完好，若物品因使用不当而造成损坏和不能正常归还的，负责人或当事人负责赔偿，并申报原因。

7. 侵占公物，依法处分

滥用或侵占公物的，按法律法规和餐厅规定对当事人进行处分。

8. 专人保管，责任保管

餐厅设施和公物专人保管，各部门随用随领，并纳入部门预算管理。重要设备和耐用物品按照“谁使用、谁保管”的原则，由使用部门明确专人负责保管，建立固定资产台账，定期进行核实，确保餐厅资产不流失。

第十九章
餐厅的财务管理

分析餐厅的财务数据

在餐厅的财务管理中，不可避免地要使用大量的报表来统计数据，并通过这些真实可靠的信息充分反映餐厅的销售状况，这就要求报表在编制过程中遵循清晰明了、编报及时的基本原则。优异的财务分析可以一目了然地反应出餐厅的现状。

财务数据变动表反映了餐厅获得资金的来源和运用资金的去向，揭示了餐厅资产、负债及所有者权益变化原因，提供了餐厅财务状况变动全貌。财务分析能起到如下作用：

（1）通过财务数据分析，可以清楚明朗地知道餐厅还有多少资金可供使用，它们从哪里取得，用于何处，以及期初、期末相比的增减变动情况。了解了餐厅资金的来龙去脉，就能清晰的知道为什么有的餐厅在经营中取得了较多的赢利而财务状况反而恶化，为什么有的餐厅在经营中亏损而流动资金大量增加等。

（2）分析餐厅的财物数据，我们可以很清晰地知道在一定时期内的动态财务状况，即经营活动及投资和筹资活动的概况，揭示资金变化的原因。例如：增加毛利等将便于餐厅资金增加、发放股利，清偿债务等将便于餐厅债务资金减少。

（3）还可以通过分析资产负债表和损益表来调整经营决策。

所以餐厅必须做好详细的数据分析，才能获得盈利。一般情况，餐厅需要进行的数据分析项目包括以下这些：

一、确认餐厅的收入与费用

1. 餐厅的收入主要包括三个方面

（1）主要商品收入及折扣。主要商品，包括自用菜品、饮料等的账单要计入销售账目，不计入其他副产品的销售。主要商品折扣属于主要商品收入相反的账目，即销售后的折扣。

（2）附属商品收入及折扣。同样的，附属商品收入也不计入自用的此类商品。附属商品折扣属于附属商品收入相反的账目，即附属商品销售后的折扣。

（3）餐厅主要销售收入之外的收入。

2. 确认餐厅的费用

餐厅的费用一般包括固定费用、间接费用和保险费用三种。

（1）固定费用是指与经营业绩无关、必然发生的费用，又称直接费用。在这些费用中，有些属于可控制的费用，其大致包括租赁土地或建筑物发生的租金；租赁权、租赁改良及其他无形资产的分期成本分摊费用；自身餐厅所缴纳的土地税及房屋税等。

（2）间接费用指一般与营业无直接关系的费用。主要包括餐厅接受顾客进行信用卡消费产生的手续费，出纳所经手现金发生的短少或溢收。

（3）保险费用。指投保建筑物及设备的费用，以防止因火灾、天灾及其他意外而导致的损害。对餐厅而言，投保的主要目的除了保障它的名誉及可能遭受的连带损失外，对餐厅的永续经营以及对员工、顾客生命安全的保障也会相应提高。餐厅保险的主要种类有火险、营业中断险、附加险、第三者责任险等。这样做不光是针对员工与顾客，甚至对餐厅自身形象也大有作用。

二、分析未来市场占有率

包括来客地区、来客数的分析、商圈分析等。通常来说，估算 1 年或 6 个月内的营业额就已经是极为艰难的事情，若要预估 10 年的营业额，难度更大，这其中包含太多无法预估的变数。餐厅经营者在做长期的营业额预估时，要清楚了解并分析影响营业额的主要因素：

（1）物价上涨导致成本增大，利润缩水。每年物价将因原料价格上涨，人工薪资上涨，土地、房屋成本上涨而上升，此上升指数即一般所称的通货膨胀。

（2）市场形势的转变。每个商品都有生长周期，市场也一样，在市场极度繁荣的背后必然是逐渐衰败，这是无法更改的事物发展趋势。又或者由于竞争点增多导致市场逐步被瓜分，间接影响利润空间。

（3）人口数、住户数变动导致消费群的增多或减少，比如，商圈内因居民住宅的兴建而搬入一些外来人口，生育率提高或人口移出等。餐厅经营者要根据具体消费群体的状况适时改变餐厅经营策略。

（4）道路交通体系的改变可能使交通更为方便或阻碍频生。准确的营业额预计是回收期预计的基础，餐厅经营者可以据此对投资回收期有明确的估计。

三、利益分析

可通过对不同类别商品值入率消长的分析，达到利益分析的目的。

四、损耗分析毛利率的掌握

毛利率、值入率间的差异即为损耗，包括变价促销、废弃损耗、不明的损耗等损耗项目均须予以列明，才能找出真正的损耗原因。

五、人员使用效率的分析

即为生产力的分析，管理费用占餐厅经费的 30% ~ 50%，因此对用人的效率应予以特别注意。经营者可从下列 3 点得知餐厅员工生产力的高低：第一是餐厅员工每人的营业额；第二是每人的生产性，又称劳动生产性，即每人每年为餐厅所创造的利润；第三是劳动分配率，即餐厅人力费用占毛利润的比率。

六、商品效率的分析

商品的销售额与期中平均库存的比率，称为商品回转率，是评估商品销售状况的重要指标之一。

七、成本、费用分析

餐厅的四大成本，包括人力成本、租金成本、折旧费用与水电费用等，更应详加规划，才可达到节约的目的。

八、产品成本分析

餐厅的主要成本约 80% 来自食物材料的进货成本，故降低进货成本为餐厅的基本生存基础，但业者若想降低采购进货成本，就必须进行产品成本分析。

九、存货分析

存货会影响餐厅资金的周转、商品的鲜度、搬运作业的效率等，因此必须对存货进行详尽分析，以找出降低存货的方法。

十、损益平衡点分析

找出利润来源，并尽量节约开销，降低固定成本以达损益平衡。

对于准确无误的餐厅统计数据，经营者要懂得利用这些数字分析餐厅的经营状况。以上列举的财务数据分析的方法，餐厅经营者可以根据从自身餐厅的实际状况出发，合理运用，这些方法无疑贯穿着整个餐厅发展的每个阶段。

做好餐厅财务指标分析

想要了解自己的餐厅的营业增长是否合理，都应该可以从餐厅的财务报表里得出结论。比如有一家餐厅，去年的经济增长率为 8%，那么营业增长率达到 16% 以上就算合格了吗？想知道答案，就需要我们进行餐厅财务指标分析。包括了解了资产负债表、损益表两张基本的财务报表之后，还要通过各种财务指标计算公式，来具体了解餐厅的赢利水平、费用成本等具体的财务状况，以便根据情况做出对策。

1. 营业额达成率与毛利率

营业额达成率是指餐厅的实际营业额与目标营业额的比率。其计算公式如下：

营业额达成率 = 实际营业额 ÷ 目标营业额 ×100%

营业额达成率的参考指标在 100% ～ 110% 之间。

毛利率是指毛利额与营业额的比率。反映是的门店的基本获利能力。其计算公式如下：

毛利率 = 毛利额 ÷ 营业额 ×100%

毛利率的参考标准是 16% ～ 18% 以上。

2. 营业费用率

营业费用率是指餐厅营业费用与营业额的比率。反映的是每一元营业额所包含的营业费用支出。其计算公式如下：

营业费用率 = 营业费用 ÷ 营业额 ×100%

该项指标越低，说明营业过程中的费用支出越小，门店的管理越高效，获利水平越高。

营业费用率的参考指标是 14% ～ 16% 以下。

3. 净利额达成率

净利额达成率是指餐厅税前实际净利额与税前目标净利额的比率。它反映的是餐厅的实际获利程度。其计算公式如下：

净利额达成率 = 税前实际净利额 ÷ 税前目标净利额 ×100%

净利额达成率的参考标准是 100% 以上。净利率是指餐厅税前实际净利与营业额的比率。它反映的是餐厅的实际获利能力。其计算公式如下：

净利率 = 税前实际净利 ÷ 营业额 ×100%

净利率的参考标准是 2% 以上。

4. 总资产报酬率

总资产报酬率是指税后净利润与总资产的比率。它反映的是总资产的获利能力。其计算公式为：

总资产报酬率 = 税后净利润 ÷ 总资产 ×100%

总资产报酬率的参考标准是 20% 以上。

5. 营业额增长率与营业利润增长率

营业额增长率是指餐厅的本期营业额同上期相比的变化情况。它反映的是餐厅的营业发展水平，其计算公式如下：

营业额增长率 =（本期营业额 − 上期营业额）÷ 上期营业额 ×100%

一般来说，营业额增长率高于经济增长率，理想的参考标准是高于经济增长率 2 倍以上。例如，去年的经济增长率为 8%，则营业增长率应该达到 16% 以上才算合格。

营业利润增长率是指门店本期营业利润与上期营业利润相比的情况。它反映的是餐厅获利能力的变化水平。其计算公式如下：

营业利润增长率 =（本期营业利润 − 上期营业利润）÷ 上期营业利润 ×100%

营业利润增长率至少应大于零，最好高于营业额增长率，因为这表示餐厅本期的获利水平比上期好。

6. 盈亏平衡点

盈亏平衡点是指餐厅的营业额为多少时，其盈亏才能达到平衡。其计算公式如下：

盈亏平衡点时的营业额 = 固定费用 ÷（毛利率 − 变动费用率）×100%

毛利率越高，营业费用越低，则盈亏平衡点越低。一般情况下，盈亏平衡点越低，表示该餐厅赢利就越高。

7. 每平方米销售额

每平方米销售额是指餐厅单位面积所负担的销售额，它反映的是餐厅实地面积的有效利用程度。其计算公式如下：

每平方米销售额 = 销售额 ÷ 餐厅面积

不同类型的商品所占的面积、销售单价、周转率不同，其每平方米销售额也不同。

8. 人均劳效

人均劳效是指餐厅的销售额与员工人数的比值，它反映的是门店的劳动效率。其计算公式如下：

人均劳效 = 销售额 ÷ 员工人数

如果餐厅的员工越少，销售额越高，则人均劳效也越高，劳动效率就越高。

9. 总资产周转率

总资产周转率是指门店的年销售额与总资产的比值，它反映的是餐厅的总资产利用程度，其计算公式如下：

总资产周转率 = 年销售额 ÷ 总资产 ×100%

该项指标越高，说明总资产的利用程度越好。一般情况下，总资产周转率的参考标准是 2 次 / 年以上。

餐厅利润的获取是简明扼要的数字，财务指标的计算和分析使得餐厅发展不仅知其然还知其所以然，为进一步的发展奠定坚实的基础。以上列举的公式和计算方法都将在餐厅经营的发展中带来便利，便于经营者分析自身餐厅优劣势，及时改进或者调整经营方式。

餐厅财务情况说明书包含哪些内容

财务情况说明书，主要说明餐厅的生产经营状况、利润实现和分配情况、资金增减和周转情况、税金缴纳情况、各项财产物资变动情况；对本期或者下期财务状况发生重大影响的事项；资产负债表日后至报出财务报告前发生的对餐厅财务状况变动有重大影响的事项，以及需要说明的其他事项。

总结起来，餐厅财务情况说明书的基本要求为：突出重点、兼顾一般（对餐厅时下比

较关心的问题和当前经济运行重点、热点、变动指标比较大的情况进行分析，如去年因客观原因影响支出，今年宏观调控，煤、电涨价对支出影响，物流运输增大和支出比较是否有赢利，加减息对支出影响，这些都需要定量分析，不能定性）；观点明确、抓住关键（有主有次抓住问题，要让人明白、让人看出餐厅的当期经营情况到底怎么样，不能模棱两可）；注重实效、抓住关键（时效性对报告质量影响很大，如果报表由于清算数出的慢就会严重影响了报表质量。因为时效性不强的餐厅财务情况说明书对决策意义不大，甚至出现负面影响）；客观公正、真实可靠（依赖于餐厅报表的质量，报表数据是真实的完整的，报告就越有科学性）；报告清楚、文字简练（餐厅的报表好比一篇文章，要结构清楚，如果缺乏条理、缺乏逻辑，餐厅经营状况分析得再好也可能达不到效果）。

餐厅财务情况说明书应该包括的内容为：

1. 餐厅生产经营的基本情况

（1）餐厅主营业务范围和附属其他业务，纳入年度会计决算报表合并范围内餐厅从事业务的行业分布情况；未纳入合并的应明确说明原因；餐厅人员、职工数量和专业素质的情况。

（2）本年度生产经营情况，包括主要产品的产量、主营业务量、销售量，如按销售额排列的菜品名次；经营环境变化对餐厅经营的影响；营业范围的调整情况；新产品、新技术、新工艺开发及投入情况。

（3）经营中出现的问题与困难，以及需要披露的其他业务情况与事项等。

2. 利润实现、分配及餐厅亏损情况

（1）主打菜品收入的同比增减额及主要影响因素，包括销售量、定价、销售结构变动和新菜销售，以及影响销售量的滞销菜系种类、库存数量等。

（2）成本费用变动的主要因素，包括原材料费用、能源费用、工资性支出、借款利率调整对利润增减的影响。

（3）其他业务（酒水等）收入、支出的增减变化，若其收入占主营业务收入 10%（含 10%）以上的，则应按类别披露有关数据。

（4）利润分配情况。

（5）利润表中的项目，如两个期间的数据变动幅度达 30%（含 30%）以上，且占报告期利润总额 10%（含 10%）以上的，应明确说明原因。

（6）餐厅会计政策变更的原因及其对利润总额的影响数额，会计估计变更对利润总额的影响数额。

3. 资金增减和周转情况

（1）餐厅各项固定资产所占比重，应收账款、其他应收款、存货等变化是否正常，增减原因。

（2）餐厅资产损失情况，包括待处理财产损益主要内容及其处理情况，按账龄分析三年以上的物资账款及坏账处理办法，长期积压商品物资、不良长期投资等产生的原因及影响。

（3）餐厅流动负债与长期负债的比重，餐厅偿还债务的能力和财务风险状况。

（4）资产、负债、所有者权益项目中，如两个期间的数据变动幅度达 30%（含 30%）以上，且占报告期资产总额 5%（含 5%）以上的，应明确说明原因。

对餐厅收支进行全面分析，从数据后面阐述问题的原因，从分析得出餐厅的经营情况，对存在的问题进行阐述，是改进管理和提高经营业绩的具体措施。

 如何进行餐饮账单的管理

餐厅一定要建立财务制度。财务管理在餐厅的实际工作中起着非常大的作用，但其发挥作用的前提是：餐厅经营者必须认识到财务管理在餐厅经营中不可忽视的重要性。而财务管理的第一步就是建立健全适合的财务系统，主要包括以下几个部分：

1. 缩短资金周转期

要缩短餐厅资金的周转期，就需要扎实地管理日常资金开支，按照实际准确地预测各个阶段的资金应用。要有计划地筹措和使用资金，维护好餐厅的形象和信誉。

（1）做好现金和银行存款的管理工作。餐厅经营者应阶段性地统筹现金剩余和不足的情况，制定资金预算，规划好未来的现金流出入量。

（2）协调好信贷关系，保证商品流转资金的及时获取。

（3）控制合理库存，扩大销售，增加资金周转次数。

保持收支平衡，研究筹措资金和赊购支付物期限的对策，保证充足的流动资金应对突发的意外状况。

2. 增强对库存的控制度

对库存管理的加强有利于餐厅进一步降低运营成本。餐厅的商品具有周转快、流量大、品种多、规格齐的特点，这就更需要餐厅加大对存货管理的力度。

3. 健全内部管理制度

内部制度主要分为两个方面：岗位责任和操作流程。岗位责任明确规定各个岗位的工作内容和职责范围，以及餐厅员工之间的衔接关系。操作流程则进一步规范管理，明确权限。

4. 设置分类账目报表

餐厅要根据自身的具体情况来设置分类账目报表，比如日志账目、分类账目、试算表、损益表、资产负债表、财务状况分析表、费用分析表、商品毛利分析表等。

要行之有效的管理餐厅的财务，我们可以采取以下的原则：

1. 客观性原则

客观性原则是强调所有的交易必须有此交易发生时的客观证据来支持，意指会计记录及报告应该根据事实，以增进会计资料的准确性，避免餐厅会计评价的主观与偏见，尤其在餐厅老板担任会计工作时，如果没有做到客观公正，最终还是会损害自己的利益。所以为达到所谓的客观性原则，在处理会计实务时，在尽可能的范围内应以实际的餐厅交易为依据，并以外来的商业文件如发票、收据等为凭证，增加会计资料的可信度。

2. 稳健性原则

所谓稳健性原则，是指餐厅会计从事会计工作时应保持稳健的态度，要做到“宁愿估计可能发生的损失，而勿预计未实现的利益”，亦即强调“资产与利润应被适当的表达，而非过分的强调”。当然，这绝不是违背客观性而任意地掩饰资产或利润，而是避免餐厅“大跃进”式的妄大发展。餐厅经营决策时，经营者可以从会计对餐厅数据的统计，比如投入产出比等的估算，实现餐厅稳健地发展。

稳健性原则的目的，是提供餐厅会计另一种解决账上疑问的方法，当有疑问时，应该选择不致夸大资产及利润的方式来解决。

例如某一餐厅在一件诉讼案中是原告，而其法律顾问表示此案将会胜诉，而且也会得到赔偿。但是此项金额在未判决前，亦即在未拿到判决后的债权凭证前，当然不应当列入此餐厅的“其他收入”账目。

另外，许多餐厅的会计人员往往不提“交易已经发生，而还未支付现金”的费用，如应付而未付的电费、煤气费、自来水费、电话费、甚至于薪资等，如此一来，将使该餐厅的损益表发生“虚盈实亏”的情况，而无法确切表达出餐厅真实的经营状况。这些做法无疑都是激进地营造出餐厅欣欣向荣的假象，违背了餐厅稳健发展的原则。

3. 一致性原则

所谓一致性原则，是指餐厅对于某一会计科目的处理方法。方法一经采用后，应前后一致，不得任意变更，而使各段时间的财务报表，能够互相比较，并且也可显示该餐厅各期间经营变化的趋势，不受会计方法变动的影响。

例如存货的计价方法，可采用加权平均法，亦可采用先进先出法，甚至采用后进先出法，但是存货的计价方法一经被采用，就不应当随意更改，否则相同的营业额在其他费用不变的情况下，由于存货计价方法的变更，连带的损益亦会有所变动。因此，餐厅经营者将得不到适当合理的资讯，作为决策时的依据。

一般餐厅必须揭示的项目，包括被使用来折用固定资产的会计方法，及存货的计价、可流通证券的价值的方法。而一般影响财务报表报导讯息的揭示项目，包括会计方法的改变、收入和费用的额外项目及重要的长期性承诺。当然一致性原则，并非意指所采用的会计方法永远一成不变，倘若会计人员认为改变现行的方法，以产生更合理的财务资料时，自应予以变更。但应将改变的理由及事实，以及改变后对损益的影响，在财务报表上明显地揭示出来。

总之餐厅的财务账目要保持一定的透明度。完全揭露原则强调，餐厅的财务报表必须伴随着注解，这些注解会描述所有该餐厅所采用的会计政策，报导所有严重影响陈列在财务报表上的资讯的重要状况和事件。

如何提升餐厅的营业额

餐厅经营业绩的提升是餐厅经营者梦寐以求的目标。提升餐厅营业额是科学而艺术的，不是单单靠“点子”和“策划”就能解决的问题。同样的促销方案在不同的餐厅会有不同的结果，不能照搬照抄。要知道不同的策划、促销方案如同家里常备的药品，在没有明确确认病症之前，要慎重使用，“感冒”还要区分“病毒性”、“流行性”等不同类型，治疗方式不相同，餐厅营业额提升的解决方案同样千差万别。

在提升餐厅营业额的营销活动中需要注意两点：一是设定营销目标，二是注意方法和技巧。没有目标，等于失去了方向，结果往往会与餐厅的预期背道而驰。促销方法有限，但促销组合却是无限的，促销要有明确的目标，否则促销也不会有效果。很多餐厅在促销过程中经常出现的错误，都是缺乏科学而专业的营销技术所致。

提升餐厅营业额需要三种技术：营业诊断技术、营业额分析技术、营业额分解技术。营业额的提升是餐厅经营的大命题，一切经营活动都会围绕这一命题展开，首先遇到的就是很难找出经营问题所在。

营业额诊断技术可以确定餐厅经营问题所在，也就是“病处”所在。只有找出真正的“病处”才能对症下药。餐厅经营也是一样，经常地做一些常规检查，对餐厅经营只有好处没有坏处。通过诊断经理人员就可以明确改进目标，确定餐厅改进计划。

营业额分析技术是把问题、经营目标有效分解的关键。找到问题是第一步，但不是全部。第二步是把问题点变成机会点，在这一过程中，改进目标会更加清晰明确。餐厅经营涉及产品、服务、环境、价格等诸多因素，诸多问题也就隐含在这些餐厅经营的细节之中。有些问题浮在表面，有些问题隐藏在深处，不容易发现和判定，还有一些问题关联在一起，一些病症假象很容易误导经营者的判断。

营业额分解技术包含：时间分解法、公式分解法、产品、定价分类法等。掌握这些方法后，再分析营业额问题，就如同 1+1=2 那么简单。应在明确分解的改进目标后，做到有的放矢，不但节约成本和时间，而且效果显著。

市场环境、顾客消费心理和需求、竞争情况都随时间的变化而产生变化，每个餐厅的具体的情况不尽相同，在使用促销手段和促销组合的时候，要赋予变化和使用技巧。餐厅经营者有效掌握这些方法和技巧是避免“只顾低头拉车，不知抬头看路”尴尬状况出现的最佳途径。

 提高有限的现金流的利用率

对现金流量进行分析的意义在于了解餐厅本期及以前各期现金的流入，流出和结余情况，评价餐厅当前及未来的偿债能力和支付能力，科学预测餐厅未来的财务状况，从而为其科学决策提供充分的、有效的依据。

1. 餐厅现金的来源渠道

餐厅的现金来源主要是经营活动现金流入，良好的经营活动现金流入才能增强餐厅的赢利能力，满足长短期负债的偿还需要，使餐厅保持良好的财务状况。此外餐厅的发展也不能仅依赖外部筹资实现，厚实的内部积累才是餐厅发展的基础。一旦餐厅经营活动现金流入出现异常，就算其账面利润再高，实际上并不一定有好的业绩。

2. 餐厅现金使用的主要方向

在餐厅正常的经营活动中，现金流出的各期变化幅度通常不会太大，如出现较大变动，则需要进一步寻找原因。在餐厅开店初期，可能会有一定的债务。债务的偿还意味着餐厅未来用于满足偿付的现金将减少，然而财务风险却也随之降低。但如果短期内，筹资活动现金流出占总现金流出比重太大，也可能引起资金周转困难。

3. 餐厅实现的会计利润与经营活动产生的现金净流量之间的对比

通过剔除了投资收益和筹资费用的会计利润与经营活动现金流量之间的对比可以揭示有关会计利润的信息质量的好坏。经营活动产生的现金净流量大于或等于该项利润，说明餐厅经营活动的现金回收率高，收益较好。但是在市场竞争日益激烈的今天，保持一定的商业信用也是餐厅生存发展的必要，因而该差额也不是越大越好。但如果经营活动现金净流量小于该项利润，则在判断餐厅获利能力，偿债能力时必须慎重，结合其他因素深入分析。在餐厅的运营过程中如何提高现金的流动率，要从以下几个方面着手：

1. 流动账户

在餐厅往来的金融机构设立多个流动账户，利用多出的现金结余获得利息。资金可以自动过账，或者闲置时转入一个有息账户，需要时再自动转回到餐厅的营业账户上。

2. 管理费用

评估餐厅的间接成本，看看是否有下降空间。降低间接成本会直接有益于赢利能力。管理费用，包括租金、广告、间接人工和专业费用，是在直接材料成本和直接人工外用于商业运营的间接支出。

3. 非生产性资产

假如餐厅累积了一些非生产性资产，这时候应该清理它们。只有当资产，比如桌椅、电器设备和物流交通工具，能够产生收入时，我们才应该花钱购置他们。

4. 应收账款

对餐厅熟客的赊账实行有效监控，可以确保餐厅无误地向顾客发出通知，并让对方尽快付款。

5. 应付账款

与餐厅物料供应商协商延长付款期限，尽可能推迟资金过账时间。

6. 所有者开支

对从餐厅提取用于非商业用途的资金额度进行监控，比如老板请客开支等。支取过量资金会造成餐厅不必要的现金外流。

7. 赢利能力

审查餐厅各种产品和服务的赢利能力。评估在正常基础上是否有可能提高定价，从而维持或增加赢利能力。

餐厅开店的目的是为了赚钱，在投入资金后预算资金回收的时间，是每个经营者必须会做的事情。餐厅在估算损益平衡点时，需进行回收预算，如需达成多少营业额，才可和成本持平。而计算回收期可预估营业多久才能“回本”。

一般来说，餐厅的经营都不是短期见效的行为，要坚持投资经营一段时间，摸索出适合该区域的消费水平，建立起稳定的顾客圈，才能慢慢开始回收成本直至赢利。经营者要在餐厅营业额有显著增长并能开始赢利时，根据销售趋势估计营业净利，这样才能较准确地预计回收期。

具体算法是，餐厅资金除以每月营业净利，即：回收期 = 开店资金 ÷ 每月营业净利。开店资金是指开店前的一系列硬件投资，即指店面、装潢、设施等部分。每月营业净利指扣除了经营费用、商品成本及税收等一系列费用后的利润。如果开店资金为 9 万元，每月营业净利 1.5 万元，则回收期为 9 ÷ 1.5=6，即需要 6 个月才能收回成本，但如果考虑现金的时间价值则要另计。

总之，在餐厅里采用上述七种简单方法改善现金流，有助于确保餐厅拥有良好的现金流水平，从而实现可持续运营和餐厅成长。有两种主要的财务比率可用于测量一间餐厅的现金流动率。

作为餐厅财务管理的主要方面，对餐厅的现金流量的预估也是不可轻易忽视的环节。

现金流预算管理要以制度为基础，借助预算机制与管理形式，保证预算的执行和落实，确保餐厅现金流规范、合理、有效。作为餐厅的管理者，要从以下几个方面加强现金流的预估管理：

1. 加强现金流预算管理

“凡事预则立，不预则废”。财务管理的重心在于餐厅未来的财务状况，尤其是现金流状况，而现金流预算管理的本质正是“未来”。要以现金流为核心进行全面预算，强调未来现金流的平衡，以现金流预算规模作为其他预算内容调整的重要依据，贯彻“现金流比利润更重要”的原则。餐厅现金流预算的编制，要尽量缩短编制期间，要在预算的每一环节合理考虑市场因素，将外部市场与内部管理结合起来，坚持现金流控制指标和现金流调整指标的上下沟通协调、综合平衡。

2. 提高现金流的周转速度

现金流量的循环要占用一定的时间，而周转的时间长短会直接影响现金的运营效率和投资回收的安全性，并进一步影响餐厅经营效益。如果对现金流循环进行合理规划，缩短现金流循环周期、提高现金流的周转速度，就可以相应减少餐厅营运资金的占用量，避免现金的不必要浪费，提高现金的使用效率。

有时餐厅会对熟客开展赊销业务，尽管能增加餐厅的收入，但同时也增加了持有应收账款的机会成本、应收账款管理费用、收账费用、坏账损失等，餐厅应对开展赊销业务所增加的收入和增加的有关费用、成本、损失进行比较，权衡利弊得失，正确地确定赊销期限，正确地选择赊销客户，对赊账行为进行预估判断。

3. 即时跟踪流动资金

管理流动资本的最有效方法是常规检查。常常，当餐厅意识到问题的时候已经太晚，简单干预已经无力回天，有时候大手术成了唯一的希望。这就是为什么必须对流动资本每季度检查一次的原因，而当形势所需，每月甚至每周一次也可考虑。

如何进行餐厅的促销预算

促销预算，是餐厅从事促销活动而支出的费用，促销预算支撑着促销活动，它关系着促销活动的实施以及促销活动效果的大小。因此，制定促销组合决策的第一步即是确定促销预算。传统方法一般由经验而来，或是迫于竞争而抉择的对策，其中一些虽缺乏科学性，但在实际业务中被普遍采用，主要有量入为出法、销售百分比法、竞争对等法和目标任务法四种。在决定促销预算时，传统方法与计量方法是两大类普遍被采用的方法。这两大类方法既适用于编制总的促销预算，也适用于编制分项预算，如广告预算。

1. 量入为出法

量入为出法，是根据餐厅财务的承受能力确定促销预算的方法。在经济繁荣时期，利用量入为出法从事大规模的销售活动，有利于充分利用市场机会，扩展产品市场。然而，这种确定预算的方法忽视了促销对销售量的影响，从而容易导致年度促销预算的不确定性，给制定长期市场计划带来困难。

2. 销售百分比法

销售百分比法，是以一定期间的销售额（销售量）或单位产品售价的一定比率来确定促销费用数额。使用销售百分比法确定促销预算的主要优点是：

（1）促销费用可以因餐厅财务承受能力的差异而变动。

（2）促使餐厅管理者依据销售成本、产品售价和销售利润之间的关系去考虑餐厅经营管理的问题。

（3）有利于保持同类餐厅之间竞争的稳定性。

但是，销售百分比法没有考虑竞争因素，若加入竞争因素，这种方法就显示出其不足之处。

3. 竞争对等法

竞争对等法，是以主要竞争对手的促销费用支出为基准，确定足以与其抗衡的支出额。显然，确定促销预算仅从本餐厅考虑是毫无意义的，必须与竞争餐厅比较，确定足以与竞争对手抗衡的促销预算。

4. 目标任务法

目标任务法是根据营销计划决定的餐厅特定目标，确定达到这一目标必须完成的任务以及估计为完成这些任务所需要的费用，从而决定促销预算。目标任务法在逻辑程序上具有较强的科学性，因而为众多的西方餐厅广泛采用。

规范收银作业

收银台是餐厅菜品、现金进出的“闸门”，菜品流出、现金流入都要经过收银台，稍有疏忽就会使经营前功尽弃。因此，收银作业是餐厅管理的一个关键点。

合格的收银员在收银时必须做到准确、迅速、亲切，要熟悉每一类商品的价格，熟悉信用卡使用程序，并在收银时使用礼貌用语，具备识别假钞，点钞、录卡准确快捷等素质和能力。不同的餐厅面对不同的顾客群体，收银作业也会有一定的差异，因此，餐厅经营者可根据实际情况对收银作业做出规范。收银作业规范的内容很多，有收银作业纪律、收银结算作业规范、收银装袋作业规范、收银员离开收银台的作业规范、营业结束后收银机的管理规范等种种规范，但最常使用的还是收银结账作业规范，其主要步骤如下：

1. 对顾客表示欢迎

（1）标准用语“欢迎光临”。

（2）面带笑容，与顾客的目光保持接触。

（3）将收银机的活动屏幕面向顾客。

2. 告知顾客结算金额

（1）标准用语“总共 ×× 元”。

（2）收银员在顾客拿现金付账时，应立即停止手边的工作。

3. 收取顾客支付的钱款

（1）标准用语“收您 ×× 元”。

（2）确认顾客支付的金额，并检查是否为假钞。

（3）将顾客的现金以磁铁压在收银机的磁盘上。

（4）若顾客未付账，应礼貌地重复一次，不可表现出不耐烦的态度。

4. 递给顾客找还的钱款

（1）标准用语“找您 ×× 元”。

（2）找出正确的零钱。

（3）将大钞放下面，零钱放上面，双手将现金连同发票交给顾客。

（4）待顾客没有疑问时，立刻将磁盘上的现金放入收银机的抽屉内并关上。

5. 真诚地表示感谢

（1）标准用语“谢谢！欢迎再次光临”。

（2）面带笑容，目送顾客离开。

总之，收银作业直接关系到餐厅的经济效益，也影响着顾客对餐厅的最后印象，因而在开店过程中，需要对收银作业作出规范。

餐厅理财要避免的误区

好的财务管理制度和方法除了可以从长期经营活动中累积经验得出，也可以从错误中总结。一般情况下，餐厅的理财中还要避免以下几种误区：

1. 资金越多越好

资金是餐厅经营必不可少的原动力，是餐厅经营赖以依存的物质基础。资金的多少决定了餐厅的实力。因此，不少餐厅把理财的重点放在千方百计地筹资上，总以为只要有了资金，餐厅经营就会如鱼得水、效益日长。但事实上，很多餐厅的资金量并不缺乏，缺乏的是营运资金及运用资金的能力，不能合理、有效地使用资金。随着资金的不断筹集，将必然导致优质资产少，劣质资产多，资产流动性差，变现能力不强等现象的出现。

2. 持有现金资产越多越好

现金是餐厅中普遍可接受的、流动性最强的资产，可满足餐厅日常业务的现金支付需要，可防止意想不到的支出，可用于投机性的购买机会。因此不少餐厅总以为手中现金资产越多越好，这样才会心中有底、游刃有余。但是殊不知，流动性强的资产，其收益性是最差的。如果置存过量的现金，会造成资金不能投入周转，无法取得赢利而遭受损失。一个餐厅应置存多少现金，应根据自身的情况，制定最佳现金持有量，在现金的流动性和赢利能力之间作出最佳选择。

3. 筹资比用资重要

现实中，有些餐厅总是把资金紧张挂在嘴上，并常为筹资而疲于奔命。似乎餐厅的理财目标便是筹资，似乎只要筹到资便是见到效益。殊不知，任何筹资渠道来的钱都不是免费的 大餐，而很可能是一块烫手的山芋，因为资金的提供者总要获得期望中的收益，这是不能打折扣的。如果餐厅没有好的支出项目，没有科学、有效地使用资金，使取得的资金不能产生效益，或产生的效益低于筹资成本，这样餐厅苦苦筹集的资金越多，其效益会越差，

岂不是还不如没有这笔钱？“餐厅是在为银行打工”就形象地反映了这种情况。

4. 会计核算重于财务管理

长期以来，许多餐厅注重会计核算，并将大部分时间和精力花在核算上，在核算的规范、准确、及时、全面等方面，下了不少的气力，也取得了较好的效果。然而却忽视了财务管理，将财务管理的理财工作变成了核算的一个辅助成分，处于次要地位，将餐厅资金管理仅仅理解为对资金使用的合法性进行监督，至于有效地调度资金，运筹资金，降低资金使用成本，提高资金使用效率等内容却未真正纳入其职责范围。使财务部门的职能还留在对经济业务的事后反映、核算上，或是对经济业务的事后监督上。

5. 举债经营有利无弊

众所周知，举债经营具有财务杠杆作用。因此有些餐厅虽然不刻意追求较高的资产负债率，但对高负债率却熟视无睹，无形中形成这样一种观念，似乎负债越多，财务杠杆效应越大，对餐厅越有益。事实上，举债的财务杠杆作用必须要有特定的前提条件，这就是总资产报酬率必须大于债务成本率。目前，很多餐厅的总资产报酬率是远远低于债务利率的，这就是说，其通过举债获得的资产所创造的利润连债务成本也负担不了，何以谈杠杆作用？

同时，就是在总资产报酬率大于负债成本率的情况下，负债越大，财务杠杆作用越大，但其财务风险也随之越大，特别是对上市餐厅来说，将直接影响到其股票市价的高低。而且，即使讲杠杆作用，也要求在权益性资本和债权性资本之间建立一个合理的比例关系，这不仅要考虑利率水平，而且要考虑权益性资本的期望报酬率。因而从这个角度看，举债经营还必须慎重。

想要把餐厅财务管理做好，这几大误区不能忽视。对于餐厅经营者来说，有则改之无则加勉，千万不要重蹈别人的覆辙，错过了餐厅发展的关键时刻。

第二十章 餐厅的原料采购

餐厅采购的意义和基本任务

餐厅的采购主要是指食品原料的采购，包括订货和购买两个环节。也就是根据餐厅业务要求实施订货，并以最低价格购买到有质量保证的食品原料。餐厅由于采购的商品繁多，而且数量巨大，加上对新鲜度、品质、保存期限的要求严苛，使得餐厅采购任务更加艰巨并具有挑战性。

餐厅采购的任务是艰巨的，但它在餐厅盈利这方面起到的作用也是不可限量的。假设一个餐厅的盈利目标定为5%，也就是每销售100元需赚取5元的利润，此时其采购效益每增加1%（降低1%的进货成本），则相当于增加20%的营业额利润。处在目前高度竞争下的餐饮业，要想增加20%的营业额是非常困难的。由此可以看出正确的采购策略与优秀的采购人才对餐厅经营有举足轻重的作用，主要表现在以下几方面：

首先，为餐厅的运营提供物质保证。

餐厅采购要根据餐厅的生产经营主向，按时、按质、按量提供各种采购，确保餐厅正常运行。

其次，为餐厅提高服务质量创造重要条件。

提高餐厅的服务质量，有赖于采购人员的素质和采购食材的品质以及两者的结合程度。

最后，餐厅采购是控制经营成本，提高经济效益的重要环节。

搞好采购管理，可以节约采购耗用，提供价格合理、质量优良的原材料，实现尽可能少的资金占用，对降低餐厅经营成本有重要意义。

无疑，餐厅采购对餐厅的正常运作以及盈利起到的作用是深远的，任务也是艰巨的。那么，餐厅采购的基本任务都有哪些呢？

餐厅采购的基本任务是：对餐厅的物品采购工作进行计划、组织和控制，保证餐厅采购供应，贯彻勤俭节约的方针，提高餐厅的经济效益。其具体的工作是：

（1）负责采购计划的编制，在职权范围内，负责制定审批物品采购申请计划。

（2）按质、按量、按时并能以合理、有利的价格采购到餐厅所需各项物品。

（3）负责对餐厅各类原料进行采购、验收、储存和发放。

（4）收集、分析原料在流动中各环节的情况和各方面的信息反馈，提供和改进原料管理和使用的各项措施。

餐厅采购是以金钱换取物品或服务的行为，它的重要性在于能在适当的时间内将物品

或服务提供给使用单位，使其产生高效率的生产成果。因此对采购人员来说，低的采购价格、高的进货品质与好的售后服务，将是其永无疆界的追求目标。但同时采购又是智商和情商的结合。采购人员必须具有丰富的社会经验，涉猎充足广泛的专业知识，才足以应付餐饮业繁琐且随时更迭不定的采购任务，也才能发挥强大的后勤支援力量，协助配合其他的部门作业，为餐厅谋取最大的利益。

餐厅采购的组织及职责

餐厅采购的组织形式由餐厅的规模决定，通常依餐厅经营规模的大小，或为单一经营或为连锁式经营，而加以决定。采购部门可由一个主管和数个采购人员组成。若餐厅为一连锁性餐厅的经营形态时，采购部门则常与仓储、配送部门合并为一个组织更大且完善的后勤物料管理部门，其功能从厂商的选定、货品的议价、订货工作的进行、统一验收质检、仓储管理、配送服务到提供财务部门完整的物料成本资料，都是其工作职责范围。

我们已经知道，餐厅原料采购，包括订货和购物两个基本环节，根据餐厅的管理体系及餐厅规模和人员等情况，餐厅原料采购主要有以下三种组织形式：

1. 采购部负责采购

（1）这种采购组织形式是由餐厅部门提供采购的申请和要求，由餐厅采购部统一采购。

（2）餐厅原料有餐厅采购部负责采购的优点是利于专业化管理，便于资金和采购成本的控制。

2. 餐厅部负责采购

（1）这种采购组织形式就是餐厅部负责所有餐厅原料的订货和购物业务。

（2）该形式的优点是能根据餐厅业的业务状况，灵活及时地采购，便于控制数量和质量。不足之处是缺乏制约，容易出现财务漏洞。

3. 餐厅和采购部分工采购

（1）分工采购，即由餐厅部负责鲜活原料的采购，采购部负责可储存原料和物品的采购。

（2）餐厅部和采购部分工采购的优点是比较灵活，及时满足餐厅业务活动的需要，踏实也有利于采购成本的控制 。不足之处是多头采购，给管理与协调带来不少麻烦。

以上是较为常见的三种餐厅采购组织形式，在实际操作中应根据餐厅规模的大小，人员的合理调配加以灵活调节，找到最适合本餐厅的采购组织形式。

确定了餐厅的组织形式，接下来要了解的就是餐厅采购组织的具体职责，主要有：

1. 明晰市场供应情况和原料采购计划

了解餐厅原料需求及各种原料的市场供应情况，掌握餐厅对各种原料采购成本及采购资金控制要求，熟悉各种物资采购计划。编制餐厅预算，拟定厨房的收入、成本、费用开支和利润计划，待审批后组织贯彻实施。

2. 按计划采购，但也要特事特办

做到按计划采购，认真核实餐厅的采购计划，经常到柜台和仓库了解商品销售情况，以销定购。积极组织适销对路的货源，防止盲目进货。尽量避免积压商品，提高资金周转率。经常与仓库保持联系，了解库存情况，有计划、有步骤地安排好日常工作。但在实际工作中，也应灵活应变，急用的物品要优先采购。

3. 价廉物美，择优采购

采购物品应做到价廉物美、择优采购。时鲜、季节性原料如餐厅尚未提出申购计划，应及时提供样板、信息供餐厅参考选用。

4. 严把采购质量关

采购原料应严格把好质量关，拒收不符合质量的，对货源也要积极争取，保证货源的充足。

5. 建立健全成本核算与成本控制制度

从原材料购进、验收、入库、出库、加工制作到产品销售，形成成本管理体系，控制实际成本、降低消耗，提高经济效益。

采购起着举足轻重的作用，没采购就没货源，没有了货源，一切都是空谈，同时采购还担当着开发新产品的重任，要不断地给厨师推荐新产品。所以采购组织的职责就显得非常重要，具体到采购人员，则要对餐厅原料熟悉、专业，同时也要敬业、尽责，要整理出一套适合自己的方式，和供应商处理好关系。

采购人员的基本责任就是替餐厅采购原料，不论采购的食材是什么，必定得有供应商，选择一个信誉良好、配合意愿高的供应商，对于餐厅来说，是非常关键的一环。选好供应商后，还要进行以下工作：

1. 数据记录和货物分类

建立供货商数据与价格记录，对采购物料进行 ABC 分类。

2. 采购决定，订单下达

采购方式的决定，订购单的下达。

3. 调查行情，货品交期控制

市场行情的经常性调查；物料交期的控制；交期的进度控制；与供货商有关交期、交量等方面的沟通协调。

4. 查证进料，处理进料

查证进料的质量和数量；进料质量和数量日常的处理。

5. 询价订购

询价、比价、议价及订购作业。

6. 差价提供

内外销差价、退数据的提供。

7. 付款整理，审查

除此之外，如果餐厅设有采购主管，其工作职责有：

1. 创意寻找，收集开发

新产品、新材料供货商的寻找、资料收集及开发工作。

2. 评估认证

对新供货商质量体系状况（产能、设备、交期、技术、质量等）的评估及认证，以保证供货商的优良性。

3. 比价谈判

与供货商的比价、议价谈判工作。争取价格优势，确保餐厅利益的最大化。

4. 综合审核，确保供货稳定

对旧供货商的价格、产能、质量、交期的审核工作，以确定原供货商的稳定供货能力。

5. 掌握行情，提升质量

及时跟踪掌握原材料市场价格行情变化及质量情况，以提升菜品质量及降低采购成本。

6. 计划编排，交期控制

采购计划编排，餐厅食材等的订购及交期控制。

7. 管理培训

对员工的指导，管理和培训工作。

8. 沟通协调

与供货商以及其他部门的沟通协调等。

原料采购是餐厅正常运作中必不可少的一环，一个有序的、分工明确的采购组织可以保证采购环节的顺利进行，为餐厅的有序运作提供有力保障，同时，清楚其职责所在，也为餐厅各方面的发展及盈利目标创造了有利条件。

原料采购的原则

原料采购的目的在于以合理的价格、在适当的时间、从安全可靠的渠道、按规格标准和预定数量采购餐厅服务所需的各种食品原料，保证餐厅业务活动顺利进行。因此，原料采购是餐厅业务活动中重要的一个环节，而制定良好的原料采购原则对于规定餐厅原料采购的方向和重点有重要意义。而具体的原料采购，要遵循以下几个原则：

一、采购方式的确定原则

1. 采购人员采购的方式

对于不便于集中采购，使用频率较低的货物，可采用采购人员直接采购的方式。

2. 供货商送货的方式

对于用量大、消耗快、周转频繁的原材料。

3. 外地发货，计划定期申购

对于一些特殊的原材料。

二、市场调查原则

1. 市场调查存档原则

由采购人员广泛进行市场调查。调查后需有调查记录，写明调查人员，调查时间、地点及调查结果，并整理存档。

2. 典型性原则

调查时间、地点的选择要具有典型性和代表性。要根据自己餐厅的特色来进行市场调查的定位。

3. 调查的方法和程序

（1）调查应遵循先蔬菜、鲜货、后干杂调料、粮油、酒水的原则。

（2）调查中要坚持集中调查的原则。

（3）调查时应实行看、闻、摸多种手段相结合的原则。

4. 综合论证原则

调查结果由调查小组结合实地调查结果和咨询结果进行综合讨论通过。

三、采购的定价原则

1. 对供货商所供物品的定价

在广泛的市场调查基础上，每半月制定一次，零星物品的采购价格不定期进行。

2. 定价程序

遵循在市场调查的基础上，由餐厅管理人员和采购人员一起与供货商讨价还价后予以确认，并由餐厅管理人员、采购人员签字以书面形式告知库管、财务执行。

3. 价格管理原则

实行最高限价制。

4. 特殊情况定价放宽

春节、国庆等节假日期间以及灾害性天气持续时间较长的月份，由于供货价格波动太大，其定价原则可适当放宽。

四、采购数量的确定原则

为提高经济效益，降低成本，减少资金占有，应根据勤进快销以及按单采购的原则来确定日常的采购数量。

1. 鲜货、蔬菜、水发货的采购数量

此类原料实行每日采购，一般要求供货商送货。

2. 库存物品（干杂、调料、燃料、粮油、烟、酒水、低质易耗品等）的采购数量

（1）此类物品的采购数量应综合考虑经济批量、采购周期、资金周转、储存条件等因素，根据最低库存量和最高库存量而定。最高库存量不得超过15天的用量，最低不得低于一天的用量。

（2）库存量的计算公式：

最低库存量 = 每日需用量 × 发货天数

最高库存量 = 每日需用量 ×15 天

加强原材料的管理

随着国内餐饮市场竞争日趋激烈，面对这种形势，餐厅在进行资金的再投入和地盘扩张的同时，也要苦练内功，加强餐厅经营各环节的成本控制。

为了确保餐厅的产品成本、利润率与产品安全等各项关键性指标在可控范围之内，以保证餐厅原材料采购、供应、使用乃至生产、销售环节的稳定运作，餐厅需要制定如下原材料管理制度：

一、原材料的管理部门

原材料的供应管理部门为餐厅原料部，保管部门为仓库，它们是原材料管理的基础和保障。原材料的使用安全性由配方管理员负责监督。

二、原材料的采购管理规定

1. 新原材料的采购

（1）新原材料的采购申请。

原材料的采购申请分为研发需要申请和原材料新增申请。

（2）新原材料的评定与审批。

新原材料评定的内容：原料的质量、产地、安全性、规格、保质期以及价格等。

新原料采购申请的审批：新原材料经评定小组确认可以使用，并由相关技术人员审批通过可引进的新原材料，品种在五种以内或总采购价值在五千元以内的新原材料采购，由原料部相关管理人员直接向财务请款购买。

2. 现有原材料的采购

（1）现有原材料的采购申请。

现有原材料在库存不足的情况下，有关餐厅管理人员应根据该原材料的历史使用情况填写原材料采购申请表提出采购申请与采购意向。

（2）现有原材料的采购审批。

原料部相关管理人员接到采购申请后，应及时核对原材料库存量，经确认需采购后，应及时组织采购人员落实采购。

三、原材料的库存管理规定

1. 原材料的库存管理

（1）原材料入库后，仓库管理员应按相关的原材料产品的保管要求进行分类存放。

（2）任何出入库原材料均应列入仓库台账，不得虚报冒领。

（3）严格执行原材料、产品出入库管理制度，当天出入库的原材料，相关餐厅管理人员要认真校对产地、型号、数量；验收入库后的原料名称、型号标识字迹应清晰明显，发出的货物要与货物出库单相一致，并及时登账，做到账物相符，不缺斤短两。

（4）仓库应保持干净整洁，确保原材料保存的环境干燥、阴凉、通风。

（5）库存物品应遵循“发旧存新”、“发零存整”的原则进行管理，不得新货新发，整货拆发，应按到货先后，做到先到先用，防止久放变质。

（6）餐厅管理人员要严格执行收发管理制度，杜绝无单据交接货物，不得无手续出入库。

选择原料采购的方式

餐厅的采购人员，采购食品原料和其他物品时，根据原料的性质不同、使用上缓急程度的不同，需要采取不同的采购方式。一般采购人员都要根据本餐厅每天的营业情况和效益好坏程度，对于原料消耗的具体情况和必备的食品，做到心中有数，从而选择不同的采购方式。

有时在采购过程中常常会遇到购货地点较远、交通工具不便以及临时突发事件等情况的出现，都会给采购人员造成困难。这就需要采购人员因势利导，灵活掌握，采用不同的采购方式才能顺利地完成自己的工作任务。这就要求采购员应具有一定的专业素养，掌握具体的采购方式。

采购员一是要善于观察，二是要熟悉申购单的具体内容，能做到到货及时，准确无误，质量合格，价钱合理。因此采购人员平时工作中要主动拓宽进货渠道，货比三家。为了使本职工作完成的顺利，减少压力，一般采取定时进货、临时进货及电话进货等相结合的方式，不断提高工作效率保证餐厅用货的需要。

总结起来具体的采购方式有：

一、定时进货

定时进货是指根据事前约定好的固定时间来专门订购货物。一般在定时进货问题上分两部进行：

1. 未雨绸缪，适当提前进货

对可能提前进货的原料如干货（鱼肚、粉丝、淀粉等）、调味品（番茄酱、干辣椒、白糖等）、烟、酒及备用物品，应在防止过分积压或脱销的情况下，适当提前进货保证库存量。

2. 保证需求，定时进货

为保证厨房使用的鲜鱼、蔬菜、豆制品、鲜活海产品的使用需求，必须当天早上采购，由于有时间性，为保证原料的新鲜程度必须定时进货。

二、临时进货

临时进货是指在正常采购之外的必需性进货。是为应对临时出现的特殊情况，必须采取的一种紧急采购方式。它也分两种情况：

1. 购买遗忘、上座率突升造成的货物需求

在头一天厨房请购时忘漏的原料，或是由于业务突变上座率提高导致原料短缺，需要临时采购保证业务正常运转。

2. 备用材料匮乏，急需采购

紧急特殊情况发生，急需的原料或物品没有备用的材料，急需采购。

当餐厅出现类似以上两种需临时进货的时候，采购人员应放下正常的工作，想尽一切办法做好“补救”工作。

三、电话进货

电话采购是指用打电话的方式进行订货、送货，主要是为了减少采购人员平日亲自去市场或商店采购的压力，减轻采购人员不必要的劳动强度，达到进货及时保证需求的目的。

四、外出进货

外出采购主要是为了减少中间环节，降低成本，为了经营需要，到原料的原产地进行采购的方式。尤其是较为高档的山珍海味、干货、菌类和野味以及大宗的进货，在选择上既直观又可防止假冒，价格上也可更为优惠合理。这种进货方式要求采购人员有分辨和识别原材料的能力和知识，不但要保证原材料的质地，还要了解其出成率。

总之，采购方式的选择上，要灵活多变。可根据自身的具体情况，从自身实际出发，一切以时间、地点为转移。可采取集中采购、联合采购、定向采购相结合的方式，也可单独运用。究竟餐厅适合哪种方式，还要根据餐厅的档次、规模和实力，酌情决定和实施。

食品采购的要领

番茄到底是大红的好还是粉红的好？

应该采购刚屠宰出来的猪肉吗？

“冬吃萝卜夏吃蒜”，萝卜应该捡大的采购吗？

采购茄子应该挑有茄子眼儿的吗？

食品的采购不是盲目的，食品采购有一定的原则和要领。不同的食品有不同的特点和需要注意问题，因此在采购时要具体问题具体分析，掌握不同事物的采购要点。

一、采购肉类要领

肉类食品是日常必需品，它能供给人体所必需的多种营养素，且吸收好、饱腹作用强、味美。但肉类食品可能传播人畜共患传染病和寄生虫病，也易引起食物中毒，因此，在采购、保存和食用时，需要注意以下几点：

1. 生鲜采购的原则

（1）新鲜通透。

（2）干净卫生。

（3）服务优质。

（4）美味可口。

（5）价格合理、性价比高。

（6）品种多样、丰富齐全。

2. 具体的生鲜处理步骤

（1）重视日期。

明示保质期和进货日期。

（2）先进先出。

贮存要严格遵守先进先出的原则。

（3）严格贮存。

封箱贮存或用带盖的器具贮存。

3. 采购猪肉

采购猪肉时应当注意：不要采购刚屠宰完的猪肉，因为刚刚屠宰后的猪胴体体表残存大量微生物，肉中积存的乳酸等代谢废物也未及排除，若不及时经过充分的冷却处理，则积聚在肌肉组织中的乳酸会损害肉的品质。加之宰后数小时内肉质会自然变硬，此时烹制熟肉就会干硬无味道，并不卫生。

4. 肉制品采购注意事项

（1）出厂日期和生产日期。

（2）包装是否密封，有无破损。

（3）标签是否完整。

（4）肉制品表面是否干爽。

（5）肉质弹性，是否柔韧。

（6）外观是否新鲜。

（7）要认清产品品牌、生产地区。

二、采购海鲜类食品要领

1. 海鲜类食品特点

（1）季节性。

（2）肥美性。

（3）节日性。

（4）水产品的汛期和休渔期。

（5）地域性。

2. 采购具体海鲜类的要领

（1）采购鱼类要领。

①购买认“证”。

要在具有《卫生许可证》、《动物检验检疫合格证》、规范化管理、正规保鲜或冷冻保鲜条件的商户处购买。

②购买认“活”。

尽量购买鲜活的鱼类，尤其是肌肉或内脏带有毒素的鱼类，如河豚，雪卡等鱼要买活的。

③感官为上。

做好感观检查，看体表、鱼鳞、鱼鳃、鱼眼、鱼肉的新鲜程度。

④特殊鱼的处理。

a 冰冻鱼的特殊要求。

对于冰冻鱼，活鱼冰冻后眼睛清亮，角膜透明，眼球略微隆起，鳍展平张开，鳞片上覆有冻结的透明黏液层，皮肤天然色泽明显。死后冰冻的鱼，鱼鳍紧贴鱼体，眼睛不突出。

b 除内脏以及特殊放置。

有些鱼在食用前一定要去除内脏，避免因误食鱼体内激素导致中毒（此类多发生于河豚鱼）。有些鱼的血液中也含有毒素，但是在我国此类鱼只有黄鳝和鳗鲡两种。还有些鱼体内富含组胺酸，若是保存不善就会导致鱼体内组胺含量上升，大量食用后也会导致人体中毒。

（2）采购虾应当注意。

①选购虾类的注意事项。

买虾时要看仔细，鲜虾颜色新鲜，并且越透明越好，放置时间长的虾会褪色并且开始呈现白色。虾的背部呈青黑色是新鲜的表现，放置时间长了就会逐渐变成红色。一般来说，虾壳坚硬，头部完整，体部硬朗、弯曲，个头大的虾味道比较鲜美。虾壳硬挺，虾头、壳连结坚硬结实，无剥落。剥壳虾的虾仁摸起来有弹性，无腥臭味。

②食用虾类注意事项。

虾背上的虾线，是虾未排泄完的废物，吃到嘴里有泥腥味，影响食欲，所以应去掉。

虾含有比较丰富的蛋白质和钙等营养物质，如果把它们与含有鞣酸的水果，如葡萄、石榴、山楂、柿子等同食，不仅会降低蛋白质的营养价值，而且鞣酸和钙结合形成鞣酸钙后会刺激肠胃，引起人体不适，出现呕吐、头晕、恶心和腹痛腹泻等症状。

（3）采购蟹类要领。

①河蟹的质量主要取决其活力与肥瘦。质量上乘的，蟹壳呈墨绿色，有光泽，体厚坚实，肚脐突出，螯足刚毛丛生，螯夹力大，口不断吐泡有声音，翻倒可迅速翻回，爬行快，动作灵活。质量不好的，蟹壳色浅淡，体形较薄，肚脐平平，螯足少毛或无毛，行动较慢无活力。

②海蟹的质量主要看其新鲜度与肥瘦，手感沉重者质量较好；手感较轻者，说明较瘦，质量也差；手摸蟹壳，手感粗糙的为新鲜蟹；手感发滑，有黏膜的为变质蟹；看其头胸甲背部为茶绿色、腹部灰白色、有光泽，蟹脚上节缩起与蟹贝壳呈水平线者，质量好；甲壳为橙黄或红色、无光泽，蟹脚松软张开者，质量不好。

三、采购蔬菜类要领

1. 采购蔬菜应注意

（1）认识深绿色叶菜。

（2）重视食品标签。

（3）买菜选择冷柜。

2. 蔬菜分类采购

（1）采购茄子。

茄子眼睛越大，越鲜嫩；

嫩茄子亮泽新鲜，老茄子表皮皱缩、光泽黯淡。

（2）采购辣椒。

尖辣椒辣的多，且果肉越薄，辣味越重。

柿子形的圆椒多为甜椒，果肉越厚越甜脆。

半辣味椒则介于两者之间。

红椒营养最丰富。

（3）采购番茄。

大红番茄，糖、酸含量都高，味浓；

粉红番茄，糖、酸含量都低，味淡。

（4）采购山药。

块茎的表皮是挑选的重点。

重视表皮斑点。表皮光洁无异常斑点，才可放心购买。

（5）采购黄瓜。

无刺种，皮光无刺，色淡绿，吃口脆，水分多。

少刺种，果面光滑少刺（刺多位黑色），皮薄肉厚，水分多。味鲜，带甜味。

密刺种，果面瘤密刺多（刺多为白色），绿色，皮厚，吃口脆，香味浓。

（6）采购萝卜。

第一：表皮光滑，肉细嫩。

第二：分量重，无空心。

第三：色泽正常。

第四：不贪大，以中型偏小为上策。

四、采购乳蛋品要领

1. 采购乳制品

一类为液态奶，包括消毒牛奶、超高温灭菌奶、酸奶和乳酸饮料。另一类为奶粉。主要有以下两种采购要领来鉴别乳制品质量：

（1）感官鉴别：新鲜乳（消毒乳）呈乳白色或稍带微黄色，有新鲜牛乳固有的香味，无异味，呈均匀的流体，无沉淀，无凝结，无杂质，无异物，无黏稠现象。

（2）实验鉴别：将奶滴入清水中，若化不开，则为新鲜牛奶；若化开，就不是新鲜牛奶。

2. 采购蛋类

以下的3种鸡蛋在采购时要注意：

①裂纹蛋。

有裂纹缝隙的蛋。在未加工之前，由于震动、挤压等原因，会使有的鸡蛋造成裂缝、裂纹。这种鸡蛋很易被细菌侵入，若放置时间较长会滋生细菌，而后变质。

②黏壳蛋。

是指蛋壳韧性不足，蛋壳变翠的鸡蛋。这种蛋因储存时间过长，蛋黄膜由韧变弱，蛋黄紧贴于蛋壳，若局部呈红色还可以吃，但蛋膜紧贴蛋壳不动的，贴皮外呈深黑色，且有异味者，就不宜再食。

③散黄蛋。

是指因运输等激烈振荡，蛋黄膜破裂，造成机械性散黄的鸡蛋。或者存放时间过长，被细菌或霉菌经蛋壳气孔侵入蛋体内，而破坏了蛋白质结构造成散黄，蛋液稀、混浊的鸡蛋。如细菌在蛋体内繁殖，蛋白质已变性，有臭味就不能吃了。

五、采购水果要领

不同的水果有不同的挑选原则，不过还是有几个共通的原则可供参考：

（1）同样大小的水果中，相对重量较重的水果，组织较细密，水分也较多，所以通常也比较好吃。

（2）果型饱满较好，如芒果饱满则肉多籽小；椰子饱满则汁多。

（3）蒂头及脐的部份较开展，是水果成熟的象征。

（4）水果的声音也很重要。如：西瓜声音要沉稳（如手拍胸脯的声音）；苹果声音要清脆；凤梨要选肉声（如手弹肉之声）；轻摇哈密瓜及香瓜有声音时，品质较不佳；轻摇酪梨和榴连有声音时，代表已经可以吃了。

（5）水果外观的纹路明显开展，且分布均匀较好，如：哈密瓜。

（6）选择硬度高的水果，如：樱桃、莲雾、柳丁、葡萄等，选择硬些的水果品质较好些。

（7）色泽要鲜艳自然，不要死。如：柑橘类及木瓜要选橘红，偏黄的较差。

（8）有绒毛的水果，要看绒毛长短。绒毛长的比短的好，如：水蜜桃、奇异果、枇杷。

（9）外皮细致光滑比粗糙的好，如：柑橘类。

六、采购调味品要领

第一，最好选择定型包装的加工产品。

第二，重点检查产品标签内容。如标有产品名称、厂名、厂址、生产日期、保质期、配料成分等。

第三，重点检查酱油包装标识。看是否有醒目的标出“用于佐餐凉拌”或“用于烹调炒菜”。 食用油则一看色泽，二看透明度，三看有无沉淀物，四看有无分层现象，五闻，六查。

餐厅采购的审核与验收

餐厅采购的审核与验收是餐厅的检查机制，是餐厅为了提高产品质量的必要举措，是对餐厅采购物品的把关与考核，也是对采购质量的认证和对采购物品的最终确认。它分为两方面的内容，一是审核制度，二是验收制度。

一、采购的审核制度

1. 责任采购，登记在册

食品采购定人、定责、定岗，每次采购的食品都要有登记记录。

2. 持证和索证

必须到持有卫生许可证和有营业执照及质检合格的经营单位采购食物，并按照国家有关规定进行索证。

3. 定点与不定点

应相对固定食品采购的场所，同时在实际工作中也要灵活掌握定点与不定点的原则，关注市场行情。

4. 符合规定

采购的食品必须符合国家有关卫生标准与规定，必须新鲜、卫生、清洁。

5. 蔬菜检测与留样

认真做好蔬菜农药检测工作，对蔬菜、豆制品、肉类每次有记录，并48小时留样。

6. 审查检验报告

对达不到食品卫生标准和不符合卫生要求的食品要坚决清退。从食品生产餐厅或批发市场批量采购食品时，应查验食品是否有按照产品生产批次由符合法定条件的检验机构出具的检验合格报告或者由供货商签字（盖章）的检验报告复印件。不能提供检验报告或者检验报告复印件的产品，不得采购。

二、验收的管理制度

1. 验收凭证

验收人员要按照《中华人民共和国食品卫生法》的要求，把好采购验收关。

2. 验收禁忌

验收人员必须工作认真负责，坚持原则，掌握采购的基本知识，具有鉴别购进采购的能力，要熟悉本单位规定的验收制度和标准，验收人员禁止验收下列食品：

（1）有毒、有害、腐烂变质、油脂酸败、霉变、生虫、污秽不洁、混有异物或者其他感官性状异常的食品，含有毒、有害物质或被有毒物质污染，可能对人体健康有害的食品。

（2）无检验合格证明的肉类食品。

（3）超过保质期限及其他不符合食品标签规定的定型包装食品。

（4）无卫生许可证的食品生产经营者供应的食品。验收人员有权抵制任何未经批准的采购。

（5）是其他不符合食品卫生标准和要求的食品，包括半成品。

3. 购验分离

验收职务与采购职务分离，采购人员不得兼做验收工作。

4. 验收后续工作

验收场地应保持清洁卫生、安全保险，验收之后，应尽快将采购入库或及时送到餐厅，防止食物变质或失窃；采购人员或送货人员在现场时，验收人员应始终在现场。

5. 听取并反映意见

验收人员应听取、收集各餐厅对供货采购的反馈意见，并及时向主管及中心领导反映。

6. 按规定价

调拨采购的定价和调整价格，应严格按照中心规定的价格执行，不能擅自更改价格。

7. 监督验收

采供部主管应不定期复查采购数量和质量，检查、监督验收工作。

以上是餐厅采购的审核验收的具体内容，那么，采购验收要达到一个什么样的目标呢？

餐厅采购验收的最终目标就是为了实现较小的餐厅投入获取餐厅的最大利润。要知道餐厅采购是各餐厅原物料的入口，也是餐厅降低成本提高毛利管理的第一道关口。餐厅毛利是整个餐厅的重要经济指标，它决定了餐厅的盈亏，而控制毛利的重要环节就是降低原材料的直接成本与控制原材料的投入总量，这需要生产部门与采购部门的通力合作、生产部门合理计划、采购部门严格把关。具体的餐厅采购验收目标有：

（1）及时准确、保质、保量供应各餐厅的生产原材料，确保生产正常运转：

①确保交货的数量符合订货数量。

除了所有的进货必须确实过磅或点数外，与订货人员所下的订单是否相符，也是非常重要的。若有差异，须立即反馈给主管人员，及时处理。

②确保交货的品质符合订货要求。

确保交货的品质与采购签订的条件、餐厅认定的品质规格是一致的，严格品质管理除了能确保品质外，对供应商亦是一项约束，同时可增强采购人员未来与供应商谈判的筹码。

③确认进货单据上的单价与采购人员所议订的价格相同。

（2）控制采购量及仓库贮存量，杜绝浪费，坚持四个原则。

①理性采购。坚持建立健全的采购计划，不盲目采购。

②精打细算。坚持“比质比量、择优进货”使所购原材料价廉物美，减少不必要浪费。

③勤进快销。坚持“以销定进”的原则。

④稳中有进。坚持了解原材料的供应情况，防止大起大落。

（3）控制采购单价，降低生产成本，做到“四熟悉”、“一通晓”：

①熟悉餐厅标准化生产用具单及干货及调料单。

②熟悉原材料的品名、品级和用途。

③熟悉原材料的产地、季节。

④熟悉各餐厅的生产计划与库存情况。

⑤通晓鉴别各种原材料质量优劣的一般标准。

（4）提供市场行情指引，配合餐厅制订生产计划，提供可靠数据。

（5）合理安排采购计划，控制采购车行程，全面降低采购成本。

（6）合理安排采购资金，规范货款结算流程与供货商建立长久合作关系，最终实现互惠互利的目的。

总之，餐厅采购验收的目的是为了确保采购的原料都符合质量标准，适合各种菜式制作的特殊需要。而采购验收是为了确认采购的成效，实现最大利润。

采购过程中常见的问题

餐厅采购的任务艰巨，过程也并不是一帆风顺的，餐厅采购过程中会遇到一系列问题。明晰采购过程中的常见问题，有利于餐厅采购的规范化操作和执行，更有助于餐厅的长远发展。

餐厅采购过程中的常见问题有：

1. 最小订货量问题

无论是标准件还是定制件都有最小订货量的要求。这是因为餐厅供应商要提供够一定的数量才能覆盖其为生产出这一原材料所投入的成本，这一数量通常被称为平衡点产量。供应商往往要求采购方购买一个最小批量。如果达不到这一批量，生产厂家或其他供应商将会出现亏损而不愿接单。

2. 价格问题

价格问题是采购过程中的最常见问题。若采购批量较小，采购方往往要付出比通常高很多的价格购买所需的产品，从而在竞争中处于不利的地位。因此，这就要求采购方尽可能寻找固定的合作伙伴，选择供应商时应尽量挑选那些规模及经营方式与本餐厅要求相匹配的厂家或贸易商，而不要一味地求大、求全。一旦找到合适的供应商，尽可能与之结成合作伙伴，签订长期的供货协议以取得对方的信任与支持。

3. 到货不及时影响生产

签订订单同时要确定大致到货时间，了解供方发货渠道和发货信息，掌握到货的主动权，尽量避免到货不及时影响生产。如果供方说发货了一定要货运的联系方式，防止供方故意拖延发货时间。

防止到货时间造成影响还需要餐厅采购人员有一定的物流常识，发货需多久到，通过什么方式到货更便捷。偶尔因为供方失误或需方订单跟踪失误就需要和餐厅供货商及时沟通，做好调整，尽量将损失降到最低。

4. 到货后不合格处理（质量、数量）

餐厅材料质量不合格时供方在保证质量合格的情况下紧急替换，或者就近少量采购，或者同行换货；数量不符的情况，及时与供方沟通，确定是由于供方发货遗失或者是物流运输问题。商议赔偿结果确定是供方赔偿还是直接找物流方赔偿。一般采购材料不负责运输，把运输交由供方负责，出现问题处理由供方负责可以为采购工作争取更多的利益保障。如果运输由需方自己负责，三方确定是物流运输损伤或者遗失，核算损失直接向物流索赔。

5. 紧急采购的处理

一般是由于餐厅销售计划紧急临时更改生产计划重新安排，材料的采购就比较紧急。这个问题有两种解决方案：一是通过地理位置最近的生产厂家或者贸易商采购，成本考虑暂时放后，这需要市内采购的协助或者对周边城市的供货市场有一定了解。二是迅速找到供货厂家或贸易商，加以最快的运输方式，这方面就需要熟悉物流市场或者餐厅内部物流部门的帮助。

6. 小试、中试采购困难处理

因为餐厅是初次与供货商进行合作，或者某菜品正处于研发阶段，采购的稳定性和数量的多寡都处理比较被动，往往这种采购比一个大单的采购困难更大。因为量比较少，很多供应商不愿意签单，这个时候采购就要考查采购人员能力。遇到这种情况也有两种方法解决，一种是直接告诉供货方餐厅正处于小试或者中试阶段，但是试验通过计划，采购量会固定在一个多大的范围；另一种就是告诉对方餐厅一直在用，只是目前量不大，以后扩产的话会增大采购量。

此外，采购过程中还会遇到没有明确的采购战略，缺乏对采购需求的分析、供应商管理和采购布局等。餐厅采购人员缺乏计划，盲目采购，库存量大，库损高，造成浪费和流动资金呆滞；只关注低价，而忽视战略伙伴关系和互赢与激励的合作机制的建立；餐厅处于分散采购中，而忽略了整体利益的最大化；缺乏有效的工具和信息平台进行采购的跟踪、评估、分析和智能化决策；采购进货打游击战，无法享受供货商的批零差价，更无法稳定采购成本支出；采购缺乏市场调查，缺乏价格走势分析，缺乏同行业比较分析，预见性差，无意中造成的损失。这些都需要采购人员用自己的智慧和经验去解决的各类问题。

科学选择供应商并建立合作关系的操作流程

餐厅的正常运营离不开原料，而原料的采购也离不开供应商，如何科学选择供应商并建立合作关系，便成了餐厅采购中不可忽视的问题。具体的科学流程有：

1. 供应商初选

要遵循广泛选择，重点了解的原则。广泛选择有代表性的供应商，在进行深入细致的市场调研基础上，综合考察，重点了解供应商的综合实力，专业化程度，货物来源稳定性，价格、质量、目前的供货状况以及供应商的诚信问题和服务质量。

（1）验收供应商资料和凭证。

供应商的证件在一方面体现了供应商的资历，另一方面体现了供应商的自身实力和规模。因此餐厅需要向供应商要求提供尽可能详细的资金、经营许可证、产品、生产规模、资信认证等相关报告，资料越详细越好。

（2）供应商归类。

餐厅采购应对供应商提供的资料做一个详细的归类，并且给出是否值得合作、资金是否值得肯定的内部分析。

（3）实地视察。

餐厅采购相关人员对供应商的商铺或工厂进行实地视察。视察商铺、厂家规模是否与他们提供的基础资料一致。如果有不一致的地方就应谨慎考虑是否合作。

2. 供应商试用

遵循货比三家的原则。对于同类商品找出两家同时供货，重点从质量、价格、服务三方面来进行比较尝试，通过比较，择优选用。

（1）样品需求。

餐厅采购向供应商提出样品需求。看餐厅原料的质量以及其他参数是否符合需求。

（2）技术分析和检验。

餐厅采购要通过技术分析，同时取得检验部门的分析结果。检验包括其价格、质量以及其他是否符合要求。

3. 供应商确定

遵循少数服从多数的民主评议原则。在使用两个月的基础上，由餐厅管理人员、厨师长、采购人员等组成审查小组，以民主表决的方式集中投票表决来确定。

（1）下达评审通知书。

如果符合要求，餐厅采购人员再对供应商下达一个评审通知书。符合要求的供应商可以进入餐厅采购的供应链。

（2）商业谈判。

餐厅与供应商进行初期的商业谈判，正常的谈判时间在三个月，在实际操作中可视具体情况进行科学灵活的变动。

（3）签订合同。

双方签订合同。

（4）提供餐厅原料试水。

供应商开始对餐厅提供小批量的产品。

（5）餐厅原料复查。

餐厅采购对供应商的小批量产品进行复查。所有的小批量产品必须进行严格的实验检查。

（6）加入餐厅原料目录。

如果小批量产品通过审核，那么此供应商就可以加入餐厅采购的原料目录。

（7）评审产品目录。

供应商加入餐厅采购的原料目录，每一个目录都需要仔细评审，每一个地方都需要谨慎反复评审，做到万无一失，整个流程大约需要半年时间（实际操作也可视情况而定）。因为资信问题更是重中之重。

4. 供应商的更换与续用

一切以经济效益为原则。在合作的过程中，如发现供货商有不履行合同的行为，在合同期满前，可重新考虑并决定是否更换抑或续用。

总之，供应商是餐厅采购供应链的重要组成部分，采购商是供应商的货品终端。上述流程环环相扣，任何一个环节都不能出错，资信问题更是不允许有问题。以上环节成功通过以后，餐厅采购和供应商就组成了一个利益攸关体。

培养固定而又忠诚的供应商

供应商是餐厅运营的基础。供应商为餐厅提供必需的食物原料，为餐厅的正常运转提供必需的物质材料基础。培养固定而又忠诚的供应商对于餐厅的稳固发展和永续运转奠定基础，也为餐厅规模的扩大提供坚强的后盾。

具体的培养供应商的策略有：

（1）明晰基础作用，坚定依靠供应商、服务供应商的思想，善待供应商，互利共赢。

①供应商是餐厅材料实现的基石。

供应商是餐厅材料实现的基础，应当把供应商当做自己的分店看待，相信供应商，依靠供应商，尽我所能与供应商建立友好关系基础，把供应商培养成为巩固的零部件生产基地。

②开诚布公，平等对待。

要想供应商忠诚于餐厅，餐厅就必须平等对待供应商。要做到己所不欲，勿施于人，凡事推己及人，将心比心。而其中最基本的就是不强人所难，不强迫供应商做不愿意的事情。

“虐待”供应商的做法短期内可能会给餐厅带来一些利益，但从长远看对餐厅却是不利的，因为供应商虽然被迫接受了不对等条件，但口服心不服，“身在曹营心在汉”，一旦有了更好的市场，他们便会立即“移情别恋”。结果，自然是餐厅材料质量、交期的波动和服务质量的下降，餐厅也就自然从“受益者”变成了“受害者”。

③重视合作，主动维护供应商的利益，结成一个利益共同体。

供应商与餐厅合作的目的，是为了获利。如果不能获利，供应商就不会与餐厅合作，即使已经建立了合作关系，这种关系也不会长久。所以，要想供应商忠诚于餐厅，持续为餐厅提供满意的餐厅材料和服务，必须主动维护供应商的利益：

第一，合理的利润率分成。

给予供应商合理的利润率。不要求供应商承担除协议规定以外的其他任何义务，不单方面提高餐厅材料要求或服务要求，变相降低供应商的利润率。

第二，进入批量生产阶段后，设计与供应商的供货方案。

应尽量维持稳定，非万不得已不要轻易变更。如遇非变更不可的，也应事先主动与供应商沟通，并做好相应的善后工作。

第三，建立健全防腐机制。

建立、健全防止员工腐败的制度，约束员工的行为，从制度上预防员工利用职权损害供应商的利益。

第四，独家供货。

尽量采用独家供货，在供应商的供货能力能够满足餐厅的需求并没有大的过失的情况下，不轻易增加新供应商，即使有更好的价格也是如此。除此以外，餐厅还可以与供应商结成战略伙伴关系，进行信息共享、风险共担、利益共享，维护餐厅和供应商的良好合作关系。

（2）打造忠诚供应团队，从建设零部件制造基地的战略高度对供应商进行选择、评价和管理。

①选择供应商应遵循“合适贴己”的原则。

餐厅对供应商的吸引力决定着供应商对餐厅的忠诚度，餐厅选择供应商也应当讲究“门当户对、两情相悦”，否则，合作不是不愉快，就是不长久。所以，我们在选择供应商的时候应当从自身的规模、知名度、采购量和付款能力等实际情况出发，选择“最合适”的供应商，而不是选择“最优秀”的供应商。

②发展潜力为评价标准。

通常情况下，评价供应商的发展潜力应包含以下方面：

第一，领导者的气魄胸怀。

供应商的最高决策者是急功近利的“商人”，还是有长远眼光的“餐厅家”。

第二，发展方向的一致性。

供应商的发展方向是否与餐厅的发展需求相一致，有无明确的战略规划，有无实现战略规划的具体行动计划和行动记录。

第三，质量目标。

供应商的质量目标是否明确，有无实现质量目标的行动计划和行动记录。

第四，质量体系，升级计划。

供应商是否有质量体系升级计划，现有质量体系是否真正得到贯彻执行。

第五，员工素质。

供应商现有员工的素质能否满足其餐厅发展的需要，有无中长期人力资源发展计划。

第六，管理手段。

供应商现有的管理手段能否满足其餐厅的发展的需要，有无改善计划。

第七，社会信誉。

供应商的社会信誉如何，其关联供应商对其有无信心，评价如何。

③“恩威并济”，铁血与怀柔并重。

供应商管理的常用方法是：对供应商的供货业绩进行监测，依据监测结果对供应商进行级别评定，实施分级管理，奖优罚劣，对不合格项进行整顿；定期对供应商进行重新评价，依据评价结果调整采购措施，淘汰不合格的供应商。

供应商管理一定要“恩威并济”，既要对供应商进行考核和奖惩，也要给予供应商必要的帮助：

第一，设计和制造过程的质量保证能力的提升。

第二，成本控制能力的提升。

第三，计划管理手段的完善。

第四，市场的开拓和餐厅自身的稳定。

第五，员工培训的支招。

总之，供应商管理就像“养鸡生蛋”，要想多得蛋、常得蛋，首先要把鸡养好。所以，只要餐厅能够真心善待供应商，积极培养供应商，持续不断地获得高品质、低价格、及时交付的餐厅材料和超越期望的服务，就会成为现实。

验收时具体步骤和细节问题

在明确了餐厅采购的目标之后，就涉及到如何进行验收的问题了。购得物料如未经仔细、迅速、确实的检验点收，必然形成混乱错误的局面，势必影响烹饪制作的食品，甚至影响餐厅的销售量。所以餐厅采购验收工作必须注意各单项进货价格，是否是所采购之物料，其品质规格与份数是否正确，等等。具体步骤如下：

首先，验收前应事先做好准备工作。准备好足够的磅秤及其他计量工具。磅秤应定期校准，确保验收的精确性。收货品质管理人员在工作之前应该先确实了解收货商品的采购规格、交货数量与到货时间，同时准备合格的验收工具，来点收交货的数量与品质。采购验收的基本要求是：验收采购必须数量准确，质量符合要求，包装完好无损，手续完备清楚。

验收采购质量时，验收人员应有敏锐的观察力及基本的商品知识，认真核实进货是否符合订单或中心所规定的质量标准。特别注意对肉类、禽类、鱼类、蛋类、海鲜等鲜货食品的检验，检查其是否新鲜、是否变质，严格按保质期规定标准验收，避免发生差错。

其次，厂商到货时，验收人员依订货单确认到货的品质规格确为所需的货品。品质管理验收的检查方式，可分全数检查（重要品物料）或抽样检查（次要物料）。要注意的是，生鲜或冷冻食品的检查须小心且快速进行，以避免因检查费时而发生耗损，反而得不偿失。

再次，当品质规格经确定后，依订货需求数量对进货数量加以点收，若无误，则完成单据填收后，即可进行入库或交予使用单位。

验收采购数量时，对密封的容器，应逐个检查是否有启封的痕迹，并逐一过秤，以防短缺；对袋装商品，应通过点数过秤，检查袋上标重是否与实际一致，对箱装商品应开箱进行抽检。

特别要注意的是，全部采购的检查、过磅、清点等工作应在送货或采购员在场时做完，以便一旦发现数量或质量上的差错，有第三者在场认可证明。因验收人员工作失误，造成不良影响和经济损失，将对责任人进行经济处罚。

验收程序完成后，应即填写验收报告，复写一式四份。其主要内容为：来源、编号、订货日期、收货日期、物品名称、订货数量、实收数量、规格、单位、价格、备注及验收员签字各栏。一份给会计用，作为付款依据；另一份给使用单位，作为了解进货与库存情形，以备配餐参考。采购、仓库也各留一份，作为作业的准据。

采购验收完后，应填制验收单据，验收人员根据点收的采购的品名、单位、数量、单价、余额等填制一式三份验收单，餐厅或仓库留一份，记账一份，交采购报账一份，填制单据应做到清楚、正确，便于审核，不得乱涂乱改。

最后，入库单、验收单填写完后，由采购人员、货物领用部门负责人、库管员签字生效。签字完毕后的入库单或验收单一式四联，第一联库管自己留存，第二联交财务做为记账凭证，第三联交供货商作为结账凭证，第四联交餐厅主管或负责人。

通过以上步骤，就基本完成了餐厅采购验收的一般程序，除此之外，在餐厅采购验收的具体操作中还有一些特别规定：

1. 建立食品索证、进货验收和台账记录

餐厅应建立食品索证、进货验收和台账记录，制定专职人员负责食品索证、验收和台账记录以方便检查。负责食品索证、验收和台账记录的人员应掌握餐饮业常用食品卫生法规规定和食品卫生基本知识及感官鉴别常识。

2. 采购员要进行现场验收和索证

（1）从食品生产餐厅或批发市场批量采购食品时，应按照生产批次向供应商索取符合法定条件的检验机构出具的检验报告复印件并经供应商签字或盖章，零星采购食品时应索取购货凭证。

从固定供货基地或供货商采购食品的，应索取并留存供货基地或供货商的资质证明，签订采购供货合同，并按上述规定进行索证。

（2）采购食用农产品应索取销售单位或市场出具的购物凭证。

（3）采购生猪肉的，应查验确认为定点餐厅屠宰的产品并查验其检验合格证明，并索取购物证明。

（4）采购食品添加剂时，应查验该产品是否获得省级卫生行政部门的食品卫生许可及产品检验合格证明，并索取购物凭证。

3. 验箱的操作规定

验收以箱为单位的物品时，应打开箱子检查内部物品，并记载其品种、采购日期、重量是否等于账上，再在物品上贴上标签，上面载明品名、售货处、收货日期、重量、价格。一联交厨房，另一联交餐厅管理员（或成本控制员）。

标签或签条在食材管理中的作用：

（1）记有购买时的价格，签条传到餐厅管理员手中时，可作为控制菜肴的成本。

（2）记有购买的时间，签条上的日期可作为鲜度管理的凭据，通常是采取先进先出法，避免其储存过久未加使用而过期耗损的弊端。

（3）可以迅速施行存货的清点，通常存货每周清点一次，每月还要有一次彻底而完全的清点，使用签条可以简化清点存货的手续，而将重量价格等迅速转抄到存货清单上。

（4）记账时的便利，食材记账有明确的资料可以一目了然，不必常常检查存货。

4. 验收注意事项

验收员在验收食品时，要检查验收所购食品有无检验合格证明，并做好记录。妥善保管索证的相关资料和记录，不得涂改、伪造，其保存期限不得少于两年。

验收时确定材料好坏的小窍门

了解了相关的餐厅采购验收的基本流程和相关规定，我们再来看看一些采购验收具体操作过程中可以遵循的一些小窍门，总结起来为以下几点：

1. 检查包装

货品有外包装，则首先须确定其包装的完整性，例如有无破损、挤压或遭开封过。检查包装要注意包装封口的日期和时间，查看是否过期变质。

2. 制造标识

部分餐厅原料供应是有特定品牌材料的，所以，在验收的时候，品牌的制造标识是可供验收品质管理人员参考的一个依据。检查制造标识要学会鉴别真伪，防止假冒伪劣产品和山寨产品的蒙蔽。

3. 试吃口感

对于一些特定的可食性物料，用其他方式无法确知其品质时，试吃是最有效的品质管理方式。而试吃就是为了通过口感来鉴别食物的质量和品质。试吃口感鉴别时要注意，重点鉴别食物是否对味，口感是否清爽。

4. 气味鉴别

食物的气味可以反映食物的新鲜程度。正常新鲜的食品都会有其特定的气味，一般会很清香诱人；而变质的食物则会发出怪异的味道。验收时可从气味上判定其品质有无异变。

5. 色泽鉴别

色泽是指食物的颜色和光泽，这是判定物品品质的重要方式之一。食物的颜色和光泽反映了食物的健康与否与新鲜度状况，新鲜的食物颜色光亮，光泽鲜明，而变质的食物，颜色病恹恹，光泽灰暗。因此餐厅食物的色泽鉴别需要了解不同事物的色泽标准。

6. 温度鉴别

食品的温度反映了食品的恒定状况和生存状态。食品类物料对温度差异的敏感度与要求很高，正确良好的低温配送与贮存，对食品运送过程中的品质维持非常重要，适宜的食品温度可以保持食品的色泽和品质，使食物保持新鲜，防止食物变质、腐烂。故验收人员绝不可忽略验收时的温度检验。

7. 外观鉴别

食品的外观鉴别是检验食物质量和品质最简单直接的方法，也很有成效。食品的外表是食品的第一感观。新鲜的食品，外观也是吸引人的，光泽新鲜，而变质的食品，外观相应的也没有生气。

8. 有效期鉴别

有效期限的控制永远都是食品物料控制品质的重要方法之一，验收时有效期限的确认，必须和订货数量的预估使用期限相配合。

验收时发现不良产品的作业规定

餐厅采购验收是一件繁复的工作，经常会碰到各种各样的问题。掌握了餐厅在采购验收中出现的常见问题，更便于餐厅采购验收工作的规范化运行，也便于餐厅进一步提出整改方案。

当验收过程中发现品质不良或规格数量不符时，也有正确的作业规定，具体情况如下：

1. 数量不符

数量不符可能是数量太多或不足。当货量太多时，则多出的数量应拒收，请送货员退回，单据上填写实际收货数量；若货量不足时，应即刻通知订货、采购、仓管及使用单位各相关人员作必要的处置。

另外需注意的是，一旦发生验收数量短少时，要确实做到一笔订货单、一次收货动作。再补货时，则须视为另一笔新订单，如此才能确保账面与实际物料的正确性，及减少人为错误。

2. 品质不符

品质不符是指食品的质量与合同约定的不相符合。当品质不符时，非食品类可采取退货方式处理；若为非适合久存的物品，可与送货人员确认后请其带回，退回原供应商。

餐厅的采购验收是物料进入餐厅前必经之过程，餐厅验收工作是否迅速与顺利，对食品烹饪加工的产销效率影响极大。因此，拟定验收程序，明确餐厅采购验收的职责对餐厅的运营工作至关重要。餐厅采购验收职责的明晰，便于餐厅食品准入机制的建立和完善，便于餐厅采购验收作为一种长效机制更好地做好监督检查工作。

餐厅采购验收的具体职责有：

（1）审核资格。审核供应商是否具有符合规定的供货资格。

（2）审核来货。审核来货是否在供货餐厅被批准的经营范围之内。

（3）进货验收。负责食品原料进货验收工作。

①核对食品及饮料的进入。

②如条件不合，依约办理。

③交料不符，即通知供应商。

④品质不符，退回或减价。

⑤价格不合，更正发票。

⑥收料多出，退回或暂收。

⑦收料短少，补送或更正。

⑧核对数目的准则如过秤、计件。

（4）按法定标准和验收规程，及时完成入库食品或退库食品的验收工作并做好记录。

（5）对验收合格的食品，与保管员办理入库交接手续。

（6）规范填写验收记录及有关质量管理台账，并签章。填写验收报告单。收集质量检验报告书，按规定保存备查。

（7）收集质量信息。配合质量部做好食品质量档案工作。验收中发现的质量变化情况及时报质量管理人员。

（8）严格按规定的标准、验收方法和抽样原则进行验收和抽取样品。

此外，餐厅采购验收还要履行以下职责：

（1）接到已审批好的申购单后应认真检查后签收，然后分类装订好，以供收货时核对。

（2）根据经审核批准的采购申请单、每日采购清单、补仓单进行数量验收，检查质量、保存期是否符合收货标准，严把检验关，难以分辨的请使用部门协助。

（3）有权拒收质量低劣、规格不符的物品，有权抵制任何未经批准的物品采购。

（4）在收货后认真核对申购单，未完成的申购单要在上面注明，以便下次验收使用。

（5）每日验收结束，将验收单据汇集并按工作要求传递到各相关岗位。

（6）收货后及时通知部门领取，同时将未到达货品的信息反馈给采购部。

（7）做好收货区域的卫生工作，做到干净整洁。

（8）保管好验收工具，正确使用电子秤等仪器设备。

（9）做好收货记录及工作交接记录。凡事预则立，不预则废。作为餐厅的采购验收人员，应熟悉掌握以上相关采购验收知识，胸有成竹，才不至于在具体操作中手忙脚乱。

如何杜绝采购人员吃回扣的问题

所有餐馆管理者都想防止采购人员吃回扣的问题，但为什么采购人员吃回扣的现象还是屡屡可见呢？那么，餐厅管理者要采取怎样的做法，才能创造出不让他们“犯错误”的土壤呢？这是管理者的最高艺术。

1. 高薪养廉

如果餐厅管理者一味防止采购吃回扣，只知道死命压榨员工而不知道体恤民情，那就真有可能逼至“起义”。聪明的餐厅管理者在想方设法防止采购吃回扣的同时，还需要保证后院不起火，即给员工比较丰厚的物质保证。事实证明，在餐厅经营中，员工拥有丰厚的物质保障会减少吃回扣现象的发生。

2. 权责分立，定期换岗

权责分立就是建立互相监督机制，它涉及餐饮管理的方方面面。为了防止采购吃回扣，可以通过后厨、采购部门、财务部门、库管部门等部门建立一个互相制约、互相监督的机制，任何一个环节出错误，都会马上被反映出来。

比如餐馆主要原材料的采购由厨师长和出品总监制定采购标准，但厨师长和出品总监不能决定去哪里采购；采购人员须严格按照厨师长和出品总监所提供的原材料质量标准去购买，采购员必须采购到符合条件的价廉的物品；财务部门随时执行市场调查机制，去原材料市场调查价格；采购人员购回产品后，由验货人员验收，验货人员有两个，一个验质量，这个验质量的由厨房人员担任，根据厨师长和出品总监制订的标准验收，另一个是库管人员，库管人员不管产品质量，只管数量，看产品是否缺斤短两。

以上这种互相监督的机制在目前的餐厅管理中已经较为完善，但还可制定由消费者参与的三级责任制来进行制约，让任何错误还没有发生时就被扼杀在萌芽状态。

除此以外，一些贵重原料，常用原料、用量大的、价格高的，比如鲍鱼、鱼翅、海参等海鲜干货，可采取招标法。通过招标法选择供货商，每半年订一次，一次性将半年内所需产品内容及价格谈妥。在招标过程中，可以请餐厅管理者、出品总监、厨师长、财务、采购、库管等部门全部参加，共同鉴定产品品质和价格。

3. 采购询价

对所购产品有所了解的人进行采购后的询价工作，通过抽查询价，再对询价结果进行合理判断，也可以发现并防止采购人员吃回扣的现象发生。

4. 考核处罚和监督机制

首先，要有具体而严格的奖惩措施，通过考察和调查对表现好的人员进行奖励。

其次，建立严厉的考核及处罚机制。

第三，制定合理的奖惩措施及采购质量标准。

第四，建立相应的监督体制，并建立相关的信息收集体制，不定期的举行原材料招标。

最后，不定期对某种材料进行抽样调查，定期或不定期进行针对性的市场调查。

5. 采购和财务审批程序

制定严格的财务制度，制订符合餐厅采购实际情况的成本核算办法。

6. 职业道德和人品建构

挑选采购人员时要注意采购员的职业道德和人品，做为餐厅的管理者来说，能够慧眼识珠选人很关键，需要选择最适合做采购的人来担任这份工作。

7. 领导主管制

主管上司多了解行情；采购部门可采用管理者直接领导制。

8. 制定采购业务流程

制定比较严密的采购业务流程：采购计划——采购评审——确定渠道（领导牵头）——签订合同——采购——审核——验收——付款。

第二十一章
餐厅的贮存管理

储存食品原料的保管与养护

储存食品原料的保管与养护就是要遵照食品原料保管的操作规程和技术要求，合理使用仓容，做好食品原料堆码、苫垫、检查、养护、保管等一系列工作。

储存食品原料的注意事项有：

一、科学地确定食品原料存放地点

食品原料的存放要根据食品原料的性能、种类、品种、规格等要求进行。

1. 规避危险品

严禁危险品和一般食品原料、毒品和食品混存，性能互相抵触、互相串味的食品原料不能混合存放。

2. 便于查找、养护

要便于寻找检查；便于进行食品原料养护；便于仓库业务操作。

3. 先进先出

便于储存食品原料的先进先出。

二、合理使用仓容

最大限度符合食品原料存放规定，科学地、合理地利用仓容。仓容是指仓库能够用于堆放食品原料的容量，由仓库的面积和高度或载重量构成。

三、实行分区分类，货位编号

1. 分区管理，分类存放

为了遵循食品原料存放地点的规定，合理存放食品原料，必须根据食品原料的自然属性和仓库的建筑设备条件，采取仓库分区管理，食品原料分类存放，并且按顺序编号。食品原料分类管理就是根据食品原料大类和性能等划分为若干类别，分类集中保管。

2. 货位编号

食品原料货位编号管理方法是在分区分类和划好货位的基础上，将存放食品原料的场所，按储存地点和位置的排列，采用统一标记，编列顺序号码，作出明显标志，以方便仓库作业的管理方法。

四、科学堆码

1. 合理选择垛形

为了维护食品原料、人身和设备安全，便于仓库作业、数量清点、先进先出、质量检查和食品原料养护，堆码食品原料时，必须根据食品原料的性能、包装形状和仓库设备条件，选择合理的垛形，并在安全、方便、节约的原则下堆放，增加单位面积食品原料的储存量。

2. 合理堆放

不同品种，不同规格，分开堆码，不相混杂；合理垛距，走道宽度，分清次序，先进先出。

3. 严格堆码

食品原料堆码要做到牢固——不偏不斜，确实稳定；定量——过目成数，便于检查；整齐——成行成列，标志在外；节省——节省货位，提高仓容；方便——装卸搬运检查，物流作业方便。

五、正确使用苫垫

“苫垫”是指对堆码成垛的食品原料上苫下垫。上苫即苫盖，是食品原料货垛的遮盖物，在露天货场可保护堆码的食品原料避免受到日晒雨淋和风露冰雪的侵蚀；在库房或货棚内，可为堆码的食品原料遮光防尘，隔离潮气。

六、建立食品原料保管账卡

为了加强库存食品原料的管理，及时了解所储食品原料的数量动态，防止差错，必须建立食品原料保管账卡。食品原料保管账卡内容包括：收发货日期、品名、凭单号码、入库数、出库数、结存数、食品原料堆存货位等。由于食品原料保管账卡是用于记录所储食品原料的数量动态，它必须真实反映库存食品原料情况，便于仓库清查、盘点。

七、搞好食品原料养护

1. 以防为主，防治结合

入库食品原料，完成堆垛，建立货位卡片后就进入储存阶段，在保管时，应对所储食品原料进行保养和维护，贯彻“以防为主，防治结合”的方法，维护食品原料的绝对安全。食品原料养护的主要措施有控制库房的温湿度，根据所储食品原料对温湿度的要求，严格控制库房内的温湿度。

2. 保持清洁

保持仓库内外的清洁卫生，控制灰尘、杂草等不良周围环境影响食品原料质量。

3. 定期安全检查

做好库存食品原料的检查工作。注意搬运、堆码等技术操作安全，防止倒塌、破损、泄漏，防止发生人为事故。

餐厅原料存储管理

一、餐厅食品原料的储藏目的

1. 充足供应，不断档

储存足够的原料以保证供应，防止出现顾客按菜单点菜时出现不能供应的现象，保证菜单上所有菜品和酒水得到充足的供应而不断档。

2. 降低成本，弥补时间差

餐厅所需的原材料大多是有生命的产品，这些产品中有的可以常年供应，价格也没有太大的变化，而有的产品则存在着生产的淡旺季。因此，餐厅要在保证其不会变质的前提下，于淡季来临前，多储存一些季节性的食品原料，以弥补生产季节和即时消费的时间差。

3. 弥补空间上的距离差

从订购、购买到交货这一采购过程不是即时完成的，而是跳脱的，它有一个时间上延续的过程。因此，储藏必须能够保证在这几天中的原料供应，不能脱销、断档。

二、原料的储藏分类

餐饮原料因质地、性能的不同，对储存条件的要求也不同。同时，因餐饮原料使用的频率、数量不同，对其存放的地点、位置、时间要求也不同。为此，餐厅应将原料分门别类地进行储存。根据原料性质的不同，可分为食品类、酒水类和非食用物资类储存；按原料对储存条件的要求，又可分为干货库储藏、冷藏库储藏、冷冻库储藏等。

三、餐厅食品原料的管理内容

1. 查验入库

设专人查验入库、对采购的食品和原料逐一验收，对不合格的严禁入库，作好记载并报监管员处理。

2. 入货台账制

建立入货台账制，准确填写台账中的日期、品种名称、单位、数量、金额、供货商及送货人、收货人签名等内容。

3. 分级储存

对验收合格入库的食品和原料，必须分类分级储存，干货湿货分开、冷冻冷藏分开，采取先进先出的方法，保证食品新鲜、安全。

4. 入库管理

食品和原料入库后要按规定离地离墙储存，正确使用空调和冷冻冷藏设备，专人专锁，防盗防投毒。

入库的食品和原料凭领料单发货，必须有库房保管员、领货人、管理员三方签字。

5. 仓储期间管理

食品和原料在仓储期间有霉烂变质、有异味异状、有脱水枯黄的情况，保管员在出库前有权也必须清除掉，并填写好报损清单，因违犯食品原料保管储存制度而造成的损失，追究库房保管员的经济责任。

6. 加强储藏保管

储藏保管是餐饮产品成本控制的重要环节。如果储藏保管不当，会引起原料的变质或丢失、损坏等，造成食品成本的增加和利润的减少。因此，务必做好原料的储藏和保管工作。

食品原料购进后，应根据货品类别和性能分别放入不同的仓库，在适当的温度下储存。食品原料按储存特性存储。

货物安排与管理

餐厅菜式对原材料的利用，不可能在一天里一次性完全消耗完毕，那么如何才能在有效的节省储存成本的情况下，实现对货物的合理运用呢？毕竟餐厅的营业时间有限，顾客的需求并不是一成不变的。餐厅可以建立以下的仓管制度：

一、直接采购原料的安排管理

直接采购原料主要是指那些立即使用的易坏性原料，这些原料进货后经过验收直接发到厨房，而不经过库房这一环节，其价值按进料价格直接计入当日的食品成本。

二、库房采购原料的安排和发放管理

库房采购原料包括干货食品、冷冻食品等。

为搞好库存管理和餐饮成本的核算，库房原料的发放管理要符合下列要求：

1. 定时发放

定时发放，比如可以在上午 8：00 ~ 10：00 和下午 14：00 ~ 16：00 为仓库发料时间，时间可以根据餐厅经营项目的状况而定。主要目的是为了为库管人员整理仓库余出空当，检查各种原料的库存情况，不致因忙于发料而耽误了其他工作。

2. 凭领料单发放

领料单是仓库发料的原始凭证，它准确地记录了仓库向厨房发放的原料数量和金额。凭领料单发放可以控制仓库的库存量，也便于核算各厨房的食品成本从而控制领料量。

3. 如实准确地记录原料使用情况

厨房人员经常需要提前几日准备生产所需的原料。如果有的原料不在原料领取日使用，则必须在领料单上注明该原料的消耗日期，以便把该原料的价值计入其使用日的食品成本中。

三、食品原料的发放管理

科学的食品饮料发放管理可以保证厨房能及时得到足够的原料，控制厨房的用料数量，并能正确地统计食品饮料的成本和食品饮料原料的库存额。

四、储藏仓库的安全管理

1. 储存区的位置安全

储存位置的好坏决定了储存的效果。储存区的位置最好设在验收处和厨房之间，最好与两者都接近，有可以让货车自如通行的合适通道，以确保货物的储存和发料方便、迅速。

2. 良好的钥匙管理制度

储藏仓库的钥匙应由专人管理。钥匙管理要遵循三驾马车的原则：库管理员使用一把，值班人员保管一把，经营者的保险柜内存放一把。三驾马车便于钥匙的安全和制衡。对于贵重的食品原料，应在库内划出专门储藏间并上锁。餐厅如有条件，可采用闭路电视以监控仓储区的情况。

3. 有效的存货控制程序

（1）货物的合理安排。

①分类摆放，先进先出原则。

库房内部货物的存放要有固定的位置，分区分类摆放，避免被遗忘导致原料变质，或易引起采购过量。货物使用，要确保循环利用，保证先进先出。

②标签码放，避缓救急原则。

在货物上要标上进货日期的标签。为使取货时方便，要按使用频繁程度排列货品，要注意将最常用的货品放在尽可能接近出入口且方便拿取之处，重的、体积大的货品应放在低处并接近通道和出入风。

（2）采用货品库存卡制度。

为方便货品的保管、盘存、补充，有必要对库房中储存的每种货品建立库存卡。货品库存卡制度要求对每种货品的入库和发料正确地做好数量、金额的记录，并记载各种货品的结存量。

（3）使用货品标牌。

货品标牌是挂贴在储存货品上的一种库房管理工具。货品标牌上提供了货品品名、进货日期、货品的数量和重量、货品的单价和金额。

采用货品标牌制度有利于迅速进行存货清点，可以简化货品清点的手续；有利于按先进先出的原则使用货品，并简化发料计价手续。

储存管理要求与管理办法

餐厅贮存的时候，由于货物杂乱、品种繁多，很容易造成食物的存储不当。食物的存储不当会造成食物的腐败变质，进而造成食物的浪费和成本开支的增加。因此，明晰食物存储不当的因素显得尤为重要，找到弊端才能想办法改正错误。造成食物存储不当的主要原因有：

（1）不适当的温度。

（2）储藏的时间不适当，不作轮流调用。如常常把食物大量地堆存，使用时却由外面逐渐取用，因而常使某项物品堆存数月甚至更久，而未取用，以致变质不能使用。所以每件物品必须注明价格、收货日期，以便在使用时，可不必翻阅查寻原册、账簿，即可按期先后使用。

（3）储存时间的延误。在物品购进后，应即时分别将易腐烂之食物尽速放入冷藏或冷冻库，按照先鱼肉，后蔬果，最后罐头的顺序，以免延误时间。

（4）储存时堆塞过紧，空气不流通，而使物品产生不必要的损坏。

（5）储藏食物时未作适当的分类，有些食物本身气味外泄，若与他种食物堆放在一起很容易使它种食物产生异味而变质。

（6）缺乏清净措施，应常常清洗干净各种库存，应防止食物被污染变质。生鲜肉营养丰富，微生物生长繁殖快，加上本身的酶，常温下非常容易腐败变质，因此需要低温冷冻保存，储存温度一般以 -10℃ ~ -18℃为宜。肉品在家用冰箱中储藏也会发生一些缓慢的变化，使肉品变劣，呈现所谓的橡皮肉，因此生鲜肉的储藏期一般不应超过半年。

找到了问题的根源，接着餐厅要想避免避免因为储存问题造成的无谓损失，这就要求我们做到：

一、储存管理要求

1. 分类存放

冷藏食品可分为五大类。禽肉类、水果蔬菜类、奶品类、水产品类以及厨房食品。

（1）控制冷藏食品的相对湿度。

（2）保持空气流通，存放食品表面要有冷空气自由流通，因此放置要有间隔。

（3）防止食品包装不洁造成污染。

（4）相关储存原则：安全贮存的原则、最佳效益的原则和先进先出原则。

2. 储存要求

（1）掌握贮存食品的性质，不同的食品需要不同的冷冻温度。

（2）食品冷冻要迅速，冷冻贮藏分为三个阶段，即降温——冷冻——贮藏。冷冻和速冻不能在同一环境内完成。

（3）冷冻食品的验收要迅速，因为低温并不能杀死细菌，只能抑制其生长，解冻后食品内细菌会迅速复苏，引起食品腐烂变质。

（4）冷冻食品要分类码放。奶制品要与强气味食品分开放，以免串味，冷冻保存食品要保证食品表面和空气流通，并应保持库内的整齐和卫生。

（5）储存食品的期限：冷冻肉制品在正常保存温度下，保存周期为30天，普通干货保存周期为15天，海味货品为90天，调味品保存周期为30天，其他调味品以标签上的有效期为准，蔬菜以当天采购，当天发货，当天销售为主。定期检查有否过期产品以降低成品。

3. 食品清洁规范

（1）对蔬菜类原料的清洁：按规定加工处理，洗涤得当，确保卫生，使用专用蔬菜洗涤剂浸洗，过清水并除去菜虫；合理存放，天气热时应存放在保鲜柜内，保持质量。

（2）对家禽类的清洁：放尽血水，确保肉质；清除禽毛，便于进一步加工；洗涤干净，保证卫生洁净；剖口正确便于烹制；物尽其用，降低成本。

（3）对水产品的清洁：鱼类要去鳞；除尽污秽杂质；根据用途区别品种加工；剖开鱼腹时慎防将苦胆弄破，影响原料品质。

（4）对肉扒类的清洁：将扒类清洗干净；裁去多余部分整形，每份用保鲜包装好后入雪柜备用。

4. 合理设置仓库

餐厅应根据不同规模和操作需要设置食品储存库房和存放设施。食品仓库实行专用，不得存放有毒有害物品、药品、杂品及个人生活用品等物品。

5. 食品成品、半成品及食品原料应分开存放

食品应分类、分架、隔墙隔地存放，各类食品有明显标志，有异味或易吸潮的食品应密封保存或分库存放，易腐食品要及时冷藏、冷冻保存。

6. 建立食品进出库专人验收登记制度

详细记录入库食品的名称、数量、产地、进货日期、生产日期、保质期、包装情况、索证情况等。

7. 食品按入库时间的先后分类存放

做到勤进勤出，先进先出，定期清仓检查，防止食品过期、变质、霉变、生虫，及时清理不符合卫生要求的食品。

8. 保持仓库卫生、清洁

食品仓库应经常开窗通风，定期清扫，保持干燥和整洁。并设有防鼠、防蝇、防潮、防霉、通风的设施及措施，并运转正常。

9. 正确使用冷库、冰箱

酒水饮料冷库、冰箱应注意保持清洁、正常运转并标明生、熟用途，不能有滴水，结霜厚度不能超过1厘米。直接入口食品与非直接入口食品或食品原料应分库冷藏。

二、储存管理办法

1. 存货入库管理

（1）购进原材料等存货，入库前必须办理入库手续。

（2）存货入库按实收数量计算，并在实物账卡上进行记录。

（3）仓库工作人员对所有入库货物的质量进行严格检查和控制。

（4）仓库工作人员全面掌握仓库所有货物的贮存环境，堆层、搬运等注意事项，以及货品配置（包括礼品等）、性能和一些故障及排除方法。

（5）搬运人员在货物搬运完毕后，不得在仓库逗留。

（6）同类型的货物，不同批次入库要注意分开摆放。

（7）存货的存放和管理应指定专人负责并进行分类编目，严格限制其他无关人员接触存货，入库存货应及时记入收、发、存登记簿或存货卡片，并详细标明存放地点。

2. 库位规划和布局管理

（1）仓库工作人员根据原材料、半成品、成品的出入库情况、包装方式等规划所需库位及其面积，以有效利用库位空间。

（2）库位配置应配合仓库内设备（例如消防设施、通风设备、电源等）及所使用的储运工具规划运输通道。

（3）存货堆放根据不同存货的包装形态及质量要求设定堆放方式及堆积层数，以避免存货受挤压而影响质量，存放高度不能超过 × 米。

（4）存货应于每一库位设置货卡标示牌，标示其品名、规格、单位包装量、库位数量。每次进出货，及时更改存量，做到卡账货相符。依配置情况绘制“库位标示图”，悬挂于仓库明显处。

3. 存货防火、防盗等安全管理

（1）仓库禁止无关人员进入，所有入库人员均需按照规定履行审批程序，必须在仓库工作人员的陪同下进出仓库，并遵守仓库管理制度。

（2）所有人员不得携带能够容装手机或配件的包装物品（如手提包、纸袋等）进入仓库，确需带入的，须允许仓库工作人员进行检查。

（3）库房设施必须符合防火、防盗、防潮、防尘标准，货架应达到安全要求。

（4）仓库工作人员应定期或随时检查存货的防水、防火、防盗安全设施。检查时，发现易燃、易爆危险存货，应立即采取措施，存放到安全场所，予以隔离。

（5）保持仓库环境卫生和过道畅通，并做好防火、防潮、防盗等安全防范的工作，学会使用灭火器等工具，每天下班前须检查各种电器电源等安全情况。

（6）任何人员不得在仓库内吸烟、用餐，不得将水杯、饭盒、零食等带入到仓库。

（7）严格遵照存货对仓库的贮存环境要求（如温度、湿度等）进行贮存保管，定时对存货进行清洁和整理。

（8）仓库工作人员按照财务要求及时记录所有货物进出仓账目情况，每天做好盘点对数工作，保证账目和实物一致。

 存储与仓管的原则

存储与仓管是实现餐厅食品贮存规范化的重要步骤。存储与仓管的目的就是为了保证充足的供应而不断档，就是为了实现货物在贮藏阶段的做低消耗和亏损。

餐厅具体的存储和仓管的原则有：

1. 依据物品的特性储存

由于不同食品的特性不同，而特性是食品自身独异于其他的特质，所以按照物品特性区分便于实现物品的管理和操作。物品根据特件可分为冷冻、冷藏、室温等，而厨房使用单位也可依需要，而采取盐渍、糖渍等方式贮存物料。

2. 遵循规律，先进先出

先进先出指的是货物预先储存的要预先使用，不能喜新厌旧，只取新货而造成旧货积压。在存货管理上，先进先出、先来后到的原则是最基本的要求，这就规范了取用的秩序，防止混乱无序的取用，造成食品浪费或腐败变质。若要确实实现先进先出的目的，首先就是仓管人员必须做到进货翻堆，在新货品入库时，就必须调整储位，让使用人员依序取用，就可轻易实现先进先出的原则了。

餐料的采购要结合餐厅自身的特色与特点，同时结合季节和节假日等时间上的特殊性，在做好原料采购的同时，要注意做好原料的出入库登记工作，包括品名、规格、包装、数量等，尤其是保质期，一定要对其使用情况进行关注跟踪，超出保质期一半时间的要用红笔进行注明，严格遵循先进先出的原则。

3. 存货限量管理原则

就是指存货要有一定的底线，不能无限制地贮存，要在贮存的合理空间和餐厅的合理需求之间寻找最佳的平衡点。

4. 依据实际需要设立备品库

所谓备品库，是指在主仓库之外，设立一小型可储存当日所需的小仓库。小仓库作为大储藏间的一个灵活补充，方便快捷，既能够节约取用时间，提高取用的效率，也能够规范取用秩序。在较大规模经营之餐厅，为方便库存管理，减少作业程序，可在营业现场或厨房设一小型储存空间，每日由使用单位领取一日所需之物料，这样极其方便迅捷。

5. 上小下大，上轻下重

货架上的物品摆放要遵循上小下大，上轻下重的原则。

6. 综合分析的原则

综合包装材料、大小、类别、状态及使用频率等因素对其进行分类摆放、储存。比如，玻璃瓶装的、塑料制品装的、铁制品包装的、搪瓷包装的、竹篓材料包装的、袋装的、蛇皮袋装的等，对其大小和透气性、隔潮湿性、防霉变、鼠咬、易燃、易爆、耐压、耐摔等要进行结合处理。

7. 依据盘点顺序储存

盘点工作为存货管理中重要的一环，盘点工作就是为了方便存储工作，储存位置与盘点工作相结合，既可节省管理时间，增加盘点的正确性，又可使存储工作秩序化、条理化、规范化。

另外，储存位置应固定统一，清除标示，并标明配置图。储放货品时，应独立放置，不接地，不靠墙，不挤压，不妨碍出入及搬运，不阻塞电器开关、急救设备与照明设备，也不可阻塞或影响空调及降温能循环。

8. 实行凭证查验

9. 专人保管，设明细账卡登记收发货，核对实存量

10. 存货管理的职责

存货管理，也称“财物管理”，是指一切生产设备与物料的存管，一般应指派专人担任，加强储存设备物料的控制，使其有效使用并保证安全，以建立良好的处理程序。存货管理是为了实现存货的制度化经营，是为了方便存货的合理化取用，提高运作效率。存货管理的具体内容有：掌管财物用品的详细开支及食饮原料储藏的方位；控制库存物料的领取和分发，核对领发结果；分配统计及存储量的报告；负责协调清点整理的工作。

11. 跟踪记录原则

对其使用情况进行跟踪记录表注，同时作好分析、总结材料的整理建立使用出库情况记录，同时进行汇总、整理。

12. 隔离储存

对易挥发、散发气味和易受潮、易遭鼠咬等特殊原料，进行隔离特殊储存。

储存保管流程

餐厅仓储储存保管业务是指从食品原料入库到食品原料发送的整个仓储作业全过程。主要包括入库流程、出库流程和库房管理等内容。储存保管流程是储存保管的一般步骤，明晰储存保管流程能够保证储存保管业务的有序进行，确保储存保管能够稳步进行，把好货品保管的质量关。

仓储业务作业是一项技术要求高，组织严密的工作，必须做到及时、准确、严格、经济。其过程所包含的内容：食品原料验收入库作业、食品原料保管作业、食品原料盘点作业、作废食品原料处理、退货处理、账务处理、安全维护、食品原料出库作业、资料保管等。其作业流程如下：

1. 订货

订货环节是指食品的购进过程，订货环节是操作流程的基本环节和基础环节，订货的

好坏直接关系到食品的储藏和仓储管理。订货环节要严把质量关，只有订货环节做好准入的严格把关，才能为后期的储存保管工作打好基石。

2. 财务

财务是关键环节，一切食品的购入都得靠财务的埋单支持。财务也要把好食品的质量关，可以通过控制资金来制约食品的购入数量，从而影响仓储管理。

3. 入库

入库环节是产品正式进入仓储管理的第一步。入库环节要做好分类储存，确保原料的质量，要制订好合理的储存数量满足餐饮生产的正常需求，要严格遵守仓管制度，确保贮藏安全。入库食品要做到轻拿轻放，禁止混放、乱放、窜放。

4. 储存

储存环节是仓储管理的实质阶段和核心阶段。储存环节要做好产品的分类归置和存放，要做好检验、验收工作，要做好清洁卫生工作和后期安全防护工作。

5. 出库

坚持先进先出的原则。即先入库的食品先出库。

出库要做好登记，按要求填写好出库记录，包括姓名日期等相关信息。

6. 储存条件控制

食品入库一般存在一定的时间间隔，如果存放、保管不良或时间较长，将可能导致质量状况的恶化等。因此，应根据食品的特点，按照防潮、防晒、防腐蚀、通风、温度和湿度等方面的不同要求，安排适宜的存放环境，以保证其存放期间的质量。同时对入库后的食品进行标识、实行挂牌制。标牌上应注明进场日期、生产厂家、贮存批量、规格、型号、采购、保管人员姓名等。

7. 储存期限管理

库卡中注明物料的失效期限，质量管理部门须对物料的有效期和储存期的储存条件进行控制。超过贮存期的物料要停止发放、使用。有效期有规定的物料要在有效期到达前 3 个月进行复检，复检工作由质量管理部完成。

8. 超期食品原料管理

超期原料是指在仓库结存超过三个月的原料。超期食品原料的管理要遵循“安全第一、合理利用”的原则。就是在安全的大前提下利用资源。超期食品原料要做好登记验收，然后复检，查看质量。

9. 盘点管理

所谓的盘点就是定期、不定期地对仓库内的食品原料进行清点。制定合理的盘点作业管理流程，以确保餐厅库存物料盘点的正确性，达到仓库物料有效管理和餐厅财产有效管理的目的。盘点要遵循真实、准确、完整、清楚的原则。

10. 核对出库单

核对出库单是重要的步骤，它对出库的物品进行把关、核查，防止出现遗漏和多加的出库物品。核对出库单可以明晰仓库的出库物品量，便于后期的统计核查。

餐厅应当如何进行盘点

盘点，是指定期或临时对餐厅库存食品原料的实际数量进行清查、清点的作业，即为了掌握货物的流动情况，包括入库、在库、出库的流动状况，对仓库现有物品的实际数量与保管账上记录的数量相核对，以便准确地掌握库存数量。通过盘点，一来可以控制存货，以指导日常经营业务；二来能够及时掌握损益情况，以便真实地把握经营绩效，并尽早采取防漏措施。

一、对餐厅经营来说，盘点可以达到如下目标：

1. 明晰盈亏状况

餐厅在本盘点周期内的亏盈状况。

2. 清楚库存金额

餐厅最准确的目前的库存金额，将所有食品原料的电脑库存数据恢复正确。

3. 加强管理，控制损耗

得知损耗较大的环节、食品原料大组以及个别单品，以便在下一个营运年度加强管理，控制损耗。

4. 发掘并清除滞销品

发掘并清除滞销品、临近过期食品原料，整理环境，清除死角。

二、盘点的主要功能

1. 记账依据

在餐厅营业核算中，盘点本来就属于会计的一项工作，它有记账与稽核的双重功能。

2. 投入产出控制的依据

餐厅要了解营运后各项产品或物料的应产率是多少，精确的盘点是必要的。

3. 订货与采购的依据

通过盘点之后的数据计算而得出的物品过去的耗用情形及现有的库存资料情况是采购人员要采购货品或订货时必要的参考资料。

三、盘点的具体方法和作业规定

1. 盘存清点

盘存清点是指健康检查。盘点在执行上，要求注意的事项有：

（1）原材料的编号名称要求与账册相符。

（2）原材料的单位与数量要作确实的清点。

（3）原材料的品质要求按性质妥善地保护。

（4）原材料的规格与存放位置与账面所注确实相符。

（5）原材料存量勿超过最高存量或最低存量的基准。

2. 原材料的盘点

（1）食品的盘点。

①确定库存总值。

确定餐厅库存食品的总值，得知餐厅可用食品的多少，根据经营状况决定是否太多或者太少，以及库存食品的总价值是否符合本店的财务政策要求；是否积压太多资金；以适时调整库存。

②比较利用率和销售额，评估获利。

可将某种食品的利用率和它的销售额作分析比较，从而评估其获利的情况。

③比较实际存货和账面存货，规避损失。

可将某一特定时期的实际存货价值和账面存货价值互作比较，这可以明显看出任何差异之处，以及餐厅相关工作人员的工作效率，可以防止损失及失窃。

④查核食品利用率。

查出利用率不高的食品，可以提醒采购人员及厨师等注意，并作为淘汰的依据。

⑤确定存货利用率。

确定各种存货的利用率，并适时检查其使用或食用期限是否逾期。

⑥盘点清单。

盘点清单应当印制成一种标准格式，而其编排必须和各个储藏室所在的位置顺序相配。

这样方可使盘点工作做起来轻松、快速、有效率，而且不致遗漏。

（2）饮料的盘点。

①确定库存总值。

②比较利用率和销售额，评估获利。

③确定存货出入的流动率。

④确定流动率。

库存饮料的一年中流动率最理想的是 1/6，也就是平均库存量相等于两个月的供应量。如果不能达到这个标准，就得进行检查每一品牌饮料的流动率，以便及早发现何种饮料的流动率太低，而采取必要的措施。

总之，盘点作为餐厅在物料管理上重要的一项工作，盘点后的数据在库存管理上有很大的参考价值。

餐饮物品原料对储存管理的详细要求

餐厅的物品原料多种多样，不同的物品原料有不同的特点，对餐厅储存管理的具体要求也不同。餐厅物品原料对储存管理的详细要求有：

一、干货原料的储藏管理

干货原料主要包括面粉、糖、盐、谷物类、干豆类、饼干类、食用油类、罐装和瓶装食品等。干货食品宜储藏在阴凉、干燥、通风处，离开地面和墙壁。

储藏管理时要注意以下几点：

1. 合理分类，合理堆放，避轻就重，避缓救急

合理分类，按各种干货原料的不同属性对原料进行分类并存放在固定位置，然后再将属于同一类的各种原料按名称的部首笔画或字母顺序进行排列。

避缓救急，使用频繁的食材存放在库房门口易取的地方，反之则放在距门口较远的地方。

2. 合理使用货架

货仓库一般多使用货架储藏食品原料。货架最低层应距地面至少 10 厘米，以便空气流通，避免箱装、袋装原料受地面湿气的影响，同时也便于清扫。货架最好有轮转系统，便于移动和取用。

3. 合理控制温度

干货仓库的最佳温度应控制在 15℃ ~ 21℃之间。温度低一些，食品保存期可长一些，温度越高，保存期越短，所以干货库应远离发热设备。

4. 严密包装，防范鼠虫害

所有干货食品都应包装严密，已启封的食品要储藏在密封容器里，要定期清扫地面、货架，保持干净卫生，不留卫生死角。防止虫鼠滋生。

5. 注明日期，先存先取

所有干货食品要注明日期，按先存先取原则盘存食品，注明日期、先存先取，可以避免因原料过期而造成浪费。

二、鲜货原料的冷藏管理

鲜货原料包括新鲜食品原料和已加工过的食品原料。新鲜食品原料指蔬菜、水果、鸡蛋、奶制品及新鲜的肉、鱼、禽类等。

新鲜原料一般需使用冷藏设备。冷藏的目的是以低温抑制细菌繁殖，维持原料质量，延长其保存期。

具体的对冷藏原料有以下要求：

1. 温度控制

所有易腐败变质食品的冷藏温度要保持在 4℃ ~ 5℃以下。

2. 预留空隙，空气流通

冷藏室内的食物不能装得太挤，各种食物之间要留有空隙，以利于空气流通。

3. 减少冷藏开门频率

尽量减少冷藏室门的开启次数。

4. 保持清洁，做好卫生

保持冷藏室内部的清洁，要定期做好冷藏室的卫生工作。

5. 生熟分开，独立包装

将生、熟食品分开储藏，最好每种食品都有单独的包装。

6. 上熟下生，合理分层

如果只有一个冷藏室，要将熟食放在生食的上方，以防生食带菌的汁液滴到熟食上。

7. 容器包装，避免串味

需冷藏的食品应先使用干净卫生的容器包装好才能放进冰箱，避免互相串味。

三、饮料和酒水储藏

酒水库应设在阴凉处，库内光线不能太强，更不能有阳光直射或辐射。酒水不可与其他有特殊气味的物品一起储存，以免酒品受到污染并产生异味。酒水的储存应避免经常震动，否则酒味会发生变化。一般的酒水可以在常温下储存，有些酒水需要稳定的温度。

建立库存卡制度

材料运送到餐厅来，必须采取相应的管理制度，才可以保证货物利用率的最大化。建立餐饮材料库存卡制度是餐厅存储行之有效的方法之一。库存卡制度是采用卡片记录货物进出流动情况的制度。

一、建立库存卡制度的目的：

1. 正确反映餐饮材料的进、出、存动态

在材料进出库时，由账务员记账，保管员记卡，这样便于及时了解库存，随时检查对账，促使账、卡、货相符，还便于盘点。材料库存卡的管理是按规定制作保管卡片，既可由相关餐厅人员集中管理，也可分散管理。

2. 库存控制

是对仓库管理的材料采取严格的科学管理制度，准确、及时地记载、计算每种餐饮材料的收、发、存，对库存数量状况进行有效的控制。

3. 货卡管理

储存材料数量动态的记录，是在保管账和货卡上同时相应地进行的并且要求准确一致。保管员负责货卡的管理。

二、建立库存卡制度的内容

为方便餐饮材料的保管、盘存、补充，有必要对库房中储存的每种材料建立库存卡。这个制度就是能够正确地记录材料入库和发料的数量和金额，以及各种材料的结存量。餐饮材料库存卡制度具体内容如下：

1. 餐饮材料进货信息

材料库存卡上有进货的日期、数量、单价、金额及账单号。餐饮材料进货信息可保证

库房采购物资经验收后能及时入库和入账，防止遗漏丢失。而且可保证出现问题，可通过账单号查找。

2. 结存量信息

餐饮材料库存卡上记载着餐饮材料结存的数量、单价和金额。结存量信息的登记便于后期的结存复核。库存卡上的结存数量用以核对库存实物数，便于控制餐饮材料的短缺。

3. 采购信息

餐饮材料库存卡上还记录着各餐饮材料的标准储存量、订货点储存量、订货量和订货日。采购信息的登记为采购管理提供了方便，既可明确采购数量和日期，又可复核入库数量和日期。一般餐厅在规定的订货日定期采购，采购员可以根据库存卡上的结存数量将货物补充到标准储存量。如果在规定的采购日以前货物已减少到订货点储存量，则可根据库存卡上的订货量采购。

4. 餐饮材料位置信息

库存卡上标明了餐饮材料的货架号和货位号，二者结合就是该餐饮材料的货号。这些号码标明这些材料储存的位置，为库房管理员找取和盘点库存物资提供了方便。

如何确定库房空间

餐厅在制定冷藏空间大小时，主要考虑餐厅提供餐位的多少、餐厅服务的类型、经营特点、食品本身的特点、以及交货期的长短等要素。并且需要充分考虑到餐厅冷藏空间卫生的标准，干净的冷藏设施有助于减少食品的损耗。

餐厅储存设施所占的面积，随餐厅规模大小而不同，不过一般而言，应有储存设施总面积的 30%用于冷藏及冷冻，其余 70%用于干藏及其他补给品的储存。

餐厅食品原料的冷藏管理涉及六个方面的内容：冷藏空间、卫生、空气循环、冷藏室的位置、温湿度的控制与储藏室。

首先最重要的储存环节就是卫生，养成良好的储存卫生习惯包括：（1）及时去除污渍。（2）货架等以及其他容器消毒擦净。（3）内壁清洗。（4）冰箱表面清洁。（5）冲洗排水管。（6）冰箱或冷藏的机械性能。

其次，保持库房空间空气循环。冷空气循环不应过分拥挤，留有一定的空隙，食品原料不应紧靠墙壁或直接放在地面上。

再次，冷藏室的选址，应该选在既能接近餐厅交货验收场所，又接近食品准备间的地方。

食品冷藏的目的就是使食品的温度降到“危险区”以下，并不是所有的食品都适于冷藏区间的任何温度，不同的食品原料需要不同的冷藏温度。不同的位置其温度也不一样，门口处的温度自然要比靠近压缩机的温度高。最容易腐烂变质的食品应放在最冷的区域。入库和出库均在规定的时间内进行。肉类、乳制品、禽类、鱼类保持在 75% ~ 80% 之间，水果和蔬菜略高些，保持在 85% ~ 95% 之间。在冷藏温度一定的条件下，不同的食品原料冷藏期也不同。

冷库的温度每升高四摄氏度，冷冻食品的保存期会缩短一半。食品原料都不可能无限期的储存，即使任何细菌不繁殖，其营养成分、香味、色泽等也会随着时间的推移而慢慢流失和降低。

冷冻食品对温度有严格的要求，餐厅在食品冷藏上一般遵循这样的规律：

（1）近制冷设备之处和货架底层是温度最低的地方，存放奶制品、肉类、鱼类、禽类及加工过的熟食。

（2）只用来存放易腐烂变质的食品原料，如香蕉、菠萝、土豆、洋葱以及其他根茎类蔬菜则不必冷藏。

（3）去掉外包装的像黄油奶酪等。

（4）加工过的食品和剩余食品应盖好，以防发干和窜味。

（5）热食放入冷藏间，需要冷冻的原料在入库时必须在冷冻状态，已经解冻或者半解冻的食品必须即刻使用，不得重新冷冻。

（6）冷冻储藏的食品特别是鱼肉蛋禽类，应用抗挥发性的材料包装，以免原料丧失水分而耗干。

（7）坚持“先进先出”原则，防止储藏过久，造成损失。依据先进先出的原则，保管的重要一条是对于易变质、易破损、易腐败的物品；对于机能易退化、老化的物品，应尽可能按先入先出的原则，加快周转。由于商品的多样化、个性化、使用寿命普遍缩短这一原则是十分重要的。

（8）有些冷冻食品原料，比如蔬菜可以直接烹烧，不需要经过解冻，这样有利于保持其色泽和外形。

（9）使用正确的解冻方法，切忌在室温下解冻，以免引起细菌和微生物的急剧繁殖。

（10）同一地方保管，员工对库内物品放置位置的熟悉程度直接影响着出入库的时间，将类似的物品放在邻近的地方也是提高效率的重要方法。

食品原料的冷冻要求

餐厅食品原料的冷冻目的是为了延长储存期限，提高食品的保质期限。它是指为保鲜和防腐的需要，把食品原料清洁后进行冷冻封存。具体的操作过程中，冷藏、冷冻有严格的温度区别。冷藏是将食品或原料置于冰点以上较低温度条件下贮存的过程，冷藏温度的范围应在0℃～10℃之间。而冷冻是指将食品或原料置于冰点温度以下，以坚持冰冻状态的贮存过程，冷冻温度的范围应在-20℃～-10℃之间。

一、在具体的操作过程中注意事项：

1. 温度要求

餐厅食品冷藏温度应分别符合冷藏和冷冻的温度范围要求。

2. 分开存放，适时监测

食品冷藏、冷冻贮藏应做到原料、半成品、废品严格分开，不得在同一冰室内存放。冷藏、冷冻柜应有明显区分标志，宜设外显式温度计，以便于对冷藏、冷冻柜内部温度的监测。

3. 分类摆放，各自冷藏

食品在冷藏、冷冻柜内贮藏时，食品冷藏温度应做到植物性食品、动物性食品和水产品分类摆放。

4. 预留空隙，防止挤压

食品在冷藏、冷冻柜内贮藏时，为确保食品中心温度达到冷藏或冷冻的温度要求，不得将食品堆积、挤压存放。

5. 定期清洁，保持卫生

餐厅用于贮藏食品的冷藏、冷冻柜应定期除霜、清洁和维修，以确保冷藏、冷冻温度达到要求并保持卫生。

二、操作过程中具体的温度要求

1. 餐厅各类食品原料冷藏温度、相对湿度要求：

新鲜肉类、禽类温度0℃～2℃，湿度为75%～85%。

新鲜鱼、水产类-1℃～1℃，75%～85%。

蔬菜水果类2℃～7℃，85%～95%。

奶制品类 3℃ ~ 8℃，75% ~ 85%。

厨房一般冷藏 1℃ ~ 4℃，75% ~ 85%。

2. 餐厅各类原料的具体温度要求：

（1）原料解冻后温度：青鱼、沙丁鱼、鲐鱼原料解冻后的温度控制在 0℃ ~ 5℃。

（2）分身后的温度控制在 3℃ ~ 8℃。

（3）蓝鳕鱼、好吉鱼原料解冻后在温度 5℃ ~ 10℃以内，其他海产品原料解冻后的温度控制在冬季 12℃以下，夏季 15℃以下。

（4）面包粉存放温度：8℃以下。

（5）原料漂烫冷却后的中心温度：12℃以下。

（6）原料最后一道清洗水温度：10℃以下。

3. 餐厅肉蛋类食品的具体温度要求：

（1）猪肉类食品原料的中心温度在入库前必须达到 -18℃。冷库温度应稳定保持在 -18℃，温差上下幅度不超过 1℃，冷藏间空气温度以 -18℃ ~ -20℃为宜，空气相对湿度保持在 95% ~ 98%。猪肉类的保质期限一般为 10 ~ 12 个月。

（2）牛肉类食品原料的中心温度在入库前达到 -18℃。冷库温度应稳定保持在 -18℃，温差上下不超过 1℃，冷藏间空气温度以 -18℃ ~ -20℃为宜，空气相对湿度保持在 95% ~ 98%，牛肉类的保质期限一般为 9 ~ 11 个月。

（3）羊肉类食品原料的中心温度在入库前必须在 -18℃以下。冷库温度应稳定保持在 -18℃，温差上下幅度不超过 ±1℃。冷藏间空气温度以 -18℃ ~ -20℃为宜，空气相对湿度保持在 95% ~ 98%，羊肉类的保质期限一般为 9 ~ 11 个月。

（4）禽类食品原料的中心温度在入库前必须在 -18℃以下。冷库温度应保持在 -18℃，温差上下幅度不超过 1℃。冷藏间的空气温度以 -18℃ ~ -20℃为宜，空气相对湿度保持在 95% ~ 98%，禽类的保质期限一般为 8 ~ 10 个月。

（5）冰蛋食品原料的中心温度在入库前必须在 -18℃以下。冷库温度应稳定保持在 -18℃，温差上下不超过 1℃，冷藏间空气温度以 -18℃ ~ -20℃为宜，空气相对湿度保持在 95% ~ 98%。冰蛋的保质期限一般为 15 个月。

（6）鲜鸡蛋食品原料进入仓间后，温度一般控制在 -1℃ ~ -1.5℃之间，相对湿度保持在 85% ~ 88%之内，鲜蛋的保质期限一般分为：一类蛋为 9 个月，二类蛋为 6 个月，三类蛋为 3 ~ 4 个月。

冷藏库要注意温度控制

冷藏库中的温度并不可能恒定在某一温度值上，因制冷机性能、库容大小和内外温差等因素会使库温在一定范围内波动。一般而言，食品以贮藏温度较低，且变化范围越小越好。这样有利于食品保鲜，防止损耗及低温生理病害。因此冷藏库要做好温度控制，要注意自身以及食物储藏的温度控制。

不同的食品具有不同的最适冷藏温度。冷库温度和入库后食品的温度受多种因素的影响，如入库时食品的温度与库温的差别、制冷机的效能与库容、库内空气流通情况、堆码方式，食品品种及成熟度等。

一、冷藏库的具体温度要求

1. 温湿度控制

（1）温度。

采用冷库保鲜技术，控制好冷库中的温度是关键。作为短期贮藏的净菜产品，一般冷库内的温度应控制在 2℃ ~ 4℃即可，对于易受冷害的蔬菜，比如黄瓜、西葫芦、苦瓜等可放在 5℃ ~ 7℃冷库中，或者采取加盖棉被等保温措施，防止蔬菜受冻。西兰花等易老化的蔬菜应放在 0℃左右库中。为保证成品菜质量，避免温度变化剧烈，呼吸代谢增强，蔬菜修整与覆膜也应在 2℃ ~ 5℃条件下进行。

（2）湿度。

为了保证蔬菜的新鲜度，减少失水萎蔫，贮藏加工期间湿度一般控制在 80%~95%。并且在存放过程中，根据贮物量及库间温度情况，注意随时通风换气。

2. 冷库环境控制

（1）冷库外的环境温度及湿度：温度为 +35℃；相对湿度为 80%。

（2）冷库内设定温度：保鲜冷库：+5℃ ~ –5℃；冷藏冷库：–5℃ ~ –20℃；低温冷库：–25℃。

（3）进冷库食品温度：L 级冷库：+30℃；D 级、J 级冷库：+15℃。

二、调节库房温度的方法

1. 合理堆码

入库时应合理堆码，根据实际情况调节库温。

2. 合理预冷

预冷是食品在长途运输或冷藏前预先进行的一种冷却方法，其要求是将待贮食品快速降至规定温度。它是维护被运输食品的品质和延长贮藏寿命的重要措施。预冷通常在冷库和预冷间进行。常用的预冷方法有自然空气冷却、通风冷却、真空冷却及冷水冷却。经预冷处理后的食品应迅速置入低温环境中贮藏。

3. 逐步升温

库前需采用逐步升温方法，以免因内外温差大，而造成食物表面凝结水珠。

三、冷藏库的结构

1. 保鲜冷藏库

分为高温、中温、低温和超低温四大类冷库。

①一般高温冷库的冷藏设计温度在 –2℃ ~ 8℃；

②中温冷库的冷藏设计温度在 –10℃ ~–23℃；

③低温冷库，温度一般在 –23℃ ~–30℃；

④超低速冻库温度一般为 –30℃ ~–80℃。

2. 保鲜冷藏库系统

冷藏库采用的大多数是活动式的组合冷库。组合冷库的特点是灵活性强、结构简单、操作方便且易于管理。组合冷库主要由库体、库门、制冷压缩机、冷风机、自控元件、电控系统六大部分组成。

3. 保鲜冷藏库库体保温材料

一般采用聚氨酯或聚苯乙烯，外敷镀塑彩色钢板、不锈钢板、铝合金板等。库板应当具备自动贴膜、自动灌注、自动轧筋、自动成型的特点才能保证保鲜冷库的保温效果，降低运行成本。

四、冷藏库温度控制的注意事项

1. 严密控制库门开启

冷库门要保持常闭状态，食品原料出入库时，要随时关门。

2. 定期维护

冷库内各处（包括地面、墙面和顶棚）应无水、霜、冰，库内的排管和冷风机要定期除霜、化霜。

3. 入库条件

冷库是储存冷冻货品的设施，一般设计没有考虑急速降温功能，所以没有经过冻结的温度过高的货品，不能入库。

4. 按规使用

冷库库房必须按规定用途使用，高、低温库不能混淆使用。

5. 承重保温要求

冷库的地板与一般库房地板不同，有隔热层，所以有严格的承重要求和保温要求。

6. 自然通风

为了防止冷库地板下面因温度差而发生冻结和鼓起，要安装自然通风或强制通风装置。

冷冻库的储存技巧

冷冻是指在保持低温的条件下储存物品的方法。由于在低温环境中，细菌等微生物大大降低繁殖速度，生物体的新陈代谢速度降低，能够延长有机体的保鲜时间，因而对鱼肉食品、水果、蔬菜及其他易腐烂物品都采用冷冻的方式仓储。

一、冷库的结构

1. 冷却和结冻间

冷却和结冻间也称为预冷加工库间。

2. 冷冻库房

经预冷达到冷冻保存温度的冷冻货物较长期间地保存的库房。

3. 冷藏库房

冷藏库房是对冷藏货物存储的场所。

4. 分发间

货物出库时采取迅速地将冷货从冷藏或冷冻库移到分发间，在分发间进行作业，从分发间装运。

二、冷库仓储管理

1. 冷库使用

（1）清洁干燥无积水。

冷库要保持清洁、干燥，经常清洁、清除残留物和结冰，库内不得出现积水。

（2）保持制冷状态。

冷库在投入使用后，除非进行空仓维修保养，必须保持制冷状态。

2. 货物出入库

（1）入库查验。

货物入库时，除了通常仓储所进行的查验、点数外，要对送达货物的温度进行测定、查验货物内部状态，并进行详细的纪录，对于已霉变的货物不接受入库。

（2）出库登记。

货物出库要做好登记工作，便于后期查收。

3. 冷货作业

为了减少冷耗，货物出入库作业应选择在气温较低的时间段进行，如早晨、傍晚、夜间。

4. 冷货保管

冷库内要保持清洁干净，地面、墙、顶棚、门框上无积水、结霜、挂冰，随有随扫除，特别是在作业以后，应及时清洁。制冷设备、管系上的结霜、结冰及时清除，以提高制冷功能。

三、冷库安全

1. 注意保暖，防止冻伤

进入库房的人员，必须保温防护、穿戴手套、工作鞋。身体裸露部位不得接触冷冻库内的物品，包括货物、排管、货架、作业工具等。

2. 注意供氧，防止窒息

由于冷库特别是冷藏库内的植物和微生物的呼吸作用使二氧化碳浓度增加或者冷媒泄漏入库内，会使得库房内氧气不足，造成人员窒息。人员在进入库房前，尤其是长期封闭的库房，需进行通风，排除可能的氧气不足。

3. 专人值班，避免人员被封闭库内

库门应设专人开关，限制无关人员进库。人员入库，应在门外悬挂告示牌。作业工班需明确核查人数的责任承担人，在确定人员都出库后，才能摘除告示牌。

4. 妥善使用设备

库内作业应使用抗冷设备，且进行必要的保温防护。不使用会发生低温损害的设备和用具。

四、储存食物技巧

1. 注意间隙，减轻负荷

存放食物不宜过满、过紧，要留有空隙，以利冷空气对流，减轻机组负荷，延长使用寿命，节省电量。

2. 合理利用空间，忌生熟混放

食物不可生熟混放在一起，以保持卫生。按食物存放时间、温度要求，合理利用箱内空间，不要把食物直接放在蒸发器表面上，要放在器皿里，以免冻结在蒸发器上，不便取出。

3. 先处理后存放

鲜鱼、肉等食品不可以不作处理就放进冰箱。鲜鱼、肉要用塑料袋封装，在冷冻室贮藏。蔬菜、水果要把外表面水分擦干，放入箱内最下面，以零上温度贮藏为宜。

4. 忌存放液体

不能把瓶装液体饮料放进冷冻室内，以免冻裂包装瓶。应放在冷藏箱内或门档上，以 4 ℃左右温度贮藏为最好。

5. 忌与化学品同放

存贮食物的电冰箱不宜同时储藏化学酒水饮料。

五、特殊食物冷冻储存的注意要点

1. 香蕉

如将香蕉放在 12℃以下的地方贮存，会使香蕉发黑腐烂。

2. 鲜荔枝

如将鲜荔枝在 0 ℃的环境中放置一天，即会使之表皮变黑、果肉变味。

3. 西红柿

西红柿经低温冷冻后，肉质呈水泡状，显得软烂，或出现散裂现象，表面有黑斑、煮不熟，无鲜味，严重的则酸败腐烂。

4. 火腿

如将火腿放入冰箱低温贮存，其中的水分就会结冰，脂肪析出，腿肉结块或松散，肉质变味，极易腐败。

5. 巧克力

巧克力在冰箱中冷存后，一旦取出，在室温条件下即会在其表面结出一层白霜，极易发霉变质，失去原味。

各类食品储存的方法

从我国现在食品原料供应的状况看，餐厅一般不必大量储存食品。很多食材供应商几乎是随叫随到，可供品种十分丰富。但毕竟不是每家餐饮店都能享受到这样的供货方式，基本的食品储存还是必需的。食品储存可以缓解餐厅供不应求的情况，可以做好餐厅食品的后勤保障工作。

具体的各类食品的储存方法有：

一、谷类食品储存法

放在密闭、干燥容器内，置于阴凉处。勿存放太久或放于潮湿之处，以免虫害及发霉。

二、蔬菜类储存法

1. 做好清洁，阴凉储藏

除去败叶、尘土及污物，保持干净，用纸袋或多孔的塑胶袋套好，放在冰箱下层或阴凉处，趁新鲜食用，储存愈久，营养损失愈多。

2. 清洗沥干，冷藏保存

冷冻蔬菜可按包装上的说明使用，不用时保存于冰冻库，已解冻者不再冷冻。在冷藏室下层柜中未清洗过的，可放 5 ~ 7 天；清洗并沥干后，可放 3 ~ 5 天。

三、鱼类、肉类储存法

1. 鱼

（1）剔除残杂，清洁沥干。

除去鳞、鳃、内脏，冲洗清洁，沥干水分，以清洁塑胶袋套好。

（2）及时冷冻，适时储放。

放入冷藏库冻结层内，但不宜储放太久，要根据需要及时取用。

2. 肉

（1）剔除杂余，清洁沥干。

肉应清洗，沥干水分，装于清洁塑胶袋内，放在冻结层内，但不要储放太久。

（2）沥干绞拌，分装冷冻。

若要碎肉，应将整块肉清洗沥干后再绞，视需要分装于清洁塑胶袋内，放在冻结层。

四、调料品储存法

1. 先购先用，拆封检验

储放在阴凉干燥处或冰箱内，不宜储放太久，先购者先用。拆封后尽快用完若发现品质不良时，即停止使用。

2. 分类冷藏，保质“期”限

番茄酱未开封的不放冰箱，可保存 1 年，开封后应放在冷藏室；

沙拉酱未开封的不放冰箱，可存放 2 至 3 个月，开封后放冰箱冷藏；

花生酱放冰箱可延长保存期限。

五、豆类、乳品和蛋类

1. 豆类

清洁沥干，及时冷藏。

干豆类略微清理保存。青豆类应漂洗后沥干，放在清洁干燥容器内。豆腐、豆干类用冷开水清洗后沥干，放入冰箱下层冷藏，并应尽快用完。

2. 乳品

最好一次用完，剩余冷冻封存。

瓶装乳最好一次用完，未开瓶之鲜奶若不立即饮用，应放在5℃以下冰箱储藏。未用完之罐装奶，应自罐中倒入有盖的玻璃杯内，再放入冰箱，并尽速饮用。

3. 蛋

清洁冷藏，从快使用。

擦净外壳，钝端向上置于在冰箱蛋架上。新鲜鸡蛋可冷藏4 ~ 5周，煮过的蛋1周，不可放入冷冻室。豆、蛋和乳制品皆含有大量蛋白质，极易腐败，因此应尽快使用。

六、腌制食品储存法

1. 开封检查，变色停用

开封后，如发现变色、变味或组织改变者，立即停止使用。

2. 先购先用，高处存放

先购入者置于上层，以便于取用，又避免蟑螂、老鼠咬。

3. 阴凉储放，及时使用

储放在干燥阴凉通风处或冰箱内，但不要储存太久，并尽快用完。

七、水果类储存法

1. 剔除残杂，清洁沥干

先除去尘土及外皮污物，保持干净。用纸袋或多孔的塑胶袋套好，放在冰箱下层或阴凉处，趁新鲜食之，储存愈久，营养损失愈多。

2. 及时食用，合理利用

果皮被切开后，应立即食用。若发现品质不良，即停食用。水果打汁，维生素容易被氧化，应现打现用。

八、油脂类储存法

1. 远离强光，阴凉储放

勿让阳光照射，勿放在火炉边，不用时罐盖盖好，置于阴凉处，不要储存太久，最忌高温与氧化。

2. 用过滤的油，颜色鉴油

用过的油需过滤，不可倒入新油中；颜色变黑，混浊不清而有气泡者，不可再用。

九、软饮料储存方法

一般饮料包括汽水、果汁、咖啡、茶等。

1. 阴凉储存，避免强光

储放在阴凉干燥处或冰箱内，不要受潮及阳光照射。

2. 限期储存，尽快饮用

不要储存太多太久，按照保存期限，尽快轮转使用。

3. 拆封用完，失效停用

拆封后尽快用完，若发现品质不良，即停使用。饮料打开后，尽快一次用完，未能用完时，应用盖子盖好，存于冰箱中。

保证餐厅食材的新鲜和丰富品种，这是餐厅创造出更加美味菜肴的必要条件。

干货库的储存技巧

餐厅除了冷冻贮藏各类需要保险的食材，还会储存干货海味一类的食品。这就需要建立干货库，保证餐厅供应。干货库的主要目的是为了弥补生产季节和当场消费的时间差，也是为了弥补空间上的距离，此外，干货库的建立还有利于防止细菌的传播，防止食物内部细菌的繁殖生长。

对于干货的贮藏，餐厅需要注意的问题如下：

1. 干货分类

（1）酒类饮料。

饮料、酒类、罐头等各种罐装、瓶装食品。

（2）面粉谷物及其成品。

面粉及各种谷物，各种谷物成品，如饼干、面包。

（3）香料、调味品。

（4）真菌类和燕、翅、参掌、发菜。

（5）蔬菜糖果。

各种糖果、蜜饯、脱水蔬菜等。

2. 储藏条件

（1）温度 15℃ ~ 21℃，一般不需要供热的制冷设备。

（2）相对湿度 50% ~ 60%。

（3）通风：每小时交换空气四次。

3. 干货储藏应注意的事项

（1）注意间隔，流通空气。

货架在摆放时，货架和墙壁、货架和货架之间应保持一定的距离，以使空气流通；货架离地面 25 厘米，离墙 52 厘米。

（2）定期清洁，杜绝损害。

保证储藏室的干净整洁，定期清洁、定期消毒，预防和杜绝鼠害和虫害酒水饮料不应放在储藏室。

（3）标识货期，先进先出。

货品标明进货日期，以利于先进先出。

（4）出入检查。

对入库的原料应仔细检查，已变质的原料不得入库。

（5）合理分类，合理摆放。

（6）定期盘点检查。

（7）尽量减少出入库人员，禁止在库内存放个人物品。

4. 厨房干货库管理规定

（1）禁放杂物。

干货库只存放厨房用烹饪原料、调料及盛器，以及一定量厨房周转用具，不得存放其他杂物。

（2）分类存放，区别对待。

区别库存原料、调料等不同物品种类、性质、固定位置，分类存放。

（3）集中存放与单独存放相结合。

大件物品单独存放、小件及零散物品置盘、筐内集中存放；所有物品必须放在货架上，并至少离地面 25 厘米，离墙壁 5 厘米 。

（4）严密封存，防止变质。

塑料桶或灌装原料要带盖密封，玻璃器皿包装的原料要避免阳光直接照射。

（5）计划管理。

加强对库存物品的计划管理，坚持“先存放，先取用”的原则，交替存货和取用。

（6）清洁整理，定期核查。

每天对干货库进行清洁整理，定期检查原料保质期，并定期对干货库进行清理、消毒，预防和杜绝鼠虫侵害，保持其卫生整洁。

（7）控制人员流动。

控制有权进入干货库的人员数量，由专人每周两次盘点库存情况，报告厨师。

酒水饮料库要分类摆放

从某种角度讲酒水饮料与餐厅渠道的关系用鱼与水来形容是十分恰当的，餐厅渠道已经成为酒水品牌步入市场的必经之路。大部分酒水品牌都将餐厅渠道当作进军市场的桥头堡。

同样，酒水饮料对于餐厅的意义也十分重要，酒水对于促进顾客消费的作用也是显然易见的。因此酒水饮料库的作用就进一步显现出来。酒水饮料库在管理酒水时要遵循分类摆放的原则为：

一、酒水饮料分类

1. 按制造方法分

（1）酿造酒。

（2）蒸馏酒。

（3）配制酒。

2. 按酒精含量分

（1）高度酒。

（2）中度酒。

（3）低度酒。

3. 按原料划分

（1）果汁型。

原果汁含量不低于2.5%的碳酸饮料，如橘汁汽水、橙汁汽水、菠萝汁汽水或混合果汁汽水等。

（2）果味型。

以果香型食用香精为主要赋香剂，原果汁含量低于2.5%的碳酸饮料，如橘子汽水、柠檬汽水等。

（3）可乐型。

含有焦糖色、可乐香精或类似可乐果和水果香型的辛香、果香混合香型的碳酸饮料。无色可乐不含焦糖色。

（4）低热量型。

以甜味剂全部或部分代替糖类的各型碳酸饮料和苏打水。成品热量低于75kJ/100mL。

（5）其他型。

含有植物抽提物或非果香型的食用香精为赋香剂以及补充人体运动后失去的电介质、能量等的碳酸饮料，如姜汁汽水、沙示汽水、运动汽水等。

二、酒水饮料摆放原则

1. 垂直集中摆放原则

因为人们的视觉习惯是先上下，后左右。垂直集中摆放，符合人们的习惯视线，使酒

水饮料摆放更有层次、更有气势。尽可能把餐厅所有规格和品种的酒水饮料集中展示。同一包装应该平行摆放，同一品牌应垂直摆放。

2. 下重上轻原则

将重的、大的酒水饮料摆在下面，小的、轻的酒水饮料摆在上面，以便于拿取，也符合人们的习惯审美观。

3. 统一性原则

所有摆放在货架上的产品，标签必须统一将中文商标正面朝向采购者，可达到整齐划一、方便管理的效果，酒水饮料整体摆放的风格和基调要统一。

4. 整洁性原则

保证所有摆放的酒水饮料整齐、清洁。

5. 价格醒目原则

标示清楚、醒目的价格牌，方便取用。

6. 先进先出与最低储量原则

（1）先进先出。

按出厂日期将先出厂的产品摆放在最外一层，最近出厂的产品放在里面，避免产品滞留过期。

（2）最低储量预警。

专架、堆头的货物至少每两个星期翻动一次，把先出厂的产品放在外面，确保店里的库存产品的品种和规格不低于“安全库存线”。

7. 利用空间原则

仓储的空间是有限的，利用空间进行摆放不仅可以直接提高酒水饮料摆放面积，而且可以加强摆放的生动性，并能达到最大化原则。

8. 堆头规范原则

仓储堆头摆放，都应该遵循整体、协调、规范的原则。从堆围、价格牌、产品摆放到POP配置都要符合上述的摆放原则。

三、酒水饮料摆放注意事项

1. 分类划分

酒水饮料根据分类划分摆放于相应柜台、货架。

2. 分类摆放

酒水饮料摆放按酒水饮料类别、名称分排、分列整齐码放，不同品种之间有一定间距，不得倒置，混放。

3. 间隔摆放

同一品名，规格不同的酒水饮料，要区分并间隔摆放，避免发生混淆。

4. 及时恢复

酒水饮料销售后，应及时将柜台内酒水饮料摆放整齐，恢复原样。

5. 及时补货

酒水饮料售空，及时补货。如缺货，应调整货位，不得出现空缺。

6. 保持清洁

应保持清洁，不得有灰尘及污染。

7. 按效期摆放

酒水饮料按照效期远近摆放，先销售接近效期的酒水饮料。

其他类原料的储存技巧

食品原料的储存管理是餐厅生产和销售的一个重要环节。加强储存管理要求餐厅改善贮存设施和贮存条件，加强仓库的保安和清洁卫生工作，以及采取有效的库存控制、管理手段和有效的食品原料储存技巧。

食品原料的易坏性是不同的。不同易坏性的原料需要不同的贮存条件，对不同时间使用的原料，应分别存放在不同的地点。

通常库房的贮存条件有以下几种，按地点分类：中心库房和各厨房贮存处。按贮存条件分类：普通库房，阴凉贮存库，冷藏库，冷冻库。按用途分类：食品库，饮料和酒库，非食用物资库。当然因为条件和规模所限制，库房的类别无需大而全，但是对应功能的区域是必不可少的。

1. 中心库房和厨房贮存库

餐厅一般设有中心库房和厨房的小库房。中心库房一般贮存保存期较长、体积较大的食品原料、饮料和其他物品。需立即使用的原料直接发送厨房可节约时间和人力。管理人员要决定中心库房和厨房贮存条件的相对贮存空间的大小。

2. 普通干货房

普通干货库房存放和干燥食品类别比较复杂，为便于管理，原料要按其属性分类。每个类别，每种原料要的固定的存放位置。干货库房一般不需要供热和制冷设备，干货库应保持相对干燥。

从外还有阴凉贮存库、冷藏库、冷冻库、饮料和酒水库等。

原料储存其他注意事项：任何食品原料，只要它不是从生产领域直接进入生产消费和个人消费，就一定有间歇时间。换言之，只要食品原料不是从采购直接销售给顾客，就有食品原料储存。储存有方就是要提高仓库利用率，减少食品原料出入库时间，做好在库存食品原料养护，节约储存费用。

总之，餐厅储存食品的主要目的主要在于保存足够的食物，以及减少食物腐坏、质变，将损失降至最低程度。而且能在某种食物最低价格时，可购入较多储备，以降低食物认购成本、增加利润。但是储存不可避免会产生一定的损耗，因此在储存过程中要注意以上细节和储存措施和技巧。

第二十二章 餐厅厨房的管理制度

厨房管理的重要性

餐厅是一种复杂性经营结构，厨房则是餐厅的核心，是餐厅生产的重地，它直接决定餐厅的兴衰，生死存亡。比如制作一个菜式就有选料、粗加工、细加工、加热成熟、调味、出锅、盛装等繁杂工序，而厨房内各项环节环环相扣，每一项都支撑着厨房作为餐厅心脏的作用，因此科学的厨房管理就成为了餐厅经营的重中之重。

厨房的生产线流程主要包括加工、配制、烹饪三个方面。原材料加工可分为：粗加工，精加工、干货涨发等；用料配制可分为：热菜配制、冷菜配制；菜肴烹调可分为；热菜制作、冷菜制作、打荷制作、面点制作。想要树立餐厅形象，打造出品牌，既需要长年的积淀和巨大的投入，也必须有细致的管理章程和过硬的管理队伍。厨房餐饮管理中要强调结果、强调效率、强调质量，要知道生存就在于管理，管理不好餐厅的效益就不会好，因此，必须做好以下几点：

1. 提升职工的自身素质

遵守职业道德，严明劳动纪律，明确管理章程，制定各项管理制度和生产标准，抓好每个环节的组织、协调和监督。

2. 落刀成才，物尽其用

3. 以招牌菜式带动经营主动权

4. 食无定味，适口而择

不论经营什么菜肴，都要入乡随俗，适合当地人的口味，以消费者为中心。

5. 做到安全生产，防患于未然

6. 理顺生产线流程

7. 建立生产标准

建立标准就是对生产质量、产品成本、制作规格进行数量化，并用于检查指导生产的全过程，随时消除一切生产性误差，确保食品质量的优质形象，使督导有标准、有检查依据，达到控制管理的效能。

（1）加工标准，规定原料的质量标准、用料的数量、涨透的程度等。

（2）配制标准，规定菜肴制作用料品种、数量标准及按人体所需营养成分进行原料配制。

（3）烹调标准，对加工、配制好的半成品、加热成菜规定调味品的比例，以达到色、香、味、形俱全的菜肴。

（4）标准菜肴，制定统一标准的菜谱，统一制作程序，统一器材规格和装盘形式，标明质量要求、用餐人数、成本、利率和售价。

8. 制定控制过程

在标准制定后，要达到各项标准，必须要有训练有素、掌握标准的生产人员和管理人员，来保证制作的菜肴优质达标。

（1）加工过程的控制。

加工数量的控制。凭厨房的净料计划单组织采购，实施加工达到控制数量的目的。加工过程中控制加工出净率，由加工人员按不同品种的原料，加工出不同档次的净料交给发货员验收，提出净料与边角料的比例，登记入账后发放到各位使用者。

加工质量的控制。加工的质量直接关系到菜肴的色、香、味、形。因此，采购、验收要严格按质量标准，控制原料质量。加工员控制原料的加工形成、卫生、安全程度，凡不符合要求的原料均由工序终点者控制，不得进入下一道工序，处理后另作别用。

（2）配制过程的控制。

配制过程控制，是食品成本控制的核心，杜绝失误、重复、遗漏、错配、多配，是保证质量的重要环节，应做到凭额订单和账务员的签章认可，厨师方可配制，并由服务员将所点的菜肴与订单进行核对，从而形成相互制约的效果。按标准菜谱、用餐人数、进行称量控制，既避免原料的浪费又确保了菜肴的质量。

（3）烹调过程的控制。

烹调过程的控制是确保菜肴质量的关键，因此要从厨师烹调的操作规范、出菜速度、成菜温度、销售数量等方面加强监控。严格督导厨师按标准规范操作，实行日抽查考核。用定厨、定炉、定时的办法来控制、统计出菜速度、数量和质量。

9. 制定控制办法

为了保证控制的有效性、除了理顺程序、制定标准及现场管理外，还须制定有效可行的控制方法。

（1）程序控制法。

按厨房生产流程，从加工、配制到烹调三个程序中，每道工序的最终点为程序控制点，每道工序的终点的生产者为质量控制者，配制厨师对不合格的加工、烹调厨师对不合格的配制有责任也有权提出改正，这样使每个人在生产过程都受到监控。

（2）责任控制法。

按每个岗位的职责，实行层层监督控制。厨师长总把关，部门经理总监督的办法，使责任落实到岗，奖罚落实到人。

（3）重点控制法。

对某些经常容易出现生产问题的环节要重点管理、重点抓、重点检查。及时总结经验教训，找到解决的办法，以达到防患未然，杜绝生产质量问题。

总之，科学的厨房管理能够实现餐厅的精细化、制度化运营，确保餐厅生产流水线有条不紊的运行。实现统一的标准、规格和程序，既提高了餐厅运行效率，降低了成本，也增强了餐厅的服务意识，在确保菜肴标准、质量的同时，提高了服务速度。用军队式的垂直管理模式结合传统的家族技术传播，组合厨师的技术力量和有力的厨房管理，必定能使全体员工明确工作的整体目标、个人职责、工作意义、相互关系等，从而能够主动地、积极地、创造性地完成自己的岗位职责。

厨房业务的6大内容

厨房业务工作，就是将厨房生产中各种专业工作进行有系统的安排，使之形成一个高效率的整体。厨房业务工作是厨房日常从事的最基本的工作，是关系到厨房能否正常运营的根本性工作，它为餐厅一天的餐饮服务提供条件。

厨房业务是为餐厅服务的，厨房必须以餐厅为中心来组织、调配本身的业务，所有厨房工作人员必须树立起“厨房工作服务于餐厅需要”的思想。

厨房业务主要包含下述内容：

1. 每天的业务安排

饮食产品的生产任务是以餐厅销售为基础的。销售具有很强的季节性和随机性，而厨房产品易于腐变，如果生产过剩，极易造成经济损失。加之食品生产花色品种众多；但每种产品生产数量却又较少，而且随时处于变化之中。所以，饮食产品生产任务量的确定以短期作业计划为主。

厨房一般采用当天预报并结合前一天销售情况来确定当天或下一天的生产任务量，并下达生产任务通知书。生产班组根据生产任务量组织饮食产品的生产，满足顾客需求，达到以“销”定“产”的目的。

每天开市前，饮食总监应根据餐饮部的通报和本店客情，将当天的团体宾客、会议包饭、宴会预定、重要来宾等的计划用餐人数和用餐标准登记入通报栏或黑板上所公布的生产作业计划登记表中，由行政总厨和厨师长安排调度全天的业务。按团体餐、会议餐，宴会预定和预测散餐就餐人数等资料来安排配备生产人员和组织食品原料的采购与加工。而且行政总厨和厨师长要负责组织、监督、指挥食品生产的全过程。

2. 开餐前的准备工作

在开餐前，特别是每天上午，各个生产环节的主要任务是在厨师长指挥下，按本身的业务内容各自进行餐前准备工作。

加工组应将当日所需蔬菜拣剔、洗涤，将水产、禽类剥洗加工并分类分级交切配组备用。炉灶组的准备工作是负责半成品和汤的烹制，备足调料，做好烹制的一切准备工作。切配组应将已定菜肴（如宴会、团体餐）和零餐常用菜配好装盘，按耗用计划将肉类和蔬菜原料加工成丝、丁、片、块、花，分类摆放，置于工作台上，以便取用配盘。面点组应准备、制作好一般常用的点心、面食，并备足当天所要使用的面、馅等。冷菜组负责制备熟食品、食品雕刻工艺，切制待用食品，拼摆各类花色冷盘，准备所需配料和调料。各组密切配合，协同合作，共同完成开餐前的准备工作。

3. 开餐时的业务组织

在开餐时间内，厨房应以餐厅业务的进展为依据，以炉灶为中心来安排工作。厨房中的一切工作岗位都要服从炉灶的需要。

以炉灶为中心的厨房则应与餐厅密切配合，随餐厅顾客需求情况的变化而调整厨房的业务，根据餐厅所送菜单的次序先后烹制食品。

厨房所生产的食品由厨师本人按标准食谱加工并控制其质量，行政总厨和厨师长一般通过抽查来进行监督和检查。符合质量要求的菜食，由走菜员按出菜顺序准确无误地从炉灶工作台送往传菜间。

各个工序应按管理制度和操作要求按时、按量完成工作任务，以保证生产需要。配菜、炉灶、出菜必须由专人负责，保持各道工序之间的衔接和协调。

在开餐过程中，各种用后餐具台料、台布、餐巾的回收要由专人负责，餐具洗涤要严格消毒，降低损耗。随时清理工作场地，以保证生产活动的正常开展。

4. 抓好成本核算

我国大多数餐厅是以厨房为单位进行食品成本核算的。行政总厨和厨师长应掌握厨房进货的品种和价格，并随价格变动情况而调整菜谱的搭配与数量。要督促厨房适时变换菜单，增加花色品种。在保证餐食标准的前提下，按照规定的利润率合理计价。

因为餐厅是按实际耗用的食品原料计算食品生产成本，所以必须加强对食品原料的管理。要把好采购、验收、选洗、切配、烹调等关口，从而实现食品生产全过程的成本控制。

5. 管好厨房设备

厨房设备是进行食品生产的物质基础，是厨师生产食品的必要条件。厨房设备实行“分级归口、划片包干”的管理原则，因此厨房既有使用设备的权利，又有管理设备的责任。

厨房管理人员应将所有设备按照专业分工，指定专人使用，实行“包机制”。做到用、管、养合一，谁使用，谁就要负责维护保养。除此以外，为了管好用好设备，还应建立设备技术档案和安全操作规程，并经常督促操作人员保持设备整洁，以延长其寿命。

6. 搞好卫生管理

清洁卫生，既是顾客的基本要求，也是厨房业务管理工作的重要内容之一。

厨房工作，事事处处要与食品打交道，而食品是否符合卫生要求，更关系到宾客的生命安全和餐厅的声誉。厨房中各种食品原材料、半成品和成品都很容易腐坏变质，每天还要产生大量垃圾和残汤剩饭，管理不善，将会成为细菌大量孳生的场所。因此，应把厨房卫生工作视为餐务管理中最重要的环节。

厨房管理人员应从食品卫生、餐具卫生、环境卫生、个人卫生等方面依照我国食品卫生法的具体要求，把严格的卫生制度落实到岗位责任制中去。

厨房管理人员要从清洁卫生的角度，对所有的食品，从原材料选购、存放、加工到成品送入餐厅的整个生产过程进行严格监督。行政总厨和厨师长对所有生产人员、所有厨具餐具和所有生产范围内的清洁卫生进行监督和指导，以确保饮食的绝对安全。

总之，厨房业务的六大内容之间并不是孤立的，而是有机地联系在一起的。六大内容之间密切配合，分工合作，共同构成了厨房业务工作，共同促进厨房的产效统一。

厨房生产流程及区域分类

了解厨房的生产工艺流程，可以在纵向上对厨房认识和把握厨房。进一步熟悉和分析厨房生产的分类及其功能，可以从横向上有了全面的掌握；而根据厨房各阶段生产工作特点，将生产流程分解为几个既相对独立，又互为依托的区域。

一、厨房生产工艺流程

不论厨房生产规模大小，也不管厨房生产制作什么风味的产品，其生产工艺流程是大致相同的。一般厨房生产工艺，都是由原料及加工阶段开始，到生产制作、熟制阶段，继而到成品服务与销售，为一个流程的终结（这只是厨房生产工艺流程，切不可混同于厨房的运转管理流程）。厨房生产流程自然包括菜肴和点心的生产，两者大体相似，只是冷菜的生产流程与热菜生产略有差别。

二、厨房区域划分

厨房区域可随其生产工艺流程划分为原料筹措及加工区域，配份、烹调即菜点生产熟制区域，菜点成品完善与出品售卖区域。

1. 原料筹措及加工区域

原料是厨房生产的前提，加工是厨房进入正式生产的必要基础工作。因此该区域包括原料进入厨房期间和对原料进行初步加工处理等岗位，即原料验货处、原料仓库、鲜活原料活养、鲜活原料宰杀、蔬菜择洗、干货原料涨发、初加工后原料的切割、浆腌，等等。

原料进入餐厅，除了本身处于冰冻状态的原料需要进入餐厅的冷冻库存放，大批量购进的干货和调味品原料需要进入仓库保管外，厨房日常生产使用数量最多的各类鸡鱼肉蛋、瓜果蔬菜等鲜活原料采购进餐厅，都直接进入厨房区域，随时供以加工、烹制。

厨房加工区域，包括对原料进行初步摘拣、宰杀、洗涤、整理的初加工和对原料进行刀工处理的深加工及其随之进行的腌浆等工作。不仅如此，加工产生的大量废弃垃圾需要及时清运出店。与原料入店相似，其进出厨房的工作量很大，因此，加工与原料采购、库存同属一个区域是比较恰当的。即使有些餐厅，厨房场地不规整，烹调多和相应餐厅在同一楼层、同一区域，而加工仍多与原料出入区设计在一楼的同一区域，实践证明这样生产操作也是最为方便的。

2. 菜点生产制作区域

菜点生产制作是厨房的主要工作，集中了厨房主要的技术力量和生产设备，在整个厨房生产流程中占有相当重要的地位。

该区域通常包括热菜的配份、打荷、烹调，冷菜的烧烤、卤制和装派，点心的成型和熟制等岗位。正因为如此，该区域也是厨房设备配备相当密集，设备种类最为繁多的区域。该区域按生产性质的不同，可以相对独立地分成四个部分，即热菜配菜区、热菜烹调区、冷菜制作与装配区、饭点制作与熟制区。

（1）热菜配菜区，主要根据零点或宴会的订单，将加工好的原料，进行主配料配制。该区的主要设备是切配操作台和水池等。要求与烹调区紧密相连，配合方便。

（2）热菜烹调区，主要负责将配制好的菜肴主配料进行炒、烧、煎、煮、炸、烤等熟制处理，使烹饪生产由原料阶段进入成肴阶段。该区域设备要求高，设备配备数量的确定也至关重要，可直接影响到出品的速度和质量。该区设计要求与餐厅服务联系密切，出品质量与服务质量相辅相成。

（3）冷菜制作与装配区，负责冷菜的熟制、改刀装盘与出品等工作。有些饭店该区还负责水果盘的切制装配。该区域熟制与成品切装往往是在不同场地分别进行的。这样可以分别保持冷热不同环境温度，保证成品质量。

（4）饭点制作与熟制区，负责米饭、粥类食品的淘洗、蒸煮；负责面点的加工成型、馅料调制，点心蒸、炸、烘、烤等熟制。该区一般多将生制阶段与熟制阶段相对分隔，空间较大的面点间，可以集中设计生、熟结合操作间，但要求抽排油烟、蒸气效果要好，以保持良好的工作环境。

3. 菜点成品完善与出品售卖区域

菜点成品完善与出品售卖区域，是介于厨房和餐厅之间及餐厅区域，该区域与厨房生产流程关系密切的岗位主要是备餐间、洗碗间。

备餐间对菜点出品秩序和完善出品有重要作用，有些出品的调料、作料、进食用具等在此配齐，缺则为次品。备餐间位置多在厨房和餐厅之间，备餐间空间大小和设备多少与餐厅经营风味直接相关。一般西餐备餐间的设备配备比较复杂，功能也比较多。中餐粤菜比其他菜系的备餐用具也多一些。

洗碗间的工作质量和效率，直接影响厨房生产和出品，所以，洗碗间的位置多靠近厨房，这样也便于清洗厨房内部使用的配菜盘等用具。

厨房重要岗位设置及细节要求

在大型餐厅中，都有完善的管理体制设置各个岗位，普通、小型餐厅即使一人身兼数职，也要明确分工和职责。厨房岗位的落实要具体到每一个个体，尤其是厨房的重要岗位，更要严谨细致，做到“人尽其才，物尽其用”。岗位落实还要注重细节，在每一个细微处彰显厨房岗位落实与管理的人性化与规范化。

厨房具体的岗位落实与细节要求有：

一、饮食总监的岗位落实与细节要求

饮食总监是餐厅饮食生产线的指挥官、策划者，也是厨房各项方针政策的决定者。

（1）负责饮食部门的工作策划与实施，协调饮食部内部各岗位的工作，使工作协调一致地顺利进行。

（2）每天与餐厅经理、食品采购部门互通情报，掌握当天的生意状况和货源供应情况，建立良好的公共关系。

（3）根据年、季、月、周、特餐等菜谱及其生意状况，拟定预算方案和营业指标，作出经营决策，对每天所需食品原材料品种、规格、数量等提前下达采购计划。

（4）与行政总厨、厨师长研究如何提高食品的质量、创制新的花色品种；制定或修定年、季、月、周、日的菜单或餐牌；制定食品及饮料的成本标准。

（5）对行政总厨、厨师长等进行考勤考绩，根据他们的管理工作情况，有权进行表扬或批评、奖励或处罚。根据本部门的实际情况和工作需要，有权增减员工和调动下属的工作。

（6）对部属管理人员的工作进行督导指导，帮助他们不断提高业务能力。

（7）对饮食部门的生产、操作、卫生、安全实行监督。

二、行政总厨的岗位落实与细节要求

行政总厨是厨房的具体管理者，主要对厨房进行日常管理，按照饮食总监的计划安排，调节厨房的各个环节，对生产流程进行监督控制等工作。

1. 行政总厨的权责

（1）对饮食总监负责，负责厨房的全面工作；对餐厅的食品供应和食品质量负有重要的监督责任；对厨师的烹调技术、工作意识的提高负有培训的责任；负责协调各岗位的工作；处理客人的投诉。

（2）根据每个厨师、点师的业务能力，技术专长，合理安排他们的工作；根据工作需要有权调动他们的工作。

（3）负责对部属主要是厨师长的考勤、考绩工作，根据部属工作表现的好坏有权进行表扬或批评，奖励或处罚。

2. 业务要求

（1）以身作则，深入实际，在员工中有较高的威信。要求有较强的管理意识和管理水平；有较强的组织能力；善于团结员工，发挥员工的技术专长，调动他们工作的积极性。

（2）要求熟悉整个厨房的生产流程，了解生产设备的使用与管理方法，熟悉和掌握每个出品部门的组织情况和人员的技术状况，充分发挥他们的作用。

（3）能够妥善处理客人提出的投诉、意见，满足宾客对饮食的要求。

（4）定期分析生产经营情况并总结经验，向饮食总监提出建议。

（5）开市前，按照当日的宴会、团体包餐等菜单，有重点地分配好头镬至各镬的起菜任务。指挥监督厨房各岗做好开市前的一切准备工作；开市后，科学指挥厨房起菜、筵席安排。

（6）收市后，指挥各岗将卖剩的半成品、原材料、料头等分类盛装好，入雪柜存放；将厨具、工用具整理清洁，有秩序地摆放好；敦促和指挥各员工按卫生岗位责任制作好本岗和公共场所的卫生清洁工作；关好水掣、电掣、煤气掣，经检查完全合格后，锁好柜门、雪柜、库门、厨房门等。

三、厨师长的岗位落实与细节要求

厨师长是餐饮厨房“活的灵魂”，是餐厅厨房各项活动的核心，是烹饪生产的主要管理者和执行者。主要对厨房所有菜品进行高标准控制，要求具有大餐饮行业炒锅或主管工作经验，还应有厨房管理的能力和技巧。

1. 责权

（1）对饮食总监和行政总厨负责，负责厨房的具体工作。

（2）组织和调度厨房工作，按规定的原料成本加工生产合格的产品，对餐厅的食品供应和食品质量负有重要的直接的责任。

（3）负责厨房各岗位协调工作，根据厨师的业务能力和特长，合理的安排各岗位工作。对部属的烹调技术、工作能力、工作意识等的提高负有督导、培训的责任。

2. 业务要求

（1）对本菜系有较高的烹调技术和深入的研究，对其他菜系的烹调特点有一般的了解和掌握。能够吸收和研究、创新食品烹制方法，以满足人们日益提高的生活水平的需要。

（2）有较强的组织策划能力，较强的管理意识和管理水平。

（3）审定、检查厨房设备用具更换、添置计划，做到能对厨房设备使用、保养、管理情况了如指掌，使厨房设备得到适当的维护和使用更换。

（4）审定、检查厨房的各项规章制度，岗位工作程序的执行和落实情况。

（5）根据季节的变化、人们的口味特点，与饮食总监、行政总厨一起研究出季、月、周、是日特餐菜单。定期总结菜点的经营情况，并提出新的要求、措施和建议。

（6）督导和检查各岗位保持厨房卫生、整齐，确保卫生，防止食物中毒。

（7）检查厨房安全生产情况，及时消除各种隐患，保证设备、设施及员工安全。

厨师长的选配

厨师长的选配是厨房管理的重中之重，厨师长选配的好坏关系到厨房生产运转和管理的成败，直接影响到厨房生产质量的优劣和厨房生产效益的高低。厨师长的选配，首先要明确厨师长的素质要求，然后再选择合适人员，全面履行其职责。

1. 厨师长的基本素质

（1）思想品质优良，严于律己，事业心强，忠诚于餐厅，热爱本职工作。

（2）勇于开拓创新，具有竞争和夺标精神，精灵好学，有创新菜肴、把握和领导潮流的勇气和能力。

（3）体质良好和心理素质过硬，对业务精益求精，善于人际沟通，工作原则性强，并能灵活解决实际问题。

2. 厨师长的管理素质

（1）计划和组织能力。善于制定厨房各项工作计划，并利用生产组织系统，调动集体的智慧和力量，实现各项工作目标。

（2）激励和号召能力。号召力强，区别对待不同层次、类型的员工进行有针对性的有效的激励，形成团队合作风气。

（3）发现和解决问题的能力。善于在错综复杂的矛盾中发现并抓住主要矛盾，对突发事件有果断从容的应变和处置能力。

（4）协调和沟通能力。善于发挥和利用信息传递渠道的作用，主动与原料采供、产品销售等部门搞好协调配合关系。

（5）培训和充电的能力。善于发现工作中的薄弱环节，安排培训，提高厨房员工的整体素质。及时安排厨房员工补课充电，不断适应新情况、新要求。

厨师长作为餐饮厨房的领导核心，其个人品质和能力往往决定着整个厨房的服务态度和质量。厨师长的选配要注重品质和能力，也就是既要重视人品又要注重专业素质。

3. 厨师长的专业素质

（1）菜系、菜点知识。熟悉不同菜系风味的特点；熟知特色原料、调料的性能、质量要求及加工使用方法。

（2）烹饪工艺知识。熟悉现代烹饪设备性能；熟知菜肴、点心的制作工艺、操作关键及成品质量特点；勇于突破自我，有研制、开发受客人欢迎的菜肴新品的能力。

（3）懂得食品营养的搭配组合。掌握食物中毒的预防和食品卫生知识。懂得色彩搭配及食物造型艺术，掌握一定的实用美学知识。

（4）饮食文化差异的了解能力。了解不同地区客人的风俗习惯、宗教信仰、民族礼仪和饮食喜忌。

（5）理财知识和能力。熟知成本核算和控制方法，具有查看和分析有关财务报表的能力。

总之，厨师长的合理选配能够促进厨房各项运营活动的良性活动，使人员各司其职，通力协作，促进餐饮效率的提高。厨师长的选配，要一切从有利于餐饮厨房的方面考虑，一切从有利于菜品的质量更新考虑，一切从有利于满足顾客日益多样化的口味需求考虑。

规定厨房各个岗位的职责

对厨房岗位职责的明令性规定能够使权责明确，提高效率。落实厨房岗位职责，能够激活员工积极性，促进厨房劳动生产效率的提高。为了明确工作性质，理顺工作程序，使各岗位工作人员清楚地意识到本职工作的重要性，就需要根据厨房实际情况规定厨房的岗位职责。

厨房岗位的具体职责分配如下：

1. 主管岗位职责

（1）做好上传下达，认真落实厨师长安排的工作任务。

（2）责任心强，尽职尽责，严抓组内员工管理，做好员工思想教育及技术培训。

（3）提高上菜速度，提高菜品精度，严把菜品质量关。

（4）加强组员对厨房设施、设备的卫生、使用、保养。加强展台菜品的收摆、更换、卫生检查力度。

（5）加强货物的申购、验收管理和组内个人、班组的成本核算。

（6）教育并增强员工的节约意识，尤其是水、电、气及各种低值易耗品等。

（7）时常定期召开菜品研究会，做好技术指导与交流。

2. 凉菜岗位职责

（1）严把卫生质量关，生熟隔离，每天班后进行紫外线消毒；各类原料和配料必须新鲜，禁止使用不合格原料；班后卫生清理要彻底，所有物品及凉菜空调定时消毒。

（2）按工艺标准精心调制凉菜。准确使用专用调料，确保专料专用。

（3）节约工作，剩余可利用原料及时密封保鲜入冷柜。控制成本，做好毛利核算，数据报告准确。

（4）创新工作。研究新原料、新菜品、新口味。

（5）安全生产工作。安全用电，注意防止意外事故发生。

（6）完成上级交给的其他工作任务。

3. 面点岗位职责

（1）营业前检查工作。原料准备、储备情况；机械设备运转情况。

（2）工艺标准工作。按照工艺标准去精心制作出品，做好提前性，杜绝上饭慢的现象发生。

（3）节约工作。节约原料，剩余原料妥善保管，库存数据报告准确。

（4）技术创新工作。积极创新，研究新原料，新面点。

（5）安全生产工作。安全用电，按照机械安全操作规定操作，杜绝意外事故。

4. 炒锅岗位职责

（1）营业前准备工作。负责本岗位所需调料、用具的准备工作；高度重视并在餐前检查原料是否备齐；检查所购原料质量，了解进货渠道，并择优选择；负责所需的复合调味品的加工制作工作。

（2）负责按照工艺标准烹调各种菜肴。负责原料的生熟加工处理。遵守菜品工艺流程，提高菜品质量。

（3）参与菜品调整，提高新菜品、新工艺技术。及时了解客人信息，稳定创新菜品。

（4）负责业务技能培训和本岗位的卫生清理工作。

（5）维护保养工作。负责本岗位设施、设备的维护、保养。

（6）节约工作。树立节约意识，注意水、电、气及各种原料的节约。

（7）安全生产工作。重视信息反馈，餐中检查、餐后巡台出现的菜品质量问题。

5. 砧板岗位职责

（1）营业前检查工作。责组织原料的切配工作；负责部分菜品的提前腌制工作；负责本岗位所需原料的领取并掌握库存情况。

（2）工艺标准工作。严格执行菜品的工艺量化标准；定期到市场考察原料质量，根据需求严把进货关；须在餐中听清喇叭，按程序上菜；按摆放规定放置好冰柜内原料物品。

（3）节约工作。按菜单和标准菜谱的要求来组织切配菜肴；协助厨师长做好成本控制；物尽其用，杜绝原料浪费。

（4）安全生产工作。负责本岗位区域的卫生清理工作；负责本岗位区域设备设施的安全检查工作；每餐检查冰柜、保鲜柜原料是否变质、腐烂；异味存在，并严格遵守原料分类放置规定；保持好砧板卫生，个人卫生。

6. 荷台岗位职责

（1）营业前检查工作。餐前检查身上有无头发，杜绝菜品异物出现。

（2）工艺标准工作。在规定时间内备齐备足小料；掌握多种点缀花样。

（3）节约工作。增强节约意识，能用的调料不浪费。

（4）及时性工作。树立时间观念，听清喇叭催菜，提高上菜速度。

（5）安全生产工作。遵循卫生制度，未消毒的餐具不用并保证用热容器上桌；了解调料的保质期，对三无产品坚决不用，并立即汇报；加强责任心，不合标准的菜品绝不上传。

（6）维护和保养工作。负责本岗位设备设施的维护保养工作。

7. 净菜区的岗位职责

（1）熟练掌握各类原料的择洗、宰杀、合理分档方法，确保原料最大限度的可利用率。

（2）服从主厨房的工作安排，确保不压原料，当日原料当日清理加工完毕。

（3）搞好节约工作杜绝浪费。

（4）随时清理初加工区域卫生，保持干燥、洁净，无异物。

（5）物品摆放井然有序，条理清楚。

（6）将可利用下脚料根据规定送到员工食堂。

8. 洗涮间岗位职责

（1）保持环境与个人卫生。

（2）严格执行洗涮程序，也就是一冲、二涮、三洗、四消毒。

（3）爱护餐具，洗刷时轻拿轻放，防止损坏。

（4）检查破损餐具数量，每日上报并监督落实负责人。

（5）根据各厨房要求，将所需餐具进行分类。

（6）保养好洗涮间内的设备完好情况，定期检查。

（7）随时清理垃圾、泔水，并进行分类处理，做到无污染源，无异味。

（8）垃圾桶必须盖盖子。

总之，厨房岗位职责的明确可以使厨房员工既各自独立又协同合作，紧密联系在一起，让厨房成为一个有机的整体。

建立厨房生产标准

厨房生产的菜品必须有标准，没有标准就无法衡量，就没有目标，也无法进行质量控制。所以，厨房工作人员，必须首先制定出制作各种菜品的质量标准。然后由厨师长及有经验的老师傅经常地进行监督和检查，确保菜品既符合质量要求，又符合成本要求。如果没有标准，会使菜品的数量、形状、口味等没有稳定性，导致同一菜品差异很大。甚至因厨师各行其事，致使客人无法把握你的质量标准，也就难以树立餐厅的良好餐饮形象。由于厨房制作系手工操作，其经验性较强，且厨师个人烹饪技术有差异，而厨房是以分工合作方式制作。所以制定标准，既可统一菜品的规格，使其标准化和规格化，又可消除厨师各行其事的问题。制定标准，是对厨师在生产制作菜品时的要求，也是管理者检查控制菜品质量的依据。这类标准常有以下几种：

一、标准菜谱

标准菜谱是统一各类菜品的标准，它是菜品加工数量、质量的依据，使菜品质量基本稳定。使用它可节省制作时间和精力，避免食品浪费，并有利于成本核算和控制。标准菜谱基本上是以条目的形式，列出主辅料配方，规定制作程序，明确装盘形式和盛器规格，指明菜肴的质量标准、成本、毛利率和售价。

制定标准菜谱的要求是：

（1）菜谱的形式和叙述应简单易做，原料名称应确切并按使用顺序列写。

（2）配料因季节的原因需用替代品的应该说明。

（3）叙述应确切，尽量使用本地厨师比较熟悉的术语，不熟悉或不普遍使用的术语应详细说明。

（4）由于烹调的温度和时间对菜点质量有直接影响，应列出操作时加热温度和时间范围，以及制作中菜点达到的程度。还应列出所用炊具的品种和规格，因为它是影响烹好菜点质量的一个因素。

（5）说明产品质量标准和上菜方式要言简意赅。标准菜谱的制定形式可以变通，但一定要有实际指导意义，它是一种菜肴质量控制手段和厨师的工作手册。

（6）根据菜肴的基本特点以简单易懂的方式列出主、配料及各种调味料的名称和数量，形成菜点投料单放在配菜间明显的位置。

（7）在菜单的菜品下面，分别列出每个菜肴的用料配方，以此来作为厨房备料、配份和烹调的依据。由于菜单同时也送给客人，使客人清楚地知道菜肴的成分及规格，作为厨房选料的依据，同时也起到了让客人监督的作用。

二、品质标准

厨房产品的质量，主要由菜点品种本身的质量和产品的外围质量两方面构成。前者提供给顾客的菜点应该无毒无害，卫生营养，芳香可口且易于消化，菜点的色、香、味、形俱佳，温度、质地适口，顾客进餐后能得到满足；后者主要指菜品的销售服务、销售态度、就餐环境给顾客进餐时带来的满足。

1. 菜名的名称

菜点的名称定得是否合理、贴切、名实相符，作为顾客点菜时的第一项，有十分重要的作用。

2. 菜点的色泽

色泽是指菜品显示的颜色和光泽，它可包括芡色、配色、汤色、原料色等，菜点的色泽是由构成菜点的烹饪原材料的本色、加工烹制产生的色变以及加工烹制中对成色的调制处理和装盘搭配而形成的。菜点的色泽是吸引顾客的第一感官标准，人们往往通过视觉对

菜品，是否悦目、和谐、合理，对菜品的品质作第一评判。

3. 菜点的造型

菜点的造型是指菜点的整体造型，原料自身的形态、加工的切割、成形的技法，以及成菜装盘的拼摆都直接影响到菜点的造型。

4. 菜点的滋味

菜点的滋味是菜点质量指标的核心，包括菜品原料味、芡汁味、佐汁味等，是评判菜品中最重要的一项。

5. 菜肴的气味

菜点的香气是指菜点飘逸出来的气味给人的感觉，因材料、火候与烹具的运用差异而散发出不同香味，人们在就餐时总先闻到香味，再品尝其滋味。

6. 菜点的声音

有些铁板、锅巴菜肴由于厨师的特别设计或特殊盛器的配合使用，已经在顾客中间形成概念，即菜肴是有声响的，进而为就餐创造出热烈的气氛。

7. 菜点的盛器

盛器是用来盛装菜点的容器，不同的菜肴应选择相应的盛器。菜器配合恰当，便能使菜肴与容器相应生辉，相得益彰。

8. 菜点的温度

菜点的温度，主要强调的是菜点出品食用时的温度。同一款菜肴，同一道点心，出品食用时的温度不同，口感质量会有明显差别。

9. 菜点的质感

质感是菜肴、点心给人质地方面的印象。包括菜肴的熟度、爽度、脆、酥、滑、软、弹、韧各程度等。

菜点可接受质感一般包括：一酥二脆三韧四嫩五软六糯。

10. 菜点的卫生

菜点的卫生质量涉及以下几方面：

（1）加工菜点等的原材料本身是否干净，是否变质；原材料在采购加工等环节是否遭受有毒、有害物质、物品的污染。

（2）菜品的盛器是否洁净；出品时菜肴本身是否卫生等多方面。

11. 菜点的营养

菜点的营养构成比例是否合理，人类为了自身的生长、发育及维持正常生理功能和满足各方面的需要，必须从膳食中获得人体所需的极其复杂的营养素。

12. 菜点的分量

菜点的分量是菜品原料构成的数量，包括菜品主配料的配搭比例与数量，料头与芡汁的多寡等。菜点的分量是否与价格形成很好的协调，影响到顾客对菜品的满意度。

13. 菜点的创意

创意是指菜品的构思是否新颖，特色是否突出。由于创新菜肴层出不穷，形态各异，工艺不一，百菜百味，因而在制定菜谱时还要因菜而异，有所侧重。

控制厨房生产流程

厨房的生产流程主要包括原料加工、菜品配份、合理烹调三个程序，对菜肴生产制作的三个流程中的操作加以检查督导，随时消除在制作中出现的一切差错，保证菜肴达到质量标准。

一、厨房原料加工过程控制

厨房原料加工过程包括原料的粗加工和细加工，粗加工是指对原料的初步整理和洗涤，而细加工是指对原料的切制成形。在这个过程中应对加工的出成率、质量和数量加以严格控制。

原料的出成率即原料的利用率，它是影响成本的关键，该项的控制应规定各种出成率指标，把它作为厨师工作职责的一部分，尤其要把贵重原料的加工作为检查和控制的重点，要采取有效的措施减少因失误造成的原料和成品损失。此外，可以经常检查下脚料和垃圾桶，是否还有可用部分未被利用，使员工对出成率引起高度重视。而且厨房原料加工的质量是直接关系菜肴色、香、味、形的关键，因此要严格控制原料的成形规格，凡不符合要求的不能进入下道工序。

加工的分工要细，一则利于分清责任，二则可以提高厨师的专业技术的熟练程度，有效地保证加工质量。尽量使用机械进行切割，以保证成形规格的标准化。加工数量应以销售预测为依据，以满足需求为前提，留有适量的贮存周转量。避免加工过量而造成浪费，并根据剩余量不断调整每次的加工量。

总结起来，具体控制厨房原料加工质量的方法有：

（1）在粗加工中必须认真仔细地对原料进行挑、拣、刮、削等处理，然后冲洗干净，保证原料清洁卫生。

（2）加工中应保持原料的营养成分，尽量保持原料的新鲜程度，减少营养成分流失，尽量缩短鲜活原料的存放时间，蔬菜在加工中应先洗后切。

（3）细加工要讲究技术，要求加工提高原料的利用率，降低成本，避免浪费。

（4）按照菜谱的要求加工：

①原料粗加工应根据各种菜式烹饪要求妥善合理使用原料，妥善安排，既保证菜肴质量，又提高原料的综合利用率；同时，要按照各种菜肴的烹制要求使用刀法，注意保持原料的形状完整。

②原料细加工应根据菜式的要求进行切配，强调整齐均匀，大小、厚薄、粗细、长短都完全一致。

（5）严把原料的验收、保管的标准，检查鉴别原料是否符合质量标准，并拒收不符合标准的原料。

（6）严格按照原料初加工的要求进行工作，行政总厨或厨师长每日检查落实责任与工作标准。

（7）加工好的原料要及时投入使用，领班向切配主管通报售缺品种。

（8）初加工领班要掌握熟悉标准菜谱，并根据不同技法要求进行分档加工，对每种原料从购进到初加工都要分别称量算出原料的净量成本，每天做好记录，以备行政总厨或厨师长查阅。

（9）做好生产厨房内蔬菜的保管，做到无烂叶无杂质，原料新鲜、洁净。

（10）所有购进与加工好的原料都要分类摆放，妥善保管，避免浪费，并有专门的责任人管理，原料管理的好坏直接与责任人挂钩。领班对送往加工厨房的原料做好记录，如有腐烂变质的原料，追究领班员与责任人的责任。

总之，控制厨房原料加工的质量，能充分提高原料的利用效率和加工的出成率，降低成本，避免浪费。控制厨房原料加工的质量，也能够促进餐饮厨房的制度化、规范化建设。

二、厨房配菜过程控制

配菜，即食品原料配份，是按照标准菜谱的规定要求，将制作菜肴需要的原料种类、数量、规格选配成标准的分量，使之成为一道完整菜肴的过程，为烹饪制作做好准备。

配菜质量的控制是控制食品成本的核心，也是保证成品质量的重要环节。如果客人多次光顾你的餐厅，或多个客人同时光顾，出现配给的同一份菜肴是不同的规格，客人必然会产生疑惑或意见。因此，配菜的控制是保证餐厅质量和信誉的重要环节。

配菜控制要经常进行核实，检查配菜中是否执行了规格标准，是否使用了称量、计数和计量等控制工具。因为即使最熟练的配菜厨师，不进行称量也很难做到精确地达到同一标准。

配菜控制的另一个关键措施是凭单配菜。配菜厨师只有接到餐厅客人的订单，或者规定的通知单才可配制，保证配制的每份菜肴都有凭据。此外，要严格避免配制中的失误，如重算、遗漏、错配等，尽量使失误率降到最低限度。因此，凭单配菜是控制配菜失误的一种有效方法。

如下是配菜质量控制的三个要求：

1. 配菜料头的质量要求：

配菜料头虽然用量不大，可是作用不可小觑。在配菜的烹调之间，约定俗成的起着无声的信息传递作用，可以避免差错的发生，在开餐高峰期尤其重要。

具体的质量要求为：

（1）大小一致，形状整齐美观，符合规格要求。

（2）洁净卫生，无异质杂物。

（3）数量适当，品种齐备，满足开餐需要。

（4）分别单独存放，严格保鲜。

2. 配菜工作质量要求：

（1）配菜原料涨发方法正确，涨发成品疏松软绵，清洁无异味，达到规定涨发标准。

（2）配菜品种数量按照规格要求，主、配料各自放置，不能混在一起。

（3）配菜时应注意清洁卫生，干净利落。

（4）接受订单 5 分钟内配出菜肴，宴会订单菜肴提前 20 分钟配齐。

3. 配菜出菜工作质量要求：

（1）点菜订单必须准确无误，注重细节。

（2）配菜岗位人员凭单配菜要注意先来后到的配菜顺序，也要根据特殊情况特殊分析进行。配菜岗位人员凭单按规格及时配制，并按接单的先后顺序依次配制，紧急情况、特殊菜肴可给予优先配菜处理，保证及时送达灶台。

（3）打荷人员，排菜必须准确及时，前后有序，菜肴与餐具相符，成菜及时送至备餐间，提醒跑菜员取走。

（4）要严格注意上菜时间，就急不就慢。点菜从接受订单到第一道热菜出品不得超过 10 分钟，冷菜不得超过 5 分钟，以免因出菜太慢延误客人就餐引起客人投诉。

（5）注意出品的妥善保管。所有出品订单、菜单必须妥善保存，餐毕及时交厨师长备查。

（6）炉灶烹调人员若对所配菜肴规格质量有疑问时，要及时向案板配菜人员提出，妥善处理。烹调菜肴先后次序及速度应服从打荷人员安排。

（7）配菜人员要保持案板整洁卫生。控制配菜质量要按照“标准菜谱”的规定要求，将制作某菜肴需要的原料种类、数量、规格选配成标准的分量，使之成为一个完整菜肴的过程，为烹饪制作做好准备。

（8）严格注意出菜流程的手续检查。厨师有权对出菜的手续、菜肴质量进行检查，如有质量不符或手续不全的菜品，有权退回并追究责任。

总之，控制配菜质量，首先要保证同样的菜名、同样的原料配份。配菜分量不定，不仅影响菜肴的质量稳定，而且还影响到餐饮的社会效益和经济效益。因此，配菜必须严格按“标准菜谱”进行，统一用料规格标准，并且管理人员应加强岗位监督和检查，使菜肴的配菜质量得到有效控制。

三、厨房烹调过程的控制

菜品的烹调过程是确定菜肴色泽、质地、口味、形态的关键，因此控制烹调质量应从烹调厨师的操作规范、制作数量、出菜速度、成菜温度、剩余食品等五个方面加强监控。

因此必须督导炉灶厨师严格遵守操作规范，任何只图方便违反规定和影响菜肴质量的做法一经发现都应立即加以制止。其次应严格控制每次烹调的出产量，这是保证菜肴质量的基本条件，在开餐时要对出菜的速度、出品菜肴的温度，装盘规格保持经常性的督导，禁止一切不合格的菜肴端到顾客面前。控制食品烹调质量的具体方法有：

1. 制定和应用标准菜谱

厨房对每款菜式都应制订详细的资料及烹饪说明书，具体规定菜肴烹饪所需的主料、配料、调味品及其用量、烹饪方法、拼摆要求、制作时间等。在制作中严格要求厨师按标准制作，保证菜肴成品色、香、味、形等方面的一致性。

2. 菜肴烹调前的预制处理

原料经过加工切割，大部分动物、水产类原料还需要进行浆制，这道工序对成品的色泽、嫩度和口味产生较大影响，如果处理时没有标准只是因人而异，烹调岗位则无所适从，成品难免千差万别。因此，对各类菜肴的上浆，挂糊用料应做出规定，以指导操作，有的厨房在“标准菜谱”中已有规定。若无标准菜谱，可单独编制浆、糊用料规格表。

3. 菜品的温度控制

菜谱的温度是菜肴质量的具体体现。品尝美味佳肴，恰当的温度是至关重要的。例如热菜的温度在65℃左右时上桌味道最佳，冷菜在10℃左右时上桌最能体现风味。造成菜肴温度下降的主要原因有：盛器不热，未进行餐具保温处理；菜点成品制成后，在厨房或备餐间积压未及时上菜；厨房距餐厅的距离较远，传菜没用保温设施；分菜、派菜缓慢，导致菜肴变凉；多个菜肴同时上桌，客人未及时食用导致温度下降等。因此，要保证菜肴的质量除了厨房出品时要保证菜肴一定的温度，菜肴进入餐厅时要加菜盖，既能保持菜肴的温度，也能防止异物。另外，提高餐厅服务人员的服务技能，提高服务意识，控制出菜的程序和节奏也很重要。

4. 烹调质量的检查

餐厅要将烹调质量检查放在重要位置。厨师长必须对每道工序认真检查，抓好工序检查、成品检查和全员检查三个环节。及时了解宾客对食品菜肴质量的意见反馈厨房，对菜肴制作中出现的问题及时交由厨师长及时整改。

（1）日常烹饪工作中厨师长要加强现场督导，严格要求厨师遵守操作规程，按照标准菜谱进行加工烹调。同时，还应经常性地进行技术培训和基本功的训练、考核。

（2）厨房要严格制定每道菜式的操作说明书，并张贴公布。测试在正常情况下每款菜式的烹饪时间，让每个厨师和服务员都心中有数。

（3）根据不同菜肴的制作时间和客人的具体要求合理推荐安排菜式，对制作时间特别长的菜式要当面向客人说清。厨师长抽查每道菜的出菜时间，发现异常及时调查处理。

（4）餐厅需将客人的进餐情况向厨房反馈，配合控制出菜速度，以适应客人的需求。

总之，高品质的餐厅一定要控制食品烹调质量，能够提高出菜速度，保证菜肴成品色、香、味、形等方面的一致性，促进餐厅食品烹调的规范化操作。

厨房出菜制度

厨房出菜制度是指厨房为配合高效出菜，满足顾客需要而采取的一系列措施。厨房出菜制度的建立，对于提高配菜、出菜的效率，充分满足顾客需求，发挥了重要作用。厨房出菜制度的建立有利于各部分的分工协调合作，促进厨房出菜的高效化和专业化。

具体的出菜制度：

1. 厨房案板切配人员，负有随时接受和核对菜单的责任

（1）接受餐厅的点菜单需盖有收银员的印记，并夹有该桌号与菜肴数量相符的木夹。

（2）宴会和团体餐单必须是宴会预订或厨师长开出的正式菜单。

2. 配菜人员的具体责任分配

配菜人员凭单按规格及时、准确配制，并按先接单先配、紧急情况先配、特殊菜肴先配的原则办理，保证及时上火烹制。

3. 排菜人员的具体责任分配

负责排菜的人员，排菜必须前后有序，准确及时，菜肴与餐具相符，成菜及时送至备餐间，提醒传菜员取走。

4. 出菜速度

从接受订单到第一道热菜出品不得超过 10 分钟，冷菜不得超过 5 分钟，因误时拖延出菜引起客人投诉的，当事人应负责。

5. 厨师长审核

所有出品菜单必须妥善保存，餐毕及时交厨师长审核。

6. 炉灶岗的具体责任分配

炉灶岗对所订菜肴要及时烹调，对所配菜肴的规格、质量有疑问者，要及时向杂板切配岗提出，并妥善处理。

7. 厨师长的具体责任分配

厨师长有权对出菜的手续和菜肴质量进行检查，如有质量不符或手续不全的菜肴，有权退回并追究责任。

此外，出菜的一般流程有：

（1）划单员接到菜单后，分发到各部门，先冷菜再热菜再面点。

（2）砧板要迅速配好主菜，然后其他菜肴，分到打荷处。

（3）炒锅要根据打荷的要求，进行先后顺序的烹调。

（4）面点在热菜操作完成百分之七十左右，进行操作。

（5）出菜按标准要求出品，不合格的迅速重新加工。

（6）退下来的菜肴，找到原因，是补上还是由责任人来承担。

（7）掌握加工速度，避免催菜。

（8）跟好各种酒水饮料。

（9）告诉传菜员，菜名和需要特殊注意的事项。

总之，厨房出菜制度的建立，有利于促进厨房的专业化和规模化，提高顾客的满意度。厨房出菜制度既有利于将各自为政的厨房各部门统一到一个专业流水线上，又有利于厨房的各部门充分发挥各自的主观能动性和创造性，促进厨房更好地为顾客服务。

厨房设备及用具的选用和管理制度

一、厨具的分类

厨房用具主要包括以下 5 大类：

第一类是储藏用具，分为食品储藏和器物用品储藏两大部分。食品储藏又分为冷藏和非冷储藏，冷藏是通过厨房内的电冰箱、冷藏柜等实现的。器物用品储藏是为餐具、炊具、器皿等提供存储的空间。储藏用具是通过各种底柜、吊柜、角柜、多功能装饰柜等完成的。

第二类是洗涤用具，包括冷热水的供应系统、排水设备、洗物盆、洗物柜等，洗涤后在厨房操作中产生的垃圾，应设置垃圾箱或卫生桶等。

第三类是调理用具，主要包括调理的台面，整理、切菜、配料、调制的工具和器皿。

第四类是烹调用具，主要有炉具、灶具和烹调时的相关工具和器皿。

第五类是进餐用具，主要包括餐厅中的家具和进餐时的用具和器皿等。

二、选择厨具的原则

1. 方便性原则

方便性原则最能体现产品的人性化，最能体现出产品的适应性和实用性。它是影响厨具选择的重要原则。厨房内的操作要有一个合理的流程，因此，在厨具的设计上，能按正确的流程设计各部位的排列，对日后使用方便十分重要。再就是灶台的高度、吊柜的位置等，都直接影响到使用的方便程度。所以要选择符合人体工程原理和厨房操作程序的厨房用具。

2. 防火性原则

防火性原则从用户的人身安全考虑，是厨具选择的关键因素。因为厨房是餐厅中唯一使用明火的区域，材料防火阻燃能力的高低，决定着厨具乃至餐厅的安全，特别是厨具表层的防火能力，更是选择厨具的重要标准。所以防火性原则也是影响厨具选择的重要原则。

3. 卫生性原则

餐厅厨房对卫生的要求较高，这就决定了厨房的卫生性原则。厨房用具要有抗御污染的能力，特别是要有防止蟑螂、老鼠、蚂蚁等污染食品的功能，才能保证整个厨房用具的内在质量。

4. 美观性原则

靓丽的外表总会给人耳目一新的感觉。厨具不仅要求造型、色彩赏心悦目，而且要有持久性，因此要求有较容易的防污染、好清洁的性能，这就要求表层材质有很好的抗油渍、抗油烟的能力，使厨具能较长时间地保持表面洁净如新。

三、厨房用具的组合及特点

目前市场上的厨房用具，从面层材料材质分析，主要有以下 8 种组合：不锈钢台面、三聚氢氨阻燃板柜橱门扇；不锈钢台面、防火板圆弧门扇；不锈钢台面、门扇及桶身；防火板台面、三聚氢氨板门扇；防火板台面、门扇；国产人造大理石台面、防火板门扇；进口人造结品石台面、防火板门扇；进口实体面材台面、防火板门扇等。这些材质都可归纳为 4 个类别，它们的特点如下：

（1）不锈钢材料装饰效果都较差。

（2）防火板材料能力优于不锈钢，具有很好的加工性能、装饰性和抗污能力。

（3）人造大理石材料：装饰性强，防火性能好，但抗污染能力不如防火板。

（4）实体面材：装饰性、防火性、抗污染性能都很好，不过价格过于昂贵，一般餐厅无法承受，所以当前市场上是以防火板为餐厅厨房用具的主导材料。

厨房设备及用具管理制度是指厨房设备及用具的合理使用、处置，维修及保养情况。厨房设备及用具管理制度的建立有利于厨房的规范化建设，能够促进厨房设备的合理使用和厨房设备资源的有效配置，延长设备的使用寿命和有效期限，节约厨房运作资金，有利于厨房为顾客提供更优质的服务。具体的厨房设备及用具管理制度的措施有：

1. 厨房设备的规范化操作与管理

厨房所有设备、设施、用具实行文明操作，按规范标准操作与管理。

2. 厨房设备的保养与维护

厨房内的各个设备要明确专门的责任人管理使用，定期进行保养和维护，有损坏无法使用的要及时上报厨师长。

3. 个人器具的保管与维护

厨房内一切个人使用器具，由本人妥善保管、使用及维护。

4. 共用器具的保管与维护

厨房内共用器具，使用后放回规定的位置，不得擅自改变，同时加强保养和正常使用。

5. 特殊工具的保管与维护

厨房内一切特殊工具，如雕刻、花嘴等工具，由专人保管存放，借用时做记录，归还时要点数和检查质量。

6. 以旧换新的原则

厨房内用具本着务实的原则，以实用性为主。厨房用具以旧换新是以该用具的实用性为衡量标准。厨房内用具以旧换新，并需办理相关手续。

7. 不得擅自带出用品原则

厨房一切用具、餐具（包括零部件）不准私自带出。

8. 爱惜用具原则

厨房一切用具、餐具应轻拿轻放，避免人为损坏。

9. 损坏赔偿原则

厨房内用具，使用人有责任对其进行保养、维护、因不遵守操作规程和厨房纪律造成设备工具损坏、丢失的，照价赔偿。

10. 厨房设备保养修复

对厨房所有设备，制定出具体的保养维护措施，确定清洁时间和方法。厨房应配备专业的设备、工具和维修人员，定期对设备进行检修。

11. 定期维修原则

对厨房内各个设备进行定期检查、维修。凡设备损坏后，须经维修人员检查，能修则修，不能修需更换者，应向上级报告更换。

总之，厨房设备及用具管理制度规范了厨房的设备使用秩序，促进厨房各项活动的有序运行和专业化建设。

厨房设备的清洁要点

厨房设备是保持厨房合理运转的重要条件。因此厨房设备的维护和保养直接关系到厨房的合理运转。而厨房的清洁工作既是对顾客的负责，也是对厨房用具最好的保养。

厨房是油烟重地，因此厨房设备的主要污染就来自烟尘油垢。油垢发作的缘由，主要是烹饪进程中发生的油烟或者油迹遇热发生氧化，而氧化后的油会发生黏性。如果在此阶段工作人员没有及时清理，结冰后就会成为油垢，工夫一长，清理的难度就会渐增，成了令人大伤脑筋的顽垢了。因而平常烹饪后，需及时清扫“疆场”，防治顽垢的产生。

1. 厨房瓷砖的清洁要点

（1）活期打蜡和荡涤。正常来说，2 ~ 3 个月就应该对厨房地板、墙壁瓷砖进行活期打蜡和荡涤。

（2）日常清洁时可用一般的洗洁剂和毛巾水；然而遇到油脂、啤酒、野葡萄酒等需用酸性干净剂。

（3）茶水或者酒汁等固色性强的液体不慎倾泻到瓷砖上，就应即时荡涤。

（4）平常用毛巾加少许氢氧化铵或者等量的亚麻籽油和松仁油混合，可增强瓷砖的光泽度，一旦出现划痕，涂上牙膏后微微地擦拭即可。

2. 厨房炉具的清洁要点

（1）先清洗炉头，而后把炉架取下搁置在水槽中，用非金属刷先将炉具上的厚重灰尘刷掉，在水槽中倒入 40℃ ~ 50℃的热水，再用含氧漂白剂与干净剂清洗，然后将炉具放入水槽浸泡 15 ~ 20 秒钟，就可去除厚厚的油垢。

（2）为防止损伤水槽，搁置炉具前，可在底部铺上旧布料加以防护。

3. 厨房水槽的清洁要点

（1）将一小杯小苏打粉倒入排水口中，再以清水冲刷即可除臭。

（2）排散热管有恶臭且阻塞，把一杯小苏打倒入后，倒入滚烫的热水便可有效处理阻塞。

4. 灶台的清洁要点

（1）取适量厨房除油专用清洁剂清洗，然后擦拭有顽渍的灶台，灶台即可光亮如新。擦拭时，还应适当更换擦拭面。

（2）或者使用剩下的萝卜或黄瓜碎屑，蘸清洁剂刷洗，之后再用清水冲洗一遍，除污效果也很好。

5. 玻璃的清洁要点

（1）可将适量的食醋加热，然后用抹布沾微热的食醋擦洗后再冲刷，油污很容易就会“跑掉”。

（2）或者先用抹布蘸白酒擦拭一遍，窗户上的油污就可轻松除去，再配合使用厨房除油专用清洁剂，用废报纸进行二次“加工”，玻璃就会变得很透亮了。

6. 厨房用具清洁要点和方法

（1）苏打粉去除油污。

烧焦的锅里往往会有很难清除的焦垢，可以放入适量水和两匙小苏打粉，稍加热后将火关掉。过一段时间，大部分的焦垢就会浮起来，剩下的用刷子就可轻松去除。

（2）鸡蛋壳清洗油瓶。

把鸡蛋壳捣碎后放入瓶中，加少量温水，盖紧瓶盖，上下摇晃约 1 分钟左右，然后倒出蛋壳残渣，用清水冲洗干净就可以了。

（3）牙膏可有效去除茶垢。

（4）食盐也有去污功效。

（5）醋能清洁油污。

①切菜板容易积垢，使用醋与 50 毫升温水混合，然后倒在已经铺好纸巾的切菜板上，放置 15 分钟，切菜板上的污垢会很容易清除，异味也会消失，还有一定的杀菌作用。这种混合液体还可用于清洁沾有油污的不锈钢操作台。

②厨房中被油烟熏黑的玻璃制品很难清洗，可以用抹布蘸一些温热的食醋擦拭，效果很好。

（6）碱可去除焦痕。食碱用热水泡开后，再加少量温水，可以用来清洗油污厚重的餐具。

厨房作业的卫生标准

厨房作业的卫生标准是厨房关于卫生标准的一系列措施和要求，是厨房为更好地满足顾客需要而采取的硬性规定和要求。厨房卫生标准的制定是对约定俗成的卫生状况的明文规定，它的制定为厨房进一步提供更优质的服务创造了条件。厨房作业卫生标准的制定还有利于进一步规范员工的卫生操作，为专业化、优质化的厨房发展创造了条件。

具体的厨房作业的卫生标准有：

1. 凉菜间（冷荤间、熟食间）的卫生制度

（1）做到专间、专人、专用工具。

（2）室内做到无蝇，并配有流水洗手、消毒、脚踏式污物容器、紫外线杀菌灯、冷藏等设施。

（3）刀板、容器、衡器每次使用前进行清洁消毒，用前紫外线灯照射 30 分钟，进行空气消毒。

（4）按卫生要求使用食品包装材料。

（5）工作人员穿戴整洁工作衣帽、口罩，保持个人卫生，操作前洗手消毒。

（6）熟食勤作、勤销，做到当天制作，当天销售，过夜隔夜食品回锅加热销售，不出售变质食品。

（7）非直接入口的食品和需重新加工的食品及其他物品，不得在凉菜（熟食）间存放。

2. 厨房初加工卫生制度

（1）有专门的初加工场地和食品验收人员，所有原辅料投产前必须经过检验，腐败变质、不合格的原辅料不得加工使用。

（2）择洗、切配、解冻、加工工艺流程必须合理，各工序必须严格按照操作规程和卫生要求进行操作，确保食品不受污染。

（3）清洗池做到荤、素分开；上下水通畅，设有能盛装垃圾的密封容器。

（4）初加工后的食品原料要放入清洁容器内，肉禽、鱼类要用不透水容器，做到不落地，有保洁以及保鲜设施。

（5）需要进行包装的食品，必须使用符合卫生要求的包装材料，包装人员的手在包装前要清洗消毒。

（6）加工肉类、水产品、蔬菜的操作台要分开使用，并有明显标志。

（7）加工用工具、容器、设备必须经常清洗，保持清洁，直接接触食品的加工用具、容器必须消毒。

（8）工作人员穿戴整洁的工作衣帽，保持个人卫生。

（9）加工场所防尘、防蝇设施齐全并正常使用。

3. 厨房总体卫生制度

（1）厨房食物方面。

①食物应在工作台上操作加工，并将生熟食物分开处理、刀、菜墩、抹布等必须保持清洁、卫生。

②食物应保持新鲜、清洁、卫生、并于清洗后分类用塑料袋包紧，或装在盖容器内分别储放冷藏区或冷冻区，要确定做到不将食物在生活常温中暴露大久。

③凡易腐败的食物，应储藏在0度以下冷藏容器内，熟的与生的食物分开储放，防止食物间串味，冷藏室应配备脱臭剂。

（2）厨房用具方面。

①定期清洗抽油烟设备。

②应备有密盖污物桶、潲水桶，潲水最好当夜倒除，不在厨房隔夜，如需要隔夜清除，则应用桶盖隔离，潲水桶四周应经常保持干净。

（3）厨房硬件方面。

①地面天花板、墙壁、门窗应坚固美观，所有孔、洞、缝、隙应予填实密封，并保持整洁，以免蟑螂、老鼠隐身躲藏或进出。

②工作厨台，橱柜下内侧及厨房死角，应特别注意清扫，防止残留食物腐蚀。

③烹调加工食物用过的废水必须及时排除。

④厨房清洁扫除工作应每日数次，至少二次清洁完毕，用具应集中处置，杀虫剂应与洗涤剂分开放置，并指定专人管理。

（4）厨房配料方面。

调味品应以适当容器装盛，使用后随即加盖，所有器皿及菜点均不得与地面或污垢接触。

（5）厨房工作人员。

①有传染病时，应在家中或医院治疗，停止一切厨房工作。

②在厨房工作时，不得在工作区域抽烟，咳嗽、吐 、打喷嚏等要避开食物。

如何处理厨房的垃圾

厨房垃圾的处理就是用一系列尽可能低碳的方法，既做到资源的有效利用，又实现对废物的处理。厨房的垃圾不但油性大难以清洗，还占用空间，污染空气，因此厨房垃圾的处理对保持厨房的新陈代谢和环境质量至关重要。

厨房垃圾的处理，贵在一个合理利用，低碳处理，尽可能实现废物的最大利用价值。具体的处理厨房垃圾的方法有：

1. 减少厨房湿类垃圾

厨房垃圾若含有水分，不但会增添垃圾处理的难度，而且容易让污水流出并散发恶臭。所以，处理厨房垃圾时，如果垃圾水分很多，最好先用旧报纸等把水分吸附一下，再用纸包裹起来丢弃。

2. 利用生物发酵处理厨房垃圾

（1）首先在厨房应对垃圾进行分类，分好有机类垃圾和无机类垃圾，有机类垃圾必须采取密封的形式及时处理，防止腐化发臭影响厨房卫生。

（2）将果皮、废弃的蔬菜叶、骨头、剩菜、剩饭等集中收集沥干水分，每日放入厨房垃圾回收桶。可逐次在厨房垃圾的上层放入一层薄薄的发酵菌并盖紧桶盖，发酵菌会促进厨余垃圾发酵分解并消除臭味，每日倾倒厨余垃圾，才能维持室内卫生。

（3）切记经常打开水龙头，厨房垃圾回收桶内陆续会有发酵液渗出。可以收集发酵液，以防止桶内水分太多造成发酵不良而发生臭味或长虫。可使用发酵液直接倒入厨房或浴厕之排水孔、下水道，促进排水管疏通，兼作除臭剂。

3. 垃圾的分类处理

随着垃圾处理的现代化，垃圾的分类势在必行。

（1）厨柜下方设置部分开放空间专门用于放置垃圾桶。

（2）厨房可设置分类处理的垃圾箱，如设置可回收的垃圾处理箱和不可回收的垃圾处理箱。可设置废弃汤类、油类处理箱和废弃菜类处理箱等。

（3）生腥垃圾的处理。生腥垃圾最容易腐败发臭。我们可以借鉴日本家庭处理生腥垃圾的办法，生腥垃圾首先放在水池角部的专用沥水筐中，而后将沥过水的垃圾用没有破损的塑料袋扎紧，便可以和其他垃圾一起按照分类扔到垃圾桶。

4. 垃圾处理器械处理厨房垃圾

生物质厨房垃圾粉碎处理机，顶端是带盖容器，中端是可更换粉碎器具，底端是可连接下水道的开关出口，可以是自动的，当垃圾放入后盖上顶盖，就会自动粉碎，自动开启出口开关，将粉碎后的垃圾排入下水道，最好可自动放水冲洗容器。

这样可将瓜果蔬菜处理以及使用后的垃圾及时倒入垃圾处理粉碎机中处理，让生物质饮食垃圾不再进入垃圾袋、垃圾箱、垃圾车、垃圾处理场。进入下水道的垃圾，通过污水处理可形成可发电的沼气以及沼液、沼渣等有机肥料，让环境物能中的生命物能成分无害化循环。

厨房工作人员卫生的注意事项

厨房工作人员的卫生是厨房卫生的基础。厨房的行为主体是厨房的工作人员。厨房工作人员的个人卫生直接关系到厨房的整体卫生状况。良好的厨房人员个人卫生为厨房的整体卫生提供了先决条件。反之，则会影响厨房的整体卫生条件。

1. 工作人员的健康检查管理

（1）厨房员工必须持有效健康证，方可上岗。

（2）厨房所有从业人员都必须进行健康检查。健康检查分为新进员工健康检查与员工定期健康检查两类。

（3）每年由餐厅组织一次身体健康检查。凡发现员工患有传染病或不适合工作岗位的疾病，餐厅将视情况调整岗位或予以辞退。

（4）餐厅应建立员工职业健康档案，按规定妥善保管。

（5）健康档案管理员每月对餐厅员工的健康证进行核对，发现过期、无效证件应及时报告主管安排员工体检。

（6）员工的体检费用应由餐厅承担。

2. 工作人员的个人卫生管理

（1）厨房工作人员必须严格遵守卫生制度，保持良好的卫生习惯。

（2）员工严格遵守国家有关的法律法规及餐厅卫生管理规定，执行餐厅卫生操作规程。

（3）员工必须勤剪指甲。指甲长度不超过0.1厘米，避免指甲缝藏纳污垢，影响食品卫生和个人健康。

（4）操作前、便后、休息后、中途离岗后，从地上拾起污物或手接触污物后等都必须将双手洗净，消毒、保持双手清洁。工作前后、处理食品原料前后、大小便后、清洁卫生后都要用流动清水洗手，保持双手的清洁。只要离开过厨房，回来后一定要先洗手消毒。厨房员工应每隔一小时洗手一次。

（5）在厨房工作时，不得在工作区域抽烟、咳嗽、吐痰、打喷嚏。万一打喷嚏时，要背向食物用手帕或卫生纸罩住口鼻，并随即洗手。操作中不得戴戒指或手镯，不准涂抹指甲油，以免污染食物和影响到洗手消毒。

（6）坚持勤洗澡、理发、洗头，男厨师头发不盖耳为准，女厨师头发不过肩为准。发型大方，男员工不留长发，女员工长发应盘起来；不留长指甲。

（7）员工工作服应合体、干净，无破损。工作服应经常换洗，被污物污染后立即更换，以保证工作服的整齐卫生。

（8）厨房厨师工作时应戴正发帽，头发梳理整齐并置于帽内。工作帽应能容纳全部头发、防止头发、皮屑落到食品中。

（9）不可在工作场所内吸烟、饮食、嚼槟榔、嚼口香糖，以免造成食物污染。

（10）岗前不饮酒、不吃异味较大如葱、蒜等食品，保持口腔清洁。用餐后要刷牙或漱口。

（11）患病报告制度。厨房员工患有疾病，应及时向主管报告，主管应立刻安排进行休息或者前往医院检查。

（12）员工患有传染病时，应在家中或医院治疗，停止一切厨房工作。

（13）对患有痢疾、伤寒、病毒性肝炎、活动性肺结核、化脓性或渗出性皮肤病等五种疾病以及其他有碍公共卫生的疾病患者，治愈前不得上岗。

3. 工作人员的操作卫生管理

厨房操作卫生管理的目的是防止工作人员因工作时的疏忽而导致食物、用具遭受污染。

（1）员工必须严格执行餐厅的服务规范，为顾客提供优质服务。

（2）主管应及时督导员工按规范要求进行服务操作。

（3）端送食物时，要用托盘，并且避免用手直接接触食物或盛食物的器皿内缘。

（4）不用手直接抓取食物，必须用手操作时，须戴塑料手套。品尝食物要使用清洁的匙；准备食物时要尽可能地使用各种器皿用具，例如用夹子、匙、叉等来取冰块、馅料、面包等。

（5）工作时不能把双手插在裤子口袋里。

（6）不使用破裂器皿。

（7）不可在工作场所内吸烟、饮食、嚼口香糖，非必要时不互相交谈。

（8）工作时不能用手摸头发、抠耳朵。

（9）工作时间内不接触钱币等物。

（10）不把工作裙、衣裤当手巾用，擦手、擦脸。

（11）熟食掉落地上则应弃置，不可食用。

（12）餐具要拿柄，玻璃杯要拿底部，拿盘子时拇指只能接触盘子的边缘部分。

（13）掉落的餐具要洗净消毒后，方可使用。

（14）一旦在操作中出现了水渍、油渍、汤渍及污物，要及时清理，用墩布擦干，千万不要再用水冲洗。

（15）若未按卫生规范操作而引起不良后果，则应受到纪律处分。

4. 厨房工作人员的着装要求

厨房着装的规范化是为了统一管理，便于工作，也是为了区分厨房工作人员的不同工种，从而明确不同工种的职责，提高工作效率。厨房着装制度的建立，有利于厨房员工的标准化管理和有序地从事工作。厨房着装制度的具体要求有：

（1）厨师着装要求。

由于种种原因，许多厨师在着装问题上还存在不尽人意和不规范的现象，着装不洁，外观不雅，习以为常，大失水准。为了餐厅的形象要迅速改观。为了更加统一化和规范化，厨师着装应注意以下几点：

①工作服勤换洗，严禁出现工作服破旧不堪、油迹斑斑、不洁不白、缺扣少补的现象。

②应严禁热天穿短裤、背心上班，这样不但不卫生文雅，也容易发生烫伤和其他工伤事故。

③厨师应自带擦汗毛巾，切忌工作中用工作服袖口、衣襟擦汗。

④厨师的工作地点虽远离顾客，也应注意自己的着装。上班时必须三齐上岗，即工作服、工作帽、工作裤要穿齐，有条件的应配备工作鞋。

⑤要求员工和厨师的工作服应保证每人三套为宜。工作服应按体裁衣，防止过大或过小，给别人以不规范的感觉，同时穿着如果不舒服也会影响工作。

⑥由于职位不同，厨师工作服在设计上应尽量有所区别。比如行政总厨、厨师长、副厨师长、主管的工作服上应尽量再增加一个简单的标志，方便工作。要求每一个层次厨师的着装颜色应保持一致。即工作服上衣、帽子应为白色，工作裤可另有区别。

⑦严禁厨师穿着工作服外出。

（2）其他厨房工作人员的着装要求。

①上班时需穿戴工作服帽，在规定位置佩戴工号牌或工作证。服装要干净、整洁，工作时间不得裸背敞胸、穿便装和奇装异服。

②上班时间需穿工作鞋，不得穿拖鞋、水鞋、凉鞋。

③工作服应保持干净整洁，不得用其他饰物代替纽扣。

④工作服只能在工作区域或相关地点穿戴，不得进入作业区域之外的地点，禁止着工装进入前厅。

⑤必须按规定围腰系带操作，不得拖拽。

厨房考勤及纪律制度

厨房考勤及纪律制度是为维护厨房的正常工作秩序，提高厨房工作效率，严肃厨房工作纪律，使员工自觉遵守工作时间的劳动准则。它是根据国家相关政策法规，并结合餐厅的实际情况制定的。

一、厨房的考勤制度

厨房的考勤制度是餐厅厨房进行正常工作秩序的基础，是支付工资、员工考核的重要依据。具体的厨房考勤制度有：

1. 打卡考勤制

厨房员工上下班必须按时打卡签到签退，并应准备充分时间做好制服更换等准备，以便准时到达工作岗位开展工作。

2. 点名制

穿好工作服后，应向组长或厨师长报到或总体点名。

3. 在其位，谋其政制

上班时应坚守工作岗位，不脱岗，不串岗；不准做与工作无关的事，如会客、看书报、下棋、打私人电话；不得带亲戚朋友到餐厅玩耍、聊天，不得哼唱歌曲、小调。

4. 请假制度

请假应写请假条书面备案。因病需要请假的员工应提前一日向厨师长办理准假手续，并出示医院开出的有效证明。因不能提供相关手续或手续不符合规定者，按旷工或早退处理。需请事假的，必须提前一日办理事假手续，经厨师长批准后方有效，未经批准的不得无故缺席或擅离岗位。

5. 销假制度

请假期限过后，员工需按时向厨师长或主管办理销假。

6. 加班预留制

或根据厨房工作需要，需延长工作时间的，加班的厨师留下，不加班的厨师下班后应离开工作地。

7. 特殊规定制

婚假、产假、丧假须按国家相关法律政策和餐厅员工手册的有关规定执行。

二、厨房内员工的纪律

此外为了严格对厨房员工的管理，对于厨房内的纪律也必须有一些具体的要求：

（1）厨房员工必须严格遵守考勤制度，不得出现代他人打卡、签退等行为。

（2）需要顶班，轮换的员工需按餐厅具体规定和厨师长的安排执行，不得擅自旷工。

（3）服从上级领导，认真按规定时间要求完成各项任务。

（4）厨房员工在工作时间应坚守工作岗位，不得擅自离岗。

（5）为保证清洁、良好的工作环境，提高工作效率，工作时间不得在非吸烟区吸烟，不得高声喧哗、聊天。

（6）工作时间需穿整洁、大方、得体的工作服、围裙和工作帽，员工要注重自身形象。

（7）工作时应在指定位置佩戴工号牌或工作证。

（8）厨房内严禁吃、拿食物或物品，不得擅自将厨房食品交与他人，不得借口食物变质而丢掉，严禁人为浪费，食物变质后应登记。

（9）厨房为生产重地，没有经厨师长同意，严禁非工作人员进入，具体由各区域组长负责执行。

（10）厨房员工不得接受供货商的馈赠。

（11）自觉养成卫生习惯，保持工作岗位及卫生包干区的卫生整洁。

（12）严格执行厨房内各项管理制度的规定。

厨房值班交接班制度

厨房值班交接班制度是指厨房工作人员在值班和交接班时应该遵循的一些原则和程序。厨房值班和交接班必须在可控的规范化的程式内运行，确保厨房设备和用具的安全。厨房值班交接班制度的建立也能够使厨房的值班和交接班走向规范化和程序化。厨房值班、交接班人员必须按规定时间提前到岗，交班人员应办理交接手续后方可离去。

1. 值班人员应提前做好交接班准备

（1）值班人员应自觉完成交代的工作，工作时间不得擅自离开工作岗位，不得做与工作无关的事。

（2）值班人员必须了解设备运行方式，设备变更、异常、事故、隐患等情况及处理经过。

（3）工作中发现的问题和处理情况。

（4）整理交接各类报表及检修、操作记录。

（5）核对设备用具与实际是否相符，设备缺陷、异常情况记录。

（6）做好厨房的清洁卫生。

（7）值班人员对已完成和未完成的工作要有相应准备措施。

2. 交接班时应交清以下内容

（1）根据工作需要，组长有权安排本组各岗人员值班，厨房管理人员应合理安排人员值班。

（2）交班人员必须向接班人员详细交代交接事宜，并填写交接班日志，方可离岗。

（3）值班、接班人员应保证值班、接班期间的菜点正常出品。

（4）值班、接班人员要妥善处理和保藏剩余食品及原料，做好清洁卫生工作。

（5）值班、接班人员下班时要写好交接班日志，不得在上面乱画，及时关闭能源开关，锁好门窗交钥匙。发现问题，当值人员必须解释清楚并合理解决。

（6）厨师长不定时检查值班交接记录。

（7）值班人员应保证值班期间房内用餐，及时按规格供应其他客人需要的食物。

（8）值班人员下班时要关闭水电气阀，锁好柜、门，在规定时间内离岗。

3. 接班人员接班时应作好下列工作

（1）接班人员必须提前抵达工作岗位，保证准点接班。

（2）接班人员必须认真核对交接班日志，确认并落实交班内容。

（3）查阅各项记录，检查设备、用具是否正常。

（4）检查周围环境及厨房内外清洁卫生状况。

4. 遇以下情况不准交接班

（1）发生事故或正在处理故障时。

（2）设备发生异常尚未查清原因时。

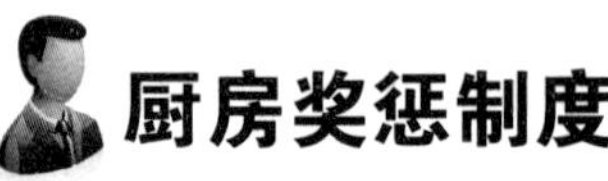

厨房奖惩制度

建立厨房奖惩制度，能够促进厨房各方面有条不紊地运行，各部门权责明确，提高配菜、上菜效率和质量。所以厨房奖惩制度是餐饮厨房向制度化、规范化迈进的重要步骤。根据餐厅规定，结合厨房具体情况，对厨房各岗位员工符合奖惩条件者可以进行内部奖惩：

一、厨房奖励制度的内容

餐厅厨房制定奖励制度时，可参考以下内容：

1. 成绩优异获奖者

参加世界、国家、省等举办的烹饪大赛，成绩优异者；出版个人烹饪专著和在权威烹饪杂志发表作品及论文获奖者。

2. 踏实工作者

忠于职守，全年出满勤，工作表现突出，受到宾客多次表扬者。

3. 提出合理建议者

为厨房生产和管理提出合理化建议，被采纳后产生较大效益者。

4. 消除重大安全隐患者

在厨房生产中及时消除较大事故隐患或及时发现隐患，避免危险发生者。

5. 服务顾客优秀者

多次受到顾客表扬，为顾客提供优质服务者。

6. 卫生工作优异者

卫生工作一贯表现突出，为大家公认者；连续一个月或长期卫生检查全优者。

7. 节约用料者

节约用料，综合利用成绩突出者。

8. 菜品创新者

创作出新菜品，并给餐厅带来良好效益者。

二、厨房惩处制度的内容

餐厅厨房制定惩处制度时，可参考以下内容：

1. 不服从纪律者

违反厨房纪律，不带工作帽进操作间；在工作间内吸烟，喝酒；在操作间打骂、嬉戏者；不听劝阻者；不服从分配，影响厨房生产者；下班前不关灯，不关煤气，或不关抽油烟机等厨房设备者，出现设备损坏究其责任人责任。

2. 违背操作规程者

不按操作规程生产，损坏厨房设备和用具或引起较大责任事故者。

成菜上桌后客人颗粒未尽的菜，究其炒菜人员的责任，落实后予以惩罚，如因菜品质量问题，视情节，酌情处理。

不经厨师长允许，擅自改菜单者。

3. 被顾客投诉者

工作粗心，引起顾客对厨房工作或菜肴质量进行投诉者。

因其本人原因，故意拖延时间，造成上菜慢，引起客人投诉、跑单者。

4. 奢侈浪费者

浪费原材料者，视情节轻重，处以罚款，警告，以致开除。

不爱惜厨房工具者，视情节轻重，处以罚款，警告，以至开除。

不按时清理原料，造成变质变味者。

5. 不讲卫生者

卫生检查不合格者。

菜内发现发丝、铁屑或其他厨房用品，追究负责人责任。

6. 影响团结者

弄虚作假或搬弄是非，制造矛盾，影响同事间的工作关系者。

7. 其他因个人原因造成厨房损失者

因个人原因，没有在事发前写入采购单，造成原料没有，不能出菜者。

划菜员报错桌号或传菜员报错桌号，造成损失的，按菜谱价格赔偿。

丢失工具者，按工具价格赔偿。

总之，以上奖惩条例的实施，应以事实为依据，根据具体情况，由厨师长提议，总厨审定具体奖惩方法和范围，贡献卓越或错误情节严重者，则报餐厅主管按员工守则及其他规定进行处理。厨房奖惩制度的建立，不但对于规范厨房秩序，提高厨房运营效率，促进各部门协同合作，发挥着不可替代的作用。厨房奖惩制度的建立，还能够形成良好的激励作用和惩戒作用。

第二十三章 餐具的清洗

如何有效地清洁餐具

现在，由于生活节奏加快，日常工作忙碌，应酬活动增多，人们在酒店饭馆吃饭的频率越来越高。很多时候，人们除关心菜品、味道外，更多的是关心餐具是否干净卫生，食品是否卫生安全。

而餐具就是其中一个关键环节。一般来说，为使顾客放心用餐，小餐饮店大多选择一次性筷子、塑料袋和纸盒，中档餐馆会选择集中消毒的餐具，而高档饭店一般会选择自己清洗和消毒。其中，除消毒餐具由卫生监督部门监管外，其他餐具由食品监管部门监管。餐具卫生是顾客安全用餐的第一要求，一定要确保餐具无油渍、无水渍、无细菌。

1. 餐具清洁的程序

（1）餐具清洗前，先倒去盘、碗中的剩菜剩汤，并将大件和小件的餐具分开，分别进行清洗。这样既能让餐具清洗得更干净，也有效避免了餐具的损坏。

（2）洗涤，一般的盘和碗都比较油腻，需要用热水清洗，水中可放盐或者洗洁精，这样可以更快的去除油腻。洗涤过后餐具要再用清水清洗干净。

（3）消毒，有蒸汽消毒和药物消毒两种方法。消毒后要用清洁的布擦干，这样可以避免餐具再次受到污染。

（4）保洁，消毒完毕的公用餐具要自然滤干或烘干，不应使用手巾擦干，这样做的目的是防止我们的餐具再次被污染。消毒后的餐具应当及时放到餐厅的餐具保洁柜内。

2. 餐具清洁的要点

（1）餐具使用前必须洗净、消毒，符合国家有关卫生标准。未经消毒的餐具不得使用。禁止重复使用一次性使用的餐具。

（2）洗刷餐具必须有专用水池，不得与清洗蔬菜、肉类等其他水池混用。餐具、容器、炊具应分开洗涤。洗涤、消毒餐具所使用的洗涤剂、消毒剂必须符合食品用洗涤剂、消毒剂的卫生标准和要求并正确使用。

（3）消毒后的餐具必须贮存在餐具专用保洁柜内备用；已消毒和未消毒的餐具应分开存放，并在餐具贮存柜上有明显标记。餐具保洁柜应密闭并定期清洗、保持洁净。

3. 餐具清洗小窍门

（1）炒菜锅内积累烧焦的油垢很难洗擦清洁，用新鲜的梨皮放在锅里用水煮一下，锅垢很快就脱落。

（2）不锈钢丝清洗球刷油垢之后会变得很脏，再洗别的餐具就很难洗干净。若将钢丝球放在火上烧一烧，让钢丝球自然冷却后抖落灰烬，就会变得干净如新。

（3）碗碟茶杯有了积垢，可用食盐、残茶或醋擦洗。

（4）新买的铁锅上锈迹斑斑，可在锅内加满水，然后放在炉火上煮 10 分钟，再端下锅，待水凉后洗擦好即可除锈。

（5）装过牛奶、面糊、鸡蛋的食具，用冷水浸泡后再用热水清洗，很容易就能洗干净。

（6）砧板有了腥味，可浸在淘米水里，用少许食盐洗擦再用热水洗净，便可除味。

（7）铝锅烧焦了，不要用钢刷使劲刷，以免损坏氧化铝的维护膜，只要将苹果片放锅内加水煮，锅的焦黑就可除去。

（8）搪瓷器皿上的陈年积垢，可以用牙膏擦洗。

餐具洗涤消毒的方法

顾客在餐厅进餐的时候，餐具的卫生与否，会影响到顾客的健康程度，俗话说“民以食为天，食以洁为先”。所以餐具的卫生情况也是餐厅应当注意的问题，而我们不仅要做到清洁，更要做好消毒措施。

1. 消毒的方法

容器、工用具应首选物理消毒，包括煮、蒸和洗碗机，其次用消毒液浸泡消毒。有些容器、工用具不方便热消毒方法，如盛熟食的大桶、大盆和切食品用的大木墩、长案板等，对这些物品可选择其他的方法进行消毒。刀墩、案等每天使用多次，每次使用前应随时进行消毒，可采用消毒液擦拭或涂上酒精烧灼消毒。墩、案在消毒前必须先用刀刮一刮表面，再刷洗消毒。为保证消毒效果，应定期蒸煮或下班时浸泡在消毒液里。食品机械必须把零部件拆卸下来进行洗刷消毒。抹布可洗净后浸泡在一小盆消毒液里，供随时使用。

2. 物理消毒

（1）煮沸消毒：要设专用的炉灶，将洗涤好的食具放入 100℃的水中煮沸 10 分钟。

（2）蒸汽消毒：在无压力的蒸汽柜内，温度达 90℃以上，食具消毒时间不得少于 15 分钟。

（3）远红外线消毒柜（电子消毒）：消毒时，要把温度调到 120℃后，保温 15 分钟，才能达到消毒目的。若柜内餐具用具密度厚度较大，应延长消毒时间。

3. 化学方法

因化学方法的使用较为复杂，不易掌握，只有在无法进行热力消毒时方可使用。

（1）消毒液（氯制剂）：氯浓度应保持在 250mg/L 以上，消毒液使用一段时间后，有效氯被消耗，应及时更换消毒液，更换应根据消毒物品的数量而定，消毒液浓度可用试纸法粗略测试，半分钟即可出效果，低于规定的有效浓度应立即更换。消毒作用时间必须保持 5 分钟以上，不能仅在消毒液里过一下就取出来，必须将消毒物品浸泡在消毒液里，消毒后应把消毒液冲洗干净、控干、保洁。

（2）酒精：也是一种常用的消毒剂。95%的酒精可用于刀、墩、板等用具的烧灼消毒。75%的酒精用于双手和其他表面的擦拭消毒。注意 95%的酒精没有直接消毒作用。

基本餐具的清洗小工具

餐厅在进行餐具的清洁时，有些餐具的死角很难处理，这时，我们可以用一些专门处理死角的清洁小工具，这样，我们就能够非常技巧性地将餐具清洗干净。

1. 冲洗餐具时，按照从小到大叠放

冲洗洗涤剂时，将大餐具放在最下面，小餐具放在最上面。冲洗上面的餐具时，流下的水也能冲洗下面的餐具，效率就会大大提高。

2. 用小刷子清洗茶壶嘴

刷婴儿奶瓶用的小刷子可以清洗细小和很难达到的部位，用它来清洗茶壶嘴可以很轻松地去除茶渍。

3. 可以用筷子和洗碗布配合使用来清洗杯子底部

选择柔软的洗碗布，用筷子把它通到杯子底部并旋转着清洗，可以轻松去除杯底的污渍。

4. 推荐使用省水省时间的洗碗布

用海绵清洗餐具时，会产生很多泡沫，清洗起来费水又费时间，如果用洗碗布的话就可以避免这个问题了。洗碗布也有很多种类，选择自己趁手的使用可以让清洗更轻松。洗碗布可以很好地配合手部动作，使清洗变得更加细致、干净。

5. 用牙刷清洗玻璃器皿的花纹边缘

很多玻璃餐具的边缘多设计成花纹状，如果用海绵很难清理干净，将玻璃餐具稍稍浸泡一下，用牙刷就可以简单将污渍刷干净。

6. 使用牙签清洗密闭容器的缝隙

污渍和油污如果一旦填充在密闭容器的缝隙中就会变得很难清洗，此时在牙签头上包裹薄绵纸，在缝隙中转动一圈就可以去除了。

7. 用专用的刷子清洗垃圾箱

垃圾箱，密闭容器等器皿的角落和边沿用海绵等很难清洗干净，在每天清洗垃圾箱时，用专用的小刷子会省很多事，轻松完成每天的保洁工作。

去餐具油污的小技巧

餐具的清洁最主要的一步就是去油渍、污渍等。因为，餐具多可能接触菜品的油、茶水等，所以，这里我们提供一些去除餐具油污的小技巧。

1. 先用水冲洗餐具内侧

在用水清洗餐具时要注意不要让剩下的油污拓展到其他地方。先冲洗沾有油污的里侧，再冲洗背面，可以防止油污回流。

2. 安排好清洗的顺序，可以节省洗涤剂用量

先清洗玻璃制品，然后清洗不易在水中停留太长时间的筷子和木质的碗等。这中间，可以将饭碗、茶碗等浸泡在水中，洗的时候，上面的顽固污渍和残留物已经被浸泡掉了，洗起来就变得轻松多了！最后再清洗有油渍的餐具。

3. 在正式洗涤之前，用热水冲洗有油的餐具

在将油污清理干净后，马上用海绵把剩下的油污吸一下，然后一边用热水冲洗一边用刷子将油污彻底刷干净，这样就可以和其他餐具一起清洗了。

4. 不要扩大油污的污染面积

一餐完毕，把用完的餐具拿到厨房的时候，清洗工作就已经开始了。此时，不要把油渍重的餐具与别的餐具叠放，避免扩大油渍的污染面积。并且应把其他的餐具按照不同种类和用途分别叠放。

如何选择餐具的洗涤剂

随着社会的发展，人们生活水平日益提高，环境意识日益加强，对餐具洗涤用品的要求已从 “洗得了”向“洗得好”转变。不仅要求餐洗用品功能齐全效果卓越，而且要求使用时性能温和，无公害，趋向“绿色”。那么，怎样才能选好、用好餐具洗涤用品呢?

在市场上选购餐具洗涤剂，首先是看标签标识，正规厂家生产的餐洗用品包装整齐、明确，特别是标签（或标贴）商标图案印刷清晰（图案套印准确、不模糊），无脱墨现象。标签（或瓶身）应有生产许可证号、卫生许可证号和生产日期。另外，正规厂家也会一一标明使用说明、执行标准、净含量、厂址、保质期等。

要进一步对餐洗用品进行判别，还要看其本身的感观：正规厂家的产品都带有一定的香味（以水果香型为主），无异味，稠度适中，无分层、无悬浮物。

正确使用餐具洗涤剂也有讲究，一般餐具上的油腻，使用后漂清即可。对瓜果蔬菜怎样才算真正洗净呢?

不少人往往认为用清水洗过，上面没有泥土灰尘就行。其实不然，因为农药等有毒物质在生产过程中，要加入一些油性载体，以便喷洒和使用时能有效地黏附在农作物表面，达到杀灭虫害的目的。这些有毒残余附着物和其他病菌，光用清水是无法洗干净的。正确的方法是将瓜果蔬菜洗去泥土脏物后，放在清水中，滴几滴餐洗用品，搅拌一下，浸泡十来分钟，再漂清，才可放心大胆地食用。

因为餐具洗涤剂中所含的多种活性物和乳化剂能把各种污渍和有害物质变成溶解于水的乳化物,随水漂走。此外,餐具洗涤剂中还含有灭菌消毒成分,能够除去对人有害的微生物,防止病从口入。

正确使用洗碗机

洗碗机是用来自动清洗碗、筷、盘、碟、刀、叉等餐具的设备，按结构可分为箱式和传送式两大类。它为餐厅、宾馆、机关单位食堂的炊事人员减轻了劳动强度，提高了工作效率，并增进清洁卫生。现在，多种小型洗碗机已经上市，正逐渐进入普通餐馆。

那么餐馆该如何正确使用洗碗机呢?

1. 准确选择程序

（1）餐具沾满油渍污垢，则必须选用标准或强力洗碗程序，不要选择快速或经济模式。因为如果洗碗机的时间和温度都得不到保证。洗碗机的洗涤效果当然会不好。

（2）用台式洗碗机时，不要将洗碗粉投放于预洗程序段，因为一般预洗只是冲冲渣，以便进一步清渣。洗碗粉应投放于洗碗程序启动前，才可以确保洗碗效果。

（3）有些人反映洗碗机干燥不理想，常见的原因也是在程序或模式方式上选择了经济快速档，故使得机体内部温度低，餐具无法被烘干，事实上，经济快速档是为了快速、节能而设置的模式，不适用于正常清洗。如使用标准或强力模式洗，洗碗机就可保证餐具的干燥程度大于 95%，如果洗碗机内胆上还有未干的水蒸气凝结的小水珠，也属正常情况，不会影响餐具的卫生和使用。

2. 准确摆放餐具

在餐具放入洗碗机之前，用筷子或其他工具将餐具表面的残渣大致清理一下。如果有不易洗涤的残渣，应浸泡 1 ～ 2 小时后再放入洗碗机。

根据容量的大小，洗碗机碗篮有不同的组合：单一碗篮或上、下两层碗篮。

单一碗篮的洗碗机，其碗篮的上部适合放置茶杯、较矮的玻璃杯等，碗篮下部适放置饭碗、汤碗、餐盘等，在碗篮中的筷叉篮内，可放置筷子、勺子、刀叉；上、下两层碗篮的洗碗机，其上碗篮适合放置较小的餐具，如茶杯、茶托、玻璃杯、碟子、小碗、脏污程度较轻的浅碗等；下碗篮适合放置碟、汤碗、餐盘、平锅、锅盖等，在下碗篮中的筷叉篮内，可放置筷子、勺子、刀叉等。

餐具摆放一般规则：

（1）餐具摆放时，应保证两件之间不能出现上下叠放。

（2）餐具应切实放置，避免洗涤过程中，餐具被水流冲动，相互碰撞而导致餐具破损。

（3）餐具放置不能挡住喷臂的旋转运动，否则会降低洗涤效果。

（4）盘碟类的餐具放置在碗篮内的状态呈直立，最好是盘口略微上仰的倾斜状态，碗类餐具放置后也是直立状态、碗口略微倾斜向下，很深的碗和各类杯、盆应口部向下扣放，但应有一定倾斜角，保证碗底不易积水即可。

3. 其他注意事项

在使用洗碗机的过程中，以下事项需要特别注意：

（1）使用洗碗机时，必须接上地线，以确保安全。

（2）要经常保持洗碗机内外的清洁卫生。

（3）正常使用时，最好两周左右一次，用刷子刷去过滤器上的污垢和积物，并进行空洗一次，以防堵塞。

（4）水杯内每月应用一些除臭剂清除臭气 1 ～ 2 次。

（5）为了更好地清洗餐具，并达到好的洗净效果，应采用专用的洗碗机洗涤剂来清洗餐具，而不可用肥皂水或洗衣粉来代替。

（6）专用洗涤剂的特点是低泡沫、高碱性，因此不能直接用手工洗涤，以免灼伤皮肤。

（7）洗碗机采用冷凝式烘干，平时，如果在不急于立即使用清洗后餐具，在没有洗涤结束提示音前，请不要打开柜门，以让它充分利用余热烘干。另外，最好在洗碗机程序结束 30 分钟之后，将洗碗机门体微开，让机器处于通风状态，这样餐具在烘干完成之后就不会再凝结水珠。如果不按照上述操作执行，虽然机器在程序结束之后，也是在余温烘干的状态中，洗碗机内的水蒸气会在机器内部形成水雾，在温度降低之后，水雾就会凝结成水珠，滴落在餐具上。

第二十四章 餐厅的质量管理

质量是餐厅的生命

“酒香不怕巷子深”，关键是酒要香，没有让顾客满意的产品和服务质量，良好的口碑只能是空谈。有的餐厅，没有将精力放在提高产品的核心竞争力上，只一味地进行铺天盖地的广告宣传和大量的促销活动，却往往没有取得很好的效果。有的餐厅，虽然曾经有过良好的口碑，却固步自封，忽视了对质量的提升，最终只能被激烈的市场竞争所淘汰。

众所周知，餐厅的产品是由有形的菜品、设施和无形的服务组成的，而餐厅服务又具有四大特点，即：餐厅服务的无形性、不可储存性、差异性和生产与销售的同时性。餐厅服务的无形性是指：服务作为一种产品是看不见、摸不到、非物质化、非数量化的，而且客人在购买某项服务前不可能对其进行检验或试用；餐厅服务的不可储存性是指餐厅不可能像工厂、商店那样把服务储存起来以满足将来的需要。

而一家餐厅提供的同一产品不可避免地存在着质量、水平的差异，甚至某一员工在不同的时间，不同的场合或对不同的对象所提供的服务往往水平不一、质量不同。这就是说餐厅服务产品不能通过销售渠道被送到外地出售，而消费者和生产者必须直接接触，这就使得餐厅的经营管理不同于其他产业。餐厅提供的产品以及服务的质量决定着餐厅的存亡，堪比餐厅的生命线。

餐厅的质量从头抓起，首先就要确保要使餐厅生产的菜点保质保量，不粗制滥造、以次充好，凡不符合质量标准的成品一律禁止进入餐厅销售。从管理上讲，要提高菜肴质量，必须抓好每一道菜品的标准，而且从头抓起，一抓到底，即从原料的采购、加工、切配、烹调、装盘、服务等方面都要制定一系列标准。

餐厅的食品质量是餐厅质量最重要的一个表现。而食品质量是由各种要素组成的，这些要素被称为食品所具有的特性，不同的食品特性各异。因此，食品所具有的各种特性的总和，便构成了食品质量的内涵。按照国家标准 GB/T 19000–2000（ISO 9000：2000）对质量的定义，我们可以将食品的质量规定为：食品的一组固有特性满足要求的程度。

这里所说的“要求”是指明示的、通常隐含的或必须履行的需求或期望。“明示的”可以理解为有表达方式的要求，如在食品标签、食品说明中阐明的要求，消费者明确提出的要求。“通常隐含的”是指消费者的需求或期望是不言而喻的，如食品必须保证食用者的安全，不能造成对人体的危害。“必须履行的”是指法律法规及强制性标准的要求。“要求”往往随时间而变化，与科学技术的不断进步有着密切的关系。“要求”可转化成具有具体指标的特性。

“要求”也包括安全性、营养性、可食用性、经济性等几个方面。食品的安全性是指食品在消费者食用、储运、销售等过程中，保障人体健康和安全的能力；食品的营养性是指食品对人体所必需的各种营养物质、矿物质元素的保障能力；食品的可食用性是指食品可供消费者食用的能力，任何食品都具有其特定的可食用性；食品的经济性指食品在生产、加工等各方面所付出或所消耗成本的程度，既能满足消费者的需求，又能使之能够承受价格。

食品原料采购过程的质量控制

采购是餐厅质量管理控制的第一个环节，也成为在实际经营中餐厅食品原料成本控制的首要环节。由于食品原料种类繁多，季节性强，品质差异较大，因而采购的质量和价格对食品成本有直接的影响。食品原料采购的质量控制应该从以下方面注意：

一、采购人员的选择

采购人员的选择对于餐厅的产品质量和成本控制来说极其重要。如有的餐厅有先进的设备、一流的服务和手艺精湛的厨师，但经济效益却总不理想，除客观原因外，重要的一点就是采购人员选择不当，导致采购的原料质差价高，使原材料浪费多，再加上采购人员捞取回扣，这些直接导致原料成本的加大，降低了毛利率。因此，合格的采购员是搞好采购的前提，一个餐厅的经营是否成功，一看厨师水平，再者就是采购员了。

1. 采购人员应有的职业道德

采购的业务素质再高，如果不具备职业道德素养，也不能成为合格的采购员。他必须具有诚实、精明、实干的品性，一切以集体利益为重，不能以权谋私，不接受礼物和高价采购、不收取回扣。

2. 采购人员应具备的业务素质

采购人员虽然不必都是厨师，但至少应知道各类原料的品质特点、产地、性能、应用和一般的加工方法和保存方法，并且会辨别原料的等级，特别是一些高档原料，例如：燕窝是雨燕之窝，透明、毛少者为上品，而污浊、毛多者为下品。

二、制定严格的采购制度

没有一个严格的采购制度，就无法对采购进行有效的控制，还极易导致采购部门与厨房之间产生矛盾，也容易出现舞弊现象，造成成本上升。由于不同餐厅的规模、经营方式各不相同，其组织结构和管理方法也不尽相同。大饭店一般都设有采购部，小型餐厅设有专职采购员，但有一点要求相同，即岗位应明确，职责应清楚，使采购人员应知道做什么，不该做什么，如何做，有哪些责任。这一系列制度，都应根据自身情况而定。

三、采购的程序

不同的地区，不同餐厅饭店，采购的程序各自存在差异，但一般来说主要包括以下 2 个步骤：

1. 填写采购清单

该清单一般由仓库保管人员填写，他们根据货品消耗情况及库存情况，填写需要采购的物品。

2. 采购订单

采购人员接到采购清单后，了解市场行情，着手实施采购。

四、采购原料的数量管理

采购质量标准在一段时间内可相对稳定，而采购数量应根据客源和库存量的变化不断进行调整。所有原料都会变质，只是有的变质快些，有的变质慢些，餐厅应该尽可能采取“日常采购法”，当天用的原料当天购买，主要是保证原料的新鲜度和利于资金的周转。

1. 易腐性原料的采购数量

易腐性原料是指鲜活货，购进的原料主料应立即使用，用完后再重新购买。

2. 非易腐性原料的采购数量

非易腐性原料不易迅速变质，为减少工作量，在资金宽松的情况下，可较大数量的贮存，这类原料是干制品原料和罐头装原料，多采用“估计定期采购法”，也就是说在经营状况稳定下，估计货物的日消耗量，预计何时用完，及时定期购买补充。

五、采购的质量管理

为做好原料的购进工作和生产出质量稳定的菜品，必须使用质量稳定的原料，这需要制定“标准采购规格”，其内容包括原料的名称、部位、产地、等级、外观、色泽、新鲜度。制定“标准采购规格”，能根据菜单预先确定各种原料的质量要求，使菜品原料的采购质量得以保证，避免因采购不稳定而引起产品质量下降。该标准也可作为验收的质量标准依据，以便严格控制原料的质量。

标准采购规格是根据菜单提供的菜品要求而编制的，使用固定菜单的餐厅，在一段时间内其产品相对稳定，原料的采购规格也相对稳定，如果菜单变化或市场条件发生变化，采购规格就应根据形势而调整，需修改或重新制定。确定标准规格是保证采购产品达到理想质量标准的一项重要措施。

（1）一切原料必须定点采购，并定期对定点采购点进行重新评价审核。

（2）采购食品和食品原料等必须向供货方索取检验合格证或化验单。畜禽类要索取检疫证。应查供货方是否有经销食品卫生许可证。向供货方提出食品质量要求，并查看食品质量。

（3）采购定型包装食品或添加剂时，要查验食品标签必须有品名、厂名、厂址、生产日期、优质日期、批号、配方或成分等。包装标识必须清楚、容易识别，必须有中文标识。

（4）制定原料采购中食用价值、成熟度、卫生状况及新鲜度四项具体标准，凡原料食用价值不高、腐败变质、受过污染或本身带有病菌和有毒素的原料就不能够购进，对形状、色泽、重量、质地、气味等方面不符合标准的原料，不予采购。

六、采购的价格管理

餐饮原料品种多，采购次数频繁，许多产品市场价格浮动较大，价格很难标准化。为了以最低的价格购得最优质的原料，餐饮管理人员和采购员必须在确定价格前提前调查市场行情，在确定价格时，采购人员应直接与供应商洽谈，取得所需原料的合理报价，或联络多方供货商悄悄报价，实行货比三家，采用最低价位。

总之，餐厅必须把好原材料采购的质量关，保证采购的原材料没有变质情况。餐厅可以根据烹制各种菜肴的实际要求，制定各类原料的采购标准，并在采购中坚持使用。采购质量控制可以通过编制采购规格说明书规定规格标准。规格标准是根据餐厅的需要，对所采购的各种原料作出详细而具体的规定，其主要内容包括：原料产地等级、性能、大小、个数、色泽、包装要求、肥瘦比例、切割情况、冷冻状况等。餐厅可以在采购时选择可靠的供应商，并在交货环节把好质量关，并对以上内容做出明文规定。

餐厅要掌握原材料检验的方法

在采购物资到货之后，就要对采购原料进行严格的验收。如果只对原料的采购进行控制，而忽视验收这一环节，往往会使对采购的各种控制前功尽弃。供应商在发货时会有意无意地超过订购量，或缺斤短两，或质量不符合餐厅的要求，高于或低于采购规格；账单上的价格也往往与商定的价格大有出入。因而验收管理是餐厅质量管理和成本控制中不可缺少的重要环节。

一、建立合理的验收体系

一旦进货之后，就不能把不合格的货物再卖出去，因此餐厅管理人员应首先建立一套合理、完整的验收体系，保证整个验收工作在机制、体系上完善。

1. 验收员的配备

在餐厅经营中应设专人负责食品饮料的验收，验收员必须聪明、诚实，对验收工作感兴趣，食品原料知识丰富。如果人手不够，验收员可由仓库保管员兼任。验收员的主要职责是检查送货的数量是否符合订购的数量，原料的质量是否符合采购规格，价格是否符合商定的标准。验收员还要控制退出的包装箱、饮料瓶中是否混入未用的原料。

2. 实用的验收设备和器材

餐厅一般设有验收处或验收办公室。它的位置一般在餐厅的后门或边门，这样送货车开到餐厅后门就可以看到验收处，以便于验收。此外要有足够的空地便于卸货。

为使验收工作更有效率，就要有适当的设备和工具，磅秤是验收部最重要的工具。验收部可配备重量等级不同的磅秤，各种磅秤都应定期校准，以保持精确度。

3. 科学的验收程序和良好的验收习惯

验收程序规定了验收工作的工作职责和工作方法，使验收工作规范化。同时，按照程序进行验收，养成良好的习惯，是验收高效率的保证。

4. 经常的监督检查

餐厅管理人员应不定期检查验收工作，复查货物的重量、数量和质量，并使验收员明白，管理人员非常关心和重视他们的工作。

二、验收控制程序

1. 数量验收控制

验收人员对进货数量进行控制时，要检查发送原料的实物数量与订购单和账单上的数量是否一致。带外包装及商标的货物，在包装上已注明重量的要仔细点数，必要时要抽样称重，核实包装上的重量是否正确。对于以箱或盒包装的货物要开箱检查，检查箱子是否装满，无包装的货物要过秤。订购单上有采购货品的品名和数量，要检查发送货物的品种和数量是否与订购单上的一致。供应商送来的账单也有货物的名称和数量，要检查账单上列出的品名是否都收到，数量是否正确，重量是否充足。

2. 质量验收控制

验收人员在控制质量时，要检查实物原料的质量和规格是否与标准采购规格和订购单相符，账单上的规格是否与订购单上的一致。为防止供应商和采购员以次充好，验货时必须与标准采购规格进行对照。对于玻璃瓶身金属盖的瓶装食品，要检查盖子是否已凸起变形，金属罐装食品的罐是否已变形，并要核查是否已过保质期；检查蔬菜、水果有否腐烂；检查肉类是否符合规定的部位并留意是否掺水；饮料要注意商标牌与订购单和账单是否相符。

3. 价格验收控制

在验收价格时，要认真检查账单上的价格与订货单上的价格是否一致，以免餐厅受损。

食品原料加工的质量控制

1. 制定原料加工标准

原料加工好坏是保证菜肴质量的关键，如果原料在加工中无标准或不合格，无法提高质量菜肴，就会出次品。所以，制定每种干货或鲜货原料的加工标准，明确其加工时间、净料率、方法、质量指标等，这样不但保证菜肴质量，而且有利于成本控制。

2. 制定原料切配标准

切配是菜品成本控制的核心，也是保证产品质量的主要环节。无论是切还是配都应有一个严格的标准，如原料在切制时必须大小、粗细、厚薄一致，配菜时主料与配料的比例要量化，配置同一菜肴、同一价格、同一规格应始终如一，绝不能今天多，明天少，规格质量和样式风格都要保持其统一性。管理人员要经常核实配料中是否执行了规格标准，是否使用了秤量、计数和计量等工具，这样才能保证餐饮的成本，并能维护顾客的利益。

3. 制定菜肴烹调标准

烹调的出品质量不仅反映了厨房加工生产的合格程度，也关系到餐厅的销售形象。每个菜肴在烹调过程中所需的火候、加热时间、各种味型的投料比例及成菜后的色、香、味、形、器都应有标准，也就是人们常讲的“标准菜谱”。每一个菜都要注明所用的原料、制法、特点，包括用什么盛器装置，成菜后的式样、温度等都要写清楚，并附上照片，便于厨师进一步掌握。只要厨师按标准去操作，无论谁烹调其标准始终如一。

4. 制定装盘卫生标准

每个菜品的装盘都应根据菜肴的形状、类别、色泽和数量等选择合适的器皿，如炒菜宜用平盘，汤羹类宜用汤盆，整条、整只菜肴宜用长盘，特殊菜肴宜用特制的火锅、汽锅、陶瓷罐及玻璃器皿等。为了使菜肴更加美观，增进食欲，可适当用瓜果、叶菜进行点缀和装饰。同时，还要注意菜品的盛装卫生标准，做到盛器无污垢、缺口、破损。

优质的产品是在严格全面的质量管理下产生的，消除食品生产流程中可能造成不合格产品的诸多因素，引进与使用科学的先进设备，对产品质量提供可靠的保证，形成比较稳定的、生产优良产品的科学体系，实行防检结合，以防为主，把“事后检验把关”转移到“事先的工序控制”上，逐步使餐厅走上规范化、科学化、制度化、程序化的轨道。

食品原料储存的质量控制

餐厅食品原料的储存管理是控制好餐厅食品质量的一个重要环节。如果由于对食品原料的储存管理混乱，引起食品原料变质腐烂，或丢失以及被挪用，致使餐厅的成本和经营费用提高，而客人却得不到高质量的饮食。

加强储存管理要求餐厅改善储存设施和储存条件，合理搞好库存物资的安排，加强仓库的保安和清洁卫生工作，注意温度、湿度及通风等问题，以提高储存的有效管理。

一、食品原料的储藏目的及分类

1. 食品原料储藏的目的

（1）保证菜单上所有菜品和酒水得到充足的供应而不断档。餐厅在经营过程中尽量不要出现客人按菜单点菜时不能供应的现象。为避免这种情况的发生，餐厅就要按菜单上的菜品储存足够的原料以保证供应。

（2）弥补生产季节和即时消费的时间差。餐厅所需的原材料大多是有生命的产品。这些产品中有的可以常年供应，价格也没有太大的变化，而有的产品则存在着生产的淡旺季。

因此，为了降低成本，要在保证其不会变质的前提下，于淡季来临前，多储存一些季节性的食品原料，以弥补生产季节和即时消费的时间差。

（3）弥补空间上的距离差从订购、购买到交货这一采购过程不是即时完成的，它需要一个时间过程。因此，储藏必须能够保证在这几天中的原料供应，不能脱销、断档。

（4）防止细菌的传播与生长冷藏不但可以延长原料的保存时间，还可以防止细菌传播以及食品内部细菌的繁殖与生长。

2. 原料的储藏分类

原料因质地、性能的不同，对储存条件的要求也不同。同时，因原料使用的频率、数量不同，对其存放的地点、位置、时间要求也不同。为此，餐厅应将原料分门别类地进行储存。根据原料性质的不同，可分为食品类、酒水类和非食用物资类储存；按原料对储存条件的要求，又可分为干货库储藏、冷藏库储藏、冷冻库储藏等。

二、食品原料的储藏管理

为了做好食品原料的储藏，必须了解温度、湿度、通风、照明与食品原料储存的关系，并在仓库设计时考虑这些因素。

1. 干货原料的储藏管理

干货原料主要包括面粉、糖、盐、谷物类、干豆类、饼干类、食用油类、罐装和瓶装食品等。干货食品宜储藏在阴凉、干燥、通风处，不贴近地面和墙壁。同时，要注意以下几点：

（1）合理分类、合理堆放。按各种干货原料的不同属性对原料进行分类并存放在固定位置，然后再将属于同一类的各种原料按名称的部首笔画或字母顺序进行排列。也可以根据各种原料的使用频繁程度存放，如使用频繁的物品存放在库房门口易取的地方，反之则放在距门口较远的地方。

（2）货架的使用。干货仓库一般多使用货架储藏食品原料。货架最低层应距地面至少10厘米，以便空气流通，避免箱装、袋装原料受地面湿气的影响，同时也便于清扫。

（3）温度的要求。干货仓库的最佳温度应控制在15℃～21℃之间。温度低一些，食品保存期可长一些，温度越高，保存期越短，所以干货库应远离发热设备。

（4）对虫害和鼠害的防范。所有干货食品都应包装严密，已启封的食品要储藏在密封容器里，要定期清扫地面、货架，保持干净卫生，不留卫生死角。防止虫鼠滋生。

（5）所有干货食品要注明日期，按先存先取原则盘存。食品都有保质期，注明日期、先存先取，可以避免因原料过期而造成浪费。

2. 鲜货原料的冷藏管理

鲜货原料包括新鲜食品原料和已加工过的食品原料。新鲜食品原料指蔬菜、水果、鸡蛋、奶制品及新鲜的肉、鱼、禽类等。加工过的食品原料指切配好的肉、鱼、禽类原料，冷荤菜品、蔬菜与水果色拉、各种易发酵的调味汁、剩余食品等。

新鲜原料一般需使用冷藏设备。冷藏的目的是以低温抑制细菌繁殖，维持原料质量，延长其保存期。对冷藏原料有以下要求：

（1）所有易腐败变质食品的冷藏温度要保持在4℃～5℃以下。

（2）冷藏室内的食物不能装得太挤，各种食物之间要留有空隙，以利于空气流通。

（3）尽量减少冷藏室门的开启次数。

（4）保持冷藏室内部的清洁，要定期做好冷藏室的卫生工作。

（5）将生、熟食品分开储藏，最好每种食品都有单独的包装。

（6）如果只有一个冷藏室，要将熟食放在生食的上方，以防生食带菌的汁液滴到熟食上。

（7）需冷藏的食品应先使用干净卫生的容器包装好才能放进冰箱，避免互相串味。

（8）需要冷藏的热食品，要迅速降温变凉，然后再放入冷藏室。

（9）需要经常检查冷藏室的温度，避免由于疏忽或机器故障而使温度升高，导致食品在冷藏室内变质。

（10）保证食品原料在冷藏保质期内使用。

（11）冷藏食品原料保存中的其他注意事项：

①入库前需仔细检查食品原料，避免把已经变质、污染过的食品送入冷藏室。

②已加工的食品和剩余食品应密封冷藏，以免受冷干缩或串味，并防止滴水或异物混入。

③带有强烈气味的食品应密封冷藏，以免影响其他食品。

④冷藏设备的底部、靠近制冷设备处及货架底层是温度最低的地方，这些位置适于存放奶制品、肉类、禽类、水产类食品原料。

3. 饮料和酒水储藏

饮料和酒水库存放各种软饮料、果汁和酒水。有些名贵酒水质量娇嫩，特别是各国的名酒、香槟酒、名贵的葡萄酒等，因而酒水的储存条件应适当。酒水库应设在阴凉处，库内光线不能太强，更不能有阳光直射或辐射。酒水不可与其他有特殊气味的物品一起储存，以免酒品受到污染并产生异味。酒水的储存应避免经常震动，否则酒味会发生变化。一般的酒水可以在常温下储存，有些酒水需要稳定的温度。

不同的酒类需要不同的储存条件，宜采取不同的保存方法。

（1）葡萄酒。一般葡萄酒可在常温下储存。名贵的红葡萄酒最好在12℃～15℃的温度下储存，名贵的白葡萄酒的储存温度宜更低些，最佳温度为10℃～12℃。红、白葡萄酒可在同一仓库中储存，但要放在不同的盛器中，并采用不同的空气流通方法和冷却方法。葡萄酒应平躺在酒架上，这样可使软木塞长期浸泡在酒液中而不至于干缩。瓶塞干缩会使空气进人酒瓶，而与里面的酒液发生化学反应，从而导致酒液变色，或产生危害酒质的细菌而使酒液变质。

（2）香槟酒。香槟酒特别是一些名贵的香槟酒，其生产经过两次发酵并在酒厂里存放了2～5年后才出厂销售。香槟酒中含大量的二氧化碳气体，储存期间一定要避免强烈震动。香槟酒存放时也要注意平躺或瓶口向下倾斜，使软木塞保持湿润。香槟酒与葡萄酒一样要在温度较低的条件下储存，温度太高会使酒液老化。储存时湿度不宜太大，湿度太大会使瓶塞和酒标发生霉变，影响酒品的质量和形象。

（3）烈性酒。普通的烈性酒不需要特殊的储存条件。因为烈性酒受空气影响不大，并可以储存很长时间。但要注意防止金属瓶盖生锈和发生变化。

餐厅服务质量的控制

根据餐饮服务的三个阶段，准备阶段、执行阶段和结果阶段，餐饮服务质量的控制可以相应地分为预先控制、现场控制和反馈控制。

一、餐饮服务质量的预先控制

所谓预先控制，就是为使服务结果达到预定的目标、在开餐前所做的一切管理上的努力。预先控制的目的是防止开餐服务中使用的各种资源在质量上产生偏差。

预先控制的主要内容是：

1. 人力资源的预先控制

餐厅应根据自己的特点，灵活安排人员班次，以保证有足够的人力资源。那种“闲时无事干，忙时疲劳战”或者餐厅中顾客多而服务员少、顾客少而服务员多的现象，都是人力资源使用不当的不正常现象。

在开餐前，必须对员工的仪容仪表作一次检查。开餐前数分钟所有员工必须进入指定的岗位，姿势端正地站在最有利于服务的位置上。女服务员双手自然叠放于腹前或自然下垂于身体两侧，男服务员双手背后放或贴近裤缝线。全体服务员应面向餐厅入口等候宾客的到来，给宾客留下良好的第一印象。

2. 物质资源的预先控制

开餐前，必须按规格摆好餐台，准备好餐车、托盘、菜单、点菜单、订单、开瓶工具及工作台小物件等。另外，还必须备足相当数量的“翻台”用品，如桌布、口布、餐纸、刀叉、调料、火柴、牙签、烟灰缸等物品。

3. 卫生质量的预先控制

开餐前半小时对餐厅卫生从墙、天花板、灯具、通风口、地毯到餐具、转台、台布、台料、餐椅等都要作最后一遍检查。一旦发现不符合要求的，要安排迅速返工。

4. 事故的预先控制

开餐前，餐厅主管必须与厨师长联系，核对前后台所接到的客情预报或宴会指令单是否一致，以避免因信息的传递失误而引起事故。另外，还要了解当天的菜肴供应情况，如个别菜肴缺货，应让全体服务员知道。这样，一旦宾客点到该菜，服务员就可以及时向宾客道歉，避免事后引起宾客不满。

二、餐饮服务质量的现场控制

所谓现场控制，是指现场监督正在进行的餐饮服务，使其规范化、程序化，并迅速妥善地处理意外事件。现场控制的主要内容是：

1. 服务程序的控制

开餐期间，服务员按标准服务程序服务，发现偏差，及时纠正。

2. 上菜时机的控制

掌握上菜时间要根据宾客用餐的速度、菜肴的烹制时间等，做到恰到好处，既不要宾客等待太久，也不应将所有菜肴一下子全上去。

3. 意外事件的控制

餐饮服务是面对面的直接服务，容易引起宾客的投诉。一旦引起投诉，一定要迅速采取弥补措施，以防止事态扩大，影响其他宾客的用餐情绪。如果是由服务态度引起的投诉，除向宾客道歉外，还应替宾客换一道菜。发现有醉酒或将要醉酒的宾客，应告诫服务员停止添加酒精性饮料。对已经醉酒的宾客，要设法让其早点离开，以保护餐厅的气氛。

4. 人力分配的控制

开餐期间，服务员虽然实行分区看台负责制，在固定区域服务（一般可按照每个服务员每小时能接待 20 名散客的工作量来安排服务区域）。但是，应根据客情变化，进行第二次分工、第三次分工……如果某一个区域的宾客突然来得太多，就应从另外区域抽调员工支援，等情况正常后再将其调回原服务区域。

当用餐高潮已经过去，则应让一部分员工先去休息一下，留下一部分人工作，到了一定的时间再交换，以提高工作效率。这种方法对于营业时间长的餐厅特别必要。

三、服务质量的反馈控制

所谓反馈控制，就是通过质量信息的反馈，找出服务工作在准备阶段和执行阶段的不足，采取措施加强预先控制和现场控制，提高服务质量，使宾客更加满意。

信息反馈系统由内部系统和外部系统构成。内部系统是指信息来自服务员和厨师等有关人员。因此，每餐结束后，应召开简短的总结会，以不断改进服务质量。信息反馈的外部系统，是指信息来自宾客。为了及时得到宾客的意见，餐桌上可放置宾客意见表，也可在宾客用餐后主动征求客人意见。总之，建立和健全两个信息反馈系统，餐厅服务质量才能不断提高，更好地满足宾客的需求。

能够提高服务质量的小细节

餐厅的服务中包含着众多的细节，而这些细节工作在繁忙的过程中，又是很容易被忽视的，每个细节都会影响餐厅服务的质量水平，并且会对餐厅的高效顺畅的运营产生直接的影响。所以有一些小细节能够提高餐厅的服务质量，需要我们引起注意：

（1）服务中忌“左右开弓”。

（2）未摆台的情况下，先招呼顾客再摆餐位。

（3）不要围观顾客的行为。

（4）推销酒水要从顾客点菜过后开始。

（5）开有汽的酒水不能面朝顾客。

（6）上菜过程中要注意上菜速度、分量、和热度。

（7）服务过程中要走动巡台，切忌站在一个地方不动。

（8）服务中是以顺时针方向前进，除非顾客特殊要求。

（9）“眼观六路、耳听八方”，留意顾客动向或手势，把服务做在顾客开口之前。

（10）熟悉餐厅的菜式，有不明白的及时询问。

（11）报菜名要完整、清晰。

（12）勤换烟灰盅，烟灰盅有两个以上烟头时注意更换。

（13）久等未上菜，应主动去催，如果菜太快，应知会停菜或上菜速度减慢。

（14）顾客走时提醒顾客带好自己的随身物品，并绕桌一周帮助检查是否有遗漏。

信息反馈系统由内部系统和外部系统构成。内部系统是指信息来自服务员和经理等有关人员。因此，每餐结束后，应召开简短的总结会，以不断改进服务质量。信息反馈的外部系统，是指信息来自宾客。为了及时得到宾客的意见，餐桌上可放置宾客意见表，也可在宾客用餐后主动征求客人意见。宾客反馈回来的投诉，应予高度重视，保证以后不再发生类似的质量偏差。总之，建立和健全两个信息反馈系统，餐厅服务质量才能不断提高，更好地满足宾客的需求。

对餐厅服务质量的监督

对餐厅服务质量进行监督检查，是提高餐厅服务质量的法宝。既能够有效督促服务人员，又能够及时发现服务过程中存在的一些漏洞。

1. 餐饮服务质量监督的方法

（1）要制定并执行各项管理制度和岗位规范。按照制度和规范对工作人员进行监督，实现服务质量标准化、规范化和程序化。

（2）要及时通过反馈系统了解服务质量情况，及时总结工作中的正反典型事例并及时处理投诉。

（3）认真组织调查研究，分析服务中的薄弱环节，提出改进和提高服务质量的方案、措施和建议，促进餐饮服务质量和经营管理水平的提高。

（4）组织定期或不定期的评比和优质服务竞赛活动，通过活动激发工作人员的活力。

2. 餐饮服务质量检查的主要项目

根据餐饮服务质量内容中的礼节礼貌、仪表仪容、服务态度、清洁卫生、服务技能和服务效率等方面的要求，可将其归纳为服务规格、就餐环境、仪表仪容和工作纪律四项，这既可作为常规管理的细则，又可将其数量化，作为餐厅与餐厅之间、员工与员工之间竞赛评比或员工考核的标准。

比如餐厅可以列一个表格，可视餐厅本身的等级和餐厅的具体情况增加或减少检查细则项目，还可将四大类检查项目分为四个检查表分别使用。在表格的“等级”栏目中，也可将“优、良、中、差”分别改为得分标准，如将“优”改为得4分，“良”得3分，“中”为2分，“差”为1分，最后将四大项八十个细则得分进行评比。

第二十五章 餐厅的卫生管理

餐厅卫生的重要性

在人人追求健康长寿的今天，餐饮业卫生安全问题的重要性是不言而喻的，它无论是对于广大的餐饮消费者来说，还是对于餐饮经营者而言都是至关重要的一个环节。但归结起来，可从如下几个方面来认识餐饮卫生安全的重要性。

1. 餐饮卫生是餐饮经营的基本保证

从宏观意义上讲，餐厅所提供的产品是“服务”，而构成“服务”这一产品的内容是包含很多具体项目的，其中最基本的部分是菜品、饮料等食品。到酒店、餐厅就餐的客人，首要的目的是为了食用各种各样的菜品、饮品，以满足生理上的需要，以延续生命的存在，那么食品中任何对人体有害的因素都是不应该存在的。否则，人们如果在食用菜品时造成了对身体健康，乃至生命的威胁，那么进食也就失去了延续生命活动的意义。

所以，餐饮业加工销售的菜品、饮料等食品，首先必须是干净卫生、安全无害的，这是餐饮生产经营的基础，是餐厅能够得到发展的基本保证。试想如果一个餐厅连基本的餐饮卫生都保证不了，还怎么去谈餐厅的发展呢?

2. 餐饮卫生是维护餐饮消费者的利益

餐饮消费者到饭店、餐厅进餐时，最关心的问题就是菜品等食品是否卫生安全，这在前面已有论述。对于餐饮经营者来说，要想赢得广大客人的信赖，首先的问题是要以维护餐饮消费者的人身利益为首要。这就要求餐厅生产销售的食品卫生干净、安全可靠，不会给就餐者带来任何不安全因素。

而有一些餐厅对自己产品的卫生往往以马马虎虎的态度对待，导致就餐中时有食物中毒等不安全的事件发生，给消费者造成了不应该的人身伤害和财产损失。

3. 餐饮卫生是维护员工的卫生健康

如果是在卫生条件欠佳、环境污染严重的场所内加工制作餐饮食品，不仅会对餐饮产品的卫生形成威胁，同样也会对食品加工人员的自身带来不安全的因素，甚至会影响餐厅员工的身体健康。所以保证餐饮的卫生安全，不仅是餐饮餐厅发展的基本保证、维护餐饮消费者的利益，同时也可以在很大程度上维护从事菜品加工制作员工的卫生安全与身体健康。

4. 餐饮卫生是保障餐厅的利益

如果餐厅加工销售的菜品等食品含有对人体有害的因素，一旦给消费者造成伤害时，餐厅就要承担一定的道义责任，甚至法律责任。轻者对受害人进行必要的经济赔偿，重者会受到法律的制裁。因此，从有效保障餐厅的利益方面来看，餐饮产品卫生也是不可忽视的，必须把任何不卫生、不安全的因素控制在最低水平。因此一方面需要食品防疫部门、卫生部门等对餐厅的食品卫生实施监督，另一方面需要餐厅自身对餐厅的卫生提高重视度，以确保餐饮的卫生安全性，使消费者、餐厅、餐厅员工等各方面的根本利益得到维护。

餐厅场地的卫生控制

餐厅场地由内到外从餐厅的厨房到外部大厅，包括厕所等，都需要对其卫生状况引起重视。有人说："后厨没有干净的"，为了避免给顾客留下这样的印象，就应该特别重视从厨房到餐厅之间以及各个场地的清洁，让就餐的客人感觉到餐厅的秩序和条理。

1. 餐厅大厅的清洁

（1）地面一定要保持清洁，每天都要用拖把拖干净。如果有铺设地毯，则每月至少要彻底吸尘两次，并进行消毒处理。

（2）桌子和椅子要每天都擦洗，如果损坏了，要立刻进行更换，以免对人员造成伤害。

（3）一次性台布要每客换洗、消毒，如果出现了破损，则不能继续使用，应当进行更换。

（4）桌上的摆设品也要整齐、干净，如果有破损，也应该立即更换。

（5）店内的植物若是出现黄叶的现象，要及时进行处理。尽量不喷洒药物，如需喷洒则必须是无害于人体的。

（6）墙角保持清洁，列杂物不乱堆码，对于临时的堆放应及时干净地清扫。

（7）墙壁洁净，坚持"五无"即无污物、无蛛网、无积尘、无乱张贴、无乱刻划。

2. 熟食间的卫生管理

（1）进入熟食间要穿戴好工作衣帽并洗手消毒，不赤膊操作。非工作人员禁止进入熟食间。

（2）工作时间进出熟食间应顺手关好纱门防蝇防虫。下班后要关好玻璃门，打开消毒灯，防尘防污染。

（3）熟食间内不得存放与熟食无关的物品。

（4）每班工作后必须对地面、案台、工具等进行清洁处理，熟食间内餐具必须经消毒清洗、抹干后才能存放。

（5）不准在熟食间内看书报、抽烟和吃东西。

（6）加工前应认真检查，发现有腐败变质或者其他感官性状异常的，不得进行加工、销售。

（7）熟食勤作、勤销，做到当餐制作，当餐用完，当餐（天）未售完熟食品在4℃ ~ 10℃冷藏单保存或60℃以上加热保存。

（8）私人用品不得在间内存放，不得在专间内进行食品原料加工等与熟食加工无关的活动。

3. 凉菜间的卫生管理

（1）凉菜指定专人加工制度，其他人员不得随意进出凉菜间，个人生活用品及杂物不得带入凉菜间。

（2）凉菜间工作人员要严格注意个人卫生，在预进间二次更衣，穿戴洁净的衣、帽、口罩和一次性手套，严格洗手、消毒。

（3）凉菜间室内温度不得超过25℃。

（4）凉菜间的工具、用具、容器必须专用，用前消毒，用后洗净，保持清洁。

（5）供加工凉菜用的蔬菜、水果等食品原料须洗净消毒，未经洗净处理的不得带入凉菜间。

（6）加工熟食卤菜要先检查食品质量，原料不新鲜不加工。熟食卤菜要在另间加工，加工后进凉菜间改刀配制，剩余的存放在熟食冰箱内。

（7）各种凉菜现配现用，尽量当餐用完，隔餐隔夜的改刀熟食及冷盘凉拌不能再做凉菜供应。

（8）各种凉菜装盘后不可交叉重叠存放，传菜从食品输送窗口进行，禁止服务员直接进入凉菜间端菜。

（9）加工结束后，将剩余食品冷藏，清理室内卫生。

4. 清洗间的卫生管理

（1）食（饮）具、用具清洗、消毒必须在专间进行，间内设有专用的洗、消设施，各类设施必须明显标示用途。设有带盖的废弃物盛放桶，设专人负责。

（2）食（饮）具、用具清洗必须做到一刮、二洗、三冲、四消毒、五保洁。使用的洗涤剂、消毒剂符合卫生要求。

（3）食（饮）具、用具使用后应及时洗净消毒，定位存放，保持清洁。已消毒和未消毒的食（饮）具、用具应分开存放。

（4）消毒后的食（饮）具、用具应贮存在专用保洁柜或保洁间内备用，保洁柜或保洁间应有明显标记。保洁柜或保洁间应当定期清洗，保持洁净，无杂物，无蟑螂、老鼠活动的痕迹。保洁柜应带门，保洁柜或保洁间内不得存放其他物品，每天使用前应清洗消毒。

（5）应定期检查消毒设备、设施是否处于良好状态。采用化学消毒的应定时测量有效消毒浓度。所用药物必须符合卫生要求，有批准文号、保质期。

（6）食（饮）具、用具最好是采用热力消毒，特别是湿热消毒法。因其材料不能适应热力消毒的才使用化学消毒方法。

（7）采用洗碗机进行清洗消毒的，必须严格按洗碗机出厂说明使用。

（8）消毒后的食（饮）具、用具应符合《食（饮）具消毒卫生标准》（GB14934）的规定。食（饮）具感官指标必须符合卫生要求，物理消毒（包括蒸气等热消毒）：食具必须表面光洁、无油渍、无水渍、无异味；化学（药物）消毒：食具表面必须无泡沫、无洗消剂的味道，无不溶性附着物。

（9）一次性餐饮具不得重复使用。食（饮）具、用具应有足够数量周转，要求达到最高使用量的 3 倍以上。

（10）从事食（饮）具、用具清洗消毒的从业人员应持有效的健康证明和卫生知识培训证明。

5. 卫生间的卫生管理

（1）洗手间内不应有异味。

（2）洗手间地面，洗手盆台面应无积水、纸屑或其他污物，墙面、门应干净无污痕。

（3）洗手盆台面上不应摆放抹布、板刷等工具，应置于顾客看不到的地方。

（4）洗手盆内侧应干净，无污垢，水龙头应光亮。自动干手器外表干净，出风口无污迹，插座、电源线干净无黑迹。

（5）洗手间应备足洗手液，并保持外表面清洁卫生，洗手液少于孔内一半应该加液。

（6）洗手间内保持灯具的完好和排风扇正常工作。

（7）镜子表面无污迹，无水珠，有光洁度。

（8）大便池、小便池内、外侧应干净，无杂物、无污物。

（9）小便池内放置 5 ～ 7 颗樟脑丸，以保持空气清新，小便池上应放置烟灰缸。

（10）洗手间应常备卫生纸。纸篓内便纸满二分之一（自然状态）时即更换新垃圾袋。

（11）洗手间卫生须定时清洁，如每小时清洁一次。

6. 储藏间的卫生管理

（1）为防止食品及原料在加工与储藏中造成二次污染，须制定制度对储藏间进行管理。

（2）荤素原材料要分开存放。

（3）蔬菜要做到通风、离地，荤菜要冷藏。

（4）能食用的剩余饭菜必须做到春、夏、秋季冷藏，冬季通风存放。

（5）储藏食品必须做到生熟分开，严禁混放。

（6）粮、油、调料必须有专库存放，做到通风、防鼠、防潮等。

（7）严格仓库管理制度，防止食品交叉污染和人为投毒。

7. 餐厅通道的卫生

（1）千万不能在通道和连接处堆放太多的东西，尽量避免在就餐的高峰期影响餐厅的原料和供给，如果是非常必要的东西要做暂时的堆积和存放，应该设置专门的提示牌，注明正在工作的项目，这样可以提醒餐厅工作人员和顾客的注意，免除意外事情的发生。

（2）在餐厅连接处保持空气的流通和照明程度适中，如果不想让客人们看到餐厅后厨的工作状态，可以用隔断或帘布做必要的遮挡，这个部分最好能在餐厅的设计时做特别的搭配，切忌不要做得太醒目和别致，以免引起客人的特别重视，餐厅的后厨难免油腻和油烟，对于那些排烟设备不是太好的小餐厅，更要重视这个地方的清洁，可以在每次餐后都派清洁员进行简单的清理。

（3）对于通道处不停地递菜和穿梭，很有可能就会洒落菜汁和菜品，这时就应该有清洁员非常及时地进行清理，用速干的方法处理，避免地板过于湿滑产生新的状况。

餐厅服务过程中的卫生管理

1. 上客之前的卫生

大厅门口地面上，不得有纸屑瓜皮、痰及口水等污渍。须有足够的停车位并有专人负责引导客人将车辆安排停顿好，服务人员须带上亲切的笑容接待客人的光临。前堂后堂都须干爽无异味，餐桌座椅干净整齐有条理。菜谱、桌号依次序摆放整齐，盘子杯子沿餐桌边上两寸边摆放平稳，纸巾折好花形放入杯子里。

不能使用受到污染或未清洗消毒干净的餐具，重要的是做好餐具的保存。不要使用破损的盛物器皿，盘碗要是有破损，就不可以再用了，应当立即更换。现在一般采取的方法是，洗过之后的盘碗，要放在保温存储橱柜中，保留适当的排风口，并加装保护网，以防止害虫的入侵，还要经常清洁，除去多余的水汽，达到“干净”储存的目的。

2. 来客之后的准备

当服务人员将客人带入餐厅时，点菜员要随即跟上，问及客人的兴趣、口味来推荐本餐厅的特色菜和酒水。传菜员不得勉强客人点任何食品、小吃及饮料。客人点好菜后，点菜员离开时交给传菜员菜单附件两份。传菜员就会将菜单其中一份交给厨房，另一份传菜员将会保存好，直到将某桌客人的菜上完。

每上一个菜，传菜员要跟随服务员一起到客人餐桌前，并叫出那道菜的名字。结账时拿出来与收银员对照，有什么菜已经上过，什么菜没上，就不会算错账而导致与客人发生分歧。客人也就会放心的用餐，服务生们也可以安心的工作。

3. 服务过程的卫生

服务员传递菜品的过程要稳当，一方面可减少传递过程出现失误，一方面也给顾客留下一个良好印象。服务员个人卫生必须符合餐厅要求，传递方式必须得当，不能出现将手指插入饭菜内或传递时打喷嚏的现象。传递过程中避免对菜品产生污染，比如飞虫、落发、灰尘等，有需要的话可对传递菜品进行遮罩。

4. 下客之后的清扫

客人结账离开后，仍然有其他的客人在用餐，所以必须尽快清理前面客人用完的餐具，避免引起其他客人的不适。在收台时须轻而快，不慌不乱。盘子、碗、杯依大小重叠，端

起时要平稳，走路轻而快。不要因走捷径而绕到其他用餐的客人面前，这样很不礼貌。对不小心撞到的客人，要态度诚恳的说对不起，并拿干净的餐巾给客人擦掉。

收拾好餐桌，拿出扫帚扫地时要轻。如果太脏，先扫再拖，若不是很脏，就把垃圾扫了即可，待客人走完，再重新打扫一遍卫生，这样第二天上班打扫起来就不会很费力。

每日营业前后要做的卫生工作

餐厅营业前后是进行卫生清洁工作的重要时段，在餐厅未营业的时候进行卫生清洁可以让餐厅保持一个良好的状态，有利于餐厅的健康运营。

1. 营业前的准备工作

（1）检查店面卫生，打开门窗或空调进行通风。

（2）检查餐厅情况并进行准备。

①检视并补充餐台的摆设是否合乎规格。

②瓷器是否清洁光亮。

③台布铺设是否整齐，有否破洞。

④餐椅、餐桌是否清洁、安全，留意餐椅、桌需否维修。

⑤所有的菜牌、特别介绍，要统一摆放且清洁无损。

⑥折好毛巾（拧之不出水的热毛巾）、餐巾。

⑦检查及清理单夹。

⑧检视地毯、地面的卫生是否残留垃圾，并及时拾起。

（3）开始进行基本的清扫。

按照大厅，店面、洗手间、厨房的顺序，将各种桌椅和陈设搬开然后清扫，拖洗并擦干，进行彻底清理，厨房里的每个烹调用具必须一一清洗，一样都不能遗漏。

2. 营业后的卫生清理

每餐工作结束后，必须对餐厅的卫生进行全面、彻底的清洁、整理、消毒。具体步骤如下：

（1）调料汁盒、盆及漏勺、手勺、刀、墩等清洗干净，用干抹布擦干水分，放回货架固定的存放位置或储存柜内，手勺、垫碟送到洗碗间进行清洗。

（2）将剩余的餐具送回餐具洗刷间储藏柜内。

（3）将灶台、料理台上及储存柜内、货架上的用品与工具清理干净后，分别先用湿抹布擦拭两遍，再用干抹布擦拭一遍，再将用品与工具摆放回原处。

（4）清除不锈钢水池内的污物杂质，用浸过清洁液的抹布内外擦拭一遍。然后用清水冲洗干净，再用干抹布擦干。

（5）橱窗玻璃按从内到外的顺序分别先用湿抹布擦拭一遍，除去灰尘，再用干抹布醮酒精擦拭一遍。

（6）陈列菜品的台面按从上到下的顺序分别先用湿抹布擦拭两遍，再用干抹布擦拭一遍。

（7）将垃圾桶内的盛装废弃物的塑料袋封口后，取出送至共用垃圾箱内，然后将垃圾桶内外及桶盖用清水冲洗干净，用干抹布擦拭干净，再用消毒液内外喷洒一遍（不用擦拭，以保持消毒液干燥时的杀菌效力）。

（8）用笤帚扫除地面垃圾，用浸渍过热碱水的拖把拖一遍，再用干拖把拖干地面，然后把打扫卫生使用的工具清洗干净，放回指定的位置晾干。

餐厅的员工卫生

服务员的外表形象就像餐厅的一面镜子，通过他们可以看出整个餐厅是否达到卫生方面的标准。试想一下，餐厅里的服务员蓬头垢面，个人卫生都不能保证，更何况整个餐厅的卫生。所以，餐厅服务员应注重自己的外表形象，从而给顾客留下良好的印象。

对服务人员的整体要求是着装整洁，符合规范，剪指甲，保持手部、面部的清洁卫生，最好能够加强锻炼，保持健康的身体，展示良好的精神风貌。还有一部分餐厅服务员虽然形象很好，无论是从相貌上来看，还是从穿着打扮上来说都是人见人爱，但是一听到这个服务员开口说话就会对这个服务员的形象大打折扣，因为他（她）的语言不文明。就算不说非常过火的话，但其不恭的语言同样也会给顾客造成不好的印象，使餐厅的形象受损。

只有餐厅全体人员具有了高水平的卫生素质，才能搞好餐厅的全面卫生。所以，必须使餐厅员工具有卫生意识，只有做到这一点，才能谈得上全面提高员工的卫生素质。

1. 加强卫生管理制度

只有通过制定制度有效地进行管理，才能使餐厅员工养成良好的卫生习惯。为了使餐厅里的每一个工作人员都能意识到卫生的重要性，餐厅经营者必须时时进行监管和督促。餐厅管理人员必须经常检查餐厅内外的卫生状况、服务员的卫生状况，以及厨房和厨师的卫生状况。一旦发现问题，就应该责令其立即改正。

2. 员工之间建立相互监督机制

人天生就有惰性，时间久了容易放松自己，特别是那些在餐厅工作时间较长的员工，会因为自己的“资格老”而降低自己对卫生的重视程度。所以，餐厅经营者应该在员工中灌输“卫生素质，人人有份，互相监督，共同提高”的思想，使每一个员工都能既监督别人，又接受别人的监督。

3. 应注重提高员工卫生素质的培训

餐厅卫生需要长期保持下去并不断得到提高，稍不注意，就会出现卫生状况下降的现象。而只有时时刻刻教育员工在这方面加以注意，才会使良好的卫生习惯得以维持下去。加强员工的卫生素质培训，是提高餐厅卫生的一种行之有效的方法。

总之，从实际情况来看，大多数餐厅经营者在硬件卫生方面往往做得比较好，相比之下，在软件卫生方面表现较差的则比较多。这主要是因为餐厅的软件卫生还没有引起经营者足够的注意，很容易被忽视。所以，为了全面提高餐厅人员的卫生素质，努力做好餐厅软件卫生是必不可少的一个重要条件。

餐厅的店面及设备卫生

店面对于餐厅来说是非常重要的部分，是顾客进入餐厅第一个形成的感官上的印象，能够直接使顾客做出去留决定的重要因素，所以店面必须保持清洁。比如柜台上的各种饮料及酒水必须保持整齐，这样才能给人一种井然有序、有条不紊的感觉。店面保持清洁应做到以下几点：

1. 门面清洁

门前整洁美观，门窗、玻璃清洁卫生。地板须经常清洁打扫，并用拖把擦拭干净。如铺设有地毯，则每月应做彻底的吸尘 2 次，并加以消毒处理，以免积尘藏垢。

餐厅名称、标志牌安装与摆放端庄，位置适当，设计美观，字迹清楚。

2. 桌面清洁

桌上摆设品要保持清洁、干净，如有损坏，应立即更换。桌面、椅子要每日擦洗，如有损坏，则应立即更换，以免造成人员伤害。台布要每日换洗、消毒，如有破损，也应立即更换，不可继续使用。

3. 菜单清洁

保持菜单清洁同样是餐厅卫生的一个重要组成部分，必须给予足够重视。餐厅菜单不清洁可以说是一种普遍存在的现象，是许多餐厅经营者在卫生方面没有注意到的一个弱点。要知道，尽管菜单不是用来吃的，只是用来点菜用的，但沾满油渍和灰垢的菜单同样会使就餐者对餐厅卫生状况的印象大打折扣，从而影响到整个餐厅的生意状况。

4. 餐厅设备的卫生

对餐厅内的各类设备，如空调、冰箱、消毒柜、灶台等，都要保持其清洁卫生，窗、墙壁等保持整齐、清洁、无油污、无灰尘，餐桌做到随时清扫。餐厅保持通风良好、光线好，就餐环境舒适，防蝇、防尘设备齐全，做到定期消毒灭蝇，防止传染病。无论是顾客可以看得到或直接接触到的，都是餐厅卫生管理中的一部分，都会对餐厅整体卫生产生影响。

设备清洁对餐厅来说至关重要。因为有些设备是顾客能够直接看见的，若不注重卫生，会影响顾客的食欲和餐厅的形象。有些设备顾客虽然看不见，若不注重卫生，不仅会影响顾客的身体健康，同时也是餐厅经营的隐患。设备清洁包括以下几个方面：

（1）空调设备的清洁，使空调设备达到合格的清洁标准，最好的办法就是制定每周清洗过滤系统计划。一套完善的空调系统，应能将可溶性物质、细小固体、悬浮物沉淀，并达到除去多余水气和恒温的目的，使相对湿度达到一定标准。

（2）炉灶、烹饪器具应每日清洁或者用后立即清洗，不能有油污，保持干净。

（3）冷藏柜、冰箱、冷冻柜都应定期除霜、清理，并保持清洁和没有异味，过期的物品应该定期清除。

（4）垃圾处理设备及抽油烟机也应定期清洗、保养。

（5）洗碗机的使用和保养除了要按照厂商所附的保养使用手册外，还有洗盘之前，先用橡皮刮刀将多余的油污刮到泔水槽内，再放进洗碗机内清洗，比较容易清洗，也可以节约用水。洗碗机的清洁保养也可以保证餐厅餐具的清洁程度。

第二十六章 餐厅的安全管理

餐厅安全管理的定义与重点

一般来说，餐厅安全管理包括防火、防盗、防抢，停水、停电等一些意外事故的处理等。安全管理是指在意外事故还未发生前，餐厅运用一些制度与管理方法预防意外事故的发生，以确保餐厅的财产安全及顾客与员工的人身安全。

在餐厅经营中，火灾是一个不可忽视的方面，火灾所带来的后果是严重的，轻则损失财产，使自己经营多年的心血付诸东流，重则危害员工及顾客的生命，给他人家庭带来无限的伤痛。所以说，防火于未然是非常重要的。只要餐厅管理者和员工自觉遵守安全操作规程，提高防火安全意识，火灾是可以预防和避免的。

餐厅经营者应高度重视防火措施，避免火灾的发生，按照本餐厅的布局和规模制定出一套方案，让每一位员工都知道火灾发生时该采取怎样的措施。当餐厅内发生火灾或发出火灾警报时，餐厅内所有员工应按照平时规定的程序做出相应的反应，切勿惊慌失措、乱了方寸。

餐厅一旦发生火灾，要尽快把餐厅内的人员和重要财产及文件资料撤离到安全的地方，这是一项很重要的工作，组织不当会造成更大的人员伤亡和财产损失。餐厅在火灾时的疏散工作需要在平时按照本餐厅的建筑格局特点，制定一个较为详细的方案，并且要经常性地组织培训，这样才能做到临阵不乱。

得知餐厅内发生灾情时，保安管理人员应马上携带必需物品赶赴现场指挥。首先要做的就是清理餐厅周围的场地，方便消防车的进入。另外，要严禁闲杂人员进入，尤其要防范那些趁火打劫者。在火灾发生时，保安人员要保护好餐厅内的现金及其他贵重物品，要保护好公共场所的贵重物品，护送会计及出纳员，将现金转移到安全的地方。

另外，餐厅是拥有大量财产及物品的地方，这些财产及物品为餐厅的正常运行及顾客享受服务提供了良好的物质基础，对这些财产及物品的任何偷盗及滥用都意味着餐厅的损失。此外，餐厅在营业过程中保留有数目可观的现金及数量不少的各类物品，若不严加控制，同样会使餐厅遭受损失。因此，餐厅安全管理中应制定周密的方法和措施，对餐厅的财产及物品加以控制，以保证餐厅财产及物资免遭损失。

餐厅的防火措施

火灾是餐厅最容易发生的安全事故，“慎防火灾”这句警语用在厨房中是最恰当不过的，因厨房烹饪食物，燃烧使用火种频繁，稍有不慎，极易引发火灾。不过引发火灾的因素多种多样，烹饪燃烧、未熄灭的烟蒂、电线漏电、马达机械损坏、瓦斯漏气、油料外泄与罪犯纵火等都会引发火灾。一般餐厅防火注意事项有：

（1）厨房应该保持清洁，染有油污的抹布、纸屑等杂物，应随时消除，炉灶油垢常清洗，以免火屑飞散，引起火灾。

（2）工作时切勿抽烟，未熄灭的烟蒂不要带入工作间。

（3）易燃、易爆危险物品不可靠近火源附近。酒精、汽油、木柴、瓦斯钢瓶、火柴等，不可放置于炉具或电源插座附近。

（4）用电烹煮食物，须防烧干起火，用电切勿利用分叉或多口插座，同时使用多项电器，以免超过负荷，致使电线过载，引发火灾。

（5）电线配线老旧、外部绝缘体破裂或插座头损坏，应立即更换或修理。发现电线老化、过载冒烟时，应迅速切断电源，切勿用水泼散，以防漏电伤人。

（6）马达动力机器使用过久，常会生热起火，应注意定期检修，维护保养。

（7）确定所有的开关及插座都有覆盖壳。

（8）所有有关供电工程，都由合格电工完成。

（9）炒菜时切勿随便离开，或分神处理其他厨务，或与他人聊天，以免发生火灾。

（10）油锅起火，应立即关闭炉火，除去热源，并将锅盖紧闭，使之缺氧而熄。锅盖不紧时，就近将酵粉或食盐倒入，使火焰熄灭。

（11）平日可用肥皂水检查瓦斯管及接头处是否有漏气现象，所用瓦斯管应以金属制品代替橡胶制品，可防虫咬或鼠咬。

（12）抹布尽量不要摆在烤箱、煎板或正在烹煮的锅上烘干。

（13）如闻到烟味，应立即察看热源处，并搜寻每一个垃圾桶中是否有未熄灭的烟蒂或火柴。

（14）每日工作结束时，必须清理厨房，检查电源及瓦斯、热源等各种开关是否确实关闭。防火检查不可遗忘，以防万一。

（15）使用瓦斯炉时，瓦斯管线切勿靠近电气线路或电源插座装置。炉具及钢瓶凡未经检验合格者，不可采用。使用的瓦斯钢瓶不可横放，管线及开关不可有漏气现象。遵守点火及熄火方法，点火之前切忌使过多量瓦斯喷出，否则易产生爆炸的危险。熄火时，关闭管制龙头，也就是断绝瓦斯来源，千万不可用口吹熄，以致忘记关闭，使其泄露，引起火灾或中毒。

（16）餐厅平时要加强对员工的消防宣传力度，灌输员工救灾常识，实施救灾编组，训练正确使用消防器材方法，如“泡沫式”不可直接喷入燃烧的液体内，仅让泡沫轻轻落于火焰表面即可，“二氧化碳式”尽可能接近火焰直接喷射；“SOPAACID 气体灭火器”及“干化学剂”直接喷于火焰基部。灭火器及消防栓应经常检验，以免失效。太平门、安全梯的安全检查，应经常进行。

餐厅在火灾中的应变措施

餐厅管理者应该在平时就具有高度的安全意识，如在餐厅张贴图画或文字信息，告知顾客一些火灾中切实可行的应变措施，如火灾发生时如何减轻危害及火灾发生之后如何进行急救。

1. 减轻浓烟危害的方法

（1）餐厅工作人员在此种情况下应大量地喷水，降低浓烟的温度，抑制浓烟蔓延的速度。

（2）告诉顾客用毛巾或布蒙住口鼻，减少烟气的吸入，餐厅工作人员应立即关闭或封住与着火房间相通的门窗，减少浓烟的进入。

（3）餐厅工作人员在火灾发生时指导顾客如何从烟火中出逃，如烟不太浓，可俯下身子行走；如为浓烟，须匍匐行走，在贴近地面30厘米的空气层中，烟雾较为稀薄。高层建筑的电梯间、楼梯、通气孔道往往是火势蔓延上升的地方，要回避。烟火上行，人要下行。

（4）一旦餐厅内发生火灾，在疏散顾客时应注意做好以下几点：

①利用广播向顾客告知火灾地点。

②最靠近火灾处的顾客优先疏散。

③老弱妇孺优先疏散。

④检查厕所、店内是否还有人。

⑤关闭火灾区域的防火门，并在此前确认已无人员未疏散。

⑥指导火灾楼层的顾客，反方向从安全楼梯下面楼层疏散。

⑦疏散时不可使用电梯。

⑧指导火灾楼层下面的顾客，从各安全楼梯向下层疏散。

⑨指导疏散时要注意秩序，不可混乱，且必须大声呼叫，指示疏散方向。

⑩疏散中如遇浓烟迫近时要使用湿手帕、湿手巾将口鼻捂住，必要时使用室内消防栓射水救护。

⑪一旦将人员疏散至安全地带后，禁止顾客返回取物。

2. 餐厅工作人员在火灾中对烧伤的顾客及员工的急救原则

（1）一灭——迅速灭火是火灾烧伤急救的基本原则。被烧伤者应尽快脱掉燃烧的衣帽，或就地卧倒，在地上滚动熄灭火焰。如附近有水汇、河沟，可跳入水中灭火。切不可乱跑，以免越跑身上的火越烧越旺，也不要呼喊，以免吸入火焰引起呼吸道烧伤。

（2）二查——检查救出火场的伤员有无危及生命的严重损伤，如颅脑和内脏损伤、呼吸道烧伤致呼吸困难。危重病人应就地抢救，清除口鼻内异物，保持呼吸道通畅，给予吸氧。心跳呼吸停止者立即进行心肺复苏。

（3）三防——防疼痛和休克。烧伤后都会有严重的疼痛和烦躁不安。轻者口服止痛药片，重者肌肉注射止痛剂，伴有脑外伤和呼吸道烧伤者，禁用吗啡、杜冷丁等麻醉性止痛药，以免影响呼吸。其他病人在送往医院途中应避免重复多次使用吗啡、杜冷丁，以防中毒。严重烧伤会很快发生休克，这时应现场快速输入生理盐水抗休克。烧伤病人因灼烤出现严重口渴，不要给予大量白开水，而应给予烧伤饮料，即每500毫升水中加50克葡萄糖（白糖也可），1.5克氯化钠（食盐也可），0.75克小苏打粉，0.03克鲁米那（苯巴比妥片），少量多次口服，成人每次200毫升，小儿每次100毫升。

（4）四包——现场救护注意保护烧伤创面，用干净纱布、被单包裹或覆盖，然后送医院处理。

餐厅应采取的防盗措施及处理偷窃者的注意事项

1. 营运安全管理，提高防盗意识

作为餐厅员工，最先到达的人应先查看店面四周，并检查门、窗是否开着。如发现被盗应立刻报警，然后查看餐厅内所丢失的物品，并保护好现场。如没有异常情况，即可进行营业前的准备工作。在打烊关门前，应确定所有顾客都已离开餐厅，然后将门窗关好。

打烊后，员工要结伴离去。

2. 防止内部人员偷窃

餐厅员工在日常工作及服务过程中直接接触餐厅的各种财产与物品。为防止员工借工作之便偷盗餐厅财物，首先要严格把好录用员工关，并进行经常性的教育和制定严格的奖惩措施。一旦发生偷窃行为时，应根据情节轻重进行严肃处理，绝不留情。

另外，还应通过各种措施，严堵管理漏洞，不给盗贼留下盗窃的机会。这些措施包括：

（1）明令规定贵重物品严禁携至餐厅中，如有必要，则交由柜台保管。

（2）发薪日应将现金或薪资支票锁于保险柜中，下班的员工方可领取，领钱后最好立即离店，勿在店中无事逗留。

3. 防止外人偷窃

餐厅经营特点决定了餐厅每天都有大量的现金流入流出，以及餐厅经营必须库存的大量原材料，这就成为许多不法分子进行偷窃的目标。为防止偷窃行为的发生，应采取以下措施进行防范：

（1）灯光照明，因为充足的灯光可以减少店内和店外犯罪行为的发生。

（2）经常检查门窗有无玻璃破损及任何螺丝脱落的情况，并及时找人修理。

（3）建立钥匙记录簿，加强钥匙的管理。控制餐厅钥匙的数量，持有人只限于经理、副经理或开店及打烊的人员。当钥匙数量多到无法控制时，应立即换锁。

（4）储藏间必须上锁，大型铁质垃圾桶应保持完好并紧闭。

（5）加强入口、楼层走道及其他公众场所的控制，防止外来不法分子作案。

（6）餐厅不要在没有安全措施的情况下，将有价值的物品置放于公共场所。

（7）外来办事人员、送货人、修理人员等只能使用员工入口处，并要得到值班人员允许后方可进入。这些人员在任务完成后，也必须经员工出口处离开餐厅，保安人员应注意他们携带的物品。餐厅的设备、用具、物品等需在外面修理的，必须具有所属部门经理的签名，并经值班人员登记后才能放行。

（8）经常检查餐厅的前后及室外垃圾处理区，尤其有庭院的餐厅还要检查是否杂草丛生，一旦植物生长过高或过于茂盛，不但影响视野的清晰度，更易成为歹徒躲藏之处。

如果餐厅真的有偷窃者，那么对于偷窃者的处理，必须注意下列要点：

（1）若偷窃者为未满 18 岁的未成年人，则应通知其家长或监护人处理。

（2）不能限制偷窃者的人身自由，也不能扣押其身份证等证件和其他随身物品。

（3）对于偷窃者的真实姓名、地址应通过证件、电话核实清楚。

（4）处理偷窃事件应在办公室公开场所，并由餐厅主管和保安部门负责人来处理，不要在餐厅大厅内处理偷窃事件，以免影响餐厅营业及形象。

（5）要求其赔偿，只能赔偿所偷窃物品的实际价值，所谓“偷一罚十”等做法，都是不合法的。

另外，在处理和解时，应让偷窃者知道，餐厅内部处理是一种优惠措施，若把其送到公安部门办理，他（她）要付出更高的代价。

餐厅遭遇抢劫的应变措施

“黄记中餐馆”是一家位于交叉口的餐厅，平日人来人往煞是热闹。但前不久，这里却发生了一起抢劫案。据现场目击者表述，当晚他们正在里面吃饭，大约 10 点左右外面进来三个蒙面人，这个时候他们才知道遇到了打劫。

歹徒随即让他们把东西都拿出来，放到桌子上，其中一个打开店里结款机拿到钱之后，开始收每个食客的东西，并对其中一些看似富有的人进行搜身。在得手之后几个歹徒警告

店里的人五分钟内不能出去，随即就逃离了现场。

当餐厅发生类似于这种抢劫时，管理人员应采取一些应变措施，使餐厅的财产损失降低到最小，并要保证员工及顾客的人身安全，具体的应变措施包括以下方面：

1. 保障人身安全，记下抢匪特征

保护餐厅收银、出纳人员，并趁机记下抢匪的容貌、口音、身高、身材、服装特征及所持器械等。若问及餐厅保险柜位置及号码，可以视情况推说不清楚，以保障人身安全为主，保护财物为辅。并注意匪徒逃离方向及其使用的交通工具，记下车牌号码及车型、颜色等。歹徒离开后，尽快报警，并及时向经理或负责人通报具体情况。

2. 注意防抢讯号

防抢讯号包括以下几个方面：

餐厅外有人闲逛或逗留。作为餐厅员工，应仔细观察此人是否可疑，并记下身材特征。最好的办法就是说服对方让其离开，若对方不听劝告，则可视具体情况采取相应的措施。在进餐高峰期，有人进出餐厅好几次。餐厅员工可礼貌地问候此人有什么需要帮助的地方，或通知其他工作人员注意观察。

当餐厅收银员在收款时总是有人出现在面前。收银员可以与这位顾客寒暄，使他（她）知道你在注意他（她），可设法打听其住处、姓名、工作地点等。最好的办法就是避免钱财外露，勿在顾客面前数钞票。如果餐厅门口或停车场上所停的车内有人在等候。应该将该车车号、车型、颜色及停留时间一一记录下来，并试着确认车上的人是否是正在等候餐厅内用餐的顾客。

单独用餐的顾客用餐完后久久不肯离去。餐厅员工可以礼貌地上前问候有什么可以效劳的地方，或与顾客聊聊家常，说不定能打消犯案念头。打烊后，有人敲门，不论他的目的是什么，最好的办法就是勿让任何人进来。

总之，一般情况下，只要防范方法得当，让歹徒无机可乘，抢劫事件则不会发生。因此在日常营业时，餐厅里的每一位员工都应注意防抢讯号。

餐厅防恐的处理方法及被抢善后处理的原则

开餐厅，想要保证时时刻刻百分之百的安全，并不是容易的事，偶有歹徒利用机会勒索恐吓的事。在处理这种案件时，餐厅的经理不能袖手旁观，一般的处理原则大致如下：

（1）处理人员应避免言语冲突，可说明自己的立场，表明自己只是一个店员，不能动用任何金钱，否则必须赔偿。

（2）设法留下对方的地址、电话、姓名，并须立即设法呈报上级，请求必要的支援。

（3）处理人员必须很有耐心，且坚定自己的立场绝不妥协。

（4）若情况严重，需用拖延法，并设法通知警察。

（5）若勒索者是采用打电话方式，需给予录音追踪并上报公安机关。

还有些顾客在消费中，如若菜品有问题，也会借机索取高额赔偿。一旦遇到这样的顾客，最佳处理方式是立即了解商品情况后作合理解释，若需退钱应立即处理。

每个人在遇到抢劫时都会惊慌失措，这是很正常的事情。但是餐厅的员工，代表着餐厅的形象，必须注意以下几点：

（1）勿与歹徒争执，以免带来杀身之祸。对歹徒提出的问题，只需做简短的回答。最好的办法是找借口推辞。

（2）保持冷静，不要乱跑，以免歹徒受到惊吓，引发其暴力倾向，应尽可能地远离歹徒。要机警，仔细观察并记下歹徒的特征。

（3）餐厅一旦被抢，作为员工要离开案发现场，在警方人员到来之前不要触碰现场的任何东西。

作为餐厅领导者，在案发后应采取以下措施：

（1）立即通知警方抢劫案发的地点及时间，并提供有关抢劫发生的过程以及任何有关歹徒的线索。

（2）让财务人员确定损失的金额。

（3）把门锁上，尽量保持案发现场的完整，直到警方人员抵达。

（4）要求员工镇静，不要讨论所发生的事件。

餐厅如何防止食物中毒和一般性意外事故的发生

食物中毒一般来说分为两类，一类是细菌性食物中毒，另一类则是非细菌性。细菌性食物中毒的主要原因，是由于食品不新鲜或食品操作不卫生，使沙门氏菌、嗜盐菌和葡萄球菌等病菌在食品中大量繁殖；非细菌性食物中毒则是由于食品受污染或误食有毒的动植物食品引起的。一般说来，食物中毒多数是细菌性的，尤其是沙门氏菌引起的。

所以一定要明确哪些食物中沙门氏菌繁殖的最快，禽类的卵巢易带沙门氏菌，常常使蛋壳表面和蛋黄里受到污染，餐厅夏季最好不提供煎蛋，因为煎蛋时不易把带有沙门氏菌的蛋黄煎熟。

除此以外，引起急性胃肠炎的食物还有肉类、奶类、豆制品、鱼虾、糕点等。由于这些污染食物的致病菌不分解蛋白质，因此，被污染的食品通常没有感官性状的变化，容易被忽视。可是如果进食了这些有毒食物，在6 ~12 小时后病人常有恶心、呕吐、腹痛和腹泻等症状。另外，很多生的食物也可能带有致病菌，因此，顾客在进食未经彻底煮熟的海鲜如虾、蟹、蚝等或进食未经洗净的蔬菜水果等都易引发胃肠道疾病。这就要求餐厅平时一定要严格把好本餐厅食物的质量关和卫生关。

餐厅内发生意外事故的种类有很多种，包括滑倒及摔倒、烫伤、割伤、触电及其他机械伤害、食物中毒、煤气中毒，等等。为了避免这些事故的发生，餐厅内应有警示性标语，以减少顾客发生伤害的可能，如明示“小心烫伤”或“小心地滑”，“请您及小朋友下楼时小心”等。容易发生危险的建材及设计方案，在装修餐厅时就应该注意避免，例如楼梯须加骨边条，桌角须磨圆等。

1. 滑倒及摔倒

顾客在不慎踩到地上的汤汁或食物、碰到地上的障碍物及有缺陷的桌椅等，都有可能使人滑倒、摔倒。其实，此类事故只要餐厅工作人员注意以下几点是可以预防的：液体溢出，迅速擦干净；掉了东西，马上捡起来；保持地板清洁和干燥；在瓷砖地面上应小心行走；告诉顾客要走动，不要跑动；通道有障碍物，要及时撤走；设备滴漏要立即报告并维修。

2. 割伤

餐厅工作人员在工作时应正确使用刀叉、尖锐的器皿或厨房用具，可以防止割伤。以下是安全使用刀具的方法：

餐厅厨师在使用刀时，思想集中，刀口不要对着身体，必须使用切板，刀具使用后应妥善放好，切勿留在水槽里。不同的活要用不同的刀，如切骨刀、切肉刀或水果刀，等等。刀是切东西的，不能用来开瓶或代替榔头，大多数的割伤均伴有创口出血，创口原则上都应及时进行消毒、包扎，如果创口不大，只用创可贴贴上就可以了。一般的割伤，用绷带包扎后就可止血，如果找不到绷带或急救包，可用当时认为最清洁的布类包扎。如有大面积出血时，可用止血带，并及时去医院就诊。

3. 触电

顾客和餐厅工作人员接触餐厅内破损的插座、插头、电线，或不正确使用电器设备等，都可能导致触电。所以，要让员工掌握正确使用各种电器设备的方法，餐厅安保人员要定期检查插座、插头、电线、电路开关等，发现破损，应立即请专人修理，可以预防及减少触电事故的发生。

另外，在顾客所发生的意外事件中，儿童所占比例最高。因为餐厅内桌椅、玻璃很多，加上人来人往，所以儿童很容易发生意外事故。儿童的安全应引起餐厅工作人员的注意。如果发现儿童乱跑、乱跳，应立刻规劝，并告之其父母看管好自己的孩子。

第二十七章 及时发现餐厅经营中的隐患

经常分析餐厅经营中出现的问题

餐厅经营的好坏是由许多因素决定的。从总体上来说，环境因素、服务因素、宣传因素、管理因素对餐厅的经营起着非常重要的作用，而在实际运营中，这些因素都可能成为餐厅经营中的问题。

1. 环境问题

此处强调的是餐厅的内部卫生环境。餐厅内部卫生环境的好坏影响着餐厅的经营。因为任何一个人都愿意拥有一个干净、舒适的进餐环境。很多餐厅却忽视了这点，清洗不干净的地面和餐饮用具，往往让顾客失去食欲。由于餐厅的客流量大，一些经营者在餐饮卫生上没有给予太多关注，尤其是小餐馆，更无法将卫生落实到实处，但这样却会极大地影响顾客进餐的心情。

整洁卫生的饮食环境能够让顾客拥有舒适的感受，并给餐厅带来更多的回头客。相反，卫生条件堪忧的餐厅则会让顾客感到压抑，而不由自主地选择远离。餐厅的卫生问题，不仅会对食品的安全构成隐患，还会让顾客对之望而却步。

卫生条件差主要存在于以下几个方面：

（1）餐厅店面的清洁问题。

例如，地面清扫不干净，清洁用具四处杂放，尘土和污垢没能彻底清理等。还有桌椅的表面有污渍或者有损坏，没能及时进行更换。缺少必要的环境消毒，给人一种脏乱差的环境印象。

（2）餐厅菜单的清洁问题。

经营者应当清楚，尽管菜单不是用来吃的，只是用来点菜用的，但沾满油渍和灰垢的菜单同样会使就餐者对餐厅的卫生印象大打折扣。拿着这样的菜单，恐怕进餐的欲望会顿时消失，取而代之的是强烈的厌恶感。不过，菜单不清洁是一种普遍存在的现象。而这恰恰是许多经营者在卫生方面的一个弱点。

（3）餐厅厨房的卫生问题。

厨房是餐厅的运营重地，所有的饭菜都是在厨房里做出来的。所以，厨房卫生直接反映整个餐厅卫生水平的高低。也就是说，厨房卫生是餐厅里一切卫生的基础。但如果厨房里缺少必要的卫生管理，杂物乱放，甚至有苍蝇、蟑螂等病菌携带者，则餐厅的菜品是否健康安全，就值得人怀疑了。

（4）餐厅设备的卫生问题。

在餐厅内部，会看到一些基础设备。例如空调设备、灯具设备等。这些设备顾客能够直接看见的，所以，它们的清洁也非常重要。但这点往往没有在管理者的考虑范围之内，积累灰尘、不停滴水的空调设备，满是脏痕的灯具，将严重影响顾客的食欲和餐厅的形象。

（5）餐厅服务员的卫生问题。

前面我们已经说过，服务员是餐厅内部直接与顾客接触的人，通过他们可以看出整个餐厅的卫生是否达到标准。尤其是当这些与食用的菜肴与邋遢的服务员相互对比之时，恐怕这些菜顾客将无法食用。如果再遇到患有皮肤病或手部有创伤、脓肿者，及患有传染性疾病的服务员，那么留给餐厅的可能就只能是顾客离开的背影。

2. 服务问题

餐饮业是一种服务性的行业，服务就是餐厅的生命线。从另一方面来讲，餐厅的有形设施只有通过服务才能体现其价值。现代社会，人们把餐厅作为感情交流的重要场所，不仅对各种美味佳肴越来越讲究，对餐厅的综合服务也提出了更新更高的要求，“美食艺术”与“美食服务”密不可分，缺一不可。

在经营中，经营者也要关注服务问题。从菜肴的质量到服务员的服务情况，都要有良好的把握和分析。很多经营者发现，菜肴等价格差不多的情况下，服务员的服务质量可以直接影响顾客的数量。当餐厅拥有素质高、修养好的服务员时，就能有效地招徕和留住顾客，相反，当餐厅的服务员态度恶劣、素质低的时候，就会让餐厅流失大量的客源。

餐饮服务的过程对于顾客来说，是一种寻求满意效果的过程。但如果顾客的心理期望无法实现，就会影响顾客的消费心理。一些餐厅在提供服务的时候，就常会出现一些小错误，让顾客大失所望，也为餐厅的经营埋下隐患。

服务员的素质，主要体现在其处理事情和个人行为表现上。例如，服务员在面对顾客的时候，态度生硬，行动缓慢，提供服务不及时，等等。再例如，服务员在遇到问题的时候，推脱责任，甚至栽赃他人，以及面对顾客的投诉，不予理睬甚至强硬回应，等等。这些现象直接暴露出服务员素质上的缺陷。由于在较为低级的餐厅中较为普遍，所以常常会阻碍餐厅的品牌形象的树立。

服务质量是餐饮服务的重点。有效地控制和提高服务质量，才可能真正做到满足顾客的需求，“保证顾客100%满意”不可否认，服务质量差会引发餐厅中的一系列问题，从而形成恶性循环，造成餐厅的巨大损失。

有些服务员的服务不符合制度的规定，违背了相应服务规定等。例如服务人员擅自移动顾客的物品、未经敲门就进入顾客的包间、临时取消顾客的预定、不供应茶水、不开空调等情况，这些不规范的服务操作，也会严重地影响餐厅的服务质量。

还有些服务员在接待服务工作中，没有完全掌握和具备服务的基本功。要知道服务人员的操作技能娴熟与否，从一个侧面反映出其业务素质的高低和服务质量的好坏。如果服务员动作总是漏洞百出，就根本不可能提高餐厅的服务质量。

最后，缺少快速的服务效率，往往也就削弱了餐厅在其他方面的优势。尤其在当今社会“时间就是金钱”的时间价值观念下，服务效率高不仅能够为顾客节省时间，而且能够为顾客带来效率，它不仅体现出服务人员的业务素质，也体现了餐厅的管理效率。所以服务员在工作的时候，时间观念差，不按照科学的服务程序进行，也会导致整体服务的效率下降。

可见，餐厅经营的关键是服务质量，服务质量的优劣直接关系到餐厅的声誉及社会效益和经济效益。餐厅从上到下都要重视服务质量，更要投注以更多的关心来改善服务情况和提高服务质量。

3. 宣传问题

餐厅宣传是餐厅产品推向市场的一个过程，让更多的顾客了解到餐厅的服务。现今社会，已经不是“酒香不怕巷子深”的时代，餐厅如果不使用宣传，就不能将知名度打出去，也就不能在竞争中胜出。宣传是经营中必须要利用好的武器。如何利用宣传，如何能得到最好的效果，是很多管理者需要关注的问题。

4. 管理问题

餐厅要进行经营，管理是非常关键的一环。因管理保证经营，经营促进管理。餐厅的经营中，因业务环节多，管理的难度很大，稍有不慎，就可能使餐厅的盈利受到影响。有一些餐厅，表面上生意红火，营业额高，但并不获利，原因在于管理上的漏洞较多。对餐厅的管理，可以分为对员工的管理，对餐厅整体运营管理这两个主要方面。其中，对员工的管理是一项比较复杂、比较困难的事情。如何充分调动员工积极参与管理，获得最好的效果，往往是经营者需要面对的挑战。不过，现实中却常看到餐厅因为管理不善而运转困难。具体来说有如下几种典型的情况：

（1）员工管理不善。

首先是员工素质管理的不到位。在没有经过统一的考核和培训的情况下，员工直接上岗，随之而来的弊端就是素质管理不够充分。例如，在有些餐厅中，出现员工偷窃顾客物品的行为，或者员工的素质不强，服务不周到等。事实上，上岗前的员工培训是进行管理的基础步骤，可惜却被很多经营者忽略。

其次是员工不遵守餐厅的规章制度。例如员工不按时上岗到位，或者穿着不符合餐厅规定的服装，不根据规章进行卫生清洁，等等。这些不仅直接影响到餐厅的运营，还会让顾客对餐厅留下非常不好的印象。

最后是员工流失的情况严重。很多餐厅要开新店，因为人员不够而无法开新店，也有很多餐厅因为人员能力不够而无法解决，导致发展受阻。员工流失，一直是很多餐厅发展的一个很大障碍。要知道好的员工能为餐厅带来稳定的顾客流，而流动性过强的员工则会让餐厅损失利润。

（2）餐厅整体运营管理有缺陷。

餐厅整体运营管理主要包括餐厅运营成本管理，相关的设备配置，水、电、气使用等管理多方面。例如餐厅食品成本、人力报酬、餐具、用具用品的损耗等，都属于餐厅的运营成本环节。在这一环节，经营者要做出精密和周到的规划，给予充分的重视。否则，在资金成本上的运营问题将直接导致餐厅因无法持续经营而倒闭。

再例如，餐厅对安全和水电设备的管理太过轻心大意。据调查，现在中餐餐厅的安全问题越来越严重。水电设备安装的不合理，往往会造成安全隐患，频繁发生的餐厅火灾事件，就反映了这其中的管理不善。但其危险性，一直没有得到重视。殊不知一旦有了安全问题，餐厅的继续运营将会承担更大的风险和负担，最终让餐厅产生经营上的困难。

餐厅管理者缺乏必要的经验、知识

普通的餐饮餐厅，在运行时都会面临一项挑战，即缺乏必要的专业知识和经验。相对来说，对于这一点大型的品牌餐饮就要更具优势，而处于劣势的普通餐厅，所缺乏的往往是丰富的实战经验和专业知识，仅仅这两点，就不知已经让多少餐厅陷入了经营的困境。

1. 缺乏实战经验

一家将要运营的餐厅中，如果有一位经验丰富的老板，在细致的市场调查下，环境、选址、乃至房租成本计算上进行的决策就会相对更有经验。相反，如果缺乏实践，只停留在理论阶段就有可能影响餐厅规划的合理性。尤其是有关餐厅面积和租金的结算，甚至都无法算清楚，开店后一天流水最差多少，最好多少，这个房租是否合理，等等。在做决断的时候，往往缺乏理性的思考，也就可能会导致餐厅运营后要浪费更多的精力和金钱来维持。

2. 缺乏专业知识

作为餐饮行业，最需要具备的基本知识，即营养知识。现代人的饮食不规律，且凭口感选择食物，造成很多人的身体都处于亚健康状态。如何引导顾客进行健康的饮食，让人们既能饱口食之欲，又能获得良好的营养补充，是现代餐厅经营者需要考虑的问题。这就需要餐厅在设计菜单和套餐等食物搭配的时候，进行多方面的考证和分析。

另外，如何选购干净、清洁的蔬菜原料，并保证其质量，也是餐厅应当掌握的专业知识。因为餐厅的菜品原料具有品种多、类别复杂、品质易变、季节性强等多个特点，很容易受到外界环境因素的影响，进而直接影响了菜肴的品质和口感。若经营者或者员工不能根据餐厅的产品需要，按质、按量、按时地将菜料购回，满足厨房及餐厅的生产需要，就无法为菜品的供应和整体的经营提供保证。所以对菜肴的专业知识普及和相关的管理，是餐厅整体盈利的重要环节。

菜肴品质低劣致顾客流失的问题

想要开一家餐厅，顾客是最重要的资源，他们决定着餐厅的命运与前途。只有拥有更多顾客，才可能拥有更多的市场份额，并在激烈的市场竞争中获胜。

但现实往往是不尽如人意的。据调查显示，一个餐厅平均每年约有 10%~30% 的顾客在流失。可惜的是这些餐厅常常不知道为什么会失去顾客，失去的是哪些顾客，什么时候失去的，更不知道这样会给他们的销售收入和利润带来什么样的影响。他们完全不为正在流失的顾客感到担忧，反而继续重复过去的经营。这是很多餐厅都不得不正视的问题。那么对于一家餐厅来说，导致其客源流失的原因都有哪些呢?

具体来说，有很多种因素。正所谓“食无定味，适口者珍”，这是餐饮行业最简单的道理。

评价餐饮产品的质量，无非就是从色、香、味、形、质、营养方面进行判断，而品质，也即所谓的口感，是其中的一个重要影响因素。任何一种餐饮产品，只有品质上乘，得到顾客的认同与称赞，那才是真正的好产品。

导致菜肴品质差的直接原因，一方面可能是厨师的经验少，手艺不高，做出的菜品味道不突出。另一方面可能是地域或者口味的差异，导致不能满足顾客的需要，形成地区性的品质差。

从第一个方面看，最好的解决方法就是更换厨师，以高价请一个有经验的大厨。不过有些小店的经营要考虑成本问题，如果条件受限，就可以在短期内走超低价路线，并将心思放在钻研新鲜的菜品上，等到略有财力改善，就着手提升菜品的质量。毕竟，顾客满意度最直接的反应源是菜肴的质量，质量同时也是保证顾客与餐厅长久维系关系的主要途径。为了能让老顾客满意，并招徕新顾客，经营者必须要不断加强改进。

从第二个方面看，最好的解决方法是重新定位餐厅。要考虑是否餐厅的菜品符合当地人的口味，如果做得再好，不合口味，也会影响餐厅的销售。这是所谓的品质差，就是用当地消费者的口感进行评价的结果。尽管餐厅可能拥有自己独特的菜品，但不能让周围的顾客群喜欢，就不会惹人关注，自然也就很少有人愿意光顾。

以上两个方面，是经营者在发现存在菜肴品质问题时需要考虑和权衡的方法。事实上，经营者最好在经营前，就做好前期的调查工作，将当地人的口味、消费水平、消费层次等都考虑清楚，然后再做经营决策。否则在日后顾客流失的时候，餐厅的损失可能将会是巨大的。

菜谱单调乏味无特色

餐厅运行要长期保持在一个良好状态，对菜品的管理要放在首位。尤其是对菜谱的管理更是重中之重。不过菜谱的管理目前还是一个很抽象的概念，它要融合市场对菜品的需求来进行规划。那么怎样才能找到能引起顾客兴趣点和兴奋点的菜品、怎样才能制作出引人注目的菜肴呢?

面对单调、菜样不够丰富、菜肴不够诱人的菜谱，很难有人会勾起食欲。这其中的问题主要包括：

1. 菜谱中的菜色简单

指因餐厅的厨房设施或者厨师的厨艺简单，只能提供一些家常的菜肴。尽管现在大多数人因工作原因都选择外出就餐，但过于简单的菜色因其不具有特点，往往让人觉得不能符合其价值。时间久了，自然缺少顾客光临。

2. 菜谱中的菜肴不够丰富

指菜肴的品种不够多，样式不够丰富。如果菜谱中缺少充足的可供顾客选择的菜肴，顾客就会觉得缺少心理满足感，总有无法进行全方面选择的遗憾。若是再与其他餐厅相比较，就更会突出这其中的劣势，让顾客留下“菜品”贫乏的印象。

3. 菜谱中的菜肴没有特色

所谓的特色，指的其实就是与众不同。当一道菜肴集中了许多的不同时，就会形成独特的特色。例如，菜品的烹法独特、盛器独特、口味独特、服务独特，等等，都会形成菜肴的特色。而菜谱中要展示的特色，应当是其烹法独特、做法独特、口味独特等。在菜谱中对菜肴进行简单的描述，就能轻易地做到这一点。否则，如果忽视对特色的展示，就会让菜谱中的菜肴“泯然众菜之中”，也不会给顾客留下深刻的印象。

4. 菜谱中的菜肴不够有吸引力

这里所说的的吸引力，因为存在着很多主观、客观方面的原因，需要经营者去仔细考虑。将菜肴做到色香味俱佳，不是一件容易的事情。很多餐厅的菜谱让人拿到手的时候，会有图片粗糙、菜肴品相不佳，甚至劣质的感觉。这就会在顾客点菜时，形成消费障碍。

其实，一个简单的菜肴，如果其在菜谱中呈现出的颜色或者形状具有独特的美感，并显得干净有滋味，就能牢牢抓住顾客的眼神。所以，在制作菜谱的时候，不妨从颜色和图片的角度上，对整个菜谱进行筛选和整理，尽量留下视觉效果好，让人能勾起食欲的菜肴。时下流行的数字化菜谱，就是一种十分新颖又实用的新型菜谱模式。

数字化菜谱，是指可以通过图片、文字、音视频等方式全面地展现菜系特点、菜系组成成分、菜系营养成分等信息的多媒体菜单。数字化菜谱的优点为：

（1）数字化菜谱可以全面替代目前餐厅所使用的传统纸质菜单，使用数字化菜谱具有以下优势：直观、图形化、人性化的操作界面，可由餐厅服务员或顾客自行点菜。

（2）更新菜谱的图片、价格、资料更为快捷、更为方便。

（3）数字化菜谱等于菜谱 + 无线点菜系统 + 餐饮管理系统，数字化菜谱的出现，为餐厅经营者带来了新的管理经营理念，也为用餐客户带来了全新的用餐体验，相对于传统的纸质菜单模式，数字化菜谱的优势更明显。

（4）数字化菜谱全面颠覆了传统纸质菜单和基于传统纸质菜单的 PDA 点菜机的服务概念，彻底消除了纸质菜单对餐饮行业深度信息化所带来的障碍。使餐厅的信息流在客户、服务员、厨师、管理者、供应商之间完整地实现了及时流转。

（5）数字化菜谱的出现，必将带来餐饮行业服务流程的全新变革，并推动餐饮行业步入全面数字化服务的时代。

菜品价位偏高

如果餐厅的菜品能获得顾客“物有所值”甚至“物超所值”的评价，它的经营就可以说是成功的。因为菜肴的价值是顾客对商品的一种要求，也是顾客消费的永恒法则，美味又价廉的菜在任何时候都会畅销的。

随着目前蔬菜价格的上涨，增加了餐厅的原材料成本，于是很多餐厅的经营者都选择提高菜品价格来保证利润。不过因为提高的价位不同，所以不同的餐厅菜品的价位仍会有很大差异。个别餐厅的价格因为偏高，就会有部分老顾客流失。

这对于经营者来说，是个非常棘手的问题。如何解决菜品价位高引起的顾客流失问题?

首先，经营者要清楚，菜品的定价是具有一定规律的。如果违反了这个规律，使用较高的价位进行定价，就会让顾客产生抵触的情绪。一般，菜品的定价既要考虑成本、利润等诸多因素，还要兼顾竞争和顾客的支付能力等方面的影响。因此，菜单定价既要慎重，又要有一定的灵活性。

通常，在进行定价的时候，经营者可以根据成本核算、市场竞争情况，以及顾客的需求来进行菜品的定价。在参照一系列类似规模、档次相似的就餐菜单价格后，确定餐厅的菜单价格，并要保证与其他餐厅的价格相差不大。在这一过程中，通过对价值的比较，餐饮经营者会发现自己的定价在同类餐厅中处于什么水平，也就更容易选择正确的价格定位。

其次，经营者要清楚，菜品价位高，还可以在定价的时候，多在价格的数字上进行一些设计。例如，9.90 元和 10 元的差别有多少呢？其实是很小的。然而，根据心理学的分析，顾客对这样两个价格的心理反应是完全不一样的，顾客往往会认为前者比后者要便宜很多。因此，小餐馆菜品的定价应充分利用顾客的这种心理作用。合理运用顾客对不同的数字感觉，来改善对此的反感心理。

另外，经营者还可以搭配使用其他的措施来进行补救。例如，推出特价菜、或者使用积分、优惠券进行送菜活动，等等。这也是诸多餐饮经营者常使用的一种方法。例如，餐饮店可以根据经营的实际情况，每周都推出一款特价菜，用这款物超所值的菜肴让顾客感受到实惠，从而抵消了因其他菜肴价格偏高而带来的不快。

招牌不够显眼

一块令人印象深刻的招牌能够迅速地掌控住消费者的眼球，并在潜在消费群中留下特别的印象。招牌是餐馆的宣传工具，它设计效果的好坏，将直接影响餐馆的客源和经济效益。作为店面广告的载体，招牌是餐厅营销中的最常见和最常用的方式。尽管常被人说是“表面功夫”，但如果一家餐厅连表面功夫都做不好，在外观上就已经输给其他竞争者了。何况招牌的设计，不但包含了餐厅的定位、主题和特色等，更是经营者文化内涵和对市场、消费者心理把握的体现。因此，在设计招牌的时候，经营者应用心思考。

通常一块好的招牌应当大而醒目，使其具有最基本的可见性。倘若不够显眼，就会削弱餐厅的营销效果。招牌不够显眼，通常可以从几个角度来看。一方面其可能是观察的角度不同，导致招牌不能形成立体化的展现。为避免在角度上的局限，设计招牌的时候，管理者应当力求从餐厅外的各个方向都进行视觉观察，避免设计上的死角。尤其是要注意晚上的招牌设计，看是否还能在周围的环境下，突显出招牌的形象。

另一方面，可能是招牌的字体不够大，不够显眼。如果顾客在很远处就能看到招牌，并因其颜色的突显而产生垂涎三尺的感觉以及无限的食欲，那这块招牌的设计就会是非常成功的。相反，如果餐厅的招牌字迹模糊，让人很难看清，或者被周围的环境所淹没，就不容易让人记住。

况且，现在有些餐厅的招牌设计，让顾客无法产生就餐的共鸣，甚至具有较为明显的“金钱”因素，这样既不符合餐厅主张口味、满足口食之欲的基础定位，又让人感到过于庸俗化，激不起顾客的饮食欲望。

从上面看，要想让招牌醒目，就要注意对招牌的选择。相对来说，人物或动物造型招牌更具有特色，他们以动物或人物造型来体现本餐馆的独特风格，不过使用的并不普遍。而霓虹灯招牌则是最为常见的，因其在夜间的时候明亮醒目，可以利用起来制造热闹和欢快的气氛，所以往往在招牌设计中发挥重要作用。

内部装修不好让顾客嫌弃

餐厅是人们可以放松休闲的地方。在装修的时候，一定要突出舒适的特质，尽量给顾客带来温馨和轻松的感觉。因此内部装修的设计，要着重表现明净、简洁的特色。对于个别层次高档的餐厅，还可以赋予一定高雅时尚的设计，以形成别具匠心的餐饮环境，满足现代顾客的需求。

尽管内部装修的地位如此之重，但很多餐厅在进行室内装修的时候，还是会出现纰漏。常见的情况有：

1. 室内空间因装修而显得拥挤

餐厅的设计因经营者的个人爱好不同，常被设计成不同的风格。但有的经营者，在装修时，因不懂得设计的技巧，常使空间设计变得拥挤而厚重。结果在顾客进入餐厅的时候，就产生严重的压抑感，而无法享用餐饮。

2. 餐厅装修的风格没有特色

餐厅装修直接影响室内的风格，也调整着餐厅内部的格调。如何能突出整体装修的特色，如何能打造舒适的气氛，对经营者的设计也是一种挑战。缺乏独特情调的餐厅，难以让人有长期光顾的吸引力，更不可能引起就餐者的愉快心情，增进食欲。

3. 餐厅装修不够协调

餐厅的装修是一个营造和谐完美的环境的过程，整体的舒适和搭配是最重要的。但个别餐厅的装修不够协调，不仅不能形成别具匠心的艺术效果，反而会让人有混乱、不舒适的感觉。

例如，餐厅的设计使用了视觉太过浓烈的色彩，或者在颜色搭配和风格设计上出现了严重的冲突。例如，餐厅使用了深沉的颜色来做餐厅的底色，就会让人感觉非常不适，相反，如果使用暖色系的颜色，就能取得较好的效果。因为，从色彩心理学上来讲，暖色有利于促进食欲，这也就是为什么很多餐厅采用黄、红色系的原因。

再例如，餐厅的风格与室内设计不够协调。餐厅的设计里，最容易冲突的就是餐桌餐椅的风格和室内色彩、造型和装饰品的设计。如果应用不当，就会让效果适得其反。所以，管理者必须要清楚基本的风格与设计搭配。例如，玻璃餐桌对应现代风格、简约风格；深色木餐桌对应中式风格、简约风格；浅色木餐桌对应自然风格、北欧风格，等等。

正确应对餐厅经营中的资金危机

“一文钱憋死英雄汉”，资产现金是驱动餐厅前进的基本动因，现金流就是一个餐厅的命脉，是餐厅的血液。资产也是最基本的资源，是能创造财富的根本基础。餐厅要正确应对资金危机，必须对现金流保持敏感性，明晰现金流对餐饮企业的意义。餐厅要想做得更好，关键是强化餐厅的盈利能力，正确应对资金危机，管控好餐厅的现金流。

一、明晰现金流的意义

1. 真实的现金流是餐厅价值判断的首要指标

现金流讲求的是良性流动，是盘活餐厅的法宝。判断一个餐厅成功不成功的首要指标就是现金流，是看现金价值，现金价值比利润衡量更真实，利润衡量可以在报表中体现得很漂亮，可以作假，但是现金相对来讲更为真实。

2. 现金流合理配置资金，是扩大餐厅的保障

每一个经营者都梦想自己的餐厅可以扩大规模。但是扩大规模的基本条件就是资金投入，如果现金流管控出现问题，不可能有资金进行餐厅扩大的投入。很多餐厅倒闭的起因就是因为现金周转速度太慢而引起的资金链断裂。一些餐厅用欠款的方式在进行经营，表面上资产增大，实际上经营减缓危险系数极大。

3. 现金流是餐厅付款能力的决定因素

管控现金流的水平最能反映出餐厅经营者个人的管理能力。付款能力和现金流之间的匹配度是体现经营者能力的关键。很多经营者持续关注利润，其实这是片面的，利润是在年初定价的时候就已经决定的，日常的管控工作更需要把重点放在管控现金流上。

二、餐厅应对资金危机的策略

1. 加强存货管理，提高存货的质量

存货管理实质上就是餐厅的运营管理，从采购、制作到售卖，都与存货密不可分，存货不是静态的，而是不停变动的，存货管理的质量就直接反映了餐厅运行中的质量。餐厅管理出现问题，必先在存货管理中显现出来。

2. 严格管控现金回收期，良性循环

现在很多餐厅面临的问题，往往是无法良性控制现金回收期，管控不好的原因是应收账款和销售没有得到相对的独立，很多餐厅在接待老客户时，都习惯性地给予对方赊欠账款的便利，因为有了赊欠，业务上的单子更容易成交，更多的时候是迫于经营压力不得不答应赊欠，这恰恰找出了应收账款失控的根本原因，将应收账款作为促销手段，这是个非常错误的经营方式。

应付账款实际上是餐厅的风险，应收账款失控会造成餐厅的损失，应付账款失控关乎餐厅的生死。有些人认为欠应付账款是件好事情，又不需要欠银行贷款，又不要付利息，但当餐饮企业的资金链发生断裂，付不出应付账款，餐厅面临的就是生死绝境。

3. 采用预算的方法，建立全面的预算管理模式

传统意义上的现金管理主要是涉及餐厅资金的流入流出。然而广义上的现金管理，其所涉及的范围就要广得多，通常包括餐厅账户管理、投资管理、融资管理和风险管理等。经营者对资金的安排混乱无序往往会成为餐厅制度最大的破坏者。所以餐厅要从规划现金流、控制现金流出发，提高餐厅现金管理的水平，形成一套全面的预算管理模式。

4. 切实推行以“资金预算管理”为中心的“全面预算管理”

全面预算管理是资金预算管理的优化和整合。从内容上看，它是一个包括现金收支预算、销售预算、生产预算、成本费用预算等在内的完整体系。从职能上看，是对其业务流、资金流、信息流和人力资源流进行全面整合，最终使餐厅的有效资源获得最佳利用效率。从过程上看，是通过预算编制、执行与控制、考核与激励，对预算内容进行整合并实现“预算职能”的以“资金预算管理”为中心的全方位价值监控。而预算编制过程，是细化“战略”为“战术”的过程，预算执行与控制过程，是刚柔结合提高执行力度和执行效果的过程，预算考核过程，是合理的预算指标考核体系和有效的评价激励机制过程。

总之，现金流是餐厅的血液，“现金至尊”是现代餐厅管理的基本理念。在金融危机

的形势下，保持餐厅资产的变现能力尤其重要。谁掌握了足够的现金，谁就有抵御各种风险和保持经营正常运行的能力。

附近餐厅突然降价带走客源

周边餐厅大降价导致客源减少，让许多餐厅苦不堪言。

不过为了在这样的竞争中脱颖而出，我们应该即刻调整好心态，积极地想出各种奇招："价格优惠有吃有送"、"服务周到送货上门"、"菜式丰富丰俭由人"面对周边餐厅的降价，餐厅不要一味地大打价格战。具体的策略有：

一、菜品策略

1. 提高餐饮质量，创立特色菜品

要保证菜品原材料的卫生与新鲜。严格把关，特别是原材料的采购和处理，禁止使用不合格的原材料或其他配料，严格按照各种制作工艺和流程做好每一道菜，提高口感。定期对厨师进行培训，提高其厨艺，定期举办诸如产品制作流程讲授和现场演示，把每一道工序、每一环节向顾客展示，让顾客有获得超值享受的感觉。

2. 重视菜品组合

菜品组合的目的是增强菜品的吸引力、增加销售量。合理计划餐饮产品与节假日的组合。

以排类、扒类为主，以汉堡为辅。精心制作情侣套餐、生日套餐、个人消费套餐等，形成自己特色。以情侣组合为例，情侣在就餐时对就餐环境要求也相对较高，他们一般选择环境优雅、气氛浪漫且档次相对较高的地方就餐。特别是在某些特殊的日子，他们要求有较多的私人空间，不希望有人频繁地打扰。同时，在经营该市场时应该注意到情侣的消费特点和要求，并以之作为出发点形成自身特色的经营方式。

二、价格策略

按目前餐厅已定的价格，参照周围同类餐厅的价格，适当做微幅调整。主要的价格策略为：每天都推出几种特价菜品，以此作为吸引顾客的主要手段。按照这一定价策略，使得消费者每天都能有新鲜的感觉。

三、销售渠道策略

依据餐厅具体环境的特点，宜采用直接销售和一级销售渠道两种形式，以前者为主。直接销售：对到餐厅就餐的新顾客以及老客户尽量让他们满意，形成二次、三次的回头消费，形成一部分稳定的客源。一级销售：选择社团或学校活动，与之建立关系，可以将抵用券作为奖品等，或其他形式，从而增加客流量。

四、促销策略

不定期的配合阶段性的促销活动，掌握适当的时机，及时、灵活地进行，如在某些节日或对本餐厅或对消费群体有重大意义的时间及时开展促销活动。继续做好会员管理工作，尊重会员，为会员提供更优质的服务。在某些特殊的日子能够及时给会员一个短信、一个问候，以争取老客户。在餐厅楼梯、门口等场所宣传餐厅产品，指示餐厅位置，餐厅内特色菜品和促销菜品的宣传应该摆放于明显位置。培养全体服务员的促销意识，奖励受顾客欢迎的服务员。最后定期对消费群体、消费市场进行调查，以了解消费需求和相关政策的变动，及时改变经营策略。

厨房股份制的操作

餐饮业的快速增长吸引着社会各界人士的资金融入。投资者拥有雄厚的资金，但往往缺乏餐厅管理经验。所以开店伊始，他们往往希望有精通餐饮经营管理、厨艺精湛、口碑良好的优秀厨师来辅佐。但他们也明白厨师这个行业流动性较强，让一个优秀厨师稳定在一个餐厅里并与老板绑在一块儿，把自己的才华全部展示出来，确实有一定的难度。厨房股份制的出现对留住厨师有很大的帮助。厨师入股有两种方式，一种是技术股，一种是资金股。技术股是每月领工资和百分之十的年底分红，资金股是按投资比例来拿年底分红。餐饮企业联合厨师入股的策略有：

1. “技术入股，享受分红”的模式

具体说来，“技术股”是厨师对餐厅资产没有所有权但有分红权、负盈不负亏的一种模式。例如，一家餐厅是这样运作的：老板与一位名厨合作，这位名厨不必出资，以他的技术折算为 10% 的干股，即名厨不拥有餐厅的实际股份，但拥有 10% 的分红权。这样名厨在每月象征性地领取普通管理人员工资的同时，年底可以得到 10% 的餐厅纯利润。

2. “资金入股，享受增值”的模式

厨师以资金入股与老板结成伙伴合作经营餐厅由来已久，以当地行内的运作来讲真正得到发展还是在近两年。餐饮企业融资，如果厨师投入 10% 资金，亦称之为“湿股”。这样一来，厨师和餐厅老板就好像被拧成一股绳，必须共担风险、共求发展。也就是说，厨师和餐厅老板以共同拥有产权为前提，共同为餐厅的经营和发展出力。

而且，这种资金入股的方式，从一个侧面也起到了“鞭策”厨师的作用，客观上迫使厨师必须把好厨房菜品质量关和管理关，必须从餐厅的利益出发，使餐厅的经营利润达到最大化。其实餐厅老板也并非是缺少这一点资金，他们之所以采取这种资金入股的方式，主要目的是想增强厨师的责任心，使他处处以餐厅利益为出发点，共谋发展，而厨师看好的则是餐厅的发展前景和自己的股份增值与分红。

总之，“厨房股份制”追求的不再是单一营业额，而是餐厅实在的经济效益，即餐厅的利润。这个变化，将餐厅老板与厨师拧成一股绳，让他们踏上“风雨同舟一条船”，真正做到劲往一处使。这样一来，厨房管理所遇到的各种弊端自然会迎刃而解。

避免商业机密外泄失去竞争优势

商业机密是餐厅知识产权的主要内容之一，是餐厅在市场竞争中断定优势位置的保证要素。商业秘密的特点为非公开性、非排他性、利益相关、期限保护。维护自身的商业机密，并通过商业机密获取更多的市场份额和经济好处，已被越来越多的餐厅所认识。

餐厅商业机密的范围包括：

1. 菜品秘制方式

餐厅的核心产品是菜品。在餐厅的运行进程中，菜品系统的抵抗、成型、发展，决议着餐厅的竞争能力。

2. 原料渠道

原料是餐饮成菜之本。中国餐饮历来将“料、味、形、皿、意”作为权衡菜品价值的标准，而以料为首，是以证明其在菜品中的位置。

3. 原料加工方式

在一些奇特的菜品里，原料加工起了非常玄妙的作用。

4. 人力助力系统

如果某家餐饮企业研制某道菜品，特地聘任一些专家，如营养专家、中医专家等，使菜品技巧含量大大进步。

5. 客户网络

为了保持顾客的虔诚度，餐厅一般对较大、接待业务较固定的客户都有特别政策，如加大折扣、情感联络、小纪念品馈赠，等等。

6. 服务营销策略

7. 资产运营动态

餐厅保护商业机密的策略一是侵权行动法对商业机密的维护，重要是《民法通则》、《反不正当竞争法》和《刑法》；二是合同法对商业机密的维护。除此以外，餐厅还可以进行以下机密保护措施：

1. 人才保护

厨房的重要人才流失不单带走了内部运作模式和菜肴制作秘密，很大程度上还会造成运作思路的停滞不前。所以为了规避餐厅机密的大量外泄，可以将厨房的分工进行了细致的划分。每个人做的工作只是这项工作中的一部分，需要了解全面必须有一个过程。

2. 不断加强信息的保护意识

每个员工在工作生活中都有很多旧同事、老朋友，其中不乏同行同业之人，可能在闲聊时会谈到工作，也可能在无意中泄露机密，“言者无意、听者有心”。因此餐厅员工应该提高自身的保密意识，防止餐厅的机密外泄，造成不必要的损失。

3. 有偿维护，加付保密费

即对接触、应用商业机密的职工，给予较优厚的工资、奖金待遇，或者直接加付保密费，并在用工合同中明白保密条款，一旦享受特别津贴或保密费，则负有相应的保密义务。

4. 用长期化劳动契约来维护

劳动关系长期化，可以使基础岗位的职工，由于效益长期化的预期，而加强维护商业机密的义务感。

5. 产权束缚，形成利益捆绑体

将含有商业机密的菜品单独立项，以期权方法将股份配给基础员工，以使商业机密价值直接与基础员工好处挂钩，从而将为餐厅保密变为为自己保密，形成餐厅与员工休戚相干维护餐厅机密的共同体。

对于可能接触餐厅机密的员工或商业伙伴，餐厅应告诉其负有保守商业机密的任务并与其签署保密协定。美国最大的香辛料生产厂家“味好美”为世界两大著名品牌麦当劳、肯德基同时生产香辛料。麦当劳、肯德基与“味好美”签有保密协定并与供给商签署保密协定，如果违背协定，处分将使人倾家荡产。

最后，维护商业机密最好的方式，除法律法规和自身办法外，还应以更新技巧领跑，加强技巧含量，搞好技巧储备，使竞争对手即使获得商业机密，也无以复制，从而使商业机密的维护由被动转为主动。

抵挡“淡季”带来的困难与风险

老赵的餐厅开的已经有些年头了，虽说这条街上的高档餐馆很多，但老赵的餐厅不管淡季旺季总能在激烈的竞争中脱颖而出。这是为什么呢？

这都得益于老赵灵活的“生意经”。例如，每年7、8月份都是餐馆经营的淡季，老赵的餐厅正好靠近一所学校，于是每年中考、高考后，老赵的餐厅马上就适时地推出谢师宴、同学聚会宴等专向活动。去年市场频频出现食品质量危机的时候，老赵的餐厅马上改变营销策略，邀请顾客参观菜品制作过程，于是对于老赵的餐厅来说，根本不存在淡季旺季之分。

随着元宵节的结束，餐饮经营的黄金时间——春节也随之画上了句号，相信很多餐饮老板都赚了个盆满钵溢。不过也有很多人开始担心了，接下来的几个月是餐饮经营的淡季，这段时间可谓是餐饮行业的“冬天”：餐厅的顾客少、员工都军心动摇……各种“淡季问题”将接踵而至，此时餐厅该如何更好地应对这即将到来的经营淡季呢?

餐饮的经营，具有较强的时效性。通常，从新年开始到四月份餐厅经营的淡季时间对餐厅来说是个不小的考验。想要维持良好的经营，恐怕就需要经营者从多方面入手，进行餐厅经营策略的整体调整。

1. 主动搜集利于扭转困境的客户信息

客源是餐厅维系经营的根本。有了顾客，餐厅才能进行良好的经营。如何掌握顾客的心理需求，确定合理化的餐饮策略，是经营者首先要投入关注的。现如今，是信息时代，信息也是生产力。有了信息，营销才有相应的对策及方式，才能迎接挑战，取得经营的成功。

经营者可以在餐厅经营的淡季，分析客源的整体情况和口味、饮食情况的变动等，力求根据这些市场上反馈回来的信息，在服务上、菜品上得以不断改进和完善。同时，掌握这些信息，也有利于提高顾客对餐厅的满意度，以引导顾客更多地光临。

2. 利用适当的促销行为，刺激顾客进入餐厅消费

尽管促销是属于短期性的刺激工具，但它作为一种营销方式，可以给予顾客有效的刺激。一般，像常用的优惠券、现金折款、价格折让、赠品等，都能让顾客短时间内迅速关注到餐厅。不过，要注意避免一个误区，那就是无论什么情况都采用价格杠杆来莽撞地进行疯狂促销，如果使用不当，反而会造成顾客流失甚至直接导致营业水平下降。

3. 注重餐厅的品牌营销

对于很多餐厅来说，在淡季进行促销是治标不治本的做法。使用不恰当，还可能让情况变得更糟。其实，对于餐厅来说，最稳妥的方式仍是在平时做好品牌的营销。作为餐饮营销人员始终要有强烈的营销意识，为达到推销餐厅的目的，首先应掌握顾客的需求动机，了解顾客的消费能力、层次、身份、条件特点、特殊需求以及个性化需求，并协调相关服务部门，尽可能满足宾客的需求。当然，品牌营销是一件长期的、需要不断进行管理的事情，经营者在平时就不能有任何松懈。

总之，餐厅如果在淡季能很好地抓住机遇，对市场进行彻底的分析，苦练内功，，做任何事情都以经营价值最大化为出发点，那到了旺季，餐厅自然会更加轻松，甚至超过竞争对手，能强有力地抢占市场先机。更何况，现在餐企的营销方式层出不穷，只要经营者敢于去实行，就一定能为自己的餐厅制造出经营亮点，从而拥有更强的竞争力。